权的秘密
与
人的利益

——揭开人类社会历史的真面目

张春津 著

蘭臺出版社

國家圖書館出版品預行編目資料

權的秘密與人的利益——揭開人類社會歷史的真面目 / 張春津著

--初版-- 臺北市：蘭臺出版社：2019.8

ISBN：978-986-5633-83-7（平裝）

1.社會發展 2.權力

541.43   108011153

思想文化系列2

權的秘密與人的利益——揭開人類社會歷史的真面目

作　　者：張春津
編　　輯：楊容容
美　　編：陳勁宏
封面設計：陳勁宏
出 版 者：蘭臺出版社
發　　行：蘭臺出版社
地　　址：台北市中正區重慶南路1段121號8樓之14
電　　話：(02)2331-1675或(02)2331-1691
傳　　真：(02)2382-6225
E－MAIL：books5w@gmail.com或books5w@yahoo.com.tw
網路書店：http://5w.com.tw/
　　　　　https://www.pcstore.com.tw/yesbooks/
　　　　　博客來網路書店、博客思網路書店
　　　　　三民書局、金石堂書店
總 經 銷：聯合發行股份有限公司
電　　話：(02) 2917-8022　　傳　真：(02) 2915-7212
劃撥戶名：蘭臺出版社　帳號：18995335
香港代理：香港聯合零售有限公司
地　　址：香港新界大蒲汀麗路 36 號中華商務印刷大樓
　　　　　C&C Building, 36,Ting, Lai, Road, Tai,Po, New,Territories
電　　話：(852)2150-2100　　傳真：(852)2356-0735
出版日期：2019年8月初版
定　　價：新臺幣680元整（平裝）
ISBN：978-986-5633-83-7

自序 ：学点"权"的知识，使人成其为人

长期以来，中国大陆在减少和解决社会矛盾的众多实际工作中，基本上都是针对凸显出来的这样或那样急迫需要解决的问题或现象，以"维护稳定"的心态来采取紧急的应对措施，一会儿一个政策，很少有人去做具有预防在先、"使人成其为人、使社会成其为社会"的深层次、系统性、前瞻性、基础性的研究工作。尽管有一些专家进行过相关的理论研究，但基本上仍多限于人与人之间形成的"社会关系"或"生产关系"、"经济基础"和"上层建筑"互动的老理论上[1]，逻辑上偏重于演绎，与生活实践难以吻合，脱离实际，误以为研究了社会学[2]就自然涵盖了人类学、心理学、伦理学、"人性理智"学说等其它社会科学，也就自然而然地将"社会管理科学"（很长时间被一些人有意或无意地单纯地理解为"阶级斗争"）狭义地归结到"斗争哲学"的谬误中，而把对组成"社会关系"或"生产关系"的最小单位——社会的人，以及涉及人类学、心理学、伦理学、"人性理智"学说方面的研究，尤其是由人所组成的群体心理基础研究，总是与前者对立起来或是予以忽略，甚至将其看成是敌对的"唯心主义"的东西而加以摒弃，使得社会科学的研究始终带有应用性、表层性、和政治（阶级）利益性，而不是以一种"他者的眼光"[3]来更加客观地研究人和社会。

---

(1)郑建民：《马列主义基本理论提要》，南开大学出版社.1983，页33～36。

(2)尽管那个时候社会学还没有作为一门学科成熟地建立起来，但其仍具有社会学的意义。

(3)在一次"人类学的公众形象"为主题的座谈会上，中国政法大学梁永佳副教授发言说：我们在研究现实，不是想象的现实，而是那些被研究的人，他们呈现的那些现实。人类学的他者的眼光在这一点上是最重要的，这并不是说人类学家不能研究自己，不能做自己最熟悉的民族，但前提是具备一种他者的眼光。因为你只有看到别人才知道自己是谁，因此他者的眼光是最小的人类学，是比较法。

人们应该怎样做人？人应该怎样与他人相处？群体之中的人们之间应该怎样化解社会矛盾？……众多类似的问题，早在2500多年以前，老子、孔子等众多先贤就著书立说，纷纷发表己见，《论语》便是代表作之一。但是，用科学的理念来看待，这些思想观点往褒奖上说，它们均接近于哲学阐发，如果往贬低上说，它们大多是人生经验之谈或说教，极其缺少"科学精神"和"科学基础"。于是，读《论语》的人虽然众多，可社会上发生的你夺我抢、弱肉强食、不择手段、卑鄙无耻，甚至引发社会暴动的事件在历史上层出不穷，一会儿也没有清静过，以至于在中华人民共和国建国前，华夏大地在国外列强的侵略下，在国内军阀混战的纷扰中，真可谓国不国、家不家，中华儿女真可谓人不人、鬼不鬼。可见，中国传统文化对于"人"的知识——社会科学的研究，一直偏重于说教，例如"仁、义、礼、智、信"，这些说教没有起到科学研究、科学指导的作用。

西方自"文艺复兴"、"启蒙运动"起，至近代的科技发展阶段，众多社会科学研究者对人的研究以及个体心理、群体心理的研究掀起了热潮，对于"人"的知识——社会科学的研究才真正开始初步具备了"科学精神"和"科学基础"。卢梭所著的《社会契约论》、《论人类不平等的起源和基础》算是代表作，恩格斯曾在《反杜林论》中称其为"十八世纪中辩证法的杰作"[4]。但概括地来看，他们的研究在逻辑上偏重于归纳，偏重于人类学范畴，误以为所研究的人类学中已经涵盖了社会学，也就自然而然地落入到"人性哲学"的谬误中，而将由人组成的"社会关系"或"生产关系"以及由此构成的"经济基础"和"上层建筑"相互关系的研究与前者对立起来或是予以忽略，使得对人的研究始终带有神秘性、抽象性和费解性。

就社会学与人类学的关系而言，在社会科学的研究中，二者本是不可分割的。多年前，在中央民族大学一次讲座上，有人让美国加州大学

---

[4]［法］卢梭：《论人类不平等的起源和基础》. 李常山译. 商务印书馆. 1996，"出版说明"。

洛杉矶分校中国研究中心主任、文化人类学教授阎云翔概括地解释社会学和人类学的区别，阎云翔回答说："社会学是研究社会如何构成，人类学是研究人如何存在于这个构成的社会。"可见，如果将上述两种研究方法分裂开来，一个就会忽视人类学的价值，另一个就会忽视社会学的价值。此前的很多社会科学研究，没有将二者紧密地结合在一起来进行社会科学的探索，也就都带有局限性或片面性。

就社会科学研究而言，仅仅以社会学的角度去研究或是仅仅以人类学的角度去研究，都是带有局限性或片面性的。看一个社会人群素质的高低，不单单要看这个社会群体的教育水平有多高——有多少人是大专生、本科生，有多少人是硕士生、博士生，还应该注意到这个社会中的大多数人的心理素质及其相互关系是处在一个怎样的水平上，尤其是要看这个社会中的大多数人的精神、意志、信仰、道德、自律、法理、博爱、智慧等"人性理智"的发展水平究竟是怎样的。

所谓的"人性理智"，是指人对于自身以及自身与他人（包括群体）、他人与他人、他人与群体之间的关系究竟应该怎样公平公正地看待，并能够辨别是非、科学合理地处理好相互间的利害关系以及控制自身行为、正确地评判他人或群体行为的认知水平和认知能力。"人性理智"涵盖了人的信仰、道德的内容，但比信仰、道德的内容更深层、更基础、更具体，它不仅仅要告诉人们"应该怎样做"，还要从本源上告诉人们"为什么要这样做"；而且它涵盖的范围更广，包括精神、意志、常识、规矩、自律、法理、博爱、智慧等，也就显得更加重要。

然而，纵观人类社会的发展历史，人们可清楚地看到，科技发展日新月异，经济发展突飞猛进，文化发展蒸蒸日上，唯独"人性理智"的发展变化不大，五千年前与五千年后，看不到有多大的差距，甚至有时在某个阶段还呈现倒退的趋势，例如我国"文革"时期出现的闹剧，包括现今出现的信仰危机、道德危机等现象。

很多国家的教育，往往被片面地理解成"能力教育"——还不是实践能力而是应试能力，这是非常危险的。光有应试能力而没有良好"人性理智"的人，不是一个高素质的人。光有应试能力而没有良好"人性理智"的社会，照样是一个低素质的社会。尤其是当一个社会实现了经济繁荣（也可称作实现了"经济理智"）之后，如果不及时地进行"人性理智"教育，则人心浮动、社会异化的现象就难以避免，于是，不出现社会动荡就不错了，更别提奠定良好的社会"政治理智"、"文化理智"基础了。

卢梭在他所著的《论人类不平等的起源和基础》的序言中说："我觉得人类的各种知识中最有用而又最不完备的，就是关于'人'的知识。"、"如果我们不从认识人类本身开始，怎么能认识人与人之间不平等的起源呢？……又怎么能把人的本身所固有的一切，和因环境与人的进步使他的原始状态添加的或改变的部分区别开来呢？[5]在《社会契约论》中，卢梭开篇就说道："人是生而自由的，但却无往不在枷锁之中。"、"当人民被迫服从而服从时，他们做得对；但是，一旦人民可以打破自己身上的桎梏而打破它时，他们就做得更对。"[6]……每次回味卢梭著作中那些发自内心、富有哲理的话语，就使我感叹在200多年以前，就"平等"、"公正"等"人"的科学规律问题，西方就有如此深刻的理性思索和真知灼见，它理应同亚当斯密的《国富论》、康德的《纯粹理性批判》、穆勒的《论自由》、孟德斯鸠的《论法的精神》、洛克的《政府论》等经典著作并列，标志着人类近代社会科学范畴思想理论的高峰。尽管在中国大陆，翻译出版卢梭著作的某些学者及出版者都视这些可贵的思想为"唯心主义观点和形而上学"的观点，[7]由此来暗示这些可贵的思想都是"资产阶级"的[8]，因而是落后

（5）[法]卢梭著，李常山译：论人类不平等的起源和基础.商务印书馆.1996，页62。

（6）[法]卢梭著，何兆武译：社会契约论.商务印书馆.2012，页4。

（7）参阅[法]卢梭著，李常山译：论人类不平等的起源和基础.商务印书馆.1996，"出版说明"。

（8）以"是贫穷还是富有"的经济划线方法来区分思想家的社会政治属性，其

的、过时的、错误的，但我却觉得这样的一些偏颇的结论并非出自纯粹的学术探讨或科学评价，而是出自某种意识形态之下的心理扭曲，或是某种阶级立场的精神变态。因为作为人，你们怎么能什么事情都无条件地从意识形态或阶级立场出发来"上纲上线"地划分思想家的社会政治属性，难道你们除了"斗争"和"革命需要"以外就没有别的需要了吗？难道就不应该更多地从"同类"的角度、"他者的眼光"来理性地看待人、关怀人、理解人？如果你们连这样一些最简单的科学精神都不具备，连这样一些最基本的逻辑思维都不遵守，连这样一些最平常的人文关怀都不存在，那你们不是太无知了，就是太别有用心了。你们若不了解人，不知道人本身虽然属于这个物质世界的一部分，但他们具有独特的本质和特性，从而在"物理规律"的基础上还有着自身的特殊规律，从而需要人们专门地来研究和探索，那你们怎么能真正解决好社会上出现的不平等、不公平、非正义、弱肉强食、贫富差距、贪污腐败等等实际不断发生的种种社会问题呢？

让我感到遗憾的是，在天津的3所大学里，我委托几位教授在大学生中就"你是否读过卢梭所著《论人类不平等的起源和基础》和《社会契约论》？"做了一次社会调查，被调查的大学生总数为516人（280＋181＋255），而读过卢梭著作的人数竟然为零。2016年的10月，笔者借在大学里讲课的机会，也就同样的问题在82名大学生中做了一次直接的调查，其结果是，读过卢梭所著《论人类不平等的起源和基础》和《社会契约论》的人数也为零。可想而知，如果将这一项社会调

本身就缺乏科学性。因为任何一个时代，每个思想家相对于同时代的人来说，都不是天天为生存而苦苦挣扎的人，都是在有了一定生存保障——在经济上定是比一般人要优越一些的前提下，才有条件进行思索和研究的。曾经过着颠沛流离、寄人篱下生活的卢梭，别说是有什么资产，一开始连生存都没有保障，是不折不扣的"无产阶级"；当他有幸进入上层社会，被富有的权贵者问及为什么对他们如此冷淡时，卢梭回答：因为"你们太有钱了"（参阅《忏悔录》第8卷），充分说明卢梭不但不属于"资产阶级"，而且对"资产阶级"的鄙视和革命的立场尤为鲜明。

查脱离开高等教育学府而转向社会，将调查的对象确定为低层的普通大众，相信那结果无法更惨——本已经惨到极点了。这样的一种"社会精神"或由众多的"人性理智"所组成的"社会理性水平"的群体心理构成，怎么可能在出现的不平等、不公平、非正义、弱肉强食、贫富差距、贪污腐败等等社会弊端中发挥出主人翁的作用能够理性地去加以遏制？怎么能奠定好一个理性社会的基础？怎么可能实现真正的民主共和？怎么可能不屡屡地出现"用新特权取代旧特权"的历史现象？

当然，卢梭等启蒙思想家的经典著作并不是"全能真理"，也有它一定的局限性，而且读起来会遇到很多费解之处甚至是抽象之处，但毕竟这是他们对人与人之间的社会关系所作的深度思考，并提出了各自的实现民主、公平的社会原则，而这，正是所有具有行为能力的人都应该首先进行思考的最基本的问题。以卢梭为例，谁也不能否认，由于他有过流浪生活的经历，亲身体会到依人为生、任人支配的那种屈辱，因而对于压迫所感受到的痛苦比一般人要深。但他并未计较个人的得失，而是由此认识到劳苦大众的痛苦，从人民痛苦的起因入手，怀着对人类社会文明发展的期盼，对一种民主、公平的社会原则进行深度探索，这绝对是高尚、伟大之举。要知道，马克思、恩格斯对私有制的鞭挞以及"以暴力对抗暴力"的"无产阶级革命理论"的阐发（别管是否正确），都可以从卢梭的著作中找到思想渊源。因为卢梭虽然与他同时代的伏尔泰、洛克、狄德罗、孟德斯鸠等思想家齐名，但他比其他同时代的启蒙思想家在政治上更加激进，更加具有"革命性"。正如法国学者昂利·古耶所说："伏尔泰是旧世界的结束，卢梭是新世界的开始。"中国大陆比较有智慧的学者也能认识到，"卢梭与其他法国启蒙思想家一起，终结和开启了人类旧新两个时代。"、"他的理论和其他众多的理论一起，共同对马克思、恩格斯产生了影响。"[9]也就是说，如果我们不首先读懂卢梭的思想，不知道这个新时代开始的意义，那我

（9）曾枝盛：卢梭及其在马克思主义中的地位. 载于《马克思主义与现实》. 2012年第3期，页11。

们怎么可能真正弄懂马克思主义？但奇怪的是，众多所谓的马克思主义者和那些天天给别人灌输马克思主义的人，竟然不知道卢梭的思想为何物！他们心里所想的其实只有比较现实的4个字——"权力"和"利益"，但嘴上从来不说，说出来的总是虚假的另一套。

我自1984年在南开大学上学开始至今，不止一次地阅读过包括卢梭在内的众多民主思想家的著作，所思所想都结合着"中国特色"，对照着社会实践中所获得的经验教训，初步得出了一个考评社会民主文明状态及"人性理智"水平的简单结论：阅读卢梭《论人类不平等的起源和基础》和《社会契约论》的人数比例，与由这个人群所组成的社会之民主文明状态及"人性理智"水平应成正比。即：阅读的人数越多，社会民主文明状态及"人性理智"水平就越高级；阅读的人数越少，社会民主文明状态及"人性理智"水平就越低级。当然，这仅仅是一个"傻子相机"式的简易考评方法，得出的也仅仅是趋势性的结论，不一定有多么深奥的科学性，但实际操作起来却非常灵验——尤其是对于那些封建专制意识浓厚、封建专制文化传统猖獗的国家就更加适用。

学习过历史的人都应该清楚，17~18世纪的西欧，封建专制主义的丧钟已经敲响；新兴资本主义为了摧毁封建专制制度，从思想领域掀起了一场反封建专制主义的斗争。在这场反对专制、提倡民主的思想解放运动中，涌现出一大批被称作"资产阶级"的民主思想家，他们以"人"的知识为核心，采用理性的方法，对于民主政治进行了较为系统的论述，对欧洲社会产生了深远的影响。通过阅读卢梭以及"启蒙运动"中那些思想家的著作后，使我更加深刻地体会到，在关于"人"的知识中，最有用而又最不完备、最多见又最不相识的，就是关于"权"的知识。"权"的知识是"人"的知识的核心，因为"权"的背后隐藏着利益，而人们在利益面前谁都无法超脱。

但是我纵观全世界，任何一个自称是发达、文明的国家，以及那些自己标榜为制度最先进的发展中国家，"权"的教育或者说"人性理智"教育一片空白，更别提有这样一门学科了。虽然"权"的教育或"人性理智"教育一片空白，但这不等于没有人在社会实践中"自学"，很多高高在上的掌权者，都是一步一步"自学成才"的，权位越高，学得越有成效，不过他们所学的都是不愿告人的，他们一边"自学"，在"权"的漩涡中不得不玩弄权术，或是被"学习成绩"更好的人所施展的权术所玩弄，一边不让别人学到哪怕是能够识别出权术的一点点技能，目的就是希望使自己变得聪明的同时让别人都永远当傻子。其好处就在于，一是可以有效地限制竞争对手的扩大，二是可以更加方便统治。"愚民政策"最彻底的体现，就是要想方设法让人们别学"权"的知识。但是我们不能忘了，"愚民政策"的必然结果，就是使这个社会群体的心理定势总是处于随时发生动荡的酝酿之中，类似"文革"的闹剧随时都有可能再次变换形式、改头换面地发生，国家的政治体制内部，随时都有发生"裂变"的可能。所以，忽视了"权"的知识教育或者说是"人性理智"的教育，就会直接影响到社会群体的心理究竟会形成怎样的一种社会文化定势的问题。

写作本书的目的，从小处上说，是希望能使每一个人都有机会学到"权"的知识，消除权盲状态，不但可使自身获得更大的权益，而且还能尊重并维护他人的权益。从大处上说，是希望促使每一个国家在维持社会公平公正和维护世界和平方面不断完善管理体制，向着理性社会的目标前行。因为人类社会整个历史的真面目，就是争夺利益由残酷无比到逐渐文明，由个体、群体之间的小争夺，发展到阶级、国家之间的大争夺的漫长过程。而争夺利益的集中表现，就是争权的较量——争强权、争政权、争特权、争霸权……但争来争去的结果是，不但谁都提心吊胆地难以持久享有，而且常常争得两败俱伤、得不偿失。世界的和平之路，乃是依靠人类在争权的较量中逐渐趋于理性，并用法治的手段来权衡各方的利益而开拓出来的。对和平的追求，就是将"利益野蛮化"逐渐转变为"利益文明化"。为了奠定和平之路的基础，全世界无权者必须觉醒起来。觉醒起来不是为了动刀动枪闹革命，而是要学习"权"的知识，学权、知权、享权、用权、维权——既不能盲权，又不能滥权；既不能让特权者为所欲为，又不能以新特权取代旧特权；通过学习"权"的知识，还能从中发现其背后的利益之争所形成的各种各样的社会感觉，人类社会，正是在这些不同的社会感觉的较量中，驱使着历史遵循着一条非常有规律的方向发展变化，从而探寻到社会历史发展的内在"魔力"。了解了社会发展规律，人们就能分析和判断出未来社会发展的方向，做到未卜先知、运筹帷幄，就能更好地提前预防各种各样的潜在风险和危机。

人们啊，我不愿意总是看到你们被愚弄、被欺压、被遗弃，多么希望你们能自省、自强、自立！为了你们做人的尊严和权益，你们应该多了解一些"权"的知识，掌握了"权"的知识，就能基本上了解"人"的知识。这样做，不仅仅是为了你自己，还为了你的亲人、朋友乃至同类；也不仅仅是为了眼前，更是为了未来。

张春津 于木石斋

第3卷 "挖掘"篇

第4卷 "冶炼" 篇

第5卷 "锻造"篇

第1卷

"钻探" 篇

　　在人类的各种知识中，最有用又最不完备、最多见又最不相识的，就是关于"权"的知识。

1-1 魔力的困惑

◯ 与人不同的困惑

写这本书的起因是源于一种困惑。

要说困惑，那应是人人都有的：小孩儿有小孩儿的困惑；大人有大人的困惑；所有令人奇怪的事情都会让人产生困惑。就连我的恩师李正中教授2012年时已经80多岁了也还有困惑，他老人家在《无奈的记忆——李正中回忆录》一书中，就吴晗无限忠于领袖，甚至不惜与自己的恩师胡适划清界限，但最后却被他所信仰的领袖视作一枚棋子利用，乃至于全家都被迫害致死一事提出疑问："这到底是为什么？"[1]可见困惑处处有、人人有，非我一人小题大做。但是我的困惑是与众不同、比较特殊的，恐怕是别人至今不曾有过的。为了它，我废寝忘食、牵肠挂肚，时而沉思不语、无言以对，时而牢骚满腹、慷慨激昂；时而心灰意冷、万念俱灰，时而奋笔疾书、热血沸腾。为了它，我苦苦探寻，埋头研究并写作了几十年。可想而知，这困惑不一般吧。

究竟是什么困惑能有这么大的吸引力，一困惑就是几十年且还没有困惑完？说出来肯定会使很多人也都困惑起来——我至今没有见到过上帝，但我却曾经在人的身上看到了魔影！我真的看到了，我确确实实地看到了！这魔影在人的灵魂中张牙舞爪、兴风作浪，使人神魂颠倒，并且由此驱使着社会历史沿着一条非常有规律的道路发展变化，清清楚楚地留下了历史的魔痕。让您说说，这难道不是一件令人困惑并值得困惑的事情吗？

◯ 处处都有困惑的体验

我千真万确看到了人身上的魔影。从家庭，到学校，从工厂，到军队，从商场，到社会，工农兵学商处处都留下过我的足迹，然而

（1）李正中：无奈的记忆——李正中回忆录.兰台出版社.2012，页194～197。

我处处都曾经感到有一双无形的魔手掐在我的脖子上，让我喘不过气来。这双魔手不是别的，就是卢梭所说的那个不合法的"政治权威"[2]，它可以使任何一个有权管人的人，好像都天生享有"自然自由"，有权让别人不自由，哪怕是纯属个人的自主自由。这些魔手总是要树立权威，奢权如命，唯恐他人不崇敬、不害怕、不臣服。于是我似乎天生的义务就是无条件地服从，连"契约自由"也不能享有；不许这个，不许那个，只许服从！这使我深深地体会到卢梭为什么会得出"人是生而自由的，但却无往不在枷锁之中"的结论。[3]

"你们看出我被扰乱了，被推进着，不自愿地服从着，"[4]是的，这魔影不喜欢我有主见，不喜欢我提出任何一种意见，更不喜欢我有独立的见解；我只能乖乖地呆着，乖乖地去干他们给你规定好了的工作，其"处境"之好就在于能保证我饿不死，有吃有喝而不必费脑子。这就叫做"安分守己"，不要去谈什么书本上写的或是人们天天口头上喊的享有什么民主和什么权利。但常常让我诧异的是，身边的很多大爷大娘们都特别喜欢这种"处境"，因为从这种"处境"之中能够获得平静和安逸。

很多的事情都是这样：明明我是对的，或是说对了，或是做对了，而且最终的结果，在事实上足以证明我是正确的，但可爱的"真理"却像某个国家的裁判一样缺乏公正甚至可以倒拨时钟。往往政府官员也好，部门领导也好，执法人员也好，统统都与当父母的一样，很难主动地在儿女面前承认错误，因而他们永远是正确的。"真

---

(2)卢梭（1712—1778）是法国著名启蒙思想家、哲学家、教育家和文学家。主要著作有《论人类不平等的起源和基础》、《社会契约论》、《爱弥尔》、《忏悔录》等。他认为，统治者的权力应得到被统治者的认可，双方的关系应建立在社会契约的基础上。而在现实中，前者总是强制地享有权力，不用在乎后者是否认同和接受，这种霸道的行径就是一种不合法的"政治权威"。

(3)[法]卢梭：社会契约论.商务印书馆.2012，页4。

(4)[德]尼采：查拉斯图拉如是说.文化艺术出版社.1987，页175。

理"总是在欺骗我，一而再、再而三，哄着我去谈主见，哄着我去维护正义，哄着我去投资干企业。当我冒着枪林弹雨去冲锋陷阵的时候，它却为了它自己的利益悄悄地甩掉了我，甚至出卖了我，在背后朝我放冷箭甚至捅刀子，就如同中国大陆的某些政治家们搞运动之前，总是假装慷慨地让知识分子提意见，等你们把肚子里的真心话都说出来之后，他们会立刻把你打成右派关进牛棚一样。越是我渴望真理的时候，它却总是在躲闪，甚至总是站在魔影的后面指指点点。于是，在我还没有认识到鬼魔的恶毒而变得清醒的时候，总是被撞得头破血流，总是以失败而告终。不过，我从未失败在"公正"的手上，而是全都失败在"权"的魔蹄之下。

现实中的很多事情并不像培根所说的那么美好——"真理为自己的判断者。他的教训是——真理的探求（就是对真理求爱求婚），真理的认识（就是真理的获得）和真理的信仰（就是对真理的享用）乃是人性中的最优之点。"[5]我的所见所闻，几乎都是将真理点上了引号——让真理不是真理，也就等于没有真理。正如卢梭所说："我爱真理，我追求它，可是我找不到它，请给我指出它在哪里，我要紧紧地跟随它，它为什么要躲躲闪闪地不让一个崇敬它的急切的心看见它呢？"[6]我的回答很简单：因为你没有权！有权就有理，而且权力越大，"真理"就越青睐你。

○ 权是人身上的鬼魔

在无数的社会实践中撞来撞去，我终于发现这鬼魔不是别的，就是这个"权"字，它时而像天上下凡的仙女，能给人们带来梦幻般的温暖和快乐，时而像地狱下冒出来的恶魔，阴森可怕，作恶多端。可气也令人感到无奈的是，有时仙女却看似很丑陋，而有时恶魔却装扮得非常美丽，因而是善是恶往往难以区分。可以这么说，它是当

---

(5)［英］弗·培根：培根论说文集.商务印书馆.1987，（绪论）页26。
(6)［法］卢梭：爱弥尔.青海人民出版社.2007，页236。

今世界上很多人都会表演但又都会为此而困惑的超级魔术。

很多当官的在还没有被提拔时，为人正派，做事老实，勤勤恳恳，从不计较个人得失。可是一旦大权到手，人就变了，变得虚虚伪伪，变得老奸巨猾，整日里钻研的都是阴谋诡计，算计这、算计那。只要有人求他办事，他总是想着要有入账，不贪就觉得对不起权力。于是从"权"的背后就立即映射出"利益"，它不但是"权"的动机，而且还是"权"的结果。难怪马克思作出这样一个结论："人们奋斗所争取的一切，都同他们的利益有关。"[7]对天文学爱好的我，每当分析"权"和"利益"时，就会立即联想起伽利略。

伽利略因为坚持宣扬"日心说"遭受迫害，被捕后在宗教监狱里写下了《对话录》，并嘱咐自己的学生安德雷亚将书稿送往国外。当时，他本来是有机会保住性命的，只要表示顺服，即可免除死刑并可获得自由，甚而至于将来还有被宗教高层任用的机会。伽利略在寻魔的人生道路上虽然能坚持真理，但脑子不开窍，就是不肯屈服。他对他的学生解释说：科学应该为人类服务，而不是为一小撮掌权者服务。"作为科学家，我曾有过千载难逢的良机。在我的时代，天文学普及到了街头广场……但我却把我的知识拱手交给当权者，听任他们为了自己的目的决定用或不用或滥用。"、"一个人做出我做过的这种事情，是不能见容于科学家的行列中的。"

为了保住"科学家"的名声而"留取丹心照汗青"，伽利略情愿赴死。而作为数学家的宗教首领巴尔贝里尼，他懂得伽利略是正确的；但作为神职人员，他又要反对伽利略，因为他的结论是："问题不在计算表上，而在于叛逆和怀疑精神。科学家们把自己头脑里的动乱带到了静止不动的地球上。"[8]可见，是伽利略冲撞了宗教权威，而一旦权威动摇，随之动摇的必定是统治集团的即得利益，怎么能让到手的利益丢掉呢？所以，凡是利益到手者，不管是个人还是集

（7）马克思恩格斯全集.第1卷.页82。（第一版，以下均同）。

（8）伊·谢·科恩：自我论.三联书店.1986，页483～484。

体或集团（例如某个政党），都必定将保住自身利益放在第一位，真理则次之，其它的诸如自由、平等、公正、民主等，都要在"利益"的后面排队，甚至一切要服从"利益"的需要。中国大陆的政治体制改革之所以总是"雷声大、雨点小"，就是统治集团中的某些人，总是把自己的切身利益放在第一位，其他的均次之。当然，他们为了掩人耳目，经常把自己的切身利益隐藏在国家利益、民族利益、人民利益的后面，前面打的基本上都是幌子。

○ 从家庭中产生的困惑

仅就家庭而言，传统的习惯是，子女必须服从父母。父母有权要求子女做什么或不做什么，这似乎谁也不会有异议。中国的传统文化就是以"孝"为核心的。然而，我总是为此而困惑：父母的权力是哪里来的？是如何产生的？思来想去，答案只有一个：天生就有的！既然父母天生就有权力，那么子女天生就有了服从的义务。如果父母是君王，而子女是臣民的话，那么很显然，君王掌权而高高在上，所有的臣民就应无条件地服从：让你当农民，你就乖乖地去种地；让你当工人，你就乖乖地去抡锤；让你当奴隶，你就乖乖地去采石场。这有什么不对的？我们干什么非要去闹革命呢？"君君、臣臣、父父、子子"的封建伦理道德不是很顺理成章吗？西方有什么"天赋人权"学说，说什么人人生而平等，那当子女的在婴孩时期连尿布都没有能力自己换，凭什么能同老爹老娘平起平坐？做什么，吃什么，一切都是老爹老娘说了算，什么民主不民主，什么平等不平等，爹娘一拍板就什么都定了，不管是对还是错，子女服从就是了。

看起来，人类的不平等起源，比卢梭[9]和马克思[10]提出的什么

---

(9) 卢梭在社会观上，致力于研究人类的不平等的起源以及克服这种不平等的办法，认为私有制是人类不平等的根源。

(10) 马克思（1818—1883）是近代共产主义运动的精神领袖，是政治学家、哲学家、社会学家。他于1948年同恩格斯一起起草了《共产党宣言》，认为无产阶级受剥削和压迫的根源是私有制，因而确定革命的纲领："共产党人可以把自己的理论概括为一句话：消灭私有制。"

"私有制"要早得多。不平等的起源就是：人能够生人。

　　道理很简单，你的生命是老爹老娘缔造的，那么你有什么资格同老爹老娘谈平等呢？顺着这个理由想下去，似乎不该困惑了。想说了算，就要当父母，或是就要掌权，否则，你就必须无条件地服从。可是再反过来想一想，困惑又出来了。既然作为子女天生就没有权，只有服从的义务，那么那些作为父母的人，当初也是由子女长大成人的，他们是怎样从天生无权到天生有权的？更让人困惑的是，学校里的某个老师，企业里的某个书记，部队里的某个长官，司法部门里的某个执法人员，他们统统连我的父母都不是，可他们却都有权搬弄是非，有权颠倒黑白，而我却只能同"服从"和"失败"站在一起。真看不出，这权的魔影是怎样钻进他们躯壳中的。

○ 有权与无权的区别

　　我并不怀疑他们有权这一事实，我只是对权的产生感到困惑。总结几十年血的教训，得出来的结论只有一个——

　　"有权就享有一切！"

　　"没权就丧失一切！"

　　如果这个结论仅仅只适用于我一个人，那它就显得毫无意义了。之所以值得总结，原因就在于，不管是过去还是在当前这个时代，它适用于每一个人，适用于每一个部门，适用于每一个政府，适用于每一个政党，适用于每一个国家。

　　似乎是明白了，其实困惑仍然没有消除。权到底是从哪里来的？它是如何产生的？怎样能够得到权？最后权又是怎样丧失的？一连串的问题让我百思不得其解。

　　思来想去，我似乎看出了一点点眉目——往往是这样：当一个人没有权的时候，他是那样的谦卑慈善，是那样的平易近人，是那样的忠厚老实。总之，一切美德都有可能在他身上得到体现。然而，一旦他有了权力之后，他也许在不知不觉中就变了，变得不可琢磨，变得老奸巨猾，变得盛气凌人，变得冷酷无情，甚至变得阴险毒辣。而且权力越大，他也就越发变得没有了人性，像希特勒、斯大林等等。尽管希特勒与斯大林二人本身所处的阶级立场不同，但在极权、专权、特权、暴权的嗜好上是一脉相承的。

当然，并不是所有有权的人都不好，有些有权的人为民众是做了很多好事的，像焦裕禄、孔繁森等等。按说，权本身内在的魔力，本不是什么好东西，但遇上了人性好的人，则他也无力作恶，甚至有些坏人起初也是心地善良的。我相信，希特勒和斯大林，他们在婴孩时期也得让别人给换尿布，天天求着大人抱着，大人让他们趴着就得趴着，让他们仰着就得仰着。在他们调皮耍闹后，他们的屁股蛋儿上恐怕也留下过大人巴掌的痕迹。当初多么乖、多么天真的两个孩子，长大后怎么会享有这么大的权力？怎么会害死了这么多的人？且不论他们的目的和行为的性质如何，反正人头落地了。步希特勒和斯大林之后尘者不乏其人，很多至今还在被瞻仰着、歌颂着。真搞不清，这权的魔影是怎样那么顶极地降服在他们身上的？多少人在骂，多少人在恨。其实，该骂该恨的不是人，而是那个鬼魔——权！问遍了周围的朋友、同事，问过很多很多的人，统统都受过权的压迫，统统都有过失败的经历。就连现在那些大大小小的当权者，也都曾有过辛酸泪下的痛苦历程，也都在私下里对权咬牙切齿、痛恨不已。由此足可以看出，那种没有权就等于失败的悲剧，并不是一个偶然的现象，而是非常应验的。

● "吃人"的现象和原因

记不起是哪一天，突然想起人们经常谈论的一句历史哲言："胜者王侯败者贼"。提醒之下想到应该好好读一读历史书，看看是否能从书中找到什么线索。好像鲁迅先生曾看出过"吃人"二字，看得出书中定有名堂。于是，从夏、商、周，到元、明、清，从"焚书坑儒"，到"无产阶级文化大革命"，我把历史书读了一遍又一遍，结果不得不佩服鲁迅先生的眼力，确实是"吃人"，而且鲜血淋漓！不过，这样一来又多了一点困惑：为什么要"吃人"？是怎样"吃人"的？如此一联系，便想到了那个兴风作浪的鬼魔——权，都是为了它！看看吧，父子相戮，兄弟相煎，你争我斗，枪杀刀砍，一切一切不可理喻的事情都是为了这个"权"字，都是由它而引发的——因为权的背后连着利益，有权了利益就丰盈，无权了利益就枯竭。对于"权"而言，无论是谁，一旦轻视它就必然会导致痛苦的磨难，付出血的代价。

权啊，历史发展的魔力！

不管历史怎样演变，都是围绕着争夺利益而展开的，争权的现象只是皮毛，其内在的核心是利益。如果说鲁迅先生看历史书只看到了"吃人"二字，我觉得那仅仅是看到了"现象"，而我看历史书看到了一个"权"字，并由此盯住了"利益"，我是力图看到"吃人"的深层原因——争夺利益。

对权的痛恨之余，也撩起对它的几分兴趣、几分好奇，因为它有一种魔力，迷幻着引导人们去"吃人"，并且由此形成一种社会感觉，导致社会历史朝着一个既定的方向发展变化。同时我还发现，不但在中国的教育体系中人们最缺少的就是有关"权"的知识的教学和普及，而且在西方现代社会科学中也没有对"权"的知识做系统化的研究。于是，立志非要将这鬼魔捉住不可，期望有一日能将这个鬼魔完完全全地解剖开，让它的阴魂显影，让它赤裸裸地暴露在光天化日之下，由此我们就可以发现历史"吃人"的规律，从而把整个社会历史发展的规律总结出来。这是一项多么艰巨的重任啊！

带着困惑，带着希望，我走上了这条寻觅鬼魔的艰难险峻之路，并且一上路便誓死不回头。但我的寻魔之路始终是在逆境中前行，因为最简单常见的道理是：人人都喜欢奉承，厌弃批评。而若有人欲揭人性之丑，就等于是在他们的伤口上撒盐，让人吃不消。所以寻魔之路便处处遭遇险境，不知何时何地就会落入他们设下的陷阱。而我却"撞南墙也不回头"，即使被司法人员编造罪名将我送入牢中备受折磨，但我也不放手。这是因为，"我早就知道魔鬼会赏我一钩腿的，现在它正拖我到地狱去"[11]。不过，培根所言一直在激励着我："顺境的美德是节制，逆境的美德是坚忍。这后一种是较为伟大的一种德行。顺境是《旧约》所宣布的福祉，逆境是《新约》所宣布的福祉，而新约者乃福音更大，诏示上帝的旨意更为清晰之书也。"[12]

要想弄清楚历史发展的魔力究竟是什么，就得先弄清楚"权"的秘密，只有先了解了"权"的知识，才能真正了解社会发展规律。

1-2 权的秘密

○ 捉魔的道路容易让人迷路

卢梭在他所著的《论人类不平等的起源和基础》一书的序言开头说："我觉得人类的各种知识中最有用而又最不完备的，就是关于'人'的知识。"而我觉得，在关于"人"的知识中，最有用而又最不完备、最多见又最不相识的，就是关于"权"的知识。纵观全世界，任何一个自称是发达、文明的国家，以及那些自己标榜为制度最先进的国家，"权"的教育一片空白，更别提有这样一门学科了。卢梭曾无意地在"权"的探索中触犯了统治阶层的利益而被当权者迫害，过了好多年颠沛流离的生活，[13]而我还是比较幸运的，虽然也是多少次在"权"的探索中被执权者整得头破血流、遍体鳞伤，但毕竟比卢梭生活得安稳，说明时代的进步——毕竟相差了200多年，也该进步一些了。如果按照马列主义追随者的愿望去推理，有200多

---

(11)[德]尼采：查拉斯图拉如是说.文化艺术出版社.1987，页14。

(12)[英]弗·培根：培根论说文集.商务印书馆.1987，（绪论）页18。

(13)卢梭的《爱弥尔》出版后遭到了当局的迫害，不得已离开法国去了瑞士，而瑞士当局也下达驱逐令，而后又搬入普鲁士国管辖的地区，可以说数次被很多地方驱逐，最后经过阿尔萨斯省到达英国，那是哲学家大卫·休谟邀请他去的，但又因二人意见分歧离开英国，改名换姓重返法国，过着流浪的生活。1770年被法国当局赦免后，他才名正言顺地定居巴黎。

年的漫长时间，实现共产主义都足够了。当然，从现实来看，共产主义连个影子还没有见到，究竟能不能见到，就连不少的中共党员心里都存有怀疑，只不过嘴上说的是另一套——不说不行啊（宣誓就是其中之一，但它并非是出自科学的需要，而是出于近似宗教信仰的需要）。

之所以在"权"的探索中会遇到磨难，因为捉魔的道路太曲折、太艰险，比我想象的要复杂、困难得多。当初我在南开大学上学，其中有一门选修课《社会心理学》(14)，学习之初就曾经让我觉得复杂、困难，这同佛洛伊德所说的比较一致，"我在这里要说的困难，不是智力上的困难，不是什么影响听众或读者，使他们难以理解心理分析学说的东西，而是感情方面的困难——某种使接触心理分析学说的人对其感情上的疏远，"、"缺乏感情上的共鸣，理解也就不那么容易了。"(15)说得直白点，读"红宝书"读多了，读傻了，猛不丁读起西方科学的东西，心理上确实有陌生感。但如今相比"权的秘密"这门功课，复杂与困难并不是体现在心理上或感情上，而是深深隐藏在社会实践活动背后的东西实在难以捕捉到，更别提看清楚。

对权的认识，起初同所有的人一样，一谈权，就以为是在谈政治权力，就是谈政治，就是说政府，就是议论某个领导人，把对权的理解，完全局限在狭义的政治性的"权力"这一范围内。其实不然，权的魔力真是神通广大，上上下下、里里外外无所不包，并非这么简单。当我把图书馆里涉及权问题的书籍浏览阅读之后，当我细心地从每一个人身上进行观察，从整个社会的面貌上，把权的阴魂逐一"拍摄"下来进行仔细分析和研究后，我霍然发现，面前的道路错综复杂，鲜花和毒草密密麻麻地缠绕在一起，像蜘蛛网一样拦住了我的去路，这才感到以前对权的认识是多么的肤浅。难怪柏拉图提出看似多余的问题"认识你自己"，原因就是人的问题是最难以认清的。

(14)孙非等：社会心理学教程.兰州大学出版社.1986。

(15)[奥]佛洛伊德：论创造力与无意识.中国展望出版社.1987，页1。

　　从宏观上看，社会现象与物理现象都应从属于同样的大规律，有道是"天人合一"嘛，但社会现象在物理现象的基础上，又有着更为复杂和多变的特性。正如孔德所说："在所有的社会现象中，我们都能看见个人的生理学规律的作用；此外还有某些改变它们的作用的情况，这种情况属于诸个体之间的影响——这种影响在一代人影响下一代人的人种方面变得尤其复杂。由此可见，我们的社会科学必须来自与个人的生活相关的方面。"、"由于社会条件改变了生理学规律的活动，社会物理学必须有它自己的一套观察方法。"⁽¹⁶⁾

　　这样一套新的"观察方法"能否被人们所接受？尤其是这套"观察方法"能够窥视人的"隐私"，将人们或多或少明白一些却都不愿意坦诚说出的内心秘密揭露出来，会不会由此得罪了保守者？旧的困惑未消除，新的困惑又袭来。但这并没有吓倒我，反倒使我更坚定了捉魔的决心。

◯ 权的含义和引申

　　在研究社会科学方面，过去"唯物论者"总是将眼睛死盯着"社会"（主要集中在阶级斗争上），而"唯心论者"总是将眼睛死盯着"人"（最终落脚在宗教的神上）。我却觉得，在人和社会的背后，我们应该将眼睛死盯着根本性的东西，那就是"权"。这个"权"，不是单指政治权力，而是涵盖生存、发展、经济、政治等方方面面的"社会感觉"。

　　如何来理解"权"这个字？最初似乎很简单，"权"，指的是古代衡器上的秤锤；为了保持衡器的平衡，秤锤在秤杆上没有一个固定的位置，而是要根据不同的重量随时被移动到不同的位置上。这一秤量的过程，就是最初"权"的含义。

　　后来，在人们之间的社会交往中，人们逐渐地把"权"引申为社

---

(16)［法］孔德：实证哲学教程.哈里特·马蒂诺英译本.纽约.1855，（导言，第2章），页45。转引自［德］恩斯特·卡希尔：人论.上海译文出版社.1986，页83。

会行为，例如权能、权衡、权谋、权宜、权术等。这些不同的社会行为导致了人们之间出现了很多不同的、都与"权"有关的差别，于是"权"又被引申为社会地位，例如权臣、权势、权贵、权威等。

由权的含义和引申可见，"权"已经不再是简单的秤量衡器上的秤锤了，而是被上升为社会文化及其相互影响的社会关系——即背后有各种各样利益的较量，我将此称作"社会感觉"。这一社会性的"秤量过程"是非常复杂、多变的，这是因为，在这个"社会秤杆"上，其衡量的刻度总是在变化着，利益的衡量总是没有公理，因而没有标准性；在这个"秤台"上，被秤量的"社会秤物"的种类和数量总是在不断地变化着，利益的满足总是难定，所有人都是永远嫌少不会嫌多，因而没有准确性；在这个实施秤量的过程中，无数只手在争着抢着拨动秤锤：有向上拨动的，有向下拨动的，有向左拨动的，有向右拨动的，都把自己往多出秤，为的是争得更多的利益，都把别人往少出秤，为了利益到手不择手段，因而没有公平性。看看，这样的"秤量过程"，没有标准性，没有准确性，没有公正性，秤量的难度就可想而知了。社会科学之所以难以成为科学，原因之一就是人的利益参杂其中。

从古至今，所有的人都参与过这个社会大衡器的称量过程，而且也都被这个社会大衡器秤量过，只不过有的人是"先知先觉"地主动参与者，有的人是"不知不觉"地被迫参与者。主动参与者总是能将"社会秤锤"把持到自己手里，想给自己得多少，就能得多少；而被迫参与者则总是无动于衷地被架空在秤台上，显示不出其应有的分量来。当然，主动参与者并不总是幸运的，在这个极端复杂多变的社会大衡器中，只有极少数相当敏捷且又能碰上好运的社会权衡高手，才能在社会的千变万化中偶然地将这社会衡器总保持在对自己最有利的平衡状态中，这不是一般人能够做得到的。不管怎样，这一社会大衡器的秤量过程，就是一种"社会感觉"形成的过程：每个人相对其他人而言，都是一个个的"感基"，而所有人之间所产生的影响都是一个个"感趋"，社会的感趋矛盾变化，导致"社会感觉"也随之发生变化。

什么是"感基"与"感趋"？它们在有关构成社会文化心理定势的问题中是一种怎样的关系？我曾经在《宇宙探秘——物质感觉论》一书中就物质的"感基"与"感趋"作过阐述[17]，现在我将这些概念引申到社会科学中，应该也同样是适用的。总之，"权"这个字经过演化，已经变成了社会文化心理在形成某种社会文化定势的过程中的整个秤量过程和结果了。研究"权"的问题，其实就是研究"社会感觉"问题。

○ 对权应该有一个正确的认识

既然是社会感觉，当然是包罗万象的。即：人间社会中所发生的一切一切，都与权有着密不可分的关系。而我最初所认识的魔，却只局限在政治权力上，把权的问题简单化了。虽然我后来仔细认真地学习了马克思主义理论，使我又发现了"经济权力"这个魔，但毕竟还是不全面，因为它还不能概括整个社会感觉。现在想来，自己过去的眼光太狭隘、短浅了。不过，探魔的道路不得不一点点地向前摸索，初始走点弯路，应在情理之中。

我相信，凡是刚刚见到本书的读者，从中看到了很多的"权"字，定是马上想到政治，把"权"与政治紧紧地联系在一起，这是很自然的。这是我们的生活习惯所致。但是现在就不同了，当人们把"权"与社会感觉重新紧密地联系在一起之后，"权"就不再单单是"政治"的代名词了。与社会感觉相联系的"权"，会使我们站得更高，看得更远。

其实，与我初始对权的肤浅认识一样，很多有关权内容的著作，都是有意或无意地把权狭义地当成政治权力来研究。英国的哲学家

---

(17)张春津：宇宙探秘——物质感觉论.天津科学技术出版社.1999，页214～233。

罗素先生[18]在他所著的《权力论》一书中是这样认识权的：

> 在人的各种无限欲望中，主要的是权力欲与荣誉欲。两者虽然有密切的关系，但并不等同：英国首相的权力多于荣誉，而英王的荣誉则多于权力。但是，获得权力往往是获得荣誉的最便捷的途径。就公共事业的活动家而言，情形更是如此。大体说来，荣誉欲所导致的行动与权力欲所导致的相同，因此在实际的意义上这两个动机可以看成是一个。[19]

很容易看出，虽然罗素先生把权力与荣誉看成"不是一回事"，但说来说去都没有脱离开政治因素，其论述的内容，都是局限在政治权力范围之内。他所说的权力欲也罢，荣誉欲也罢，都是与政治权力及其社会地位紧密相连的，不管是国王还是首相。正是因为罗素先生研究权和认识权的"行军路线"仅仅沿着一条"政治轨道"前行，所以最终还是把权力欲同荣誉欲均视为"同一的东西"，似乎人类都只是政治动物、只有政治血统。

《权力论》的出发点和立足点同马克思的"经济决定论"相比，其观点正好相反。前者从头至尾都是围绕着政治权力来论述，　而后者则是集中力量围绕着经济权力来论述。罗素先生认为："正统的经济学家认为经济上的利己在社会科学中可以视为基本的动机。马克思也同此见解。在这一点上他们是错了。当追求商品的欲望离开了权力与荣誉两种欲望的时候，这种欲望也就有限得很了，只需适当数量的财富就能完全使它满足。"、"当适度的享受有了保证的时候，个人与社会所追求的是权力而不是财富：他们可以把追求财富作为追求权力的手段，他们也可以放弃财富的增加来确保权力的发展，但不论是前一种情形还是后一种情形，他们的基本动机都不是

---

(18) 罗素是对20世纪的世界产生深远影响的思想家，他曾于1920年来华讲学并滞留达9个月，足迹遍及上海、杭州、南京、长沙、北京等地，与中国的知识精英和各界人士进行了广泛接触。他的众多演讲在当时造成了很大的轰动，使中国思想界耳目一新。特别是他关于中国社会改造方案的论述，不仅具有历史价值，至今看来同样具有现实意义。

(19)［英］罗素：权力论.商务印书馆.2012，页3。

经济的动机。(20)

在对权的认识上，罗素先生的观点不无启发。但其认识权的出发点却不见得那么准确和完整。就他所处的那个时代来说，它当时也许是正确的，但仅就现在这个时代来说，随着人们在认识上的进步，过去正确的东西，现在也许会变得不正确了，谁也不能说马克思永远是完美无缺的，因为马克思同罗素一样，都是人而不是神。它们的理论都会随着时代的进步由正确到不正确，通过修正和发展，再形成新的正确。尽管如此，我仍然认为罗素先生对马克思的评判是有片面性的。是的，马克思主义研究社会科学的基本动机是经济的，是"唯物"的，这有什么错？如果所有的人都饿着肚子，而且都面临着饿死的境地，还有谁会突发奇想地去追求什么权力欲和荣誉欲呢？其实罗素先生早已明白了这个道理，只有当舒适的生活得到保障时，人们才有功夫和雅兴去追求权力和荣誉；而在这个保障还没有得到之前，高谈什么权力欲和荣誉欲就为时过早了。

然而，反过来我又不得不赞成罗素先生的某些观点，即人们追求的目标不见得总是经济的。我从来没有听说过，那些为了"革命的解放事业"，为了保卫自己的国家抵抗外来侵略而英勇献身的先烈们，在他们献身之前有哪个财主许愿，谁献身了就可以得到几十万元的赞助和奖励。因此，用完全经济的眼光看世界，或是完全用政治的眼光看世界，都是"只睁了一只眼"。

社会科学的基本动机是什么？马克思说是"经济权力"，而罗素先生说是"政治权力"。在我看来，两位先生说的都有道理，但都不全面。他们虽然一个主张利益性的经济决定论，另一个主张政治性的权力决定论，但他们都是在自觉或不自觉地研究人的"权"的问题，只不过角度各有不同罢了，他们研究的范围都有局限性。

---

(20)[英]罗素：权力论.商务印书馆.2012，页4。

◯ 权的全面概括

那么，"权"到底是什么？我所认识的"权"究竟与马克思和罗素两位先生有何不同呢？

其一，我所认识的权，是人的权。既然是人的权，那么权与人权就是一回事。

其二，权，它同人一样，既有自然的属性，又有社会的属性。因此权是由两个部分组成的：一个是权利，意思是说，权利是某个人个体的自然的权利，而这个个体又不是超脱于社会之外的个体，是生活在社会之中的人的自然权利。而权力与权利就不同了，它是人的社会的权力，意思是说，权力是社会关系的某种反映，是在人与人之间发生某种关系时所产生的社会的权力。权利是权力的"静止状态"，意思是说，权利明确地归属某个人；权力是权利的"运动状态"，意思是说，权力发生于某种社会活动中。权利只具有权力的应然性，它不具有实然性；权力才是体现权利存在的、具有实际意义的载体。

其三，我所认识的权利与权力，它们各自又都包含着许多内容。这些内容非常广泛，归纳起来各自大致分为六个方面：

就社会的人的权利之自然属性而言，它的六个方面是：生存权、学习权、经济权、参政权、技能权和荣誉权。

就人的社会的权力之社会属性而言，它的六个方面是：民族权、教育权、发展权、政治权、社会文化权和自主权。

六个方面之间及两个层次之间均是相互联系的。生存权是其它权内容的前提条件；学习权是其它权内容的攀登阶梯；经济权是其它权内容的物质基础；参政权是其它权内容的护栏保障；技能权是其它权内容的促进剂；荣誉权是其它权内容的动因和归宿。表现为自然属性个体性质的社会的人的权利层次，是人的社会的权力层次集体综合性质的社会感觉。也就是说，个体的六个方面权内容，是集体（社会）的六个方面权内容的基础。反过来，后者又影响着前者，甚至可以决定着前者的性质和规模。因此，权内容不分层次高低，都是相互作用、相互交融、相互贯通的。

◯ 对不同观点的鉴别与评判

说到这里，人们应该不难看出，利益性的经济决定论研究的是权内容中的经济权和发展权，而政治性的权力决定论研究的是权内容中的参政权和政治权。经济权和发展权与参政权和政治权都是权的内容之一，都与人权沾边儿，都没有完全脱离开人权的内容而出现"跑题"的错误，但都存在着不全面的问题。从一般的规律上看，经济权和发展权具有基础性，没有经济权和发展权，即如果人们都面临着被饿死的境地，那么人的追求就很难上升到对参政权和政治权的追求。因此，马克思经济学说的出发点应是首先予以肯定的。但是，这仅仅是最一般的规律，而有些人是不按照一般规律行事的，因此违反一般规律的现象也不少见。在我们肯定了马克思经济学说出发点的同时，我们还要再反过来肯定罗素先生的某些论点："真正上乘的欲望不会为物质舒适的嗜好所左右"，因为在经济权和发展权以外，还有很多其它的权内容等着人们去追求，如学习权和教育权，参政权和政治权，技能权和社会文化权，荣誉权和自主权。人们在摆在眼前的各种权内容之间，往往不一定遵循权欲追求的最一般的规律，有的人往往具有超前性或盲目性。因此，在某种特定的情况下，人们行动的动机并不总是经济的，否则，我们就解释不通雷锋精神的伟大之处了。

我是一个很渺小的人，但我所走的这条探奇捉魔之路的动机，绝对不是经济的，甚至有时还以丧失一定的经济能力为代价；同时也不是政治的，没有听说哪个人因为写了一本书就升了官的。事实上，为捉魔探险而写书，不但不能为当官创造条件，反倒可能会因为我戳伤了当官者的痛处而得罪了魔，由此导致那些鬼魔们非要置我于死地不可。

同经济决定论一样，把权仅仅当成政治性的权力来分析，不可能将人的各种问题全面概括，它必须要考虑到权利问题和权力内容的其它问题。对待权的问题，单单研究经济或是单单研究政治，那是一条容易跑偏的路，是绝对捉不到魔的。正是出于这一基点，才使我眼界放宽，确定了正确的方向。

在捉魔的路上，我又意外地发现了一个秘密，那就是"权"这个家伙像是有毒病菌一样具有传染性。当它深入人心形成一定的规模时，它就会凝聚成某种社会感觉。随着社会感觉的变化，导致各种各样的社会文化、社会制度的出现，成为社会历史发展变化的内在魔力。正因为我最终捉到了这个魔，所以我可以把历史发展变化的规律掌握在手里。我不但可以用它来总结过去的历史，鉴别现在的历史，我还可以用它来展望和预测将来的历史。我相信，凡是看了这本书的人，都会掌握这一规律，都可以把那鬼魔捉到手里，使人擦亮双眼，使人未卜先知。

不知道人们是否发现，一切社会现象、社会问题，归根结底都离不开一个"权"字，都可以从它身上找到利益的根源；从这个"权"中，可以使人享受到无穷的欢乐和幸福，也可以使人饱受难以言状的折磨和痛苦。人类上万年的历史，就是为了这个"权"战斗、拼搏的历史。

人人都恨魔，但每一个人身上又都有魔的阴影。说鬼魔没有逞凶时，那是因为时候没有到，所以都和好人一样；一旦时机成熟，一旦具备了鬼魔出现的条件，看着好了，好好的人就会立即"变脸"。据媒体报道，北京北元律师事务所主任张某自称2009年就开始研究"道"，"立志做中国政治家型律师"。他从2009年至2012年连续四年都被评为"全国百强律师"，曾主张"律师必须坚持正义，做人正派，明辨是非"，要推行"正义文化"——"建所先建正气，做事先做人"。[21]可就是他，于2013年因强奸19岁的女大学生被判刑数年。因此，很多人都自愿或不自愿地是两面派，越是表面上装得正人君子，暗地里就越可能是男盗女娼。

从历史的角度出发来评价某个人的功与过，我的永恒的结论

(21)《法制晚报》.2013-11-18，第A14版。

是：在权的问题上，天下所有的人都有愧于历史，同时又都是历史的受害者。

1-3 权的权利

○ 权的权利是突破口

权的问题是一个相当复杂的问题。若想弄清楚权的问题，就不能泛泛地谈，而必须从一个点深入进去具体地分析。权是由权利和权力两个主要内容所组成的，权力的分析如果不建立在权利的分析之后，则分析必然会出现片面性。我们就从权的权利这一点着手，进而逐渐探明权的全部奥秘。

什么是权利？权利就是人的自利人格，是大自然赋予给人的具有生命的人格；它是人们之间平等地享有的、与每个特定的人身密切联系不可分割的、能够支配自身的能力资格。

权利就是人的价值、人的做人的资格、人的尊严；只要是人，他（她）就有人的权利，就有人的价值，就具备人的地位。所谓每一个人都充分享有权利，就是说谁也不比谁的权利更多一点或更少一点。法国启蒙思想家伏尔泰说过，人是天生平等的，"中国的皇帝，印度的大莫卧儿，土耳其的帕迪夏，也不能向最下等的人说：我禁止你消化，禁止你上厕所，禁止你思想。"[22]所谓权利平等，"是人在实践领域中对自身的意识，也就是人意识到别人是和自己平等的人，人把别人当作和自己平等的人来对待"[23]

既然连皇上和平民在权利上都是平等的，那么父母与子女之间的权利也是平等的。就是说，不管是父母还是子女，他们都天生享有权的权利，谁也不比谁多，谁也不比谁少，并不因为辈份或谁曾给谁

---

(22)十八世纪法国哲学.商务印书馆.1963，页88。

(23)马克思恩格斯全集.第2卷.页48。

换过尿布而改变。因为类似于辈份或换尿布这样一些问题，都是权的权力所要解决的事情。如果因为某个人曾给他的孩子换过尿布就可以使他享有指挥一切的权力的话，那么，这个人肯定愿意给全世界所有的人都换一下尿布。不过那样的话，换尿布的生意就会顿时火爆起来，甚至会为此打破头。若是这般，我敢肯定，第三次世界大战爆发的原因就是人们都想给别人换尿布而引发的。

如果父母为子女做了些好事，老师为学生做了些好事，当官的为老百姓做了些好事，这只是说明他们在权力上形成了服务关系，并不能由此改变人们之间权利的平等关系。这是因为，人的权利是大自然赋予给人的，是与生俱来的，而不是后天追加的。

中国近代政治家、思想家康有为在所著的《大同书》中说："人，天所生也。托藉父母生体而为人，非父母所得专也，人人直隶于天，无人能间制之。盖一人身有一人身之自立，无私属焉"[24]他认为，权利并不是哪个皇帝君王赐予的，而是每个人生来就具有的。正因为这种平等的权利是"天"（即大自然）赋予的，因此任何人，包括自己的生身父母都不能剥夺，是神圣不可侵犯的。权利不是人给予人的，虽然每个人都是由他（她）的父母所生，但这决不能意味着这个人的权利是由其父母随意缔造的，而仍旧是大自然中自然规律的产物。

但是，在很多当父母的眼中，子女就是他们缔造的，由此子女就必须无条件地服从于父母。甚而至于，父母对子女采取家庭暴力也觉得理所应当，这就是权利意识不足造成的。

○ 法律规定的权利不完全

我这里所讲的权利，与中国大陆法律上规定的权利是不相同的。法律上规定的权利，是统治阶级为了体现他们自己意志人为制定的，有的合理，有的不合理。因为既然是人为制定的，那么，制定者所规定的权利当然是按照制定者的实际利益和好恶来体现的，也

---

(24)［清］康有为：大同书.上海古籍出版社.2005，页144。

就必然会出现制定者借制定之际，扩大、窃取自己的权力而侵害制定者以外人的权利的现象。因此，法律上规定的权利与人们本应享有的自然权利之间往往是有差距的。更何况，法律是受历史局限的，18世纪时期某个国家规定的权利与19世纪某个国家规定的权利肯定不同，历史越进步，被规定的权利就越全面、越完善。同时，由于国情不同，即使在同一个时代，各个国家各个统治阶层以法律的形式规定的权利也是不同的。所以，法律上规定的权利总是需要不断修正的。

从1215年最早颁布的英国《自由大宪章》，以及1628年颁布的《权利请愿书》，[25]到1982年12月4日由中华人民共和国第五届全国人民代表大会第五次会议通过的《中华人民共和国宪法》，[26]无论是欧洲、美洲，还是亚洲、非洲，很多国家的宪法中都有意或无意地将权利与权力相混同，错把人的社会的权力当作社会的人的权利来确定，或是相反。这可从一个方面说明，对权的认识和理解都有历史局限性，都有过"权盲"的经历。在我所阅读过的国家宪法文件中，只有法国1789年8月颁布的《人权和公民权宣言》对权的认识和理解算是最到位——宣言的开头就是："组成国民议会的法国人民的代表们，认为不知人权、忽视人权或轻蔑人权是公众不幸的政府腐败的唯一原因，所以决定把自然的、不可剥夺的和神圣的人权阐明于庄严的宣言之中，"宣言的第一条就明确确认："在权利方面，人们生来是而且始终是自由平等的，只有在公共利用上面才显出社会上的差别。"[27]前一句准确无误，后一句虽然没有确定是权力上的差别，但已经算是非常接近了。

如果一个人的权利是由其父母或统治者赋予的话，那么，他们既然可以在高兴的时候赋予给你权利，也可以在他们不高兴的时候随意剥夺你的权利。由此，你就会成为一个奴隶，且不管它是在家庭

---

(25)董云虎等编：世界各国人权约法. 四川人民出版社. 1994，页3～12。

(26)董云虎等编：世界各国人权约法. 四川人民出版社. 1994，页640～649。

(27)董云虎等编：世界各国人权约法. 四川人民出版社. 1994，页27～28。

中还是在社会中，结果都是一样的。那样的话，那些暴打子女致死的行为就成了天经地义的事了；那些暴君残杀民众、压迫民众的恶行岂不都是合情合理的了？董仲舒倡导的"罢黜百家，独尊儒术"之所以被汉武帝所采用，因为儒学中有关君与臣、父与子之间的忠义和孝道说教内容，有不少潜台词就是在灌输"权利是由其父母或统治者赋予的"的思想，目的是为了便于统治。

所以我总是在想，由统治者或统治阶级所制定的权利这一行为本身，是无法实现人们的自然权利的，因为往往是人们最重要的权利，却可以在统治者制定的过程中被剥夺；而本不应属于统治者自身的一些东西，却可以用法律的形式把它当成"权利"确定下来。这样一来，人与人之间的平等就成了一句空话。

只有大自然所赋予给人的权利，人们之间才能真正平等地享有，而没有什么高低贵贱之分。不管法律上规定了也好、还没有规定也好，人们都请记住我的忠告：你们都平等地享有权利，谁的权利也不能被剥夺——无论是行政命令还是法律手段——所有的人、所有的手段都不能剥夺你们的权利。你们只要还活着，你们就享有权利，只要还有一口气，你们依然享有权利。直到你们的心脏停止了跳动，你们的权利才随着你们的死亡而消亡。这是因为，权利不是人赋予给人的，而是大自然赋予给人的；由大自然赋予给人的权利，最后只能由大自然的自身按照自然的规律来"索回"，而不是由某个人、某个执法机构、某个政党或者某个国家来剥夺。除非有人侵害剥夺了别人的权利，例如杀人，那样的话，法律就会来制裁侵害者，甚至剥夺他的权利（判处死刑）。

○ **权利是社会的人的权利**

当然，人是社会的人。只有社会的人，才具有权利意义。那种脱离了社会的人的权利有与没有究竟能有多大的意义？那种纯粹抽象人性的权利也是毫无意义的。人的所有权利最终必须由社会作为基础加以实现才不是抽象的、空洞的。也就是说，这种权利是以社会的人为前提的，是社会的人的权利。西方文明中经常可以看到的一个误区，就是过分强调个性的"人的权利"，将"社会的"前提予以省略，因而导致社会性被忽视。但是，在我们强调社会性时，绝不能借机抹杀了个性，不能忽略了权利的基本要素问题，即权利对象的量的问题。所谓权利的基本要素，既是指构成权利的最小单位。权利是相对每一单项主体而言，它的最小单位和最大单位是等同的。意思是说，每个人都享有确属于自己的独立的权利，绝不会出现两个权利主体共同享有一个权利的现象，哪怕是连体婴儿，也不会出现一个权利主体享有两个权利资格的现象。不管是谁，他（她）的权利绝不比别人多也不比别人少。当然，"房姐"龚爱爱可以出奇地以不同的姓名享有多个"权利"，她侵犯的不仅仅是"社会法"，还实实在在地侵犯了"自然法"。[28]

我所说的权利是一般人的权利，而不是搞阶级化分的权利。在阶级社会产生以前，人就具有权利。权利本身不具有阶级性，它是一切人均能享有的相同意义的权利。

之所以说权利是社会的人的权利，它既首先肯定了权利的个体性质，又把这种个体自然人的独自性质建立在社会之中的前提下；它既存在于社会的实际中，没有脱离社会，又相对于社会中的其他人之外，是个独立意义上的主体个人。

为什么封建皇室、贵族、僧侣的特权都被历史无情地、普遍地废除或加以限制，为什么很多国家都不约而同地在宪法上明文规定了全体公民即人人都享有平等、自由的权利，这并不是偶然的，而是社会发展的必然。社会越发展，越进步，人们的自然权利就越突出、越醒目，越被广大民众所认知、关切和尊重。反之，社会越落后，越反

---

(28)龚爱爱1964年出生，曾任神木县农村商业银行副行长。2013年1月，被曝在北京拥有20余套房总价近10亿元。后经北京警方证实，其以多重身份拥有41套住房，共9666.9平方米。2013年9月29日，陕西省靖边县人民法院对龚爱爱一案作出一审判决，判处有期徒刑3年。龚爱爱不服提出上诉，榆林中院维持原判。

动，人们的自然权利就越渺小、越无足轻重，同时也就越被广大民众所不知、所淡化和蔑视。

另外，权利还是一种自利性的权利，它是不承担任何社会义务的。如果说它有义务，那它也只是对权利主体自身有义务。可见，人是权利本位而不是义务本位。人自降生人世，就具有了各种天赋的权利，而不是天生就负有数不清的义务。

怪不得我总是觉得有一双魔手掐在我的喉咙上，这就是因为我们的旧风俗和旧习惯最讨厌人的权利，只喜欢别人尽义务。这两种格格不入的世界观怎么能不发生冲突呢？可以预见，这种冲突将会随着社会的发展，随着人们权利意识的增强而越趋激烈。

◗ 别把权利误解了

每个权利主体都可以享有其自身愿意享有的一切权利，他人是无权阻挠干涉的。因此，权利是广泛的权利、普遍的权利、无限的权利。只要某个人有了某种意志，那么他（她）就有所要享有的权利。

也许有人会问，如果某个人有了杀人的念头——不管他是为了什么，难道他就有杀人的权利了吗？这个问题与我说的是两回事。某个人有了杀人的念头，这种念头的权利有谁能禁止他享有呢？某个人想金钱，某个人想美女，他们均有权利去想，谁也无法干涉他去想什么，他们想要想什么就有权想什么，这绝对是自由的。但是，享有权利并不一定能享有权力。权利仅仅是一种资格，是一种只对权利主体自身负责，并且只局限在与自身打交道的范围内随便地进行思想斗争，因此它仅仅构成一种可能性。你可以享有可能干这个事的权利，也可以享有可能干那个事的权利，但最终你到底能不能去做这件事或是去干那件事，那就不是权利这个概念所能决定的事了，那就得看你能不能把权利兑现成权力。如果你获得了干这件事的权力，那么你想干这件事就可以干这件事，如果你没有获得干这件事的权力，则你即使想干这件事也不能干。如果在没有获得权力的时候你强行地去干，就势必会造成侵权。一个人有了杀人的念头，他的这种想的

（29）赵修义选编：重估一切价值——尼采如是说. 上海文艺出版社. 1994，页

权利别人无法限制，但是针对这种违法的行为就肯定有人要来过问了。原因很简单，他没有"干"的权力；没有获得杀人的权力，当然他就不能杀人。只有当他获得了杀人的权力——得到了社会的赋权（如司法行刑者），他才可以扣动扳机。

说到这里不难发现，只研究权的权利是不够的，权的很多问题都无法用权利来解决。于是我就不得不下力量去研究权的权力，这才发现权力是一个非常重要的概念，并且又是一个非常复杂的问题。社会之所以复杂，就复杂在权力问题上，这是我们后面的话题。

不管怎样，当我把权利的来龙去脉大致地搞清楚之后，禁不住兴奋无比。如果说一个先进的社会制度在人的经济上、政治上解放了奴隶的话，那么权利的意识得到普及和确认，那将是在精神上、思想上、理论上再一次解放意志上的奴隶。

1-4 权的权力

◗ 权力是社会关系的反映

每个权利主体——即每个人都生活在社会中，每个人在实现自己的权利时都不能侵扰或损害他人权利 的体现。而生活在现实社会中的人，不可能不与别的人打交道，都要与周围的人发生各种各样直接的或间接的联系，而且肯定会出现各种各样的矛盾。因此，弄清楚权的权力问题是非常重要的，这是我们研究一切社会关系的基础。不懂得权力的内含，不搞清权力关系，就不会真正懂得社会关系。

什么是权力？尼采曾经说过："只有还没取得权力，人们就想要自由。假如人们有了权力，人们就想建立霸权；假如人们争不到霸权（假如人们的力量还不足以取得霸权），人们就要求'正义'，即平等权利。"[29]话语中不难看出，尼采眼中的权力虽然还被局限于"政治

（29）赵修义选编：重估一切价值——尼采如是说. 上海文艺出版社. 1994，页 154。

权力"范畴内，但已经明确地表示出权力是多么的不道德。过去我同尼采一样只是盲目地恨权力，把它看成是世界上最令人憎恶的恶魔。其实不然，权力同人性一样，初始既不是完全的善，也不是完全的恶，只是后来在不同的社会感觉中，有的权力朝善的方面演变，有的权力朝恶的方面演变。权力之所以走上了善的路或是恶的路，那全是人性的鞭子驱赶成的，它随着社会感觉的变化而变化。由此，我曾认为的"可恨的不是人而是权力"这一结论是不完全正确的。这是因为我当初也曾把权力当成政治性的东西来对待，根本没有弄懂权力的科学概念究竟是什么。

什么是权力？

权力，它是人与人之间的社会关系的基础，是人们能够支配自身、并对自身以外的某些事物发生各种各样的赋权活动，由此能够取得某种实际利益的能力关系。权力是由赋权产生的，是人赋予给人的——它确实如加尔布雷斯所说，与人格、财产、组织相关，[30]但不局限于此，范围要更广，因为它是社会关系的反映。人格、财产、组织只是社会关系的很小一部分。

我这里所说的权力，不是人们通常所说的政治上的权力，而是权的权力。它不仅包括政治上的权力，而且还包括生存的权力、学习的权力、经济的权力、技能的权力、荣誉的权力等等一切与人的生活相关的各种内容。在此需要说明的是：一方面，具有权力的人必定具有权利，权利是权力的前提，是基础，就如同人是社会的基础一样，没有人就没有社会，没有权利就没有权力；另一方面，具有权利并不一定能享有某种特定的权力，权利是人人平等享有的，而权力则不同，在一定的时期内，有的人有，有的人没有；同是一个人，有的时候有，有的时候没有；有的时候权力大，有的时候权力小。

（30）[美]约翰·肯尼斯·加尔布雷斯著，陶远华、苏世军译：权力的分析.河北人民出版社.1988，页29～55。

○ 权力是难以平等享有的

从上面的分析可看出，权力是人与人之间无法平等享有的。你选举我，让我当领导，这是一种政治赋权活动，是你向我授权了。于是，我就享有了管理你的权力，而你也就失去了管理我的权力，甚至你还担负起被我管理的义务。在这一项简单的赋权活动中，你的权力变小了，我的权力变大了，如此这般，权力怎么能平等地享有呢？因此，人们经常说的包括国家的宪法上也规定的什么"人人生而平等"，那是指"权的权利"，而不是指"权的权力"。权力不能平等地享有，就好比在我们这个具有十三多亿人口的国家里，绝不可能让所有的人都来当中国总理，都平等地享有总理的权力一样。

看得出，人类不平等的起源就是源于权力。正是因为人的权力意志有强有弱，人的权力能力有高有低，所以就必然要导致人类不平等的问题出现。

说到这，我觉得有必要把权力的基本特征归纳一下，以使人们更容易、更准确地理解权的权力这一概念。

权力不是人天生具有的，它是由人赋予给人的，是人们之间通过赋权活动才产生的。"使人成为国王的不是出生，而是大家的公认。"[31]不管这"公认"是选举还是对一种现实的默认——哪怕是最不情愿的默认，它都是赋权活动中授权意志的一种体现形式。如果权力是人天生就有的，那么，国王和皇帝掌权就用不着大家来公认，于是，他们就可以为所欲为；工厂主就可以肆无忌惮地剥削欺压工人；司法人员就可以在大马路上随便抓人，并且他们还理直气壮地叫喊说：我们天生就有这个权力！

当然，赋权活动所产生的权力并不仅仅局限于政治权力方面，生活中的各个方面都在发生着赋权活动。譬如：家长让孩子去买菜，那么孩子买菜的权力就产生了；孩子让家长讲个故事，那么家长讲故事的权力便产生了。又譬如：你的朋友请你帮他干点活，早上来也行，

---

(31)马克思恩格斯全集. 第1卷. 页377。

晚上来也行，于是你就享有了帮他干点活的权力，并且想早上享有就可以早上享有，想晚上享有就可以晚上享有，等等。

○ 权力可以享有也可以被剥夺

权力既然是由人赋予给人的，那么它就可以再被剥夺。人民拥护你，选你当总统，使你享有了领导国家的权力。但是，如果你根本不替人民说话，不按人民的意志办事，甚至干出损害人民的一些事情来，那么，人民就有权立即剥夺你的那个权力，把你赶下台。

人类的很多痛苦都源于权力的不平等——更确切地说不是源于合理的不平等，而是源于不合理的"平等"。发生这一痛苦的最根本的原因，就是人们至今没有搞清楚权力的来源，不知道皇帝的儿子为什么可以继承皇位，还以为这是理所应当的呢。要祛除人类社会的痛苦，首当其冲的就是要使权力关系平衡，就要使赋权活动中的一方在授权给另一方时必须附加上条件，这个条件就是：你不得损害我们的利益——尽管你的权力最大；而且你还必须要维护我们的利益——在必要的情况下你甚至应该牺牲自己的利益。在附加上这个条件之后还要保留另一种权力作为权力关系平衡的手段，那就是：如果你不为民众服务，我们就有权罢你的官，收回授给你的权力，把你拉下马。

可见，权力是人们无法平等享有的，只能靠制衡的力量来加以限制，使权力关系在总量全局上保持一种平衡关系，而局部的一些差异谁也无法消除。

权力与义务是统一的。任何一个权利主体，在他（她）享有了权力的同时，就负有了与这一赋权内容相应的义务。这个相应的义务就是指与其所享有的权力相持衡的义务，这就是先进文明的社会制度应该体现出"权力制衡"的根本原因。

只享有权力而不承担义务的人是不应存在的。义务的对象及其具体内容是由权力的赋予者来决定的，人民把国家的管理权交给了公务员，使公务员们享有了管理的权力，那么，这些公务员就有了为人民服务的义务。

○ 权力的基本要素

构成权力的基本要素是两个人。也就是说，它必须在两个或两个以上的权利主体之间发生某种关系时才能产生。

鲁滨逊在海岛上一个人生活时，虽然他是孤身一人，但他仍具有权利，享有各种各样人的权利。然而，由于他是一个人，无法与其他人发生直接的关系，便无法构成权的权力的基本要素，故而他根本没有任何权力而言。当后来鲁滨逊在荒岛上发现了"星期五"，尤其是把"星期五"征服为自己的奴仆时，这种权力关系才产生出来。鲁滨逊与"星期五"在经过权力意志和权力能力的较量后，"星期五"不得不臣服，从而使鲁滨逊享有了"统治"的权力。当然，这种权力的获得具有原始野蛮性，充满了弱肉强食的味道。也就是说，鲁滨逊所享有的这个统治权力并不是"星期五"自愿授权产生的，也许"星期五"还想统治鲁滨逊呢，这就要看双方的权力意志和权力能力谁更强些、谁更弱些，只有当一方服了软，即使不是甘愿，哪怕是被迫当了奴仆，权力也就必然会转移到强者手里。所以，权力也许是抢夺的，但抢夺的权力必须具备这样一个前提：被剥夺了权力的一方最终放弃了抢夺权力的意志，并且在强者面前面对现实地接受了人强自弱的结局，以苟安来避免不利的竞争，以失掉参政权来换取生存权的完整。即：叫爹叫娘都行，"留我一条性命"；做牛做马也可，"切莫砍我头颅"。于是，强者便安心逞强，弱者便甘愿为弱。强弱之间也有合作，各取所需，相安无事，由此权力关系才得以维系。如果不是这样，谁也不甘示弱，那么，双方就得拼个你死我活！

一些西方社会科学研究者在有关权力现代形式及其结构的研究中，要么是单单盯住了政治权力不放而其它不顾，要么是仅仅就事论事地议论表层现象而不去关注深层的东西，正如他们自己说的，在对权力的研究中，"要么是把人看作通过互动而创造出结构的自由行动者,要么就是把人看作仅仅是执行程序的机器人。"[32]甚而至于在人类学的研究中上升为阶级斗争的对抗形式。

不错,权力是人的社会的权力,它确实可以具有阶级性。但不是所有的权力都具有阶级性,如父母与子女之间的权力关系,双方就是再紧张,打得不可开交,甚至动刀动枪,也谈不上什么阶级性。不过,有阶级性的权力也好,没有阶级性的权力也罢,它们都统统具有道德性。

权力的社会性是不言而喻的,但权力的阶级性就显得比较笼统,因为阶级是被人有目的地划分出来的,这个目的就是某个权力建筑(即尚未获得统治权的某个集团)为了夺取统治权将更多的人笼络到自己的集团阵营中,让他们误以为这才是自己的"家",他们的所有利益都不得不从自己的"家"中所取得,并且能够获得最大的利益,因而心甘情愿地为了这个"家"而冲锋陷阵。自打人们察觉到能够通过阶级的说教可以笼络很多人并从获得的政治权力身上尝到不少甜头之后,在权力内容中最颇具魅力的政治权力的诱惑下,阶级斗争一天也没有停止过,而且越演越烈,直到如今。一切阶级斗争的原因和目的,都是围绕着争夺权力——更准确地说,都是围绕着争夺政治权力而展开的。无权的要夺权,有权的要保权;为了维护特权,取得更大、更多的权力就要使用暴权、强权、霸权。这多种多样的权力关系或者叫"权的社会感觉"构成了整个阶级社会的历史过程,贯穿整个阶级社会的始终。

但是,权力与阶级不是什么时候都紧密相连的。研究权力,不能一上来就放到由众多群体所组成的社会中去作分析,而是应该找到它的最小单位——基本要素。这是众多社会科学研究者都往往忽视的一个重要问题。

不知人们是否发现,在人们的日常生活中,一些人总是误把"权

---

(32)[英]约翰·格莱德希尔:权力及其伪装——关于政治的人类学视角.商务印书馆.2011,页201。

的权利"与"权的权力"两个概念混同起来使用,甚至在很多国家的法律中,也没有严格准确地把这两个截然不同的概念清楚地区别开,造成了概念的混乱。在这里,我觉得很有必要将这两个概念的区别和联系简要地作一说明。

◯ 权利与权力的区别及联系

权利与权力的区别:

●权利是与每个特定的人身密切联系不可分割的人格和能力的资格;而权力则是人与人之间社会关系的产物。

●权利与权力的产生是不同的。权利是大自然赋予给人的,是天生就有的,是客观的产物;权力则是由人赋权给人的,是受来的、追加的,是主观的东西。

●权利是与生俱来任何人也剥夺不了的,只能随着权利主体的死亡而消亡;权力则是既可以由人赋予,也可以由人再剥夺,同时它还可以被主动放弃掉。

●权利是人们之间平等享有,并与其主体是相对持衡的,谁也不比谁多,谁也不比谁少,谁也不能在自己活着时放弃自己天赋的权利;权力则是人们之间不能平等享有的,有多、有少、有大、有小、有时有、有时没有,并且谁都可以主动地放弃权力即弃权,使权力具有一种"可变性"。

●权利的基本要素是一个人——即权利主体,它是"社会元素",是组成社会的不可再分割的最小单位;而权力的基本要素是两个人,是一种关系——权力关系或社会关系,是构成社会感觉的最小单位。

●权利是不承担任何社会义务的,是自由的、自利的权利;权力则应承担相应的社会义务,权力与义务是统一的。没有义务的权力和没有权力的义务都是不存在的。

●权利不具有道德性和阶级性,它是普遍的权利,是广泛、无限的权利;权力则具有道德性,是有限的。在构成阶级对立的社会形态中，它还具有阶级性。

权利与权力的联系：

●权利与权力是不可分的。人生活在社会中，必然会有各种各样的社会关系。一个完全脱离了社会的"人"是没有意义的。印度曾经发生的"狼孩"事件足以说明这一点。除非世界上自盘古开天地起，就只有一个人存在，这是非常荒唐的。就是连那些认为上帝创造人的有神论者，也不得不承认这一点，否则他们不会从一开始就编造出"夏娃"和"亚当"两个人来。

●权利是其主体获得各种各样权力的前提和条件，没有权利的人是不可能具有并享受权力的。我们绝不会选一个还没有出生的人来当我们国家的元首，把决定一个国家前途和命运的大权赋予给一个无权利的人。另外，权力也是权利主体体现自己权利存在的手段。对一个暴君或独裁者，人民如果不通过他们自己的权力把那个统治者打倒，那怎么能体现人民当家作主的权利存在呢？

总之，从个体角度看，没有权利的权力是不存在的；从社会的角度看，没有权力的权利也是没有意义的。二者是相对对立又相互统一的。一句话，权利是生活在社会权力关系之中的人的权利，权力是所有权利人在活动中的社会的权力。

1-5 权力的剖析

○ 权力是个神出鬼没的家伙

从权利与权力的区别中可以看出，相对地说，权利是一个较简单的概念，比较容易理解和把握，就好像在一个布口袋里装了很多的纸团，每个纸团里面写的统统都是一个字——人！因此，不管你闭着眼也好，睁着眼也好，仔细地挑选也好，还是随便抓一个也好，最终的结果大家都是一样的。而权力就不同了，这纸团里面谁也不知道写的是什么。因此，无论你多么精明强干，你也不能准确地说出你手里的纸团里面写的到底是什么。所以，权力问题是非常复杂的，不把它剥开细细地分析一下，就很难搞清它的真面目。尽管如此，我仍不敢说能把它的每一个组成细胞都清清楚楚地摆在显微镜下看个仔细，只是尽力地朝着这个方向努力。

为什么说权力是个神出鬼没的东西？这是因为，没想找它，它奇迹般地突然降临；看似没有，却不知道它是从哪里钻出来一下子就骑到你的脖子上，最后又可以瞬间消失得无影无踪。

虽说权力瞬息万变，但它总是有规律可循。先说它的出现，它实际上就是在遵循着赋权活动的基本规律。有授权的，就有受权的；没有人授权时，为了得到权力，还可以通过侵权、篡权把权力夺到手里。侵权和篡权的方法可以采用暴权，也可以采用强权，还可以采用权术。只要哪里有社会活动，哪里就会产生权力。

说到权力的消失，也有规律可循。有按时限消失的，有按人为意志消失的等等。例如，某国国家总统一职的任期是4年，那么这位总统的权力只是在这4年之内有效，满4年后，总统的权力就自动消失。如果上届总统还想享有这一权力，那么他就必须重新通过政治赋权活动——即人民选举之后才能确定。这就属于权力的时限消失。又如，你想买一件商品，当你把相当于这件商品价值的货币交给卖方后，你就享有了将那件商品取走归自己所有的权力。当这件商品你已经确实拿到了手里后，那么，你与卖方这一经济权力关系也就自动消失。也就是说，只要你所买的那件商品还没有拿到手里，那么，你要取得那件商品的权力就始终存在。只要那件商品交给了你，你就没有权力再去讨要不该要的东西了。这是属于权力的要约消失。再如，某个团体请你去他们那里作报告，使你享有了作报告的权力。可是，出于某个原因，那个团体又临时决定不请你去了，于是你作报告的权力又消失了。这属于权力的人为消失。人为权力消失是一种往往没有事先规定的随权力关系变化而以授权者的人为意志为转移的赋权活动，因而它就更多变。

权力具有多变性，而且是在不断发展的。往往某一个权力关系间权力的消失并不是全部权力的消失，而是权力关系中一部分权力的消失。这一部分权力消失了，同时那一部分权力又产生了；小的权力消失了，可大的权力还依然存在；等到这个大的权力消失时，另外的某种权力又产生了。

譬如说，你想买一台电冰箱，当你把钱交给商店的时候，你就享有了得到这台电冰箱的权力。当你事实上得到了这台电冰箱后，你的这一权力消失了，可是同时你使用这台电冰箱的权力又产生了。如果在一定的时期内，这台电冰箱出了毛病，你要求维修的权力产生了。经过维修后你的权力消失了，可电冰箱仍无法正常使用，经过检查确属质量问题，那么你要求退货的权力又产生了。可见，权力这家伙一点都不怕累，喜欢连续作战，一会儿也不闲着，它是世界上最勤劳的家伙。

权力从产生到消失所持续的时间不一样，有的非常短暂，有的时间就较长。权力产生和消失的频率和周期也不一样，社会交往越多，社会关系越复杂，权力产生和消失得就越频繁、越多变、越复杂、越让人捉摸不透。

从前面我所举的例子中不难看出，权力的内容不是单一的，而是具有广泛性的，即社会的各个角落都包容在权力的内容之中，时时有权力，处处有权力，是融入了人的社会关系各个方面的权力。所以，我反反复复地予以说明，我所说的权力，不单单是指政治权力或经济权力，而是具有广泛意义的全面的权力。

○ 权力关系具有全面和普遍的内容

有人认为，研究人的问题，研究社会的基本问题，只要弄清楚物质的生产关系就行了[33]。我却不以为然。

物质的生产关系只是产生经济权力的权力关系，它只是全部权

---

(33)过去不少马克思主义者经常坚持这一观点，因为由这一观点可以非常便捷地进入到阶级斗争的阵地上。

力关系及其社会感觉中的一少部分而不是全部,它替代不了其它的权力关系内容。同时,物质的生产关系也不是全部权力关系及其社会感觉的基础,只是权力关系及其社会感觉中某些内容和某些方面的基础。说得明确一点,物质的生产关系是权力内容中的经济权力关系,除此以外还有人们之间的生存权力关系、政治权力关系、社会文化权力关系和社会荣誉权力关系等等很多内容的社会关系。物质的生产关系即经济权力关系,它的确是一个重要的权力关系内容,它往往决定着政治权力关系、社会文化权力关系和社会荣誉权力关系的变化,是较它而言高一层次的权力内容的基础,但它又不得不服务于生存权力关系,被生存权力关系所决定。也就是说,生存权力关系是经济权力关系的基础。显而易见,经济权力关系决定着它的"上层建筑"——即政治权力关系、社会文化权力关系和社会荣誉权力关系。但反过来,经济权力关系又被人们的生存权力关系的"权利基础"所决定。相对高层次的权力内容而言,物质的生产关系就不是基础了,而是服务于基础的,具有被决定性。

一些唯物论者研究人和社会的问题,习惯上总是把物质和意识对立起来作为理论的立足点,强调物质决定意识,然后把它引申为物质生产关系决定人的思想关系。从哲学意义上讲,世界上的一切都是物质的,无机物、有机物是物质的,植物、动物是物质的,人也是物质的。物质由低层次发展到人类这样的高层次,是物质感觉的升华。也就是说,人的意识是高层次物质感觉,归根到底它仍是物质的,只不过它感觉的形式是高级的,这种高级的物质感觉是从低级的物质感觉发展演化而来的。因此,低级的物质感觉是基础,它决定着高级的物质感觉。所谓物质决定意识,就是指的低层次的物质感觉决定着高层次的物质感觉,这是没有错的。但是,从"类"上讲,它们不是完全对立的东西。通常所说的物质——低层次的物质感觉与意识——高层次的物质感觉,它们都是物质感觉,说到底都是物质的。从"层次"上说,它们又是有区别的,具有"对立性"。这种"对立性"

不是"类"的对立,而是"层次"或"发展水平"的对立。

○ 思想关系也可以决定"物质关系"

说到物质关系和思想关系,如果过分强调物质关系决定思想关系,用物质关系来说明甚至代替思想关系,也就是说,一切事物都用经济规律来代替人自身的规律,这是说不通的,是带有片面性的。

首先,物质的生产关系是权力关系或称社会关系中的一个至关重要的方面,就好比经济权力关系在权力的很多内容中是一个举足轻重的方面一样,这是不容置疑的。但是,物质生产关系无法决定所有的权力关系或称社会关系。

譬如,在1976年7月28日唐山大地震发生时,许多母亲在危难时刻,想到的不是去抢钱柜,而是去救她的孩子,自己已经被砸得奄奄一息了,可还是紧紧地搂护着孩子。这种思想关系是由什么决定的?是由物质关系决定的吗?又如,先烈们为了中国的解放事业抛头颅、洒热血。再如,雷锋助人为乐的崇高精神等等——假如它的确是真实的,而不是通过宣传制造出来的英雄,这些难道都是由物质关系决定的吗?

很显然,这些思想关系不但不是由物质关系所决定的,反过来,很多的物质关系恰恰是被这些思想关系所决定的。

所谓思想关系,就是权力意志关系。这种权力意志有的是生存权力内容方面的,有的是政治权力内容方面的,还有的是自我人格及社会荣誉权力内容方面的,其中也包括了经济权力内容方面的。因此,严格地说,思想关系与物质关系根本就不是应该放在一起对比讨论的话题。它们是假对立中出现的假命题。由此再引申一步,物质和意识两个概念也是如此。关于物质感觉这方面的问题,在我写作的《宇宙探秘——物质感觉论》一书中已较全面地作了阐述,读者朋友不妨参考。

其次,经济规律与人的规律不是并列关系,而是包容与被包容的关系。

　　那么，谁包容谁？这个道理应该很简单：经济规律只是人的规律的一部分。在人的规律中，还有生存规律、政治规律、社会文化发展的规律，以及人追求自我荣誉的规律等。因此，经济规律与人的规律就如同人的双腿与人的整体关系一样，没有双腿的人就不能正常行走，社会就无法发展。但是，双腿只能起到双腿的作用而起不到双手的作用，起不到五官的作用，更起不到思维的作用。

○ 钱不万能，但没有钱万万不能

　　权力的内容很多，我大致把它分为六个主要方面。这六个方面都是不容忽视的。

　　生存权力是其它权力内容的基础，决定着其它方面的权力内容；同时，被生存权力所决定的其它权力内容又都可以独自地或相互联系、相互影响地对生存权力起反作用。我所说的生存权力是针对社会中的个体对象而言。如果上升到由这些个体组成的集体、集团、国家，那就是民族权力了。

　　学习权力被生存权力所决定，但对其又具有反作用；与此同时，它对其它权力内容起着决定作用，被学习权力所决定的其它权力内容又都可以独自地或相互联系、相互影响地对学习权力起反作用。

　　经济权力的产生往往都是服务于生存权力的。因为如果不通过经济手段巩固生存权力基础，则生存权力就得不到保障，甚至会受到威胁。由此，劳动、受益、财产、继承，似乎必然成了人们天生的责任，使人谁也摆脱不了金钱的困扰。一位长辈就曾经语重心长地告诉我："钱，它不是万能的；但没有钱，那更是万万不能的。"很多事实也真真切切地摆在每个人的眼前，无须多言。总之，经济权力是被生存权力和学习权力所决定并决定着其它权力内容的，是其它权力内容的基础，但同时，经济权力又可以反作用于生存权力和学习权力，并且受其它权力内容的反作用。

　　参政权力是技能权力和荣誉权力的基础，前者决定后者；同时，后者对前者具有反作用。

技能权力是荣誉权力的基础，前者决定后者；同时，后者对前者具有反作用。

以上六大权力的本质，是人的需求权和自由权。⁽³⁴⁾

权力的追求，一般的规律是由低到高分层次阶梯式跃进的。当人们的生存权力得到了保障之后，经济权力就会得到人们的仰慕。待人们富有了，发财了之后，参政权力的需要以及技能权力和荣誉权力的内容就会排着队接踵而来。于是，你就会理解了社会上为什么有些人请客送礼讨官做，或是花钱买文凭这类的趣事。

人们之所以在权力追求上总是从低层次向高层次发展，乃是因为人们不仅关注于眼前利益，还更加关注未来利益，不但要关注看得见的利益，还要关注潜在的利益，并且在利益的追求上永不满足。

但在所有的利益面前，求生的利益是第一位的，因为生存安全是维系生存权利的体现。无论何时，尤其是在感到有生存危机的时候，人们所追求的生存权力更为突出。从能找到一份稳定的工作，获得救济的社会福利和社会医疗保障，到家家户户安门上锁，处处都会被任何人摆在第一位。恩格斯在《再论蒲鲁东和住宅问题》一篇中所说的"每一个社会的经济关系首先是作为利益表现出来。"⁽³⁵⁾这句话并非完全准确，因为每一个社会的生存关系才真正首先是作为利益表现出来的，而经济关系是继其后。也就是说，得先有住宅解决生存问题，此后才能顺利地上升至发财致富的经济追求，就如同"嫡长子继承制"是以血缘关系作为基础的道理一样。只有生存权力得到了保障，其它的权力欲望才会接踵而来，比如要上更好的学校，要挣更多的钱，要当更大的官，要获得更高的荣誉。当然，也有人想着要更好地为人民服务，为人民谋更好的福祉等等，说得比唱的还好听。

为什么利益的满足与否都与权力内容有关？这是因为，利益的

本质，是人们通过社会关系表现出来的不同需要，它属于社会关系范畴。对利益的追求，形成人们追求权力的动机，成为推动人们从事各种各样活动的动因。在利益追求的较量中必然要产生权力关系，权力关系[36]实质上就是人们之间的社会利益关系，这个利益关系不仅仅局限于经济利益，还有生存利益、参政利益、荣誉利益等多种层次的利益。只不过，从生存权力关系、学习权力关系、经济权力关系，到参政权力关系、技能权力关系、荣誉权力关系，这样一个由低层次到高层次的过程，正好对应于眼前利益、现实利益、短期利益，到未来利益、梦想利益、长远利益的追求。

值得一提的是，在所有的权力内容中，没有一个比参政权力更露骨地体现出人的权力意志和权力能力，而且为最终实现高层次的荣誉权力，最捷径的办法就是获得参政权力。正是人们都自觉或不自觉地认识到了这一点，因此在众力之下把权力的魔力推上了一个最显眼的历史大舞台，上演出最最精彩的一幕又一幕。究其根源，参政权力是人的一切权力内容连结的纽带，起着承上启下的重要作用。故而在所有权力的角逐中，参政权力的争夺始终是最激烈、最悲壮、最可歌可泣的。

○ 打破旧规律的人往往是高手

虽然人们对权欲的追求是遵循着一般的层次规律，即由低层次的权力内容向高层次的权力内容发展，但这又不是绝对的过程。这是因为，每一层次权力内容不管它是起决定作用还是被其它权力内容所决定，它们都具有反作用，都可以独树一帜地创造辉煌，都有本事打破原有的层次规律，这正是权力的魅力所在。

常常是这样，为生存而奔波的人，总是停留在维持生存的水平上，而高明的做法却是直接追求高层次的权力内容。尽管风险很大，但效果极佳。

---

(36)张春津：人权论.天津人民出版社.1989，页76～81。

君不见广大的工人、农民为了生存而劳动，却怎么也站不到"先富裕起来的一部分人"的行列中。虽不愁温饱，但距离富裕有很大的差距。其原因就是人们追求的权力内容是低层次的，从而很难上升到高层次水平上。

君不见一些私营企业主、大款们，钱多得心慌，富得流油，但他们起初也是在工人、农民人堆里不起眼的人。他们不是只图温饱，敢于冒险，一上来就把追求的目标定格在经济权力上，一旦成功就飞黄腾达。

君不见有的人钻营官术，不耐其烦地去这个领导家送这个，去那个领导家送那个，把追求的目标指向参政权力内容上，图谋以经济权力交换成参政权力。一旦捞到了政治权力，便可不费力地获得更丰厚的财富，似乎人人皆知此理，故而求官者众多。

君不见有些人追求社会文化权力，如那些大明星们，一首歌或几个镜头，便名声大作，钞票滚滚而来，玩着、乐着就富有了。

君不见一些体育健儿，既不去工厂打工，也不用投资建厂；既不用争权夺势，也不用看领导眼色。他们追求的是社会荣誉权力，一枚金牌到手，可能一生都享用不尽啊。

真可谓：上乘的嗜好是直接追求高层次的权力内容，因为一旦高的到手了，低的便会自然而来。当然，面对不同的人、不同的境遇，人们在追求权力内容时会有不同的选择：有的人在遭遇劫难之时，为使生存权力不致丧失，甘愿将财产拱手相送，牺牲经济权力，要什么给什么，以此来保护自身的生存权力——留一条性命就行。有的人则相反，"生命诚可贵，爱情价更高，若为自由故，两者皆可抛。"宁可丢掉性命，也要"留取丹心照汗青"。凡此种种，数不胜数，不一而论。

1-6 权的赋权

○ 人人都离不开赋权

　　一个人，从刚出生的稚嫩，到成年的成熟，从一无所知、笨手笨脚，到掌握科学、发明创造，他们究竟是怎样从无知到有知的？一句话，它们是怎样从"无权能力"到"有权能力"的？是他们彼此独自一人自然而然天生就会的吗？答案是否定的。对于这一点，印度的狼孩一事是很有说服力的。一个婴儿被狼叼走了，此后这个婴儿就一直和狼生活在一起。这个婴儿是人么？是的，她仍应是人，只不过是生活在狼群中的人，是远远地离开了社会的人，是没有与别的人建立任何联系——即　没有产生"权力关系"的人。结果，当这个狼孩再回到社会中来的时候，她不会说话，不会做人事，只会满地爬，喜欢黑暗、怕见阳光，甚至只会发出狼嚎声。这究竟是为什么？这是因为，任何一个人，为了体现他们每个人的权利存在，就不能离开社会性的赋权。离开了社会性的赋权活动，就不会增长"权力能力"，人就会停止发展，就会退化。因此，生活在社会中的人，如果得不到社会促进和影响，即得不到社会性赋权的话，即使不是生活在狼群中，他也会失去与社会的联系，就不可能得到发展。那么，什么是赋权呢？

　　所谓赋权，就是生活在社会中的人相互授予、相互接受、相互影响，以提高各种"权力能力"的一种社会联系活动，它贯穿人的整个社会生活的始终，使每个人通过这种相互交往和影响，不断地提高各自内在素质、增强能力的那么一种社会活动；是人们之间授权与受权的统一，是社会中各种权力（政治的、经济的等等）正常、合理产生的来源。也就是说，还有很多权力也能产生，但只要与赋权无关，那权力的来源一定是非正常、不合理的。

　　赋权产生于人们对权的需求，即产生于人的社会生活的需求。人与动物的根本区别之一就在于，人不但能制造工具、使用工具、从事生产劳动，以满足自己的需求权，获得自由权，而且最根本的是，人首先能够产生制造工具、使用工具、从事生产劳动的"权力意志"，并且还能够通过实际的"权力能力"将人的这一意志体现出来。在此过程中，人们不仅获得了生产的经验，而且产生了一定的生产关系——即"经济权力关系"，形成了一定的劳动纪律和生活习惯，积累了社会生活经验。年老的一代为了维持和延续人们的生活经验，使新生一代更好地从事生产劳动和适应现存的社会生活，就把积累起来的社会生活经验不断地传授给新生一代，新生一代由此接受老一代教诲、指导，这就是人类社会所特有的社会赋权活动。

赋权，它是人成长和社会生活继承与发展所不可缺少的手段，为人类社会所必需，是人类社会不断进步和发展的永不枯竭的源泉和动力；它与人类社会共始终，是人类社会的永恒范畴。

○ 赋权离不开社会性

赋权是社会性的赋权；人的社会性主要就是体现在人的赋权活动上。但是，社会性的赋权是以人的自然属性为基础的赋权。也就是说，这种赋权的社会属性不是抽象的，而是由组成这个社会的每个人的生理素质、心理素质以及他们之间的交往形式即权力关系的形式所决定的。

我们都知道，人们的生理素质都是有差异的，如人的机体的结构、形态、感官和神经系统等都是不相同的。人的生理素质是人发展的自然的前提条件，它在一定程度上将会决定着人们的心理素质的内容。人们不同的心理素质又决定着人们之间的权力意志的差异，有时这种差异之大，令人疑惑。从希特勒妄图征服全世界，到阿Q赊账得到的茴香豆，都是人，却有着天壤之别。

我们必须看到，生理素质只是人发展的自然方面的可能性，心理素质即人的权力意志则是体现权力能力的跳板。世界上跑得最快的人，如果他从内心里根本不想跑，更不想超过别人，则再给他添上两条腿，他也休想得到冠军。因此，生理素质不是现成的知识、才能、思想、爱好、观点、道德品质以及技术专长等，它不能最后决定人的发展，只有在后来的社会赋权活动的影响下，在各种权力关系对权力意志的锤炼中，才可能由此掌握权能技巧，掌握复杂的科学文化知识和技术，甚至做出发明创造来。

不能否认，人的自然的属性对人的发展是有一定影响的。如有的人在禀赋的某些方面比一般人优异些，这可能首先是源于遗传基因方面的差异。如果后来能得到适宜的社会赋权，他就可以在某些方面比一般人发展得快一些、高一些。相反，一个人生下来就是色盲，分不清颜色，不管后来社会给予他怎样的赋权，也很难把它培养成为一名画家。但同时，具有良好的生理素质而脱离开社会赋权的人，他的发展就会停滞不前，甚至还会倒退。因此，赋权是人的自然性和社会性相统一的赋权。

另外，赋权不是狭义的"一元化"的赋权，而是融入了社会各个方面多元性的赋权，这是非常重要的一点。

我们生活在社会中的每一个人，每时每刻都处在赋权的活动之中，有意或无意、自觉或不自觉地都在赋权活动中或授予、影响着他人，或接受他人的影响。母亲给婴儿喂奶，老师教学生识字；师傅辅导徒弟技术……等等，只要是两个或两个以上的人发生权力关系，那么他们之间的活动性质就是赋权活动，就会有权力产生。我所说的赋权的多元性，是指人类社会的赋权形式和内容都不是单调的，而是多种多样、丰富多彩的。人们之间不但可以通过语言、文字以及各种实际行为参与赋权活动，而且还可以通过各种中介物（例如读书看报等）参与赋权活动，使得赋权内容更加广泛，赋权的形式更加复杂。

过去，我们仅仅把使用工具看成是人与动物的区别标志，这是不正确的。因为"动物不会使用工具"这个论点，曾经在很长的一段时期能站得住脚，可不一定永远站得住脚。因为人成其为人之前也是动物，他们是怎样从不会使用工具到会使用工具的？这种动物不会使用工具并不能证明那种动物也不会使用工具；某一种动物现在不会使用工具，也不能证明将来不会使用工具。总之，一旦我们发现了某种动物也会使用工具，那么我们就会不知所措了。

现今，国外进行的各种各样的观察和实验证明，某些动物是会使用工具的，只不过其使用工具的技巧还相当笨拙而已。因此，人与动物的区别，归根结底不是由"种"与"物"的关系决定的，而是由"种"自身内部的关系——即权力关系决定的。动物之间只能以生存为前提传递一些信息，一旦动物死亡，信息传递也便终止；而且有时是这样：老的一代动物已经死亡，而新的一代动物还没有出生，动物间的信息传递包括积累生存的经验，总是重复性的、替补性的，是受生存规律局限的。人与动物的区别就在于，人具有以各种各样的方式参与社会赋权活动的能力，而这种社会赋权又是多元性的赋权。因此，人们之间不但可以在同一个历史时期中直接地参与赋权活动，而且还可以通过某种中介物——例如文字、图画、音乐、录音录像、电脑等所形成的文化性的东西跨越历史时代，在不同的历史时期中得到全方位的赋权。这种社会赋权不是重复性和替补性的，而是继承性与扩展性的。它不会因为老一代的死亡而中断，而是可以通过文字或其它手段把已知的一切生活经验和掌握的自然规律持续不断地赋权给以后的几代、几十代、几百代、几千代、几万代……无尽无休。使得后代用不着事事都要从头做起，而是继承先有的经验并不断地总结新的经验，这是任何一种动物都不具有的权力能力。

我们可以从以上的阐述中看出，赋权，在人类社会中具有非常重要的意义，它表现的是人类的"种"的自身内部的关系。在这些人的"种"自身内部的关系中，在某一个特点的社会历史时期，就会出现某种比较特殊的权力关系形成的一种共识而被人们推上社会历史舞台上来充当主角，由此形成某种社会感觉，导致某种社会制度的出现。关于这一点，我们还要在后面详细探讨。

○ **赋权的构成是授权与受权**

前面我已经说过，构成权力的基本要素是两个人。而赋权是产生权力的途径，那么构成赋权活动的最小单位即基本要素也必然是两个人。

也就是说，仅就一人而言，是无法构成赋权活动的。由此，赋权是由授权者与受权者双方的相互权力关系构成的。赋权的构成必须经授权者向受权者赋予权力意志方能体现出来。在这里，所说的授权者与受权者，在同一赋权构成的具体内容中绝对不能是同一人。但是，在不同赋权构成的具体内容的前提下，我们每个人都既可以是授权者又是受权者。

譬如，我想买东西，不可能自己把钱交给自己，买自己的东西（精神不正常的人例外），我必须把钱交给卖东西的另一方，才能构成买卖内容的赋权关系。当我作为授权者把钱交给受权者即卖方时，我同时又成了另一赋权内容的受权者，即受到卖方授予给我的等价物。可见，授权与受权是对立统一的。关于这个问题，我认为是不难理解的。

授权是指在赋权活动中积极地、主动地把自己的权力意志赋予给他人的一种赋权活动。这种活动必须是以授权者一方通过某种意思表示或行为，影响或直接关系到他人——即授权者一方能够产生一定社会结果的活动。

授权者在赋权活动中，其主要分为三种：心理授权、口头授权和行为授权。所谓心理授权又可称之为默示赋权，即不是明了的、可以表现为外部的明示形式，而是通过间接的、暗示的意思表示形式，由授权者的心理状态而使受权者以通常经验或一般的逻辑推理的方法进行推定的那么一种赋权活动。由于心理授权是以"不作为"的默示方式进行的，由此这种授权形式容易出现误差，并且极其容易为那些侵权者钻空子。譬如一个妙龄女郎冲着你甜蜜地微笑，你就会以为她授予你与她亲近的权力。但是，她也许是这个意思表示，也许不是这个意思表示。你如果产生错觉贸然行事，就很容易惹出麻烦来。又如，上级给某个国有企业派来了一个新领导，职工们都默默不语，没有一个表示反对。于是，上级就会认为职工们都授权默认了，领导人的权力便"合法化"地产生了。可以这样说，类似希特勒似的独裁专制者钻的都是这个空子。

口头授权就是用语言的方式进行意思表示，这种赋权活动是日常赋权活动中最常见的。行为授权也不例外，母亲给婴儿哺乳，护士给病人喂药，老人写遗嘱把财产分配给子女或其他人，公民参加储蓄把钱存入银行，企业给某个社会活动以物质资助等等。

默示授权、口头授权和行为授权这三种授权形式，既是各自相对独立的，又是彼此有联系的。在授权活动中，有的时候几种授权形式可以同时存在。

我在前面所说的授权者，并不是仅指个体。这个授权者有可能是一个人，如我请你干某种事情，"我"就是一个人。这种某一个人授权给另一个人的赋权活动可称为个体授权。同时，在某些赋权活动中，这个授权者也有可能是几个人、几万人、几万万人，如某几个人推举一个班长，几万人推选一个代表，几万万人选举一个领袖等。我把这些授权活动分别称为集体授权、集团授权、全民授权。个体授权产生个体权力，集体授权产生集体权力，集团授权产生集团权力，全民授权产生国家权力。

前面已经说过，在同一赋权内容的活动中，授权者与受权者绝对不会是同一人，这是肯定的。但是，撇开赋权的同一的具体内容，那么授权的一方又不是绝对的授权者。在这个赋权内容上我是授权者，在那个赋权内容上我有可能不再是授权者，而成为一个受权者。

受权是指在赋权活动中相对被动地、"非积极"地接受他人权力意志及影响的一种社会赋权活动。这里所说的"被动性"和"非积极性"，只是指受权者在赋权活动中相对授权者所处的地位而言，而不能把受权者一方看成是从属于授权者一方，或是看成依附于授权者一方。这种社会活动是受权者一方对授权者一方的某种意思表示或行为作出一定的反应的活动，而不是一种完全消极的活动。受权者在赋权活动中并不依授权者一方的意志为转移，受权者在受权过程中可以为一定的行为，也可以不为一定的行为。因此，受权主要可分为两种不同的形式：顺意受权和逆意受权。

顺意受权就是受权者顺应授权者一方之权意，并按后者的意思表示为一定的行为或接受某种影响。如大家推选甲当头领，甲欣然同意，这就是顺意受权。逆意受权是指受权者一方不顺应授权者一方之权意，违背授权者的意志，并逆反地为一定的行为拒绝影响。如大人对孩子说："我给你讲个故事听。"而孩子说："不！我要去公园玩。"又如，大家一致推荐乙当组长，而乙却坚决不肯接受而放弃一个组长的权力。这些都属于逆意受权。逆意受权不是不受权，而是受权之后的弃权意志。如前面刚说的某乙弃权不当组长一事，如乙不受他人之权意，何来弃权之权？

同授权一样，受权者在同一受权内容上，有时是一个人，有时是几个人、几万人、几万万人。例如我们发行的报刊，授权的报社就一个，而看报道受权读者却成千上万。

但是，赋权的构成过程有时是可以违反常态的，即：它不是由先授权和后受权的过程所组成，而是反了过来，是由受权者"先讨权"，授权者"后让权"的过程所组成，其中多少带有部分的强制性。这种强制性，在整个赋权活动中，占到多大的比例后就形成了侵权或者是仍在不构成侵权的可接受的范围内，对此，很多时候由于无法量化因而都是难以下定论的。

例如，中国历史上传说"尧以天下授舜"，意思是尧是主动将王位授权给舜的，尧是此次赋权活动的先行授权者，而舜是此次赋权活动的后应受权者。可实际上，有学者考证后认为，史实应是舜"讨权"在先，尧"让权"在后；"让权"在赋权活动中是带有屈服、服从、不得不放弃后而给予的成分。古籍《荀子》中认为"无敌于天下，夫有谁与让矣。"已明确表明尧舜之间的统治权的转换不可能是自愿禅让的。《古本竹书纪年辑校订补》中记载："尧之末年，德衰，为舜所因。"说明舜系篡夺尧位，只不过是没有血腥味的侵权活动——和平政变，条件是尧苟活，其二女甘愿为舜妻。真可谓："从尧到舜的统治权转移是一系列非世袭的统治权转移中的第一个，类似还包括舜到禹"，[37]而桀王到汤王、纣王到武王，以及后来喋喋不休的改朝换代，大都绝非赋权活动，那绝对是血淋淋暴权、强权、霸权较量的过程。

1-7 赋权的增殖与贬值

○ 受权增殖与授权贬值

为什么老师教学生，而学生学成之后会比老师强？为什么父母养育孩子，孩子长大后比父母还高、还壮实？为什么投资商把钱投进了工厂，而从工厂里赚到的钱比最初投入的资本金还要多？为什么一个乒乓球高手经常与乒乓球低手打球时，低手进步得特别快，而高手却不见再长进，反倒会在一定的限度内退步呢？这样一些疑问都应与赋权活动的特殊性有关，那就是受权增殖与授权贬值规律在起作用。

在某一个权力内容上，我授权授出的权意越多，则我自身的权力能力就会越削弱。就如同我花的钱越多，我的储蓄就越少的道理一样。如果反过来，我总是受权者，那么我在某一权力内容上受权越多，则我自身的权力能力就越会增强。

一个人从幼年到成年，其智力、技能均在不断发展和提高，其原因就是这个人一直不断地在社会的各项赋权活动中得到授权。也就是说，人的发展的主要原因是受权的结果，而人的内在素质——权力意志和权力能力也是随着社会授权活动而不断发展变化的。

在赋权活动中，正如我在前面所讲到的，授权者和受权者不一

（37）[美]艾兰：世袭与禅让——古代中国的王朝更替传说．商务印书馆．2010，页33。

定是一个人，有可能是几千人、几万人、甚至是几万万人。因此，受权增殖的规律中还有一个平常不为人所知，但又非常有意义的现象，那就是：在同一个赋权内容上，社会授权的人数越多，而受权的人数越少，则受权增殖的比率就越大。撇开了市场垄断的因素，为什么国有大型企业不如民营企业？为什么在汶川大地震后国外的大笔捐款到了我们国内总觉得看不见有多少？其原因之一就是受权的人数越多，分摊的比额就越小，而受权的人数越少，分摊的比额就越大。

○ 大明星发财的原因

总听周围的人抱怨说，某某明星、演员挣了好多钱，挣钱挣得特别容易，几年之间就成了百万财主、千万富姐、亿万富豪。这其实或多或少就是受权增殖规律的体现，当然要撇开不义之财的那部分。其最简单的道理就是，演出的是一个人，而买门票的观众则是成千上万，授权的人多的不得了，拿着钱还有买不着门票的时候呢；而受权的人少的不能再少了。你说，人家不增殖挣得多，那该让谁挣得多？

假如，某场演出，观众只有一个人，而上台演出的明星有成千上万，这几十元或者几百元的门票钱可怎么分呀？

在过去，一分钱按说不算什么，当有葬车开过去后，路上或桥边上时常可以看到一分钱的纸币满地飞。说真的，我真懒得弯下腰去捡拾——事实上已经有人在捡拾了。

但是，你想过没有，如果十三亿的中国人每个人都只掉下一分钱而都让那个捡钱的人拾到的话，那么，那个人一下子就成了巨富，因为他可以得到1300万元啊！这是一个多么惊人、做梦都不敢想的数字呀。

就是现在，在马路上也可以时常看到一角的硬币无人捡拾，只不过丢钱的人太少，如果多一些，而且都让某人捡拾到的话，那可是一个了不得的数字。听说时下很多乞丐竟然有百万的财主了，这已经不值得大惊小怪的了。

我接触过很多劳动者，他们之中有一部分人都抱怨挣钱太少，其他没有抱怨的也不一定没有相同的想法。可是他们却不知道，他们在受权增殖和授权贬值的规律中，正好处于后者的角色。因此，挣钱少是不该盲目地抱怨别人，首先应看看自己所从事的工作岗位。如果大多数人都处在工薪阶层——即是给企业打工的，且不管是给国有企业打工还是给民营企业打工，也不管是姓"社"还是姓"资"，那么大家就不得不承认，我们的受权者只有一个，它就是揣着我们人事档案、给我们发薪水的企业；而我们这些授权者却多多，大家还争先恐后地争着上岗，相互排挤。在这种状况下，企业老板说给你多少工资，你就只能谢天谢地地领取多少工资。好在如今劳动法规逐渐健全，工资集体协商有了用武之地，我们或多或少享有了一定的话语权，也就使我们的窘况得到些许改善，但本质上，我们的受权者只有一个，我们不可能占上风。

从某种意义上说，打工者的窘况还不如个体经营者。因为我们只能吃"大锅饭"，其好处是相对工作比较稳定，工资收入也有了保障，也不用投资冒风险，但别想发大财。譬如，菜市场里随便一个小贩都比一般的打工者挣钱挣得多，因为小贩在赋权活动中作为受权内容是一个人，他面对着很多很多的授权者，你不买他买，上午没有人买下午有人买；买的人多，自然要有利润。其中内在的原因就是，受权者越少，授权的人越多，其受权增殖的比率就越大。那些合起来有几千个受权者甚至上万个受权者的国有企业，别看它人多，在市场经济中，他们这些打工者合在一起组成的一个企业只能算成一个受权者（法人），这么多的人都来争这一个受权者的利益，一人一口都不够分的，可想而知，那定是僧多粥少的结局。

○ 失业就是逼迫穷人"致富"

20世纪90年代前后，中国大陆有很多职工下岗离开了企业，自己摆起了小摊，卖服装、卖百货、卖食品、卖图书等。由于他们扩大了授权者的范围，因此挣的钱不见得少。当时他们虽然心里还很不平衡，但几年下来就明显地发现，此后又轮到那些在岗上的职工心里不平衡了。因为有很多在岗职工都特别后悔，怎么当初不下定决心下岗呢？在当时，可以这么说，所谓失业就是逼迫穷人走上"致富"路。你不敢干，你不致富，那就是你自己选择的人生道路了，怨不得别人。当然，说他们致富，不见得是说他们发大财。生活不愁，有点余钱，这就是小致富；买卖干得好，积累了资本，扩大再生产，这就是大致富。仅就时间而言，越早下岗，致富就越容易，因为那时的市场属于开发初期，市场竞争小；越晚下岗，致富就越难，因为市场竞争太激烈了，买卖就越不好干。

受权增殖，谁受权谁增殖。如果我开了一家商店，来我这个商店买东西的人越多，那么我这个商店的销售额就越高，利润也就越多。这利润就是在经济赋权活动中使我在经济权力内容上增殖的反映。工厂把某种产品卖给批发站，工厂受权利润增殖了；批发站不会以它的进价往外批发，它肯定加价批发，把商品批发给小贩，批发站受权利润增殖了；小贩也不会按照批发价格出售给消费者，于是小贩也受权利润增殖了。如果受权不增殖，那么谁还办工厂？谁还开商店？谁还会大冷天地站在马路上摆摊？至于广告什么的，那只是受权者想办法招揽更多的授权者，以此来获取更大的增殖而已。

按照受权增殖和授权贬值的规律，消费者成了授权者，而授权就注定会使自身的权力能力贬值，那样的话，谁还愿意成为消费者呢？人们是不是会问，既然授权贬值，那么，人们都只受权不授权行不行？谁还愿意成为一个授权者？都不授权，那谁还能得到受权呢？

这种想法是不对的。首先，在任何赋权活动中，都没有脱离开授权的受权，也没有脱离开受权的授权，二者是相辅相成、对立统一的。其次，前面已经说过，赋权活动的特性是双向性，即任何一个人在授权的时候都事先有一个受权的目的。授权的"有所失"，为的是受权的"有所得"，而且这种"有所得"在当事人看来，受权的增殖要比授权的贬值更多些。譬如，当你口干舌燥的时候，你花钱买我出售的汽水，授权给我钱，使我在经济权力内容上增殖，而你则在经济权力内容上贬值了。但是，你却在生存权力内容上增殖了，因为若是总这样渴下去的话，恐怕连命都保不住了。

世界真奇妙，妙就妙在每个人在权力内容上都有不同的选择，但不管怎样选择，都是在进行权力交换，或是用生存的东西去换取经济的东西，或是用经济的东西去交换政治的东西，而且还都可以反过来进行。那些依靠手中政治权力来交换经济利益的腐败者有的是，用手中的经济权力来换取生存权力享受养小姜乐趣的人也有的是。总之，权力就是一种特殊的商品，因而它的交换现象不管是合理的还是不合理的，也不管是道德的还是不道德的，这种交换的现象是谁也根本无法根除的。对那些不合理、不道德的交换，只能加大监督的力度来加以预防。

○ 人们为何不愿与骗子打交道？

如果一个人知道了在向另一个人授权的同时会得不到受权的增殖，那么这个人在正常的情况下是绝对不会去授权的，就如同人们谁也不愿意和骗子打交道是一样的。究其原因，这是因为，受权是目的，授权是手段；人的一切行为的出发点和落脚点都是受权，而授权则恰恰是必经的途径，是必不可少的。

受权可以增殖，授权就会贬值。你在我开的商店里买的东西越多，那么你的钱就会相对地越发减少；我送给别人的财物越多，则我的屋里就会越空。在乙病危时，甲给乙献血，使乙治好了病，而甲的身体在献血之后相对以前来说，就会显得虚弱一些而不会更强壮，他需要补养以恢复身体；如果张、王、李、赵都病危了，都希望甲给他们献血，甲可就吃不消了。因此，授权的对象越多，即受权的人越多，而授权的人越少，则授权者的权力能力贬值就越大。我们遇见乞丐乞讨的时候，我们很可能会非常慷慨地给他几元或十几元。可是，如果紧跟着第二个、第三个以至无数个人都向我们伸出要钱的手，我们肯定会拒绝的。倘若我们把所有的钱都授予给别人，我们自己岂不是也变成了乞丐了吗？

授权的贬值特性，是一个很重要的问题。为什么在母系社会之后,妇女的社会地位总是比男人低?其原因之一就是妇女在生存赋权的活动中总是被迫扮演着授权者的角色。据联合国的一份调查统计资料显示,全世界每年约有250万妇女在孕、产过程中染上慢性疾病。从怀孕到分娩,从哺乳到抚养和教育,妇女不得不放弃很多本应享用的权力,放弃很多权力内容的增殖机会,把自己的很多权力积蓄都投入、授予给她的子女身上,她们为什么不能去娱乐,不能去参加各种各样有益的社会活动,甚至连工作都会由此受到影响。在这种情况下,妇女在授权与受权的过程中,受自然规律的制约,不得不进行很多不平等的"交换",无形中签订了很多"不平等条约"。尤其是中国妇女,傻得可怜,为求传宗接代,生了一个又一个,如此这般,妇女的地位怎么能提高呢?妇女不受男人的压迫受谁的压迫?现代西方一些发达国家的很多妇女独身不结婚,即使结婚了也不愿意生孩子。为了鼓励妇女生孩子,国家拿出很大一笔钱作补偿,即每生一个孩子,就可领取一份数额不低的补贴金。相比之下,中国的妇女是多么的大公无私啊!是多么令人敬佩啊!其实,西方发达国家的妇女并不是不喜欢孩子,而是她们或多或少地明白了授权贬值与受权增殖的一些道理,不愿意做生存赋权活动中的授权者,不愿意自身的权力能力贬值而已。

从授权到受权,它可不是简单的传递接力。老师把知识传授给学生,学生绝不是机械地接受,似乎老师懂多少,学生也只能懂多少,这样一来,人的认识不就停滞不前了吗?在这里,学生受权增殖的机器就是人的大脑,而操纵大脑的是这个学生的权力意志,没有学和超的意志,再多的授权也是无效的。因此,真正上乘的、称职的教育家,是能够唤起学生们的权力意志在某个领域由弱变强,使得学生通过培养教育将权力能力由低变高,最终以最快的受权增殖速度而超过老师的水平,这才是胜任老师这一工作的标准。

由授权与受权而构成的赋权活动,它与讨权、篡权、霸权等侵权现象是不一样的。

首先，它规定了参与赋权活动的任何一方都必须是自愿的，而不是被迫的。小王到自由市场买商品，把钱（授权）交给了售货员，售货员收款（受权）后，把商品（授权）交给小王，小王于是（受权）得到了他所需要的商品。护士给病人（授权）喂药，病人（受权）喝下药，向护士（授权）道谢，护士听到（受权）后表示不用谢。

上述事例中的授权者与受权者都不具有被迫性。而讨权、篡权、霸权等侵权现象都带有强迫的性质，只不过强迫的程度不一样。乞丐向我们讨要钱物，尤其是当着众人的面，我们如果不给就容易被别人瞧不起，认为我们太吝啬，于是我们被迫地给他点什么，这绝不是出于自愿的。但是，讨权的强迫性是较低的，我们就是不给乞丐钱物，他们也如何不了我们什么，顶多是在心里骂两句难听的话。尽管讨权的强迫性很低，但它仍然是违反赋权原则的，故而不能忽视它。篡权的强迫性比讨权来得凶，它不管你愿不愿意，即它不管你授权不授权，它都要"受"权，往往是在你不知或不明的情况下，它就把权力夺走了，如偷盗、诈骗等。一般的情况是这样，在较低层次的权力内容上讨权的比较多，这主要体现在生存权力和经济权力内容上，很少听说有某人讨要一枚金牌来获得荣誉；在较高的层次的权力内容上篡权的比较多，如政治权力和荣誉权力内容上。几千年的封建统治的历史，就是政治篡权的历史。霸权就更不在话下了，它的强迫性最强。它不但在权力内容上强迫，而且也直接对人强迫。杀人、放火、强奸、抢劫样样都是霸权赤裸裸的写照。它用不着隐瞒，就是在你既知道又明白的情况下夺权、强暴，你给也得给，不给也得给；你应也得应，不应也得应；你听也得听，不听也得听。可见，只要带有强迫性，那就不是正常的赋权社会活动。

其次，赋权活动还必须符合互利性原则。它要求一切参与赋权活动的任何一方都能从赋权活动中受益，尽管每一方所要获取的权益不一样，但它最终都应该使每一方都感到满意，都符合于他们的真实意志，而且都能通过权力内容的交换来实现自己的意志。

讨权、篡权、霸权就不同了。它们只求一方受益，甚至是在使另一方权益受损害为前提；它们只能实现一方的权意，而另一方的权意则受到践踏。然而，讨权、篡权、霸权虽然不得人心，但由于受权增殖的诱惑，讨权、篡权、霸权的事情一天也没有停止过。

○ 赋权的规律带来一连串的问题

我们的正统理论往往忽视了人的授权贬值和受权增殖的规律，因此很多学说很难在实践中行得通。例如，资本是不是由赋权产生的？它是不是一种经济赋权活动？如果是的话，那么由资本所带来的新价值是不是受权增殖的结果？专利、技术、管理科学都是赋权活动的产物，它们同资本一样受权增殖，这样的观点对不对？根据授权者越多、受权者越少，则受权增殖越大的原理，资本家即使在承认剥削了雇佣工人的前提下，是不是本来就应该多得一些？应该得多少？在资本家投资、管理并付出其它精力、承担风险的情况下，把剩余价值全部划归于"无产阶级"，这是不是合理？假如我们肯定剩余价值是由投资者、管理者和工人三方共同受权增殖产生的，那么剩余价值有多少应该归工人所有？有多少应该归管理者所有？有多少应该归投资者所有？用雇工人数的多少来衡量私营企业是不是"资本主义"的，这种说法科学吗？按照赋权活动中受权增殖与授权贬值的原理，剥削量的大小以什么为标准等等。这些一连串的问题，在我所著的《剩余价值与价值剩余——资本论批判》一书中[38]都进行了深入探讨。

此外，与赋权紧密联系的教育问题就更值得研究和重视了，从家庭教育、学校教育，到社会教育，上一代对下一代的各种各样的赋权，形成某种社会感觉定势之后是非常难以改变的，由它所逐渐生成的社会感觉，其对社会发展的走向所产生的影响可不得。若是想改变这一社会感觉定势，没有三代至四代人的持续矫正，是根本无法撼动的。但是，至今这一重要问题，仍为国家管理者及社会科学研究者所忽视。

---

(38)张春津：剩余价值与价值剩余——资本论批判. 兰台出版社. 2013。

1-8 权意转赋

○ 依靠他人是为了完成赋权活动

不管哪个人，他的权力意志有多强，他的权力能力都是有限的。希特勒侵略扩张的意志就很强，但他自己却无法开着坦克去打仗；斯大林肃整的意志也很强，但他没有亲手杀过一个异己或持不同政见者，只是利用别人的刀和枪。因此，授权与受权对有些权力内容来说，它往往无法在一次赋权活动中完成，有时它需要通过接力式的多次转赋才能完成。

譬如，我们在日常生活中经常遇到这样一些现象：张三让李四回答一个问题，李四回答不了，转而让王五回答张三提出的问题，这就是一种赋权活动中的权意转赋。

又如，甲商店购买一种商品，乙批发站没有此商品，但乙批发站代理甲商店去丙批发站购买，这也是一种赋权活动中的权意转赋。

再如，团长给营长下达了一个军事行动命令，营长把这个任务下达给连长，连长又把它转交给某个排长，排长又把它转达给一个班，最后是这个班完成了团长下达的军事任务……等等。

这些现象都说明了一个问题，赋权活动的社会性决定了权力意志的最终体现，往往无法靠一次简单的授权与受权来完成，而是需要超过一次以上的、通过多次的转授权和转受权才能兑现。因此，赋权活动具有一种扩展性，它能使某个人的权力能力得以延伸，从而使某个权力者扩大权力范围。这种接力式的赋权活动就是我所要分析说明的权意转赋规律。

希特勒和斯大林曾经产生的侵略和整人的某种权意，它最终的体现不只是首领们做出了某项安排，还在于他们的下级能够一级又一级地转赋下去。因此，某些悲剧的出现，从其实质上说，主谋与帮凶的罪孽是一样的。如果没有这些帮凶，首领再凶残，他一个人也杀不了那么多的人。最有道德感和正义感的军人是不会轻易扣动扳机的；但遗憾的是，最有道德感和正义感的人首先在上级眼里不配当军人，因为"服从命令是军人的天职"，他们不喜欢军人有能力对上级下达的命令进行道德感和正义感的评价。凡是评价者甚至叛逆者，都会受到上级的追究和审判，通常不会有一个公正的结果。

○ 接力棒可以变成魔术棒

权意转赋不受转赋次数或称为"转赋率"的限制。一项权力内容从始发到终点，当授权与受权彻底完成之后，中间的转赋过程也许是2次或3次，也许是9次或10次，其转赋频率不固定，这要视具体情况而定。田径比赛中4×100接力赛，第一个起跑的并不是最后到达终点撞线的，中间几经传递，人有4名，但接力棒只有一个。因此在权意转赋的活动中，不管参与授权和受权的有多少人，他们之间传递转赋的权力内容都是一致的。但是有一点需要我们予以高度重视，那就是权意转赋的权力内容可不是始终固定不变的接力棒，有时传递转赋的是可变的、无形的、可塑性的东西。因此在权意转赋的过程中，依据参与这一赋权活动者的权力意志和权力能力的状况，有时被转赋的某项权力内容是会在传递的过程中失真变化的。

不知是谁，出于何意，传出了一件新闻，一传十、十传百，经过众多的人传来传去，越传越离奇。威尼斯湖底水怪，原始森林的野人，以及人们谈论得眉飞色舞的外星人，无不是高频率转赋活动的产物。于是我们所听到的，恐怕已经不是当初的真实结果了，且不管那第一个所见所闻的人说的是真话还是假话。

在转赋权意的很多事件中，信息传递的失真，既有人为故意的捏造和编纂，也有无意的曲解和歪说。前者不用多解释，后者则出于每个人不同的生活经历和种种其它的原因，会无意中将本来的事物曲解和歪说成另外一个模样。譬如，我在天空中看到一个亮光，这一权力内容如果在基督教徒们之间转赋传递信息的话，那么可能会被最后转变成"我看到了上帝的眼睛"。如果在科幻小说家们之间转赋传递这一信息，那么在他们创作的文章中就可能会称"我看到了一个飞碟"。究竟是在谁那里出了岔子,我们很难判断清楚,但中间参与的人越多,岔子就会出得越大。这就是我在前面就已经说过的规律——权意转赋率越大,则被转赋的权力内容就会相对越失真。

权意转赋率越大,不仅容易使被转赋的权力内容失真,甚至会出现致使被转赋的权力内容最终违背赋权原意的现象。即:最初授权授出的权力意志,与最后受权的结果根本不是一回事,甚至是相反的。譬如,从下往上看,我们选举代表,代表再选举代表,这样一层层地选上去,最后选出来的代表并不一定是我们所拥护的,也许还恰恰是我们的敌人呢;从上往下看,省领导推荐选拔市领导,市领导推荐选拔区领导,区领导推荐选拔街领导,这样一层层地转赋下来,最后街领导干的很多事情也许与省领导最初制定的政策正好是相悖的。所以,即使中共中央一再要求以民为本,但中国大陆的政治体制之弊端,却是地方官员一而再、再而三地干侵害老百姓权益的事情,而且让老百姓无处伸冤,因为告上去还会再被转下来,转下来之后老百姓就更不好过了。可见,权意转赋率越大,风险就越大,问题就越多,弊端就越难以避免。因此,权意转赋的定律就是,不管是什么赋权活动,也不管赋权的内容是什么,经济上的也好,政治上的也罢,转赋的次数越少越好。转赋的频率越小,转赋的内容就越容易真实,就越接近赋权的原意。在这一点上,国家的监察部门等都应该实行垂直领导,以减少转赋率,从而减少弊端增强效率。

新华社在很多国家都设了办事处,一些报社在许多城市里都建了记者站。这些做法是为什么?为的就是尽力减小转赋率,降低失真的概率,以保证新闻的及时性和准确性。

过去计划经济时期,我们的商品流通渠道环节太多,转赋率太大。从生产厂到国家一级批发站,由一级批发站到二级批发站,再由二级批发站到三级批发站,还要由三级批发站到普通的批发商店,最后由普通批发商店到零售商店。等消费者购买商品时,那已经是一层一层、一环一环地不知经了多少手、转赋了多少次了。这种多转赋的流通渠道,对产品的质量保障、对商品的售后服务,均造成极大的障碍。若是按照现在的法规较真起来,假如出现了一次热水器漏气致人死亡的事故,负连带责任的被告就是一大串,最后的债主就是国家。现在就不同了,市场经济与计划经济的最大区别之一,就是前者在努力降低经济权力的转赋率。很多商场直接向生产厂家订货;一些厂家采取直销的经营方式;一些商店搞大规模的连锁店;等等。这都是在缩小转赋率,为的是使生产厂家与消费者之间建立起更快捷、更畅通的供求渠道。一句话,就是要减少供求之间的转赋率。

记得20世纪90年代,北京某地区产出的红果实现大丰收,然而它给农民带来的不是欢笑而是忧愁——卖不出去。后来,CCTV经济台播发了这一消息,很快,积压的红果迅速被抢购一空,农民们的利益得到了维护。怪不得很多企业都抢着在电视上作广告,因为它可以在瞬间把授权的权力内容传播到每一个角落,而且不用再转赋。这为扩大受权者大大降低转赋率创造了条件,为企业带来可观的经济效益。同时,它给了我们一个启示:现代科学技术的飞速发展,为人类社会活动降低转赋率创造了客观条件,就看我们愿意利用还是不愿意利用。

过去也好,现在也罢,因为信息不灵通,有很多"二道贩子"在其中赚取"信息费",让消费者多掏了冤枉钱。广告的出现,一开始的效用是让更多的消费者知晓某一种商品,让消费者更准确、更直接地了解到商品的价格等信息,但同时也能减少中间环节,让一部分"信息员"失业。而如今的互联网则使很多的"二道贩子"及实体商业面临被架空的困境,因为网购可将所有的中间环节全部撇开了。

○ 转赋率决定胜与败

想起我曾经在东海舰队服役时听说的"自卫反击战",很多部队都打散了,排找不着连,连找不着营,营找不着团,只能各自为战,"乱打一锅粥",这就是军队体制上转赋率太大的毛病。如果所有的部队都配备上高科技的通讯联络系统,在听从本部队指挥的同时,还可以在特殊危机的情况下,直接与总作战指挥部联系上,可想而知,这会为我们减少多少伤亡数字啊。如此这般,总作战指挥部就可以像一名高明的棋手一样,眼观六路、耳听八方,当机立断,直接"推卒过河",直接"跳马奔巢",直接"横车将帅",把各个方面的子力都充分地发挥出来,利用现代电子计算机系统指挥,联合作战,这才能在战场的瞬息万变中更好地把握胜机。否则的话,当总司令发现了一个好的战机,一层一层地传达下去,等传达到执行任务者的时候,敌方也许早已把漏洞弥补上了,甚至加强了兵力,设好了陷阱。好了,执行命令的士兵们去死吧,别无选择!

因此,越是重大的事情,其胜率的大小首先就取决于转赋率的大小。所以,很多领导人在布置重大任务时,总是喜欢对属下说:"这件事情你必须亲自去办!不能对任何人说。"怕的就是转赋率。

尽管转赋率大会使转赋的内容失真,但无论任何人都不能事事亲自去做,其权力能力都是有限的,因而都需要别人的帮助,都需要转赋权意以实现自己的意志,谁也无法回避。

有人说,按照我提出的转赋率原理,应该在我国实行同美国一样的直接选举领导人的制度,这样不就可以把政治赋权活动中的转赋率缩小了吗?我赞同这个道理。它确实可以更直接地体现民众的意志而减少讨权、篡权、霸权等侵权行为发生的几率。但是,我又不得不感到担忧,当一个国家中占大多数的民众,在政治权力意志和政治权力能力还远远没有成熟的时候,当人们基本上还没有完全弄清"我们所有有意识的动机都是表面现象:背后隐藏着我们的本能和状态的斗争,争夺强力的斗争"[39]的时候,尤其是在"权"的知识上还显得非常幼稚,甚至还处于一种盲权、愚权、滥权状态的时候,民众的权力意志是否能同民众的真正利益完整地实现统一?民众对竞选人的权力意志和权利能力的辨别能力是否具备?在这种状况下,玩弄民心发动类似"无产阶级文化大革命"的运动绝对没有问

---

(39)[德]尼采:权力意志(上卷).商务印书馆.2013,页10。

题，但搞民主选举，是否能达到目的？记得多少年前在中国大陆某市某区的选举会上，竟然有人投票选举一个早已离开人世、只是在电视剧里出现的霍元甲当人大代表，闹出了一个不大不小的笑话。这种把选举当儿戏的闹剧此后并没有完全杜绝，而是接连不断，它不得不使我担心，选举的形式和内容是否能真正统一？我觉得，中国在进行政治体制改革中，既要按照权意转赋次数越少越好的规律办事，又要符合国情、实事求是。至少应下力量抓教育，抓普法，抓"权"的知识教育和普及，树立起民众的权利意识，从提高民众的政治权力意志和政治权力能力这一点入手，使人们先做到知权、护权，制定出切实可行的国家选举办法，使国家的赋权活动有计划、有步骤地开展起来，使政治赋权活动符合赋权的最基本规则。总之，最后达到使所有的政治权力均通过赋权产生，这才能真正体现出人民当家作主。

就现今而言，什么是"权力意志"，什么是"权力能力"？有多少人能准确地回答上来？如果连这些最最起码的"权"的知识都不知晓，正常的政治赋权活动如何能开展起来？

1-9 权力意志与权力能力

○ 差别难以令人心服

人们本是生而平等的，这是因为每个人的权利都是平等的。而在生活中，真正能体现出平等的事实却总是看不到，眼前见到的是各种各样的不平等现象，数不胜数，信手拈来。

现在我好像明白了，不平等的原因不是源于人的权利而是源于人的权力，权力是人们无法平等享有的。正因为人们手中的各种各样的权力均是有差别的，人们怎么能事事平等呢？但是，为什么权力你能享有而我就不能享有呢？这一差别的根源究竟是什么？

我承认差别，我也同意差别，但我不承认、不同意我和大多数民众一样手中的权力为什么总是那个小的、那种少的，而有些人连最起码的人格都没有，但他们却总是能指手画脚，总是充当执法者，总是能骑在老百姓的脖子上拉屎，叫我们不许乱说乱动，连思想一下都不行。我们要是不听从，他们就想方设法陷害，想方设法阻碍，在暗地里监视、控制。因此，我总是面对着差别不服气地指责差别："你差别得不能让人心服口服，你差别得不敢光明正大，你差别得太横行霸道了！"

为什么有的人连学都上不起，流着眼泪去放牛，而有的人则坐在公家豪华的轿车里一直开到学校的大门口？为什么有的人穷了一辈子全家人盖着一床被子，而有的人却整天有酒有肉、请吃请喝，吃得嘴里往外流油？为什么有才有德的高材生却干着诸如打扫垃圾之类的活计，而有的"缺德种"连句整话都不会说，却轻而易举地带着乌纱帽高高在上？

有这样一位领导，既是某企业的总经理又是党委书记，可谓官大得一手遮天。当他听说有职员对领导不服、不满骂了几句之后，便召开了职工大会作出了一项史无前例的规定："谁他妈的以后再骂街，谁他妈的就是混蛋！"真弄不懂到底谁是混蛋？这样的领导在中共的体制内到底有多少？为什么能让这样的人当领导？

为什么？为什么？类似这样的"为什么"实在是太多了，多得不管随便看哪，哪里都处处写着"为什么"！这"为什么"促使我不得不重视起差别来，总想找出差别的原因。

◯ 找出差别的根本原因

门捷耶夫曾把很多写满化学元素符号的小纸片摆在桌子上对来对去、想来想去，终于发现了其中的规律，发明了化学元素周期表，在化学史上立下了不可磨灭的丰碑。但我相信，如果门捷耶夫研究的不是化学而是社会，而是人的话，那他绝对无法把世界上所有的人都请来坐在他的桌子上，那桌子可就太小了。因此我在研究差别的时候不得不同尼采一样"小心翼翼，免得谈起化学的'规律'来"。由此，我只能暗中观察，不动声色，深入浅出，举一反三，努力把所有人的缺点都当作人的优点来赞扬,于是在赞扬声中侥幸地避开了各种各样的打击,几番逃出虎口,找到了差别的根本原因——它就是权力意志和权力能力。

人,出生之始可谓与世无争,因为他还没有任何权力意志,更谈不上权力能力,连尿布都仰仗别人来换。随着人的成长,权力意志便逐渐地在每个人身上有差别地滋生出来,导致了人的强弱的分化。所谓权力意志,即是人求权、得权、争权的信念、决心和性格。尽管人们所瞄准的权力内容是不同的,有荣誉的,有政治的,有经济的等等,但他们都离不开坚强和毅力。权力意志强的人通常是最有可能获得权力的人,哪怕是在正常合理的社会赋权活动之中也是如此。没有意志,便没有行动。而权力意志弱的人则正好成了陪衬,就是有机会,权力往往也是擦肩而过。权力就是偶然落到他的头上,他也会顿时被吓破了胆而放弃,因为他可能根本就没想过要争得什么权力,他从来就没有这个意志。放在权力意志强的人面前的机会总是两次:第一次是通过正常的赋权活动(即他人或者社会的授权)而取得意志所指向的权力内容。除此以外还有第二次机会,那就是偏离开正常的赋权活动,不管他人或社会授权不授权,他都要想方设法地去讨权——并不一定构成侵权,甚至有些人还会不择手段地去谋权、去篡权——大多具有侵权的性质。由此,权力意志弱的人为权力意志强的人创造了侵权的条件:弱的本质就是顺从,强的本质就是强制。强者恒强,弱者恒弱,强者自然要成为弱者的主人。

是什么原因使贫农成其为贫农?是什么原因使地主成其为地主?难道是上帝造人的时候,造就了有差别、不平等的贫农和地主?达尔文的进化论也从来没说过"贫农猿"与"地主猿",更没有划分出猿的阶级。地主的祖先同贫农的祖先肯定是一样的。他们初始或都是"地主"或都是"贫农",只是在后来的权力意志较量中逐渐地走向了两个极端。最初的地主可恨,最初的贫农也可恨!你为什么要卖地?你为什么要乞讨?本是处在一条起跑线上,你为什么不敢动一动脚？权力意志弱呀，骨头软呀，被地主剥削，被地主侵权，连吭都不敢吭一声，那能怨谁呢？像陈胜、吴广，像黄巢，像朱元璋……等等，不都是贫农么？只要敢一声吼，哪个地主还敢剥削，早就把他们吓尿裤了。你自甘为弱，你就命该穷，你愿意做牛做马，谁也没办法把你变成主人。有道是："可怜之人必有可恨之处"，一点也不假。这可恨之处就是权力意志弱。

"人民，只有人民，才是创造世界历史的动力。"但是，历史决不是由杨柏劳式的人民创造的，因为像他那样的权力意志薄弱者怯懦得只图苟存，从来就没想过反抗，从来就没说过一个"不！"字，他们只是逆来顺受地在历史的轨道车底下呻吟、残喘和求饶，比牛马会说话，从不敢想到某种意志，并敢于为了维护自己的这一权力意志赴汤蹈火。因此，创造历史的不是活着的所有的人，而是那些有权力意志的人，那些能代表广大民众的争权者。尽管他们需要唤起民心推波助澜，但毕竟是他们掌握着历史的方向盘。

从古至今，从国内到国外，从上到下，看看所有身居领导职位的那些人，都是权力意志较强的人，都是与一般人相比好权之心非同凡响的人，而那些工人和农民，别说权力意志，就连自身享有什么权利都不清楚，他们怎么能成为历史发展的动力呢？

没有意志就意味着没有平等；

没有平等就意味着没有自由；

没有自由就意味着被剥削、被压迫！

一个先进社会的前提，就是生活在这个社会中的大多数人都具有坚强的权力意志；先进的社会制度不是要消灭人的权力意志，而是要规范它——使每个人在表达并实现自己权力意志的同时不得侵害他人或由之组成的社会，使得所有人的权力意志都能健康地发展。决不允许侵权，也不赞同示弱，就如同谁也不会欣赏乞丐一样。但是，统治集团往往最怕人们都具有较强的权力意志，他们的理念是"人类最可怕的和最彻底的要求，人类追求权力的欲望——人们称这种欲望为'自由'——必须最长久地被限制起来。"所以所有的宣传和教育都必须"以其无意识的教育本能和驯化本能，一直以来都旨在限制权力欲望：它诋毁专横的个体，并且以其对集体忧心和祖国之爱的颂扬来强调群盲的权力本能。"(40)

○ 人与人的意志各有不同

一个人若想成就事业，首先就需要有不屈不挠的坚强意志。中国古代哲人老子讲："强行者有志"。毛泽东在青年时代就说过："意志也者，固人生事业之先驱也。"可以说，古今中外，凡是有作为的政治家、军事家、科学家，无不具有坚强的意志。想干出惊天动地的伟业，意志薄弱者肯定是难以胜任的。就做人而言，人人都应有权力意志，正如同罗素先生所说的一样："由于有权比无权更能使我们实现自己的欲望，而且权力还能使我们赢得他人的尊敬，撇开怯懦的影响不谈，人们自然希望得到权力。"只不过这权力意志的内容也许是政治的，也许是经济的，也许是自我荣誉的。所以，尽管人人都真的有了很强的权力意志，他们之间权力意志的内容也是有差别的。能当市长的不见得能当个大老板，能当大老板的不见得能当个好丈夫，能当个好丈夫的不见得能当个高级的大厨师。因此，我至今也想不出一个什么好办法来消除这种差别，似乎人类的不平等起源早在人的意志出现时就开始划分了等级——尽管这一划分从生物学的角度讲是反动的。但事实就是事实，谁也无法全能。不过，撇开权力意志的差别不说，是不是所有的权力意志强的人都可以获得权力？罗素的答案是肯定的："凡是最希望获得权力的人，就最有可能获得权力。由此可以推论，在权力向大家开放的那种社会里，凡是能予人以权力的职位，照例是被爱好权力异乎常人的人所占有。"(41)但我却不同意罗素的这一结论，我的答案是否定的，即：权力意志强的人，不一定

---

(40)[德]尼采：权力意志（上卷）.商务印书馆.2013，页14。

(41)[英]罗素：权力论.商务印书馆.2012，页6。

能获得权力。为什么？

我自认为权力意志并不弱，志气或者说野心可不小，甚至想要改变世界，但权力总是擦肩而过。看看周围那些远不如我的人，升官的升官，发财的发财，这岂不是怪事？同样有顽强的意志，有的就管用，有的就不管用，这到底是什么原因呢？部分原因终于找到了，它就是权力能力。就是说，你仅仅具有很强的权力意志是远远不够的，从某个方面而言，光有意志而没有能力，那只是造就了一种难以兑现的空想。你要想获得权力，就必须有相适宜的权力能力才行。权力意志强的人，如果他的权力能力低，则他的权力意志就永远也得不到权力的认可。反过来也一样，权力能力再高，如果他的权力意志弱的话，则权力也很难攀升到他的头顶上。所以，历史上的一切开先河人物的共同特点，是他们都是权力意志和权力能力相统一且相同强的人。

我们经常遇到这类情况，大家都说某人聪明、上进心特别强，这上进心强就是表明他的权力意志在某一权力内容上特别强。可他的工作能力却不行，总是把事情办糟，工作起来很笨、很呆，总是干那些受累不讨好的事，总是得不到领导的赏识，这就表明这个人在某方面的权力能力低。通常所能见到的实例是：某个人在某个专业领域绝对是专家，是大家公认的智商高的人，但是，这个人总是与他人搞不好关系，不是有这个矛盾，就是有哪个纠纷，甚而至于，他与自己的亲人都难以建立亲密关系，形同陌路，说明这个人情商极低。智商是一种权力能力，情商也是一种权力能力；智商高不一定代表情商高。

○ 权力能力强弱的标准有没有？

检验一个人权力能力是强还是弱的标准是什么？这个标准就是要看这个人解决问题的能力是否强。解决问题的能力强，其权力能力就强；解决问题的能力弱，其权力能力就不强。这里又涉及到一个方法问题，能力强不强有时是受制于方法的。对待不同的人，对待不同的问题，方法也是不尽相同的。说某人的能力强不强，不管他用什么方法，是廉洁的方法还是腐败的方法，是光明正大的方法还是见不得人的方法，一句话，是正当的权宜还是搞非正当的权术，不管好与坏，只要把问题解决了，只要达到了目的，只要实现了意志，那么我只能说这人的权力能力强。秦始皇的权力能力强，刘邦的权力能力也强；曹操的权力能力强，诸葛亮的权力能力也强；希特勒的权力能力强，斯大林的权力能力也强。尽管各有各的强处，甚至有的强得反动、反人类，但相对地说，他们在某一方面确实是"强人"。但不管多么强的人，都有他弱的方面，即都会在某些权力内容上有不强的时候。而且不管多强的人，最终都要以弱结尾，弱得连口气都喘不上来，弱得连眼皮都睁不开啦。

有些人权力能力强，是依靠正常的赋权活动体现出来的。而另有些人则不同，是依靠权术包括讨权、篡权、霸权之类的侵权活动体现出来的。我心想应扬前贬后，扶正祛歪，但很多时候都是搞权术的占上风，取得胜利的往往是那些精通权术的人。我感叹，但毫无办法，因为社会中各种权力内容的竞争，其比赛规则往往不是对于所有的人来说都公平，它往往是"无法无天"地进行的。就好像两个人斗拳，本是张三本领高，但李四却使用暗器，张三反被伤倒在地。你讲道德，你却掉了脑袋；他胡作非为，却可以吃香的、喝辣的。所以，权力能力这东西谈不上道德性，不好用道德来规范它。你正直，你傻干，你却无功而返。不善使用计谋者，是权力能力低的最突出的表现。而使用计谋，不管它是权宜之计还是权术诡计，它往往是不择手段的，是损人利己的。故而权力能力着实让我头疼，很难分出它的善恶来。

说到这，我不得不对差别道一声："对不起。"如果报怨的话，如果有什么不满的话，那本该冲着自己吼一声："你干嘛不强？"而差别则是无辜的。在差别面前，我相信我和大多数人一样只能这般痛苦地表示：我们不能不服！

"假如快乐和痛苦关系到权力，那么生命就意味着权力的增长，以致'充盈'的差别就会进入意识……权力水准的确定，也许只应按照水准的下降来衡量，只应按照痛苦状态而不是快乐状态来衡量……要充盈的意志乃是快乐的本质。因为，权力增长差别就会进入意识。"尼采先生真是太神算了，他一眼就看出，在权力与痛苦的天平上，痛苦总是多数的，故而它的水准总是下降的；而权力则总是上升的，所以它总是使少数人得到欢乐。

人类真正的解放，首先是权力意志的解放和权力能力的解放，权力意志越强，权力能力越高，则解放得越彻底。这最根本的解放如果得不到解放，民众尽管看起来是"自由"的，可以随意上街行走，可以不受限制地发表言论，但他们的权力意志却被牢牢地上着枷锁，他们的权力能力却被死死地绑着绳索，他们的精神状态都像阿Q那样只想着喝酒，只想着吃茴香豆，那么解放就是一句空话。

○ 权力意志的不同类型

看遍了历史，又看遍了周围的人，细细地揣摩，苦思冥想地进行分析和研究，目的就是希望能够按人们的权力意志表现程度和权力能力的实际状况划分出类别来，以便从中找出其发展变化的一般规律。

按照人类现有的不同的权力意志表现，我大体地将他们分为六种人或者六种社会类型：完全屈服者；盲目服从者；势力归顺者；理智权衡者；自由主张者；固执不屈者。

权力意志与"人性理智"密切相关。所谓"人性理智"，是指人对于自身以及自身与他人（包括群体）、他人与他人、他人与群体之间的关系究竟应该怎样公平公正地看待，并能够辨别是非、科学合理地处理好相互间的利害关系以及控制自身行为、正确地评判他人或群体行为的认知水平和认知能力。也就是说，面对各种事物和问题，不但能从事物以外、从不同的角度，还能从事物内在的本质和规律去把握，具有一定的逻辑分析能力和理性认识、理解和处理问题的能力。"人性理智"涵盖了人的信仰、道德的内容，但比信仰、道德的内容更深层、更基础、更具体，它不仅仅要告诉人们"应该怎样做"，还要从本源上告诉人们"为什么要这样做";而且它涵盖的范围更广,包括精神、意志、常识、规矩、自律、法理、博爱、智慧等,也就显得更加重要。

一、完全屈服者

人之初,都是完全屈服者。这种屈服是一种自然的屈服,不屈服不行。因为人之初还没有任何权力意志。人长大之后按说不应该再是完全屈服者了,但事实却相反,很多人因为没有权力意志而继续充当完全屈服者的角色。这后一种"屈服"就是不该屈服的"屈服者",意思是说,明明不屈服也行,但是他们就愿意或者是习惯于屈服。这与他们所形成的"人性理智"及心理因素有关。因为历史上留下来的记忆,很多都是负面的信息:通常那些不屈服的人总是人头落地,所以屈服往往是源于不屈服不行,不屈服就难以活命。当初日本军国主义者之所以敢侵略中国,那是因为他们看到中国的人口数量虽然多,但大多数人都属于完全屈服者,是可以战胜的。

二、盲目服从者

不是所有的人都愿意完全屈服于别人,故而产生了一点不屈服于别人的权力意志。可惜,由于辨别能力差,在花言巧语面前常常上当受骗,由此成为盲目服从者。但在权力意志上,盲目服从者明显比完全屈服者的"人性理智"及心理素质要强一些。历史上,人们可以看到很多的士兵参战,但究竟是为了什么打仗,参战的敌对双方士兵却大多不清楚。有时被告知打仗的目的,例如"为了解放全人类"、"为了当家作主",但实际上即使仗打胜了,我们自己的日子过得还不如"没有解放"的他们过得好,当家作主也完全是一张空头支票,根本无法兑现。因而大部分参战的士兵其实都是盲目服从者,是不知所以然的人。

三、势利归顺者

不断地汲取教训、总结经验,似乎不再盲目服从了,但仍然不能自己作自己的主。只要觉得差不多,还可以,自己眼前不吃亏,人家咋说就咋做，成为势利归顺者。

势利归顺者有时也不完全归顺，这就要看他感觉合适不合适了。哄得好就归顺了，哄得不好就不顺从。最典型的势利归顺者是"叛徒"和"汉奸"。

完全屈服者，盲目服从者，势力归顺者这三种类型的人，严格地说，都是愚权者。他们或是不辨是非，或是愚昧无知，因此他们总是毫无争议地处于被统治的地位。

四、理智权衡者

当人的权力意志逐渐增强后，人才能成为一个理智权衡者。成为一名理智权衡者，与赋权的成效有关，这主要体现在教育上——不仅仅是学校教育，还包括家庭教育、社会教育等。大体上说，与受教育水平有一定关系，但也不完全有关，原因是"权"的教育基本上处于空白状态，主要是依靠每个人在接受教育的同时自己去体会并总结经验。虽然理智权衡者不会轻易地到处发表自己的意见来表现自己，但他心中有数，知道好赖，明辨是非，具有理性。同时，理智权衡者决不会去干那种盲目轻信的事情。

五、自有主张者

当人的权力意志发展到自有主张的时候，人就有了表现自我、发表意见、影响别人甚至去驾驭别人的愿望。历史上很多的谋臣都属于这一类人。他们都能举一反三，懂得分辨是非，能言善辩，总是能讲出自己独到的见解，有自己的思想，并总是千方百计地去施展，力图去影响别人。虽然自有主张者经常能获得君王或上级领导的赏识，但也有弄巧成拙的时候，其主张不合君王或上级领导胃口，甚至背道而驰时，便会给自身带来灾祸。

六、固执不屈者

权力意志最强的人，当属固执不屈者。他想做的事情，谁也拦不住。别人说了什么，他也不会听从。为坚持自己的"真理"，绝不会向任何人屈服，甚至可以献出生命。

权力意志最强的人不见得都是最好的人。这要看他逞强的意志是什么，这要看他坚持的"真理"是什么？希特勒是权力意志最强的人，布鲁诺也是权力意志最强的人，可两人之间却有着天壤之别：一个为称霸侵略而折腰，一个为科学和真理而献身。

权力意志往往受权利能力的制约——固执不屈者大都出自那些权利能力较高者和权利能力较低者之中，因而单单分析权力意志是不够的，还得分析权力能力以及它的不同层级与权力意志的相互关系。

○ 权力能力的不同类型

参照权力意志的分类，我按照人们权力能力的现状，大体分出六种人或六种社会类型。即：无知无能者、略知略能者、少知少能者、多知多能者、广知广能者、全知全能者。

一、无知无能者

人之初，都是无知无能者。就一个人一生的经历而言，通常情况下，人在1～6岁这一段，就属于无知无能者阶段。此后随着年龄的增长，尤其是随着与其他人的交往，通过得到其他人的赋权，知道的事情才逐渐多了起来。但不见得所有的人都如此。个别人不到6岁就聪明过人，被称作"神童"，也有的早就超过6岁了，还傻了吧唧的，始终不开窍。

无知无能者的心理特点，主要表现为好奇心理、群聚心理、模仿心理和情绪支配心理。

无知无能者最明显的特征就是缺乏观察认知能力，他们对事物的知觉，基本是无意的、被动的。随着年龄的增长，他们的观察认知能力才逐渐有了雏形。

观察认知能力是构成智力的主要成分之一，也是智力发展的基础成分。无知无能者的观察认知能力可以在生活环境和教育赋权的影响下，经过系统的培养训练逐渐发展起来。无知无能者时期是观察认知能力开始形成的时期，非常需要成人的帮助和指导。所以，在所有的教育之中，家庭教育是极其重要的。

有些人即使远远地超过了6岁，但其仍然处于无知无能者状态，例如一些人因为天生遗传的原因或其它客观原因（例如交通事故导致的植物人）可以始终是或者变化为一个无知无能者。但这些情况并非普遍，在社会中仅仅是个别（极少数）现象。

无知无能者的表现及其现状，并非可以决定今后这个人的发展状况。东方的王阳明，西方的爱因斯坦，他们二人在5岁之前都不会说话，可以说，在无知无能者之中可谓是"垫底者"。但后来怎样？他们都成了大家，非一般人所能比。

二、略知略能者

就一个人一生的经历而言，通常情况下，人在6～16岁这一段，就属于略知略能者阶段。同无知无能者一样，也不见得所有的人都如此。个别人不到16岁就智慧超人；也有的早就超过16岁了，还跟小孩儿差不多，始终难上进。这些情况并非普遍，仅仅是个别现象。

略知略能者的心理特点，主要表现为求异心理、尝试心理、逆反心理和自我保护心埋。

略知略能者的观察认知能力与无知无能者相比明显有了长进：在观察的目的性上，由几乎毫无目的地观察，到有了一定的目的自觉地观察；在观察的持续性上，由观察的时间比较短暂，到能够坚持观察较长时间；在观察的细致性上，由粗糙的、肤浅的观察，到细致的、有一定重点和深度的观察；在观察的概括性上，由散乱的、无联系性的观察，到能够初步发现事物的内在联系和本质特征的观察。

就所掌握的科学知识和所体现出的能力而言，略知略能者只具备小学及中学的知识水平和技能，基本上限于生存需要或对自然知识的初步了解上，根本不具备较完备的科学知识，而对于 "人"的知识或"人性理智"知识等社会科学仍完全处于"文盲"状态。

就一个社会中群体性的略知略能者，其中的有些人不一定被限定在16岁之内，有可能有些人都已经26岁了，从"知"和"能"上还是显得幼稚。因此，哪些人属于略知略能者，哪些人不属于略知略能者，并不绝对地完全以年龄为标准，而是要看他们当时的实际文明程度和文化表现——即"人性理智"水平。

三、少知少能者

就一个人一生的经历而言，通常情况下，人在16～30岁这一段，就属于少知少能者阶段。少知少能者时期是一个人从不成熟走向成熟的过渡时期。处于这个时期的人，伴随着生理的成熟，在"人性理智"及心理特点特别是在智力发展、情感和权力意志等诸多方面，都有其独特的能力特征，主要体现在几个方面：一是已经具有一定的概括化观察能力；二是获得了成熟的记忆能力；三是初步形成了理论型的抽象思维能力；四是世界观、人生观、价值观初步形成；五是兴趣、性格趋于稳定，情绪和情感也趋向成熟和稳定，但与多知多能者相比，又显得仍有些动荡不稳；六是自制力增强，综合能力有所提高；七是相对略知略能者而言，少知少能者比较富于坚持精神。

就所掌握的知识和所体现出的能力而言，少知少能者只相当于具备了大学（含专科）的知识水平和技能，基本上限于对自然科学知识或社会科学知识的浅显理解上，多见于在某一个专科领域能够获得较完整的知识，但对于其它学科却有所欠缺。虽然能够掌握一些科普知识，但科学素养还极其低下。至于对"人"的知识或"权"的知识等社会科学，有的人有所接触，有了初步了解，而另有些人则还是不得所知。现今在社会上，很多大学生或硕士生懂得如何做事，但不懂得如何做人，甚至干出损害他人或社会的事情来，其原因就在于此。甚而至于，一个大三女学生，竟然可以被一个只有小学文化的骗子所摆弄，骗到山沟里卖给一个残疾人当老婆，如此悲剧并非一例，足可以看出，我们的教育是如此薄弱。

就一个社会中群体性的少知少能者，其中的有些人不一定被限定在30岁之内，有可能有些人都已经快40岁了，从"知"和"能"上还是显得不成熟。因此，哪些人属于少知少能者，哪些人不属于少知少能者，并不完全以年龄为标准，而是要看他们当时的实际文明程度和文化表现等诸多"人性理智"的因素。

四、多知多能者

就一个人一生的经历而言，通常情况下，人在30～45岁这一段，就应属于多知多能者阶段。人到了多知多能者阶段，知识仍在积累增长，经验日益丰富，尤其是对情感的自我调节和自我控制的能力有了显著提高，情感趋向稳定。

生理成熟是心理成熟的生物学基础。多知多能者的心理能力及"人性理智"水平仍处于继续向上发展的时期。一个智力正常的人，其心理发展所能达到的高度，不仅与社会环境有关，更重要的是自身的主观努力。勤于实践、积极主动地接触社会、接触新生事物、不断扩展生活领域、不断更新知识、勇于探索和创造的人，其心理能力在整个多知多能者时期都在继续增长。反之，则会停滞，甚至提前衰退。

孔子对自己在多知多能者时期的心理能力发展的阶段作了精辟的概括："三十而立，四十而不惑"。 意思是人到了30岁应能够自立；到了40岁就能不被外界事物所迷惑。但是，并不是所有人都能像孔子所说的那样成为多知多能者的，就一个社会群体而言，其中的有些人不一定符合年龄的划分，有可能有些人都已经快50岁了，从"知"和"能"上还是显得难以理解。因此，哪些人属于多知多能者，哪些人不属于多知多能者，也不完全以年龄为标准。

这里所说的"心理能力"，是指人的全部心理活动能力的综合和总和，而非单项能力。因为就某一单项心理能力来说，从多知多能者阶段的后半段开始就处于下降过程，如机械记忆能力、反应速度等。

多知多能者的心理能力发展始终处于动态过程，而且个体差异很大，所以心理成熟的标准很难界定，一般主要包括：一是能独立自主地进行观察和思维，组织自己的生活，决定并调整一生的目标和道路，则不必依赖长辈的训诫和保护；二是情绪趋于稳定，有能力延缓对刺激的反应，能在大多数场合下按照客观情境控制和调节自己的情绪和情感；三是处世待人的社会行为趋于干练豁达，能适应环境和把握环境，能接受批评和意见，并按正确意见调整自己的行为；四是自我意识明确，有"自知之明"，了解自己的才能和所处社会地位，并以此为立足点，决定自己的言行举止，有所为和有所不为。

就所掌握的知识和所体现出的能力而言，多知多能者应具备了相当于博士的知识水平和技能，但尽管如此，他们对自然科学知识或社会科学知识的理解，多见于在某一个专科领域能够获得较完整的知识，但对于其它学科却有所欠缺。虽然科学素养有了一定的提高，但在科学方法及科学精神方面还是有缺陷的地方，尤其是理工科的高材生，别看已经是博士了，但对"人"的知识和"权"的知识等社会科学，不见得有多少掌握，甚至很可能还一无所知，其"人性理智"的水平也就可见一斑了。

2016年，宁波游客在日本酒店"顺走"马桶盖事件，引起社会的广泛关注。据媒体报道，这对中国夫妇家境还是相当不错的，相信绝对不会是文盲，也许还受过高等教育，但他们的这一举动，实在是太"低等"了。这对中国夫妇虽然涉事后已就此事公开道歉，并将马桶盖寄回酒店，但其所面临的社会谴责声此起彼伏，让当事人承受了巨大的舆论压力。据传说，其中一名当事人回国后已主动向单位提出辞职。

至于那两名在澳大利亚悉尼皇家植物园随地小便的中国游客，相信也不会是没有受过教育的，但他们的行为与其受教育程度绝对不会是相称的。

以上两个事例，值得审视的是由此反映出来的国民心态，反映的是人们的一种文明焦虑情绪。

五、广知广能者

就一个人一生的经历而言，通常情况下，人在45～70岁这一段，就应属于广知广能者阶段。孔子云："五十则知天命，六十而耳顺，七十而从心所欲，不逾矩。"孔子的这种分析说明心理能力不仅在多知多能者时期仍在发展，到了广知广能者时期也还没有终止。

五十知天命。然而人体生理功能却在不知不觉中下降。心理能力的继续增长和体力的逐渐衰减，是广知广能者的身心特点。

广知广能者时期，概括地说，智力发展到了最佳状态，能进行逻辑思维和作出理智的判断，具备独立解决问题的能力。除此之外，还体现在道德意识较为完善，道德理想更为现实，道德行为水平已非一般，知行脱节的现象也日趋减少。但是，并不是所有的人都能做到这一点。

就一个社会中群体性的广知广能者，其中的有些人不一定被限定在45～70岁这一段，有些人还不到45岁就能够成为广知广能者，而另有些人有可能都已经快70岁了，别说从"能"上已经显得无能为力，就是在"知"上也不见得能够做到融会贯通。因此，哪些人属于广知广能者，哪些人不属于广知广能者，也不完全以年龄为标准，而是要看他们当时的实际文明程度和文化表现等诸多因素。

就所掌握的知识和所体现出的能力而言，广知广能者应具备博士后及以上的知识水平和技能，他们均应在逻辑思维方面有所见长，但尽管如此，广知广能者同多知多能者一样，他们对自然科学知识或社会科学知识的理解和掌握，多见于在某一个专科领域能够获得较完整的知识，但对于其它学科却有所欠缺。尤其是对于"人"的知识和"权"的知识，也不见得有多少掌握，这与我们的教育在此方面存在着"人性理智"教育的空白现状有关。

六、全知全能者

就一个人一生的经历而言，通常情况下，人在70岁以上这一段，就应属于全知全能者阶段。

全知全能者在人体生理功能及心理能力等方面，仍具备广知广能者的某些特征，往往有过之而无不及。他们在意志上更加坚定，容忍耐受能力更加坚强，在其他人眼里可谓德高望重。

全知全能者作为一个群体，在社会中不会是多数，而应是极少数。其中的有些人不一定被限定在70岁以上，有些人还不到70岁就能够成为全知全能者，而另外大多数人有可能都已经快80岁了，在某些方面例如"人"的知识和"权"的知识，还是似是而非。因此，哪些人属于全知全能者，哪些人不属于全知全能者，也不完全以年龄为标准，而是要看他们当时的实际文明程度和文化表现等诸多因素。

就所掌握的知识和所体现出的能力而言，全知全能者没有办法用学历和学位来衡量，他们绝对应被称作"智者"，其逻辑思维能力比较强，分析问题及解决问题的能力也应是比较突出的。他们对自然科学知识或社会科学知识的理解和掌握，应该不限于某一个专科领域，对于其它学科也能够获得较完整的知识。尤其是对于"人"的知识和"权"的知识，这是不可或缺的。

综上所述，人们应不难看出，马克思的"唯物史观"中所谓的生产力及生产关系中所涉及到的人，只是理论上的人，是抽象的人，是无区别的人，是脱离了人类学和社会学意义的人，是便于为阶级斗争服务的人，而不是活生生的现实人，不是千差万别有不同需求的人，也不是有意志差别和能力差别的人。这就与实际难以相符，经不住仔细地推敲。

仅仅从现实上看，中国人目前出现的"物质崇拜欲"，或多或少和马克思的"历史唯物主义"之中有些过度重视"物质"的灌输有关。提高人们的经济意识，其本身没有错，但是让人们把眼睛死盯在经济上，这就难免引导人们"往钱看"，导致人们片面追求，片面发展，也就会导致人的异化和社会的异化。一旦形成社会异化，麻烦就大了，想尽快地矫正过来可就不容易了，因为改变社会感觉的定势是极其困难的。

其实，精神、名誉、思想意识、包括思维等，都对历史的发展起着不可或缺的作用，尤其是思维方法（由此可引申至科学技术），或许比"物质"所起的作用都大。如此这般，怎么能把历史的发展单单归结为"唯物"所起的的作用呢？

○ 意志与能力差异的对照

将权力能力的六种类型与权力意志的六种类型作一对照，便可从中看出很多平常看不到的东西：

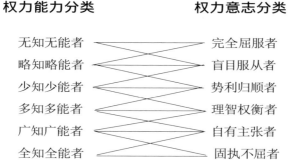

图1-9 权力能力与权力意志对照表

由图1-9可以看出，在同一层次的两种分类之间对比中似有联系，但又不是绝对相等的。即：无知无能者并不一定是完全屈服者，他还可能是盲目服从者；完全屈服者也不一定就是无知无能者，他还可能是略知略能者。但这种层次的"跨越"，只应是在相邻的区间，不会有太大的突破。也就是说，一个完全屈服者不大可能同时是一个多知多能者或广知广能者，更不可能是全知全能者。是否有个别的例外？这种可能性也不见得可以完全排除，但他即使出现也绝对是极其个别的现象。各个层次之间往往相互会有影响，或是起相互促进的作用，或是起消极作用。

通过上述分析，人们应该不难发现，在我归纳的六种不同人群中，"完全屈服者"与"无知无能者"、"盲目服从者"与"略知略能者"、"势利归顺者"与"少知少能者"这三类人群，无论从"人性理智"的教育水平上还是从心理素质上，都是最容易被某些政治组织、邪教组织笼络和欺骗的三类人群。二战时期的德国纳粹和日本军阀，仅靠几个首领是无法打仗的，他们必须花言巧语地将本国大多数人都蛊惑迷糊了，才有力量发动战争。而大多数人之所以容易被蛊惑，最主要的原因还是这些人群的权力意志和权力能力低下。中国大陆的"文化大革命"之所以能发动起来，也是如此。

在这三类人群中，"完全屈服者"与"无知无能者"是最缺乏教育的人，这些人接受到什么影响就会形成什么样的性格，完全属于被操纵者，一旦让他们接触到类似邪教组织或者传销组织，那就基本上都是举着白棋上贼船的，不用操纵者费太大的功夫。就个体而言，"完全屈服者"与"无知无能者"在年龄上相对说应是1～6岁的时期的人，但就社会群体而言，可就不会限定于6岁及其以下。究竟这些"完全屈服者"与"无知无能者"的年龄是多大，是需要综合考虑的。很多人都是老年人了，按说早就该成熟了，但其头脑的愚钝程度和精神的萎靡状况，简直就是"完全屈服者"与"无知无能者"的特有表现。瞧瞧那些被诈骗时到银行里非要给诈骗分子汇款，遇到好心的银行服务人员劝阻时歇斯底里又吵又闹的老年人，怎么能说他们的"人性理智"和心理素质够得上合格？所以尽管这些人虽然在年龄上都超过了60岁，但他们的"人性理智"和心理素质以及行为能力仍然属于"完全屈服者"与"无知无能者"。

这样的一个社会群体，我们可以从抗战时期很多中国人的表现上看得出来，中国的很多老百姓自不必多说，逆来顺受就是他们对待侵略者的心理反应；即便是军人，有些也是非常不可思议的。传说南京大屠杀事件中，十几个日本兵押解着数千被俘中国士兵，一个一个地枪杀，竟然没有一个人反抗，就是"完全屈服者"与"无知无能者"最鲜明的写照。而在抗战的决心和士气上，中国共产党领导下的八路军、新四军，那才是最有民族气概的人。当然，国民党之中也不乏众多抗战英雄，宁可战死也不愿做亡国奴。中国人最缺乏的就是这样有骨气的人，主要原因就是他们都属于"完全屈服者"与"无知无能者"。

在这三类人群中，"盲目服从者"与"略知略能者"尽管要比

"完全屈服者"与"无知无能者"强一些，但其"人性理智"的教育水平和心理素质都是不成熟的甚至是稚嫩的，笼络他们也许需要费一些口舌，但略施小计就能让他们服服帖帖、心甘情愿。也就是说，尽管要比"完全屈服者"与"无知无能者"强得多，但其"人性理智"和心理素质仍处于"略知略能者"阶段，在诱惑及蛊惑面前抵御的能力十分欠缺。

在这三类人群中，"势利归顺者"与"少知少能者"与上面两类人群相比较而言，算是"教育水平"比较高的了，甚至有些人是生活水平相当不错的"中产阶级"和"准知识分子"，这些人之所以也会被笼络欺骗走入歧途，这与他们权力能力低下而权利意志过盛不相称有关。就是说，他们虽然有的已经是大款、老板了，或者是研究员、教授了，但他们在"人性理智"及权力能力上却仍然属于"低能儿"，这尤其体现在科学素养的欠缺上。

有些人虽然受过高等教育，甚至是研究所里的研究员，给人的印象，他应该属于权力能力较强的人。而实际上，他在权力能力上仍属于"少知少能者"，自身素质并不理想，但却野心勃勃、自恃清高，总想干出一番大事业，一旦被蒙蔽，便深陷其中不可自拔。

一个先进的社会，不单单是体现在社会经济制度、社会政治制度、社会法律制度上的先进，其基础，应是体现在这个社会人群的整体素质上。就是说，在一个社会中，"完全屈服者"与"无知无能者"、"盲目服从者"与"略知略能者"、"势利归顺者"与"少知少能者"这三类人群，他们的总数量越多，社会文明民主进步就越会受到阻碍；反之，他们的总数量越少，社会文明民主进步就越会得到促进。怎样减少这三类人群的数量呢？总体来说，就是要提高"人性理智"水平：一是要提升公民自然科学素质，对此，中国科技部、中宣部印发的《中国公民科学素质基准》即为参考之一；二是要普遍进行"权"的教育，提升公民社会科学素质，对此，中国科技部、中宣部印发的《中国公民科学素质基准》虽然可作为参考，但其所涉及的社会经济系统、社会政治系统及社会文化系统的基本层次、基本单元、结构方式及其基本规律方面，空缺的内容太多，而有争议的内容也有，极其需要下大功夫予以补充和完善。

一个先进社会的前提，就是生活在这个社会中的大多数人都在具备"人性理智"的基础上具有坚强的权力意志；先进的社会制度不是要消灭人的权力意志，而是要规范它——使每个人在表达并实现自己权力意志的同时不得侵害他人或由之组成的社会，使得所有人的权力意志都能健康地发展。决不允许侵权，也不赞同示弱，就如同谁也不会欣赏乞丐一样。但是，统治者往往最怕人民都具有较强的权力意志——不管它是不是建立在"人性理智"的基础上。他们的理念是："人类最可怕的和最彻底的要求，人类追求权力的欲望——人们称这种欲望为'自由'——必须最长久地被限制起来。"所以所有的宣传和教育都必须"以其无意识的教育本能和驯化本能，一直以来都旨在限制权力欲望：它诋毁专横的个体，并且以其对集体忧心和祖国之爱的颂扬来强调群盲的权力本能。"[42]

看一个社会的素质的高低，不单单要看有多少个硕士生或博士生，还应该注意到这个社会中的大多数人的精神和意志处在一个怎样的水平上。很多国家的教育，往往只偏重地理解成能力教育——还不是实践能力而是应试能力，这是不全面的。光有能力没有意志的人，不是一个高素质的人。光有能力没有意志的社会，照样是一个低素质的社会。

几千年中国封建专制传统文化中最有害的东西，就是害怕人民意志强。认为人民意志强了就会造反，如此一来就不好统治了。所以，从家庭到学校，从城市到乡村，社会中的一切教育宣传工作都是围绕着"学会服从"而展开的——听话的孩子是好孩子；听话的学生是好学生；听话的工人是好工人；听话的农民是好农民。只要是不听话的人，都会被视为"坏分子"。选拔各级领导的标准，最重要的

---

(42)[德]尼采：权力意志（上卷）．商务印书馆．2013，页14。

一点就是看他听不听话。

中国人已经在权力能力的整体水平上摘掉了"东亚病夫"的帽子，它更多地体现为国力的增强。但是，权力意志上的"东亚病夫"的帽子摘掉了吗？有多少人还处于"完全屈服者"状态？有多少人还处于"盲目服从者"状态？有多少人还处于"势力归顺者"状态？不知有没有人仔细地计算过？如果这三种类型的人仍占总人口的大多数，那么，它距离"强社会"是有很大差距的。

所以，就社会群体素质而言，提高人们的权力能力这是必须的，但同时会使人们在发挥其能力时难以掌控他们的善与恶，于是我们就不得不在提高人们权力能力的同时，一定要在信仰、道德教育上下功夫，提升人们的道德水平。而要树立科学的信仰和正确的道德观，则必须进行"人性理智"教育，夯实社会的"人性理智"基础。

要想彻底摘掉精神上、意志上的"东亚病夫"的帽子，就得彻底改革全社会的教育体制和教育方法，就得千方百计地通过启蒙教育使每个人都成为有文化的理智权衡者。启蒙教育除了德、智、体全面发展的内容外，更为重要的是权的教育。只有让所有的人都知权、识权、懂权、辨权，并且享权、护权和正确理性地用权，这才能奠定一个高素质社会的基础。

如何减少"完全屈服者"与"无知无能者"、"盲目服从者"与"略知略能者"、"势利归顺者"与"少知少能者"这三类人群，与社会人群素质形态即社会的群体心理基础的文化构成有关，这是我在后面将要阐述的话题。

1-10 权力关系及其社会感觉

○ 最难改造的是社会感觉

什么是权力关系？在前面我已经说过，权力的产生与某个人的权力意志的强弱有关，同时又受制于这个人的权力能力的高低。而权力能力的高低如何来评判，这就有赖于从人们之间的交往联系中通过较量后所体现出来的某种关系来确定。这些交往、联系、较量和最后所形成的结果之整个过程，就是人们之间的权力关系过程。

当一种权力关系以某一特有的形态出现时，它就会形成某种生活习惯，以至于形成文化传统，也就会对其他人之间的权力关系产生影响，带有一种"社会传染性"。由此，这一特有形态的权力关系便会盛行起来，成为社会的潮流，而这一潮流相对比较稳定之后，便会形成带有这一特有形态权力关系的社会感觉。某种社会感觉一旦形成，便预示着某种特有形态的权力关系深入人心，任何与此潮流不相吻合的权力意志均很难滋生，任何有违于此潮流的权力能力的人均会遭人唾弃。例如，在中国大陆，改革开放的曾经一段时期，当官的要是洁身自好、坚持真理就很难在官场混下去。唯有"同流合污"，为官才有一席之地，怪不得上海5名高级法官一块去嫖娼。因此，社会感觉是一个非常顽固的家伙，又是一个非常难养育的婴儿。想创造出一个新的社会感觉非常难，想改变一个旧的社会感觉也同样非常难。此难之难，难于上青天。

但是，如果我们能够将权力关系的构成分析清楚，并在此基础上掌握社会感觉形成与变化、发展的规律，就能为我们的行动指明方向。

○ 权力关系从何处入手？

社会关系是复杂的。我们研究人与人之间的关系从何处入手，这是一个至关重要的问题，是决定着我们能否弄清楚社会关系从而解决社会问题的关键。我认为，若想弄清构成社会感觉之基础——权力关系，就必须从构成权力关系的社会基本单位起步，从社会感觉的基础入手。

开头我已经说过，权力的基本要素是两个人，这就决定了只有当两个人或两个以上的人们之间发生联系、交往时，才会产生权力关系。发生联系、交往等关系的人越多，权力关系也就越复杂。

权力关系的基本单位即A和B的关系。A和B，是社会中最常见的关系,它是一切社会感觉的基础关系。不管这个社会关系多么复杂,由此形成的社会感觉多么奇异,归根结底都是由A和B这种最基础的权力关系决定的,都起源于这种基础关系。

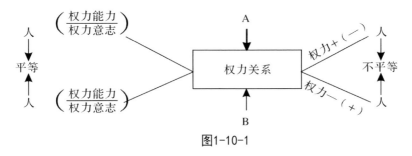

图1-10-1

由图1-10-1可看出,人与人开始是平等的,但由于他们的权力意志与权力能力有差别,故而在联系、交往等权力关系发生变化中导致权力的增多或减少,最后才导致人与人的不平等。A和B权力关系即是两个人之间的社会关系要素,它是一切社会感觉形成的基础和根原,是最古老、最原始的关系。

需要进一步说明的是,在A和B关系中,构民权力关系的双方都是个体。但是,构成权力关系的双方不一定都必须是个体,它可以是两个或两个以上的人,可以是两个家庭、两人企业,两座城市,还可以是两个民族,两个阶级、两个国家。只不过后者都是权力关系扩展的高级阶段。

○ 权力关系是个社会大魔方

权力关系有一个非常特殊的地方,人们有时只知其然,不知其所以然。我们假设某三个人发生联系、交往,即在A和B之间还有一个C,那么权力关系就会出现一个有趣的现象。一般说,我们很容易简单地得出一个错误的结论,即:认为多了一个人C,就会由原来的一种权力关系增加到两种权力关系。这与实际结果相差的不是一星半点。在A、B、C三个人的关系中,会产生6种权力关系:

A—B, A—C, B—C, AB—C, AC—B, BC—A。

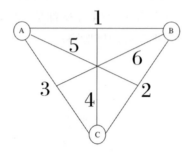

图1-10-2 权力关系示意图

可以看出，虽然只多了一个人，但权力关系并非只增加一个，而是增加了很多。权力关系越多，则矛盾也越多，社会的复杂性就复杂在权力关系上。

如果再增加一个人，那么会怎么样呢? 我们不妨再作进一步的分析，看看在A、B、C、D共4个人的社会关系中，会产生多少权力关系:

A—B, A—C, A—D , B—C, B—D, C—D, AB—C, AB—D, AC—B, AC—D, BC—A, BC—D, BD—A, BD—C, CD—A, CD—B, DA—B, DA—C, ABC—D, BCD—A, CDA—B, DAB—C。

加在一起，一共有22种权力关系。在这么多的权力关系中，会产生出多少矛盾来呢?

假若有5个人发生交往、联系，那么从理论上说会有多少权力关系呢? 为了便于计算，我们借用数学中的排列组合公式来作为权力关系公式，即:

$$C^2m+ \sum_{n=2}^{m} \bullet C^n m(m-n)$$

用这一权力关系公式计算出的结果是: 5个人一共会产生65种权力关系。如果再增加一个人，就会有171种权力关系产生。因此，每增加一人，权力关系就会翻番地增长; 人越多，社会感觉就越复杂，产生的矛盾也就越多，侵权现象的出现也就越难以避免。

人们可以想象得出，仅仅6个人，就可能会有171种权力关系，也就有可能出现171种矛盾。那么我们将近14亿人口的中国，那将会有多少矛盾出现呢？所以，政府、国家、法律的出现，虽然是统治阶级意志的体现，同时也是调整权力关系的工具。

○ 谁也躲不开矛盾

在社会生活中，很多的权力关系都是即生即灭的，谁也无法把一个社会中的权力关系用统计学的方法全部都计算出来。同时，就某一特定的人来说，权力关系大都只是一种可能性。譬如，我去商店买东西，售货员的脸沉得跟死人一般。知道人家正不高兴时，我不买了躲得远远的，怎么会发生冲突呢。但是，有些人你是躲不开的，跟老婆吵完了嘴，还得睡在一张床上，不高兴也得装出一副笑脸，否则，一刻也不得安宁。但是，毕竟人是生活在社会中的人，人的成长和发展，人的各种权利的体现，都有赖于与人交往而得到赋权。在这样或那样的交往中，谁也无法保证每个人的权力意志都是一致的，因此谁也无法避免矛盾的出现，只不过有的时候矛盾出现的多，有的时候矛盾出现的少而已。矛盾出现的时候，随着社会感觉时代的不同，解决矛盾的方法也不同，由暴力的方法，到宗教的方法；由政治的方法，到经济的方法。不管用什么样的方法，只要某种方法在当时最有效，便会为人们的所效仿。尤其最当一种权力关系内容反复地出现的时候，就会使某种社会感觉逐渐牢固地建立起来，从而形成与这种社会感觉相适应的社会风俗习惯、文化传统，以及社会制度。

第一个杀人的人是最冒风险的。当两个人的权力意志发生冲突并且不可调和的时候，在没有法制、没有道德约束的情况下，最容易出现的解决矛盾的方法，即是使用暴力。当人们发现暴力可以最充分地体现自己的权力意志，而且用暴力还可以赢得权力时，人们或是崇尚力量，或是惧怕力量。此时此刻，真理的标准只有一个，那就是暴力。就好比让章子怡与泰森去较量，就如同把一只小鸡扔到了老虎的笼子里，谁胜谁败，不言而喻。于是，暴力胜利的法则便深入人心，从而形成暴权社会感觉。

第一个向皇帝提出批评意见的人是最冒风险的。因为接受批评的社会感觉还没有建立起来。因此他被杀头的可能性是最大的。如果这个提意见的人果真被杀了头的话，那么看看后面还有没有再敢提出批评的人。如果第二个、第三个、第四个……提意见的人都被杀、被整治了，这种反复重复的权力关系便会形成"谁提意见谁就得死"的社会感觉来。于是所有的人都不敢提意见了，都改唱赞歌了。第一个唱赞歌的受到了奖赏，就会有第二个、第三个、第四个……那么，唱赞歌的人便会越来越多，最后歌功颂德的社会感觉就形成了。由此我总是这样认为，奸臣的出现那不是某个奸臣一个人的好恶决定的，而是形成了促使人成奸才能生存的社会感觉。宋朝的秦桧众人皆骂，人们都恨之入骨。奇怪的是没有人骂皇上，他秦桧为什么要害岳飞？归根结底还不是要保皇上，目的是为了主子，为了他的后台老板。因此，秦桧挨骂只不过是个替罪羊而已。

后人又有人挨骂了。但是，挨骂当然有挨骂的道理，可真正应该挨骂的却有可能从不被人们所骂起过，想起那可悲可叹的"无产阶级文化大革命"，不管是年龄大的还是年龄小的，也不管是有文化的还是文盲流氓，全都是那样的虔诚：声嘶力竭地喊着"万岁！"流着热泪翘首以待，吃饭睡觉前都自觉地背诵"最高指示"，做着梦还闹着打倒"走资派"呢。这如同中了魔一般的神魂颠倒，是不是人们都疯了？没有疯，没有一个人是得了精神病的，这都是社会感觉的罪过，它像流感一样具有传染性。这种社会感觉传染病不亚于原子弹的威力，它可以在几年之内改变所有人的精神面貌，使人们神不知、鬼不觉地变成某个宗教的信徒。某些国家的"社会主义宗教"就是如此，它会让所有人都觉得理所应当。因此，就社会感觉而言，如果挨骂，那天下的所有人都是一样无法逃脱的，如果歌颂，那天下的所有人都是有功的。这是因为：

天下所有的人都有愧于历史，都负有历史的责任；但是同时，天下所有的人又都是历史的受害者！

○ 权力关系及群体心理基础

所谓权力关系，其实就是人际关系和相互影响。这些人际关系和相互影响不仅简单地发生在个人与他人的二人之间，而且还可以发生在群体之中，而群体之中所产生的人际关系和相互影响，往往比个人与他人二人之间所发生的简单的人际关系和相互影响要复杂得多、重大得多，甚至可以形成一种魔力，让人在不知不觉中就"上了贼船"。

既然说是"群体"，必须首先是一群人，而不会是一个人或两个人。那么究竟达到多少人才能称作"群"？一般来讲，至少必须达到3人以上，多的则数量不限。不过，根据数量的多少，又可以划分为小群体、中群体和大群体。四五个朋友，一个班级，一个部门，可算作小群体；一个学校，一个工厂，一个社团组织，可算作中群体；一个民族，一个阶层，一个政党，乃至一个国家，可以算作大群体。这就要根据现实情况而定。

群体是社会协作的产物，是一种极为普遍的社会现象，涉及到人类生活的方方面面。不管是家庭群体、密友群体、工作群体，还是政治群体、经济群体、文化群体，每个人都无法脱离群体，并且可以同时成为几个群体的成员。

群体根据规模的大小，可形成松散型群体和密集型群体，存在着不一样的结构。松散型群体往往是一群萍水相逢、偶然集合在一起的人，也可能是一群早就相识但并不经常聚合在一起的人。在这个群体中，其中的某个人可能会形成权威者，但通常缺少组织架构，管理上是较为松散的。密集型群体则是将一群人有机地联系聚合起来，在组织架构上构成一个整体，而且在这个群体中，每个成员都占有一定的地位，扮演着一定的角色，并由此而构成一定的等级体系和人际关系网络，其中的领导者在群体中居于最高的位置，是群体的核心,掌握着群体的权力,并指挥群体的活动。其他成员则分别扮演着一定的角色,并按照角色进行着交往活动。

就群体的形成目的而言,松散型群体的形成目的是比较模糊、不确定的,即使有明确的目的,也大多与某项工作和事业无关,通常都与生活(例如社会交往)的需求有关。而密集型群体则有一定的想要达到的境地和标准的目标。这个目标通常与某项工作和事业有直接和密切的关系,正是由于目标的一致,使人们产生了共同的兴趣和愿望,从而联合起来形成一个较为固定的密集型群体。

当然,根据不同的形式和内容,群体的构成还可以分出很多种类别,在此不一一详述。

在社会维稳方面,对于松散型群体事件应侧重于应急,在事态越早期介入越好,越晚越被动。对于密集型群体应侧重于预防,建立长效机制,形成能发挥出正能量的良好氛围。例如社团组织,应大力支持科研型的社团组织,而对于单纯活动型的社团组织则应加强管理,采取适当限制及监督措施。

人们聚合在一个群体中,就必然会相互作用、相互影响,也就会由此产生群体心理,如群体需要、群体情感、群体规范、群体价值、群体追求等,它们都对个人的行为发生制约或促进的作用和影响。同时,群体成员有意或无意地都要明确意识到自己是属于某个群体的,划定出群体的界限,无形中,群体成员必定会在心理上发生共鸣,产生一定的情感和相互依赖的关系,成员间的活动发生相互影响,并能彼此相容,从而建立起共同的心理意识。于是,只要形成了群体,就会形成某种心理特征;不同的群体便会形成不同的心理特征。不过,整体的群体心理虽然是由众多成员的心理聚合在一起构成的,但在这个群体中,每个成员的心理状况都会有所差别,有的人强一些,有的人弱一些;强的人势必会充当强的角色,弱的人势必会充当弱的角色。对此,我将在后面作详细的分析。

作为一个整体的群体心理,它虽然是由众多成员的心理聚合在一起构成的，但它不是个人心理特征的简单相加，而是每个成员个人心理特征的综合和概括，是成员间不断相互作用、相互影响的结果。整体不等于个体之和，但却要由个体表现出来。群体心理来源于个体心理，它是其成员所共有的东西。

群体心理的存在，对于个体有着重要的意义。个体的社会化，个体自我的形成，都是在这种群体心理的影响下进行的；个体心理也是在群体心理的制约下获得的。因为社会是一个宏观环境，对个体而言，是一种抽象的关系，而群体是一种微观环境，对个体而言，是一种具体的关系。社会要把每个生物人，塑造成为社会人，就要通过群体这种微观环境发生作用。因此，群体心理自然会对个性的发展产生影响，并部分地成为个体心理特征。

说到群体规范和群体价值，所谓群体规范，就是每个成员必须遵守的已经确立的规矩、制度以及评价和行为的标准。有了这个标准，成员就明白应该做什么，不应该做什么，在什么情况下应该表现出这样的行为，在什么情况下应该表现出那样的行为，它起着调节成员活动和关系的作用。群体规范作为一种标准化的概念，所涉及的对象是非常广泛的，内容也是多种多样的。从大的方面来说，可以是国家的法律制度，民族的风俗、习惯、礼仪、传统文化，以及人们的知识、观念和信仰等；从小的方面来说，则包括机关、工厂、学校的规章、守则和纪律，人们的行为和行为方式。总之，在人们生活所涉及到的各个领域，都有规范的存在。

客观地来看，按照自然状态下的人性所趋，群体中的各个成员的看法和观点不会总是相同的，必定各自有各自的看法和观点。但当他们一旦结合成为群体，就会被群体规范所左右，逐渐地在判断和评价上产生一致的意见。群体规范就像是一把尺子，摆在每个成员的面前，约束着他们，使其认知、评价有一个标准，从而形成共同的看法和观点，即使有个别人一开始持不同意见，但由于规范的压力和个人的遵从性，势必使其与规范保持一致。不同的群体有不同的规范，群体规范不同，从而使群体成员认知和评价也就不同。同是一种社会现象，由于人们分属于不同群体，所以对它的认知和评价也就不一定一致，有的群体认为好的事物，另外的群体也许会认为是坏的事物。

群体规范是群体成员必须要遵守的，它使群体成员的共同活动得以协调进行。群体成员如果违反了它，就会受到惩罚，被其他成员所孤立，甚至还有可能被驱逐出群体。群体价值就是群体成员对于社会现象的较为一致的看法和评价，它是在一致态度的基础上形成的，并由群体在社会关系中的地位和环境所决定。于是，群体在其共同价值的基础上建立了活动、认识的准则，使成员在接受或拒绝某种有社会意义的现象时一致起来。

不可否认的是，群体规范有时并不总是积极、正确的，但是由于它是一种多数人的意见所形成的合力，就会具有某种强制力来约束每个成员的行为：积极的强制力能促进成员积极向上；落后的强制力就能制约成员消极不前，这样，它当然就限制着人的积极性，甚至扼杀人的积极性，也就会形成规范的堕性作用。规范的堕性作用不仅限制了人们的积极性，还限制了人们的创造性。所谓创造性，就是超越规范活动范围的行为，这自然要被看作是离心离德的行为，从而遭受打击。另外，由于规范给人划定了范围，就容易使人习惯于在这个范围内思考、活动，而不敢越雷池一步，于是这种规范便会形成某种社会文化定势，任何与此不相符合的言行都会遭受打击。

群体规范的形成是受模仿、暗示、顺从等因素影响的。因为群体在商讨某个具体事物时，一个人必然要受到其他人意见的暗示，从而形成自己的判断，或者少数人在大多数人意见的压力下，为了避免自己被孤立而受到其他成员的另眼相看，从而产生遵从、模仿他人，再现他人的行为和意见，从而形成统一的看法。

虽然群体通常能够保持这种一致性的意见，保障着群体活动的共同性，但是，群体中的成员们所具有的意志和能力是不可能总是相同一统的，总是或多或少地会出现一些不同意志和不同能力的较量，也就必然总是会出现矛盾和冲突。这就有必要对人们的不同意志和不同能力进行科学分类并进行深入地研究。

◯ 群体心理基础与社会文化定势

我在前面就有关"权"的阐述中经常谈到"社会感觉"和"人性理智"，它与社会人群素质形态有着密切的关系，而社会人群素质形态最终又是由社会的群体心理基础的构成所决定的，因此研究社会群体心理基础的构成原理是非常必要的。

一、六种社会群体心理基础构成

社会群体心理基础的构成，即是按照无知无能者、略知略能者、少知少能者、多知多能者、广知广能者、全知全能者的六种人的分类原理来确定的。

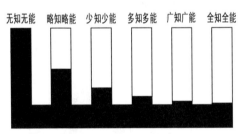

图1-10-3 无知无能社会心理基础构成

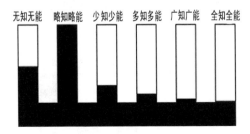

图1-10-4 略知略能社会心理基础构成

图1-10-5 少知少能社会心理基础构成

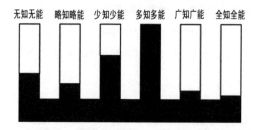

图1-10-6 多知多能社会心理基础构成

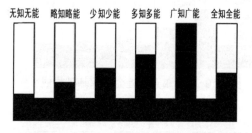

图1-10-7 广知广能社会心理基础构成

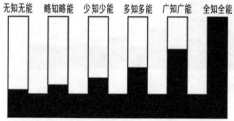

图1-10-8 全知全能社会心理基础构成

就是说，在这个社会中，由哪一种人群数量占绝对优势时，其社会群体心理基础就属于哪一种类型。在此，我将组成不同的社会群体心理基础形态用一组图标来表示出来，可使人们更简易明了地了解其社会群体心理基础构成的状态。

由上面六种社会心理基础构成图可看出，社会心理基础的发展变化，是由"无知无能社会心理基础构成"向着"全知全能社会心理基础构成"演变的。在这演变的过程中，有时是会有反复，时而进、时而退，但总的趋势是进步的，这与一个社会是否重视教育、重视什么样的教育是有关的。从中可以使人清醒地认识到一个非常重要的问题：经济上的所有制形态，或者是政治上的执政方式，都不能独自决定社会的进步程度，都是要以社会心理基础构成作为基准的——只要是社会心理基础构成处于低级阶段，那么这个社会即使在经济上或是在政治上有进步的表现，也是难以长久的；只有重视社会心理基础构成并使之发展至高级阶段，才能为社会的长久进步和可持续发展奠定良好基础。而要想做到这一点，重视"人性理智"教育则是重中之重。

在这六种社会心理基础构成中，前三种类型是社会心理基础构成的低级阶段，后三种类型是社会心理基础构成的高级阶段，而摆脱前三种类型，能否使社会进入"多知多能社会心理基础构成"阶段，则是衡量一个社会其"社会精神"或"社会理性水平"的群体心理是否达到理性合格的标准。

二、形成社会文化定势的条件

"历史"，就是社会感觉的整个演变过程。当某种社会感觉经历反复的调整后被定形，形成一种风俗、一种习惯、一种传统、一种社会制度时，则它就会构筑起一种感觉定势，任何单薄的力量都无法改变、无法与它相抗衡。所有不容这种感觉定势的举动，都要付出惨重的代价。但遗憾的是，任何一种先进的社会制度的建立，都要首先冲破旧的社会感觉定势，也就注定每次都要付出血的代价。因此，所有的人都不得不在某种社会感觉定势规定的范围内活动，不得不受制于历史的局限性。

社会感觉定势作出了这样一个规定：所有社会感觉中所形成之权力关系的"综合指数"，都必须在这个定势规定的"箱体"中运行；有时它也有"上涨"或"下跌"的振荡，但那也仅仅是相当窄幅、在"箱体"之中运行的振荡，只是一种"技术性"的微调而己，都只是带有一种量变的特征，而决不允许轻易出现社会感觉系统质变特征的"暴涨"或"暴跌"。

所以，建立一个好的社会感觉定势不容易，改变一个旧的社会感觉定势也不是一件容易的事情。

只要我们翻开历史书，仔细地研究一下，我们就会发现，社会历史的发展就是社会感觉的发展变化的过程，有什么样的社会感觉，就会逐渐形成什么样的社会感觉定势，就会导致什么样的社会制度的出现。就好比如果现在有人想在美国搞封建极权统治，想在美国当皇上，这绝对是幻想！因为美国现已形成的社会感觉定势不容封建专制生存，除非改变这种社会感觉定势。而社会感觉定势的改变，那可不是一两个人或某个统治集团单独就能做到的。它需要整个社会感觉的感基——即由大众构成的感觉基础来调节，并且需要有一个相当漫长的时间。同此道理，中国4500多年的封建君权历史（过去都说是2000多年，其实是少说了，后面我会对此进行论证的），使由大众构成的社会感觉基础很难一下子就把封建的风俗、习惯和道德观等残渣余孽全部消灭掉，也不是某个领袖或某个政党通过宣布"人民站起来了"，就瞬间把封建专制的社会感觉定势全部推翻、改变了，它也需要一个相当漫长的时间，使由大众构成的社会感觉基础逐渐朝着人民当家真能作主人的社会感觉箱体中运行。在这运行的过程中，仅仅突破"封建专制主义"的感觉"指数"是不够的，它必须把这个标志着两种不同社会制度的"阻力位"远远地抛在后面才行。也就是说，不管社会感觉再如何振荡，它都必须保证这种感觉绝不会再跌到"封建专制主义"的感觉"指数"区域内。只有到了这个时候，"人民当家作主"的社会感觉定势才有可能得到"权多方"与"权空方"的共同确认。

人们可能会问：什么是"权多方"？什么是"权空方"？这正是我后面要讲的话题。

1-11 "权多方"与"权空方"

○ 尼采先生只说了一半

涉及权力关系的问题是：强者要成为弱者的主人，只要弱者无法保存自身的独立地位——在这里，没有任何同情，没有任何宽容。"'强者和弱者'的概念可简化如下：即在强者身上继承了许多的力——强者是数量的综合，在弱者身上能继承的力很少……"[43]

我发现尼采先生早就注意到权力关系中强者与弱者之间的微妙关系，可惜的是，他只说了一半，没有深入地展开。我要谈的"权多方"与"权空方"的问题，就是希望把尼采先生没有来得及说或根本没有注意到的权力关系问题作一个更深入的探讨。

强者之所以为强，并不仅仅是强者身强力壮。当然，身强力壮是逞强的一种条件。项羽为王，与他的身强力壮不无关系；《水浒传》中的那些英雄好汉，且也大都是膀大腰圆、力大无比的。但是，并不是所有身强力壮者都能成为强者，身高马大的痴呆者也有的是，而且社会技术越发展、越进步，身强力壮这一条件就越显得无足轻重了。毛泽东做不到的事情，邓小平做到了，个子不高照样能成为强者。邓亚萍夺取了多少个世界冠军，可穆铁柱一块金牌也未得手。所以，若成为强者，不一定要身强力壮，但必须要有逞强的权力意志和权力能力，后者比前者更重要。世界上的所有强者都首先是意志的坚强

---

(43)赵修义选编：重估一切价值——尼采如是说.上海文艺出版社.1991，页26。

者，没有逞强的意志，能强者也不知强；弱者之所以为弱，当然首先根源于他的权力意志弱，不管你如何授权给他，把权送到他的眼皮子底下，他也是视而不见，总是不见成效。比如，我们宣传民主，目的就是要使民强，可人们就是不敢当家作主，我们有什么办法？而强者与弱者最大的差别，就是前者总是主动地去讨权、谋权甚至篡权，权到手之后就要极权、特权甚至霸权，为权所动，争权不息。

强者始自他逞强的权力意志，但实现这一意志则有赖于他的权力能力。项羽为王的意志可说是强盛的，但他却败给了刘邦。若一对一地说，刘邦哪里是项羽的对手。可权力能力这东西能够通过赋权得以扩张，还可演化为各种权谋技巧。如果说它是阴谋诡计也不冤枉，但最终的结果是：在权力能力的较量中，权谋者获胜的希望始终是最大的。历史上所有被称之为"奸臣"的人，往往都是因为他权谋的能力强，因而总是获胜者；而那些被称之为"忠臣"的人，却总是落得个悲惨的结局，其原因之一还是与权谋的能力相对较弱有关。

◯ 强者与弱者的分化

在争权者当中，不管是胜者还是败者，都是"权多方"的一员。只要他有争权的权力意志，"看多"得权后的利益，尤其是当他们看到对权力的"看多"是获取权力增强信心从而逞强的唯一途径时，便对权力寄以厚望。当小的权力意志实现以后，尤其是发现它能够给得权者带来极大的好处时，就会更进一步地刺激起更强的权力意志。正是由这些权力意志强的人所组成的一个社会感觉阵营，便形成了"权多方"。"权空方"则与此相反，他们发现低着头、猫着腰、跪着膝能够苟存性命，发现无条件地服从可能会更加安全，尤其是当他们因为称自己为"小人"、努力地去装扮成主子的狗时而得到了意想不到的好处时，便更觉得权力意志是多余的，甚至是极为有害的，倘若项羽没有争王的权力意志，他至少不是可以多活几年吗？管他自由不自由，管他平等不平等，躲他权争之事远远的，宁为牛马能吃草，不做人杰食酒肉。这就是"权空方"的本质属性。

　　"权空方"与"权多方"，就是把人类按照权力意志的强弱化分为两大阵营。这两大阵营不是固定不变的。有些人原在"权空方"，但不知哪一天又跑到"权多方"，后来又回到"权空方"。所以，很难确定"地主"和"贫农"的成分，也说不清"资本家"和"工人"的标准：过去是贫农、工人，后来成了地主、资本家；过去是地主、资本家，后来成了贫农、工人。很多人都游弋于两大阵营之间，而且谁也料不到，不定哪一天，某个普通人就成了领袖，成为元首，成为总统，总之都是在权力方面顶尖的。由此，轻易地把谁定在"权空方"，让他永世不得翻身，那是绝对没有把握的事情。

　　"有些人的品性使得他们总是命令他人，有些人则总是服从他人。"如果用命令和服从来划分"权多方"与"权空方"，则命令者当然是"权多方"，服从者当然是"权空方"。这里所说的"品性"即是指人们的权力意志。

　　需要说明的是，站在"权空方"一边的服从者并不是没有权力意志，而是相对站在"权多方"一边的命令者来说，服从者的权力意志总是弱于命令者。所有的人都有权力意志，并且其本性都是拒强而欺弱的。之所以有时弱者屈服于强者，那也是权宜之计或是被权术蒙蔽；或是为了生存苟活而求得一个安身之地，或是想来一把"卧薪喱胆"寻机篡权。正是由于人们这一拒强欺弱的本性，便决定了在"权多方"与"权空方"的争权夺势的较量中，总是有很多人经常来回跑，对上级惟命是从、点头哈腰；转脸，对下级吹胡子瞪眼、飞扬跋扈；一会儿进入到"权空方"，一会儿又进入到"权多方"。因此，"权多方"与"权空方"两大阵营的数量对比关系总是在发展变化的。在这发展变化中，"权多方"与"权空方"的力量对比关系，将决定着这个社会感觉的状态，也就决定着这个社会制度的性质——是平权的还是暴权的，是君权的还是强权的，是民权的还是共权的。

　　总之，"权空方"的阵营越大，人数越多，则社会感觉的"综合指数"就越下跌，也就决定着社会制度越落后；而"权多方"的阵营越大，人数越多，则社会感觉的"综合指数"就越高涨，也就决定着社会制度越进步。

○ 人多势众为什么反倒要投降？

过去我总是想不通，在"奴隶社会"时期，奴隶主一个人只要举起了手中的鞭子，成千上万的奴隶便像绵羊一般缩起了头。按说这么悬殊的力量对比关系应该是奴隶主被奴隶吓尿裤才对，但却恰恰出现了相反的情况。很明显，尽管奴隶们成千上万，在数量上占优，但可惜只体现出"权空方"的意志弱态，没有逞强的权力意志就不会有抗强的行动。就其精神而言，"权空方"就是服从者。只有出现了斯巴达克奴隶大起义这样的抗强局面，只有等到奴隶们都勇敢地站到"权多方"时，才是奴隶主们心惊肉跳的时候。

由此，就人而言，重要的不是"数量"而是"质量"。很多落后的国家人口数量应该说是不该落后的。之所以落后，是她的"质量"所故。如果人们不提高自己的权力意志和权力能力，那么就永远改变不了"质量"标准，也就无法成为权能者（即素质合格者）进入"权多方"而始终留在"权空方"。由此，社会就会停滞不前，社会感觉就无法上升到高的层次上，社会制度就必然是束缚人的落后的制度。

设想，如果从"奴隶社会"那时起，奴隶们谁也不敢反抗，谁也不敢越雷池一步，谁也不敢往"权多方"闯一闯的话，那么，"奴隶社会"就永远不会改变。可以这样说，历史上的每一次反抗，每一次起义，每一次改朝换代，每一次夺权的斗争，都是"权多方"的胜利，都使"权多方"的阵营不断扩大，优势不断增强，由此社会历史正好是同步不断进步的。

从社会历史的发展规律中可以看出，"权多方"的社会感觉阵营是从无到有、由小变大的。不管是谁怎样设起栅栏，都无法阻挡更多的人闯进"权多方"的阵营中，这是一个必然的趋势。虽然有时在某一历史阶段中会出现暂时缩小的变化情况，但总的趋势是扩大的。但是，在特定的历史时期中，尤其是在人们权力意志最薄弱的时期，"精神栅栏"确实又是较坚固的一道围墙。因为任何一个进入到"权多方"的人，为了使自身获取更多的权力，获取更大的利益，就要千方百计地阻止其他人进入"权多方"，以防止自己的权力被削弱，最好的办法就是要抑制"权空方"的觉醒，让"权空方"始终处在愚权、盲权、滥权的状态中，或是用什么"主义"的药片麻醉他们，或是用点小恩小惠欺骗他们，使他们处在幻想之中，使他们处于麻木不仁的状态中。因此，在"权多方"与"权空方"之间是没有不可逾越的鸿沟，但"精神栅栏"确是非常牢固的，不是轻易就能拆除的。

尽管从"权空方"到"权多方"的道路中有无数的"精神栅栏"，但"权空方"的社会感觉阵营随着社会历史发展是必然要逐渐地向"权多方"过渡的，这只是个时间问题。在"权空方"中，上当受骗不可能永远重复下去，因此不管它许下多少愿，也不管它丢下多少诱饵，都不可能永久地笼住人心，终有一日会人去楼空的。

○ 仿佛看出"革命"的目的

顺着前面的结论我仿佛看到了"权多方"与"权空方"发展变化的历史编影：人类社会初始时期，所有的人都处于"权空方"。后来有一小部分人发现了秘密，钻进了"权多方"，掌握了统治别人的权力，他们就是那些"奴隶主"。"权空方"不安了，开始抗争了，跑到"权多方"阵营中的人多了起来，"地主"就多了起来。再后来，又有一大部分人进入了"权多方"，"资本家"就产生了……当所有的人——至少是绝大多数人都进入到"权多方"阵营中的时候，那才是人民当家作主的开始。

马克思主义的最终目的，本是要使广大人民都过上幸福的日子，摆脱任何形式的剥削和压迫，这就要求广大人民必须进入到"权多方"，使人民都真正地有权可享、有权可用。因此，每次"革命"的结果，就是看它能否使大多数的民众进入到"权多方"。如果通过"革命"，非但没有使大多数的民众进入到"权多方"，而是牢牢地被束缚在"权空方"，那这场"革命"的目的就很值得怀疑了，使得这"革命"变成了某个人或某个集团独霸"权多方"阵营的一种手段。于是在我看来,这只不过是某个人或某个集团借"革命"之机为自己窃权、扩权而已。

当然,任何一位领袖,任何一个政党都不可能在瞬间将所有的人都送进"权多方"的。必须承认,"权空方"到"权多方"是一条很艰险、遥远的路途。这需要我们首先明确"权多方"这个大方向,然后一步一步地护送着人们爬雪山、过草地,进行第二次"万里长征"。它比第一次长征还要困难得多,不但要战胜肉体上的困难,更难的是还要战胜意志上的困难;不但要战胜物质上的困难,更难的是还要战胜精神上的困难。它不光是打仗,还要教育、宣传和搞建设;它不光是喊口号、还要亲自去抬,去背,去扛,去滚,去爬、去挣扎。所以难啊!

马克思那巨大之手轻轻一指,就好比我们很容易地把手指向太阳。这方向无可非议,但怎么样能达到那个目标,就不那么简单了。

虽然困难重重,可人类历史已经进步了,走得一步一颤,闯过了一道难关又一道难关。遵循着人类社会历史发展的感觉规律走下去,只要保证方向不变,选择的道路不错,那么,人类的美好理想终会实现。

让我们回顾一下人类历史的足迹,总结一下"权多方"与"权空方"的社会感觉矛盾运动规律,以便使我们更清楚地看清社会历史前进的方向。

第 2 卷

"采样" 篇

谁真正掌握了社会发展规律，谁就能高瞻远瞩、未卜先知；谁顺应遵循了社会发展规律，谁就能战无不胜、天下无敌。

2-1 平权社会的形成

○ 平权时代非常漫长

"啊！人啊，不论你是什么地方人，不论你的意见如何，请听吧！这是你的历史，我自信我曾经读过它；但不是在你的那些喜欢撒谎的同类所写的书籍里读的，而是在永不撒谎的大自然里读的。"(1)我同卢梭不同，所读的历史，从来没有独自去过大森林，基本上都是在学校、家里、单位或图书馆，而更多的是在社会实践中。

教科书上说，人类社会的历史，有文字记载的也就五千年。但我认为实际不止于此，大约已有近万年的时间了，只不过那时的文字相当简单，只是一些简易的符号，而且不易保留下来罢了，(2)因此，野蛮时代曾经历过一个非常漫长的时间。每个历史时期社会的变化，根本上都是由于社会感觉的矛盾变化引起的。从大局上看，"权多方"与"权空方"之间的矛盾在变化着；从各个局部上看，人们之间的权力关系的矛盾也在变化着。正是由于这些矛盾的变化，推动了社会的发展，使人类社会从低级阶段一步一步地走向高级阶段。在这一过程中，低级阶段的社会感觉时间相比较而言是比较漫长的，而上升到高级的社会感觉阶段时，其所持续的时间相对将会越来越短。

人类社会历史发展的总体过程，应是具有规律性的。但是，在人类认识史上，围绕着社会历史发展有无规律性的问题，一直争论不断。

以马克思主义理论为指导的学者们认为，自然界是有规律可循的，人类是自然界的一个物种，由人类构成的社会运动不过是大自然物质运动的一种高级形式，同自然运动一样，也具有不以人的意志为转移的客观规律。但是，当代以英国哲学家波普尔为代表的一

---

(1)［法］卢梭：论人类不平等的起源和基础.商务印书馆.1996，页72。

(2)通常都是古人用树枝或尖锐的石头在土地上或树皮上写下、刻下符号标记。参阅张春津："表"、圭表、日晷的区别与易卦爻符起源，载于《世界重大学术思想获奖宝典论文集》.世界文献出版社.2011，页19。

些西方学者却持反对的意见，他们认为，人们希望能够像牛顿发现物体运动规律那样发现"社会运动的规律"，不过是一系列误解的结果，因为根本不存在与物体运动相类似的社会运动，社会历史不存在具有普适性和重复性的规律，只有根据统计规律可能算出的趋势，而"规律和趋势是根本不同的两回事"[3]波普尔等人的观点受到了不少西方学者的推崇，尤其是在马克思根据他总结的"原始社会-奴隶社会-封建主义社会-资本主义社会-社会主义社会-共产主义社会"的社会发展规律，所作出的预言在当代社会实践中遭受重大挫折后，就更加有市场，就连我们不少的"唯物论者"也从内心里丧失了原有立场。

其实，规律与趋势虽然确实不完全相同，但二者又有着密不可分的联系：规律中包含着趋势，而趋势恰恰是规律的前兆。"客观规律不外是各种事物和现象之间的这样一种因果联系和这样一种相互关系：一些事物和现象的存在，必然引起另一些事物和现象；事物发展的这一阶段，必然引导到另一个阶段。"[4]因此，只要"趋势"最终转化、过渡到"必然"，它和规律也就没有差别了。只不过，社会运动，其发展规律中所表现出来的"趋势"在转化、过渡到"必然"的过程，比物体运动要更加复杂、特殊得多而已。

我所发现的社会发展规律，是通过系统分析社会感觉构成的各个因素（例如权能的扩展、权力关系的变化等）所得出的结论。人类社会历史的起点，即是平权社会。

平权社会是人类历史上最早的社会形态，是人类社会发展的最低级阶段。它持续的时间是最长的。

平权社会从近200万年前的原始群时期为开端，至距今大约五千年前的"大汶口文化"时期为止。在200万年以前的那段时期，并不是没有人类社会，而是那时人类的祖先还处于无权能状态。即：认识并

（3）[英]波普尔：历史决定论的贫困. 华夏出版社.1991，页1～11、页91。

（4）华岗：规律论. 人民出版社.1982，页145。

能够利用大自然来为人类社会服务的能力还极其低下,几乎完全是"靠天吃饭"。人类社会从无权能状态发展到有权能状态,其最主要的标志有如下几点:

1、火的使用。起初仅仅是靠自然火,一旦熄灭便无法再生。此后才发明了"钻木取火",可随时随地将火点燃。

2、制造工具。此时的工具非常简单,从旧石器,到新石器。

3、语言的产生和相当简单的文字(即符号)出现。

由于上述几点,使人类社会摆脱了无权能状态进入了有权能时期。但从社会的各个方面的表现来看,他们的权力关系基础完全是原始化的"平权主义"结构。由于社会历史条件的限制,原始人在与自然的斗争中显得无能为力,对自然界陌生不知,因此这一时期的人与大自然的关系完全处于依赖与被依赖的关系局面。正是因为处于这种劣势境地,他们才具有了群居的社会本能,以抵御猛兽的侵袭和躲避各种各样的自然灾害。他们之所以平等相待,团结合作,这是因为谐调和亲的群体生活是每个人维持生存的先决条件。由此,他们之间的权力关系处处都呈现出平权、平衡的状态。

我为什么把这一段的历史时期称之为平权社会呢?

一、绝对的平均分配

在这个社会感觉形态中,人们经常不断地同自然界的威胁作斗争,猎取食物的能力很低,不可能单独生活,必须合群地共同采集,共同狩猎,共同消费,才能维持生存。因此人与人之间的权力关系及其各自的意志感觉都是在共同劳动中建立起来的原始平等、平均分配的关系。例如:火地岛上的土人一旦遇到饥荒,假如一个人在海滩上发现一条搁浅的鲸鱼,纵使饿得快死了,也不会先尝一口,而是马上跑回去报告氏族成员,大家平均分配,由此可见一斑。

在中国,这种平均主义的意志感觉都可能贯穿到人死后,最具典型的就是半坡村遗址。半坡村遗址是一个氏族或部落为单位的村落。村落内的建筑有一定的布局。居住区之外有窑厂和公共墓地等。

在墓葬中，没有发现男女合葬现象，而是男人埋在一起，女人埋在一起，[5]说明人与人之间的权力关系及其意志感觉是将平均的意志贯穿于社会生活方方面面的。

二、绝对的性自由

平权社会的权力关系最明显的表现就在生活平权上，而生存平权中又集中地表现在平均分配食物和自由婚姻制度上。平权社会时期人们的婚配是不固定的，两性的关系是绝对平等、自由的。男的可以有一群"妻子"，女的也可以有一群"丈夫"。没有强制，完全出于自愿；没有任何束缚，只凭当事人的好恶和意志而为；没有物质诱惑，也没有政治欺骗，绝对出于彼此建立的情感和生理需要的感觉性，完全是一种自由的结合。

1949年以后，我国民族学工作者调查过云南永宁纳西族原始"阿注"婚姻制度，很能说明问题。

"阿注"的意思是朋友，它的主要特点是：男不娶妻，女不嫁夫，双方各居母方，建立一种偶居的婚姻关系，彼此互称"阿注"，而不称夫妻。当地人称这种婚姻制度为"主子主米"，意译为"亲密的朋友"。凡是不同母系血统的男女，都可以建立"阿注"关系。他们建立关系的方式也很简单，只要双方同意交换礼物，有时也不必交换礼物，只要双方都愿意，白天男女各自在母方家生活，夜间男子到建立"阿注"关系的女方家里偶居。这种"阿注"婚姻结合自愿，解除自由，可以随时中断往来。由于是自由式的，所以不论男方还是女方，都可以结交多个"阿注"，多的可以在一生之中结交百人以上。这绝对不能说我们的祖先生活腐败、淫乱、堕落，是沾染上"资产阶级"思想的结果，而是由当时的历史条件和人的本性所决定的。这本是人的最基本权利，是人的自由的标志之一。正是因为这种自由的选择，才使长得漂亮的和有一技术专长的人更多地繁衍后代，使人不断朝美的方面进化，使人的技艺不断扩展，而那些丑的和愚笨的则被冷

（5）张传玺、张仁忠：中国古代史辅导讲座. 光明日报出版社. 1986，页8。

落，这也可说是一种优胜劣败的自然规律在起作用。现代人长得都很漂亮，而且技艺能力水平不断提高，这恐怕与原始人——我们祖先的性自由是不无关系的。

三、没有剥削和压迫

在原始公社内部，凡有劳动能力的人，都得参加生产劳动。原始人有集体存放食物的洞窨。无论男子猎获的野兽和捕捞的鱼类，还是妇女采集的果实和收获的谷物，都储藏在这些公共的洞窨里。由于当时的人的能力很低，劳动成果很少，如果有些人分得过多，那么另一部分人就有被饿死的可能，这样一来，整个集体抵御自然灾害的权力能力就势必会遭到削弱和破坏。在这种情况下，只有实行平均分配，才能维持整个氏族的困苦生活，才有利于持续进行生产劳动，从而以经济权来作为生存权的保障。这种公平的分配，保障了每个人最起码的生存权；这种公平的分配及其权力关系使平权社会中的一切人所享有的经济权都是绝对平均、平等的，也都受到最有效的保护。这样，人们在共同劳动中就结成了平等互助的平权权力关系，没有人剥削人、人压迫人的现象。

不过，平权社会时期的"原始共产主义者"，他们都不是神仙而都是人。人与人在一起不可能总是合合亲亲，有时也会产生矛盾，有时也会打架骂街，甚至还会偶尔失手打死人。发生矛盾要完全听从酋长的的裁决，在权威面前谁也不敢提出异议。在当时，人们自我解决矛盾的能力不会比现在高，但服从权威的意识肯定要比现在更加遵从——哪怕是一桩判错了的冤案。

可见，低级的社会感觉形态与高级的社会感觉形态之间都是有联系的。低级的社会感觉形态中包含着高级社会感觉形态的某些内容和现象，高级社会感觉形态中也包含着低级社会感觉形态的某些内容和现象。由此，在平权主义社会中，所有人的感觉表现不会全都是平权的，氏族内部偶尔的打架暴权事件也有时会发生，可能有时也出现君权的"家长制"现象，但这些内容和现象在整个的社会感觉的比重中只占很少很少的分量，还不足以改变整个社会整体的、占压倒多数的平权感觉的性质。当其它社会感觉形态逐渐增多时，当暴权、君权的现象越来越普遍地出现并且到了一触即发不可收拾的时候，社会感觉形态就要发生变化了，这种变化是循序渐进的变化，由此各种社会感觉形态之间绝不是一刀切地割裂开来的，而是渐变的、缓缓地改变的。

○ 氏族和部落是国家的雏形

氏族不仅是平权社会的基本经济组织，而且还是平权社会的基本政治组织。氏族和部落的组成，标志着最初级的国家的诞生。

有学者称，在无阶级的平权社会中，氏族处理公共事务的权力机关是氏族议事会（或称人民大会），是氏族全体成年男女享有表决权的民主集会，是氏族的最高权力机关。在议事会上，主要遵循以下习俗发挥氏族组织的职能。

一、选举酋长和其他首领。酋长是平时的首脑，必须从本氏族成员中选出，由勤劳勇敢、又有威信的人来担任。选举时，全体成年男女都须参加。酋长在氏族的内部的领导权力，是由本氏族的全体成员赋予的。其他的首领的职责主要是统一率领队伍、发布命令等。

二、撤换酋长和其他首领。酋长的职位是可以罢免的。只要他行为端正，为全体成员信赖，他就可以继续任职；否则，便予以撤换。酋长就职时，在他的头顶上戴上一只角，被撤职时，就将角摘下。酋长和其他首领被撤职后，便向氏族内其他成员一样，成为普通一员。

而我却认为，平权社会中氏族处理公共事务的权力机关是氏族酋长及少数参与议事者，他们几个人只要主意定了，其他人就都会遵从，没有什么"议事会"或"人民大会"之类的组织结构，这是由原始人平庸的权力能力极其低造成的，因而大多数人都是听命于酋长的，根本不需要什么表决权，也就谈不上选举。新任的酋长基本上都是由老酋长推荐的。

不过到了后来，部落联盟议事会由地位和权限平等的各氏族的酋长所组成，它对联盟的一切事务作最后的决定，这时候，部落联盟议事会的决议就往往需要表决了。尽管部落联盟议事会是由地位和权限平等的各氏族的酋长所组成，但实际上总是有一二个氏族的酋长在议事会中比较有权威或是有号召力，他说的话、作的决定，基本上会获得其他酋长拥护的。如果表决仅仅是在走过场，可毕竟是有表决这一程序，也就成为了最粗糙、最原始的民主制度，根本谈不上规范，大家举一下手、点一下头，或者是鼓一下掌就算履行了程序。就是到了现今，很多社团组织仍然是沿袭这一"民主制度"。

按照习惯说法，国家是随着阶级的产生而产生，这是不符合历史的本来面目的。平权社会没有阶级之分，但却已经产生了国家机能。"国家"与"阶级"不是绝对等同的。国家产生的标准主要有以下两点：

其一是看这些人群是不是生活在一个较为固定的地域，已经形成了地域观念，并且形成了基本相同的风俗和生活习惯；其二是看这些人群中是否具备了社会性的组织、管理职能，即这个社会的赋权活动不是杂乱无章的，而是基本上有条有序的。

如上所述，此时氏族社会已有了固定的生活地域，如河姆渡文化和半坡村遗址；同时也具备了社会性的组织管理职能，如选举制、议事会制等。这种组织职能虽然在当时的历史条件下没有直接地表现为军队、宪兵、警察、监狱等暴力机关，也没有贵族、国王、法官、僧侣等特权统治者，但它的职能效力却远远强于这些暴力机关。虽没有诉讼，但有简单的监督、舆论和调解，一切都是有条有理的，一切争端和纠纷都由当事人自己解决，人们都具有服从公正、让步息事，以及刚强和勇敢的品性，大家都是平等自由的。

可见，国家的本质并不坏，它是社会权力扩展、社会赋权活动规范化的必然结果。因为任何社会都需要有组织性，要有统一的指挥机构，以便使所有的人从这集中的指挥中，防止侵权、防止混乱，维持一定的赋权秩序，使人人都免遭侵害，都使权利得到保障。这就是建立国家的根本目的。只是到了后来，一部分人为享有特权，利用手中的特殊权力，组织起强暴组织，这才致使国家变了性质。难怪尼采先生对国家没有好感，认为"国家是冷酷的怪物中之最冷酷者。"因为最高权力者可以随时冷酷地说道："我，国家，便是民族。"[6]

○ 最平庸的权利能力和最淡弱的权力意志

平权社会时期，人们的思维是幼稚的、平庸的；人们的语言表示非常简单。正是因为这种幼稚、平庸和简单，使得原始人在赋权活动中，在赋权内容上几乎是千篇一律，出入不大，击打石器，制造混棒，制造弓箭等几乎人人都会，没有太大的差别，成为人们生活的本能。对于理解抽象的数字，则显得笨拙了，超过"3"以上的数目，统统用"多"来代表。信息传递只能运用有限的百十来个词汇，所以传递的范围相当狭窄，传递的速度相当缓慢，传递的准确性相当缺乏。因此，赋权活动都体现为直接的传授，人类的很多生活经验都得每个人从头积累，再加上当时的各氏族部落基本上处于封闭状态，使平权社会的各个方面都显得平淡无奇。

平权社会时期人们的权力意志普通地弱，自我独立性也极差，"公天下"与平凡的传统意识是原始人的重要思想特征之一。一方面，当时的个人表现很少，"集体主义"观念较强（不强也不行）；另一方面，都把自身看成是某个神秘之物的从属者。如："图腾崇拜"就是一个很好的说明。为什么原始人的权力意志是平凡的，权利能力是平庸的，经济分配上是平均的？这既有主观上的原因，又有客观上的原因。客观上，当时人们对自然界茫然无知，斗争能力软弱无力，饥饿、寒冷、疾病、猛兽侵袭、洪水、火灾、地震等灾难时刻威胁着人们的生存权。人们对这些自然现象既恐惧又抱着某种希望，幻想能有一种强大的、超人的、神奇的力量控制着自然界，能给人类带来幸福。原始人普通崇拜的对象有：太阳、土地、山峰、河流、火等

---

(6)[德]尼采：查拉斯图拉如是说. 文化艺术出版. 1987，页53。

自然物或自然现象。对它们经常祷告、礼拜、献祭等。可见对自然界依赖性是极强的。主观上，当时人们的思想、意识、传统习惯，都是以"公天下"为基础的。天下为一家，共难和共福。就是说，当时人们认为最大的幸福就是能与他人合群避难，借助于群体的力量战胜各种灾害。除此之外，在人们的主要目的是维护自身的生存权这一内容且还往往做不到的前提下，人们无暇顾及经济的政治的等高层次权内容的追求。正是因为人人都把他人的生死存亡看作是自身生死存亡的前提条件，往往多一个人就多了一份力量，就多了一点战胜灾难的机会，所以关怀他人也就等于是关怀自己；关怀天下也就是关怀自身一家，是个人与集体紧密融合在一起共生共死的特殊历史时期。故平权社会的治安是最平稳的，偶尔的拌嘴或打架，酋长或其他长辈喝斥一声就平息了，几乎没有流血事件。

○ 原始的社会感觉中孕育着精华

分析一个社会的感觉形态或性质，不能只分析它的经济方面，而应该分析它各个感觉层次的各个方面之全部表现。从这全部的表现中，抽出贯穿于整个社会感觉内容的主线和精髓，从而才能把握住这个社会感觉形态性质的实质。平权社会之所以是平权，是它平凡、平庸、平均、平等、平静、平稳的社会感觉现象决定的。平均社会虽然早已经成为历史的过去，但在它那古老的社会自治结构中，仍可以看到人类的很多智慧在闪光，一些精华的东西为今人都感叹不已。例如，平权社会时期的"干部"，那才是真正的公仆，时时处处都要为大家做好事，从来不享有任何特权。

需要在此说明的是，平均社会虽然是母系社会时代，在它的组织结构中，氏族"干部"甚至氏族首领，不见得都是女人占据着领导地位，有时也有男"干部"、男首领。很多重大的事宜，都有男首领组织召开会议来决定，这与母系社会并不冲突。因为不管一些男人担任什么重要职位，他们都生活在母方而不知其父，只知其母。莫说是古代，就是现代，儿子臣服于母亲的社会感觉仍很流行，无所畏惧的美国拳王迈克·泰森，当他的母亲教训他时，他会乖乖地跪在母亲面前，从来不敢咬母亲的耳朵。对这位拳王来说，如同其他做儿子的一样，把经常去看望母亲视为一种可畏的义务。美国的石油大王琼·波尔·格蒂也是如此，他既不惧怕他的竞争对手，也不惧怕某个国家的首领，他只怕他母亲。在母亲面前，儿子的缺点永远也改不完。

现代男人具有了很多科学知识，至少知道自己的父亲是谁，至少不再把母亲看作是神，而平权社会时期的原始人根本不知其父是谁，而且把生育看得神圣无比。由此，在惧怕女长辈这一点上，原始人应该更有理由比现代人表现得更为充分。所以，即使男人在母系社会时期掌握了一定的权力，这并不能导致他享有至高无上的特权，他不能为所欲为，他必须时时刻刻地在他母亲及其他女长辈共同代表着神对他进行教诲和监督下惟命是从，不得有任何违背。因此，"母系社会"与氏族部落的"干部"，与首领是男性还是女性毫无关系，不受丝毫影响。

平权社会虽然平等、平均、平静、平稳，但平凡、平庸、阻碍了社会权力能力的扩展。因为人的本性是求异追新的，而平静、平凡、平庸的生活满足不了人与社会的更高一层次的需求，故而平局便要被打破了。同时，人们的权力意志和权力能力不平衡地发展，恰恰又缺乏公正合理地评判人的意志和能力的标准，没有规范统一的行为准则，故而平权的局面一旦被打破，便是在没有理性、付之暴力而争胜的情况下拉开序幕的。于是社会便会经历一场极为痛苦的折磨，在这痛苦的折磨中逐渐苏醒和觉悟。

2-2 平权社会的灭亡

○ 权能的扩展使意志分化

平权社会的灭亡是必然的，是客观规律同主观意志相统一的产物。

在平权社会中，随着社会的发展，导致人们的权力意志与权力能力均发生了变化。一开始是畜牧业，后来分出农业，又分出手工业，劳动生产率日益提高，由过去的拼体力，到巧用工具；由原来的狩猎、采集都必须由众多的人来共用完成的生产活动，到后来的只需要较少的集体甚至个别人就可以完成，都说明人的权能在加强、提高和扩展。

由于使用工具，因此在技能上使人们的差异性加大；由于两次大分工，因此在集体权能上也出现了较大的分化。这种越来越大、越来越多的分化和差异，使这个社会中的每个人权力意志和权力能力的扩展都出现了不等同的、空前复杂的情况：有的权能强，有的权能弱；有的权能扩展得多，有的权能扩展得少。权能强的、扩展多的，则为他们更进一步地扩展创造了条件；权能弱的，扩展少的，则他们的下一步争强和扩展更容易受到制约和束缚。这样一来，人们之间权能的差异便会逐渐加大，分化得越来越对立起来，这就为后来的权争埋下了祸根。一旦争执起来，很自然地要付诸暴力，于是争权的战斗自此开始一直上演到今天，只不过形式总在变换着罢了。

在平权社会初始时期，正是由于客观环境的制约，类似单个人往往无力谋取生活资料和抵御猛兽的袭击这样一些原因，所以即使权力能力高的人，也不得不依赖于与那些权力能力低的人合群在一起，才能完成谋取生活资料和抵御猛兽侵袭的任务。我相信，在这一时期的原始人，尽管他们之间都是平等的，没有人剥削人、人压迫人的现象，但他们所体现出来的权力意志和权力能力肯定是有差别的。在他们群体追杀禽兽的时候，不可能胆量都一样大；有胆大的，有胆小的；不可能奔跑的速度一样快：有跑得快的，有跑得慢的；总有那么几个人胆子最大、跑的最快。最后在他们与猛兽搏斗的时候，不可能所有的人力量都一般大，也不可能所有的人都一齐给猛兽以致命的一击，总是有那么几个人最强壮，最有力，最勇敢，最准确地击中猛兽的要害。因而这些人也必定是最有功劳的。这些功劳最大的人也就必定会逐渐地在氏族部落中树立起权威，成为将来的首领或其他领导。

○ 平权社会灭亡的原因之一是腐败

到了平权社会的后期，社会生产力——即组成这个社会的人在整体的权力能力普通提高的情况下，在对付猛兽侵袭等自然灾害方面对群体的依赖性越来越小的情况下，必然会出现社会大分工，也就必然会出现剩余产品。由于人们的权力意志和权力能力从整体上说有了普遍的提高，但在提高的总趋势中出现了权力意志和权力能力的分化，而且悬殊越来越大。因此有的人，尤其是那些在氏族公社中担任首领等具有政治权力公职的人，利用业以建起的权威，尤其是利用在战争状态下所享有的特权，大量侵吞战利品；借权能扩展之际，为使自身受益，不惜以他人的受害为条件，于是他们就日益富裕起来——当然是相对那些一无所有的人。到了后来，他们逐渐地脱离了生产劳动，成了氏族中的特殊人物，这就是贵族的鼻祖。社会上的一切不公，都是由那些手掌政治权力公职的人不公而始发的。因此，社会的公平合理，首先取决于在这个社会中掌握政治权力的那些公职人员是否公平，他们不公平，社会就无公平可言，他们若公平了，社会也就有了公平的基础。破坏公平的是谁？就是腐败！

当然，在氏族的一般成员中，由于每个人因劳动力强弱的不同而出现占有生产资料和生活资料的不同，也就会逐渐产生利益分化。这种分化在今天看来不见得有多么悬殊，但在当时来看就已经算是"两极分化"了，这一分化不见得都是政治权力公平与否导致的，而是由人的权力意志——经济权力意志和人的权力能力——经济权力能力之间的差异性所决定的。就这种差异性而言，利益多少的结果本无可指责。但是，由于一些人利用这种很正常的意志和能力上的差异而导致的利益不均的状况，以强欺弱，对弱者进行欺压，使弱者陷入到更加艰难的境地，这就为暴力反抗创造了条件。可以这样说，反抗是弱者为了生存所能选择的唯一出路，而强者则要千方百计维护自己的切身利益。"为了巩固由争斗所获得的利益，就得不停地去和他人作斗争，企图压倒他人从而增大自己的幸福和权势，犹如猴群以残酷的斗争方式来决定猴王的地位，其结果便出现了一个人人像狼一样相互吞食、相互为敌的社会。"[7]为了防患各种反抗，头领们便借保护氏族安全、抵御外来侵略之名义，建立起专职的暴力工具——打手、亲兵、军队，这就是最早的国家暴力工具。因此，国家暴力工具一开始的任务就是保护腐败者。腐败问题早在"原始社会"的后期就已经出现了。

国家的暴力工具不是随着国家的产生而产生，而是当这个国家发展到一定规模，达到一定水平时，由于缺少相应的、合理的治理措施和管理制度，人们之间丧失了正义与非正义的标准，是与非的评判只能看谁的人头落地、看谁能杀气腾腾，在这一状况下，暴力工具才有了产生的必要。由此，社会财富就更集中在少数人手里，它开始促进阶级分化的进程，它破坏了平权社会的经济制度——"同有制"，这就为剥削和压迫他人的劳动提供了条件。但与此同时，它也为提供社会的剩余产品，创造更多的财富，为后来整个社会经济的发展创造了条件。

其次，在政治上、经济上占有特殊地位的人，为了维护既得的利益，进一步扩展自己的权力内容和权力范围，实现更多的权力意志，他们就越来越需要借助强化"权力建筑"来巩固和扩大权力。他们逐步改变了部落、氏族议事会的原有性质，扩大自己政治权力的"专制"性，破坏了正常的政治权力赋权活动，把对民众意志的绝对服从，变成为按他们的意志行事，让民众的意志服从于他们的意志。所谓的专制，就是这样一些享有某种特殊权力的人，无需民众授权，而是靠扩充归他们管辖的亲兵打手，以强制的暴力，胁迫民众放弃自己的意志，并且完全服从政治权力的专有者，使这些专权分子由平民的公仆变成了统治民众的专政工具。

---

(7)林晓辉：传统哲学新说. 中山大学出版社. 2016，页18。

◯ 暴力机器促进了社会大分工

正是出现了这样的专政统治，一方面可以作为镇压民众的手段，另一方面也客观地起到了集中社会力量、推动社会经济发展的作用。仅从陶器的生产发展来看，就很说明这一点。原始的"一家一户"，是无法完成大规模烧制陶器制品的，只有当一部分人在经济权力方面享有特殊的权能和地位，占有大量的生产资料和劳动后，才能组织起大规模的生产活动。没有集体群合的力量，没有有效的、严密的集中管理和分工措施，很难想象能够制造出技术性很高、工艺非常精美的各种陶器来。另外，这种强化了的统治专政也为社会的分工起到了促进作用。对这一点，我们可以从大汶口文化的一个墓葬中看出来。在这个墓中，埋着一个成年女性，头上有象牙梳，手上有指环，左腕戴着一个玉臂环，颈部佩戴着大理石和松绿石串起的装饰品。此外，还有多种陶器、雕花象牙筒等随葬品。可见，该人在当时算得上是一个富有者了。这个富有者需要的一切东西，都得有人具体地分工制造出来。也就是说，富有者需要的东西越多，则促使社会分工就越细；分工越精细，则越促进社会的分工不断扩展。这是不言而喻的。但是，社会的大分工就必然导致人们的权力意志和权力能力也出现了剧烈的"分工"，权能的差异性越演越烈，这越来越悬殊的差异性已经无法被过去的那种相互依赖的权力关系所掩盖，一旦人们意识到无需他人的生存来作为保护自身生存的前提时，意识到完全可以独立地生存于他人的生存之外时，人性中善的一面就逐渐褪了色。尤其是当发生了矛盾的时候，暴力杀戮便是唯一的选择：不是你死就是我活！平权社会感觉的权力关系便开始瓦解了。

平权社会感觉遭到破坏，是平权社会灭亡的最主要的原因。众所周知，平权社会不存在法律，靠的是社会生活规范。从遥远的古代氏族成员对图腾如龙或鸟的崇拜，并由此形成的仪式和禁忌，就是最初出现的习俗和惯例。随后有了对神和天的膜拜，又逐渐地从宗教的领域扩大到社会生活的各个方面，其中也包括这样一些习俗：

如对氏族或部落内部侵权行为的处罚，为同族人复仇，对同族人的行为负共同责任等等。这种原始习俗行为规则，具有普遍的约束力，违犯了要受惩罚，甚至是相当严厉的惩罚。

但是，随着社会的发展，随着人们的权力意志和权力能力出现的巨大的差异，随着一部分人的权欲膨胀和升级，原始习俗渐渐被打破。由这些习俗所形成的平权社会感觉渐渐地被破坏，被暴权的社会感觉所取代。这是因为，习俗毕竟是习俗，"觉悟"毕竟是"觉悟"，在人们极端缺乏理性的条件下，习俗和觉悟都是靠不住的东西。因为人们需要它时，习俗和觉悟就有用；当人们不再需要它并且不愿意遵守它，而它也确确实实软弱无力、无可奈何时，习俗和觉悟就什么作用也没有了。这种习俗和觉悟一旦被破坏，社会感觉上的是与非的标准就全盘地丧失了。没有了衡量是与非、正义与邪恶的标准，那么人们之间的权力关系就真的变成了"狼与羔羊"的关系了。一旦建立起这么一种社会感觉定势，暴权就有了用武之地。

当暴权有了用武之地之后，人们为了战胜对手，就要组织亲兵、打手，对外掠夺，对内镇压；同时，为了提高战斗力，就得想方设法地生产出各式各样的武器。可以这样说，平权社会的末期，人们重视武器工具的研究和生产，远远高于对农用生产工具的研究和生产；对亲兵、军队的管理重视程度，也远远高于对农田耕作和手工业生产的组织。人的权能最迅速、最突出、最富战果的扩展，莫过于对暴权队伍的组织和对暴权工具的生产，它往往成为人类科技发展的催化剂。因为它最能刺激人的创造性，任何一种科技进步都会无条件地首先被用于武器的制造上。由此可见，暴权工具是杀人的武器，但武器的研究、生产与不断的发展都促进了科技的发展，并且促进了人的权能的扩展。武器的发展为更容易、更方便、更残暴地杀死人创造了条件，但同时也为人的进步与解放创造了条件。

○ 各种不同的社会感觉彼此都有联系

平权社会的社会感觉定势不可能僵止不动，它必然随着"权多方"与"权空方"这两股社会感觉势力的变化而变化，必然要出现不断的震荡、不断的发展，最终出现一次彻底的突破。当然，有的时候它震荡得激烈、发展得快，有的时候它震荡得缓和、发展得慢，但突破性的发展的总趋势和总方向是不会改变的。同时我们也应全面地看到，平权社会不是一个"绝对一色"的社会形态，在这个社会中，从其主体上看，它主要的社会感觉构成是平权的，但在不同的时期，从平权社会中的某个局部上看，也掺杂着其它一些社会形态。例如，暴权的现象，君权的现象，强权的现象，民权的现象等。只不过这些社会形态、社会现象，在整个平权社会感觉中起不了主导作用，形不成具有社会性的、普遍性的社会感觉来，而只是相比较而言的个别现象。所以，这些与平权社会感觉本是陌路的社会现象，就整个社会感觉定势而言还处于一种无足轻重的地位，故而它改变不了整个平权社会的定势。但是，一旦某种社会现象突破性地占据了整个社会生活，形成了一种新的、不可抗拒的社会感觉，则原来的平权社会感觉定势就要崩溃瓦解了。同时，我们从中可以看出，平权社会与后来的一切高级的社会形态、社会感觉都是有着密切联系的，而不是割裂开来的。各种各样高级的社会感觉及其权力关系，早就存在于最初的最低级的社会感觉之中，只是份额太小，未得气候而已。所以，每一个新的社会制度的诞生，并不以旧的社会感觉的灭亡为标志，而是过渡性的更替，过渡性的发展，新与旧的社会感觉之间必然会有一个共存的阶段，逐渐地转化。在这个转化中，社会感觉的"综合指数"在一定的时期内，一会儿降到平权社会感觉的"箱体"中运行，一会儿又上升到暴权社会感觉的"箱体"中运行，就这样来回震荡着一步一步向前发展，经过无数次的反复震荡之后，当某一种社会感觉被"权多方"与"权空方"都切切实实地确认之后，才能使这个新的社会感觉占据主导地位。

○ 平权社会感觉不会灭绝

当平权社会作为一种社会形态灭亡之后，平权社会作为一些社会感觉、社会现象，他们自然会生存下去，并且具有长期性。他们不会一下子灭绝掉，只不过在高级社会感觉中所占有的份额越来越小。在中国，在非洲，在南美洲，至今还存在着原始化的平权社会组织，这从一个方面证明了我们的上述分析是正确的，即所有的社会现象、社会形态、社会感觉都是相互联系、密切不可分割的。社会感觉的定势是依据在这个社会历史发展的过程中，哪一种社会现象、社会形态能够上升至主导地位。社会性质的确定就是依据在这个社会中占压倒多数的社会权力关系是怎样的一种社会感觉。如果大多数人之间都平等相待同时又比较落后，那么这个社会的性质就是平权的；如果大多数人之间都是以暴力杀人来获得所需，那么这个社会的性质就是暴权的；如果在这个社会中的大多数人都是崇君、惧君、盼官、怕官，那么这个社会的性质就是君权的。

2-3 暴权社会形成的原因

○ "私有制"不是平权社会灭亡的直接原因

暴权社会始于什么年代，准确时间不太好说，但若说个大致时间，那么它肯定始于母系社会的瓦解与父系社会的建立之间这么一段时间。作为一种社会感觉——暴权社会，别说是整个世界根本无法确定出一个具体的终结的时间，就是针对某个国家，其终结的具体时间也是难以确定的。现在的伊拉克、叙利亚等正在内战的国家，至今仍处于暴权社会阶段——尽管在此前这些国家早已脱离了暴权社会而进入到君权社会。

我系统地学习过马列主义基础理论，从我所看过的教科书和参考书中，知道母系社会在前，父系社会在后。为什么母系社会瓦解被父系社会所代替？有关历史的教科书中说，是因为"私有制"的出现，还有什么有关生产和剩余产品之类的东西。可是我怎么也搞不明白，母系社会是"母权"的天下，既然有了什么剩余产品之类的东西，"母权者"必然有先得之利，如何会让那些当时还充当配角的"父权者"得了先手呢？就连现在也是如此，只有无权的给有权的送礼，没见过当权的大官给老百姓送礼讨好的。所以，当有了剩余产品之后，它非但不会——也不应会改变母系社会的权力关系结构，相反，它还更有利于母系社会的权力关系结构的加强和巩固才对。就像现在世界上仍存在的一些母系氏族部落一样，都有剩余产品的出现，但经过几千年至今，仍未改变母系社会的基本面貌。

如果我们把"私有制"的出现是导致父系社会产生的原因这一结论否定了的话，那么究竟是什么原因使母系社会被父系社会所取代？我分析来分析去，终于找到了这一根本的原因。

○ 外患引起的内乱

首先，我们来看一看母系社会时期每个氏族部落内部的权力关系结构。在当时的客观条件下，尽管人们的权力能力在逐步提高，但在大自然面前，其权能——即抵御自然灾难的能力仍然是很低下的。由此从客观上制约着人们不得不依赖于整体的力量，谁也不能在脱离氏族的情况下使自己的权能提高，这包括那些母系社会中已享有一定特权的首领、年长者以及那些能给人以智慧超群的印象或有时在巫术方面高人一等的人。这些人的权威和地位早已被氏族中所有成员所认可。不管有多少剩余产品，这些享有权威的人即使不直接占有，他们也不会缺少什么。因为占有是多余的，氏族中所有的成员都心甘情愿地把一切美好的东西首先送到他们的眼前。这样一种协调的权力关系结构怎么会使母系氏族瓦解呢？

其次，我们再来看一看母系社会后期各个氏族部落之间的权力关系结构。由于氏族部落人员的不断增多，尤其是氏族人员整体的权能不断提高，每个氏族的活动范围便不断扩展。出于各种各样的原因，各个氏族的首领及其领导核心出于自身氏族的利益，都对"地域"产生了浓厚的兴趣。因为"地域"越大越广阔，氏族的利益也就越多，因此所有的氏族都迫不及待地要扩大地盘，这就必然会导致这个氏族与那个氏族之间的矛盾，就必然会产生摩擦，也就必然会发生战争。

很显然，氏族内部的权力关系结构的特点是自然的血缘关系形成的，并且是基本协调的。而氏族与氏族之间的权力关系就没有任何一种习惯和传统的东西来协调，也没有自然的血缘关系来形成某种生存权力关系纽带。在氏族与氏族之间，谁也不享有权威，一旦出现矛盾，哪怕一开始是两个不同氏族的个人之间的矛盾，都有可能导致氏族之间的争执。尤其是当有人流了血的时候，氏族之间的复仇便在所难免。小的争执引发连续不断地复仇，复仇的升级便会引起氏族间的战争。古文献中关于炎帝和黄帝"战于阪之野"、黄帝与蚩尤"战于涿鹿之野"的记载都反映了氏族部落之间的战争。历史记载下的只是少得可怜的几次大的战争，还有无以计数的小战争只是没有人有功夫记载罢了。可见，到了平权社会后期，母系氏族部落内部的权力关系结构仍然是稳固的，而母系氏族部落外部之间的权力关系结构则是极其脆弱、极其复杂、极其矛盾的，甚至这种矛盾异常地激烈。因此我有理由这样认为，平权社会的灭亡或说是母系社会的瓦解，其最根本的原因就是氏族部落之间的社会权力关系失衡。权力关系失去平衡，就会出现社会矛盾，就会导致战争，就会形成暴权社会感觉。

"我国从三代起就一直采用这种激进的革命手段，从来不曾考虑用渐进而有秩序的手段来实现社会的变革，而造成了历史上一直内乱不止，这个社会一直处于不稳定状态，意味着我们的社会一直以对立竞争为基础。"[8]

○ 胜者王侯败者寇

为什么出现社会矛盾，就会导致战争，就会形成暴权社会感觉？

应该知道，不管是大战争还是小战争，必有胜负之分，必有战胜

---

(8)林晓辉：传统哲学新说. 中山大学出版社. 2016，页18。

者和失败者。这种战争不像是体育比赛，谁胜了谁就可以获得金牌，谁失败了仅仅是失去获得金牌的机会，甚至失败者还和胜利者握手、拥抱、亲吻以示庆贺。而是在没有任何公正裁判、没有任何理性的前提下丧失人性地相互厮杀，胜者屠刀高举，败者人头落地啊！到了这个时候，到了形成暴权社会感觉的时候，绵羊都会张开大嘴露出牙齿杀红了眼，而衡量每个氏族部落权能的标准就只剩下一条了，那就是看哪个氏族部落更残暴、暴力机器更强大。通过暴力可以使地域扩大，使战败方的一切剩余产品均作为战利品不用耕作一犁、不用撒种一粒地归为战胜方所有。不但如此，还有许多的女俘成为战胜方的性奴，那些年轻貌美的女子首先被大小首领们挑选走，被当成他们满足性欲并独自享有的娱乐工具。正是因为独自享有的特权，才开始奠定了父系社会的基础。这并不是我个人的想象，而是无法反驳的数不尽的事实。莫说是古代，就是现代战争也莫过如此。德国纳粹也罢，日本鬼子也罢，苏联红军也罢，在他们打了胜仗之后所要做的好事之一，就是强奸妇女，以增添他们胜利的"喜悦"。这是几千年来遗传下来的"血统"，是对古代战争最露骨、最详实的写照。

在暴权社会感觉形成后，那些享有权威的特权者，如果他们认为能以残暴的手段获胜，来保持现有权力之巩固，继之还可以夺取更大、更多的其它权力，那么，他们就无须担心他们的残暴会使他们失去"选票"。相反，从残暴之中他们看到残暴的威力，看到了残暴所带来的各种收益，看到了残暴可以使更多年轻貌美的女子为了求得生存，心甘情愿地脱掉裤子，从残暴中还看到了人们的恐惧，于是他们就更有自信心把残暴当作征服的武器。

当战胜者从暴权中尝到了甜头，可以不劳而获，可以欺男霸女，于是永无尽头、永无满足的欲望便会撩起更大的暴权野心，暴权的首领们就会激起最强烈的扩张的权力意志。迫害他人也许能使迫害者产生莫大的愉快，被迫害者的恐惧和痛苦没有使迫害者感到难过和同情，反倒鼓足了迫害者的胆量和野心。他们在战争中构筑起一整套忠诚于自己的暴权机器，并时常地把一些战利品包括女俘赏赐给下属，使得"人们愿意追随领袖，以便使他们所领导的团体获得权力，他们觉得他的胜利就是他们自己的胜利。"这是因为"大多数人都会感到自己不具备领导他们团体赢得胜利的能力，因此总要找出一个似乎具有获得最高权力所需要勇气和远见的首领。"[9]如此这般，原始平权的民主选举制便不复存在，某个首领不经氏族授权就可以凭借暴力活动享有一切权力，并建立起一支由他自己统帅的亲兵、军队，在暴权的威吓下主宰一切。这很自然，"凡有重大危机时，大多数人的冲动是找到一种'权威'并服从它。当战争爆发时，人们对政府也有类似的感觉。"于是乎，谁还在乎什么民主不民主，谁还在乎什么平等不平等，只要能有依靠就行。

○ 根本的目的是为了享有特权

人们知道，母系社会时期的人们都各自生活在母亲家族的一方，这是一种已成规矩的风俗习惯。但到了暴权社会时代，这种风俗习惯就开始被彻底打破了。女俘成了那些享有权威的首领及其帮凶的女奴，那时还不懂得什么"计划生育"，因此有的女奴就会怀孕。这样一来，女奴所生子女没有了"母系氏族"的一切客观条件，连他们自己都成了男人的性奴，其所生子女也就自然归属于男人所有。男主人可以毫不怀疑地作出结论：这孩子绝对是我的后代！因为那女奴是被他一人占有的。由此开始，"绝对地占有一个女人"，成为男人最值得骄傲的事情，以至于到了如今这么先进的时代，妻子回家晚了都会引起丈夫的不满。就这样，以父权为核心的社会权力关系结构开始形成，并最终发展成为父系社会感觉形态。

综上所述，原始社会——即平权社会感觉的消亡并不是因为有了什么"剩余产品"，也不是因为什么"私有制"，而是因为暴权的产生，是因为氏族部落的权能在扩展，而氏族部落间的社会权力关

---

(9)[英]罗素：权力论.商务印书馆.2012，页8。

系出现尖锐的矛盾造成的，是因为不可调和的矛盾引发的战争造成的。那个时期人们没有理性，在氏族部落内部形成的有效的风俗习惯根本无法作用于各个氏族部落之间，解决不了各个部落之间的矛盾，这就必然要导致战争。而残暴野蛮的战争使战败的一方幸存下来的人变成了丧失一切人权的奴隶。由此，人类不平等的起源便从这一部分人丧失一切人权、另一部分人相对这一部分人而言则享有包括生杀等一切特权这一暴权社会感觉的出现而开始。什么"剩余产品"以及什么"私有制"，那起初都是暴权之后的战利品，与氏族成员生产劳动共同享有的劳动成果无关。打了胜仗获得战利品似乎理所应得，战利品的取得有时比劳动取得来的还快、还充足。因此参战者尤其是军队的首领，由于他的正确指挥，使士兵们都愿意服从他，并在胜利之后从他那里分得一些奖赏，这当然包括有时还能分到女俘，这种所得是平常劳动生产所得不到的。所以让我说，"剩余产品"和"私有制"那都是为了暴权社会感觉服务的，它不是目的而是手段。真正的目的、唯一的目的，就是要通过暴权享有特权。只要享有了特权，顷刻之间什么都享有了。生存的、经济的、政治的、荣誉的，要什么有什么！如果享有不了特权，不管你把"剩余产品"和"私有制"抱得多紧，谁也保证不了他们不会挪地方，挪到别人的怀抱中去，甚至你连自己的人头都不见得保得住啊。

最后，我要总结一下上述的观点，那就是：奴隶社会——即暴权社会形成之原因决不仅仅是经济上的什么"剩余产品"以及"私有制"之类的东西。是的，不能否认的是，它包括在这个原因之中，是这个原因的因素之一。但是，它还有其它的因素，如生存权方面的，政治权方面的、自我荣誉权方面的等等。而争夺生存权，尤其是面对暴力不得不用暴力以暴对暴，或是在暴权中取胜成为主子，或是在暴权中失败而成为奴隶，整个社会权力关系呈现出"暴性"，这才是最最根本的原因。其它方面的原因都是为了这个根本原因服务的。

现代社会仍是如此：一个国家，一个民族，面对外来侵略时其最重要、最核心的问题就是生存权和民族权。之所以要反抗侵略，就是要维护自己的生存权和民族权。如果生存权和民族权丧失贻尽，要什么"剩余产品"和"私有制"有什么用？在马克思老先生和广大无产阶级都痛恨"私有制"的时候，我要声明，我首要痛恨的是暴权！现代社会任何形式的暴政统统都是暴权的体现，都是人们应该首先痛恨的。尤其是那些曾经取得过胜利的暴权者——希特勒曾在欧洲的胜利、日本军国主义曾在中国以及东南亚的胜利、前苏联斯大林清洗异己的胜利，中国曾发动的"无产阶级文化大革命"的胜利，包括美国在伊拉克等中东国家的胜利，还有那些如今频频出现的恐怖主义组织的胜利，统统都是人类历史上最令人恐怖、最令人痛恨的悲剧。因为这些"胜利"都使现代文明社会倒退到暴权社会阶段，是对历史的犯罪！是对人民的犯罪！这是任何一个国家、任何一个民族所面临的最最痛苦的事情。

我总是用力地握紧拳头在心里高呼这样一个口号："打倒暴权！"、"打倒暴权！"、"打倒暴权！"

如果世界上所有的人都同我一样对暴权恨之入骨，不知将会有多少人免遭暴权之苦，人类的和平和幸福只有首先消灭了暴权之后才能长久。

2-4 对暴权社会的评析

○ 历史的发展是一个"自学成材"的过程

从平权社会，进入到暴权社会，这是历史的进步还是历史的倒退？有人说，平权社会是没有阶级压迫、没有剥削且人人平等的社会，而暴权社会则是杀人、压迫人的极不安定的社会，由此争辩说，暴权社会是历史的倒退。对此，我有不同的看法。

从整个人类历史的发展的总趋势上看，我总是认为暴权社会取代平权社会，这是人类历史发展的必然趋势，是一次痛苦的历史进步。因为判断一种社会感觉的产生究竟是历史的进步还是历史的倒退，最主要的衡量标准应该是这种新生的社会权力关系是否适应并且刺激了当时人的权能的扩展。如果它能促进人的权能扩展，提高了人应付、征服自然环境的能力，使人的需求得到了有力的保障，那么它就是顺应了历史发展的潮流，这种社会感觉的出现就是人类历史的进步。反之，如果阻碍了人的权能的扩展，使人战胜大自然的能力总是得不到促进和提高，那么它就是违背了历史发展的规律，便是历史的倒退。因此，尽管暴权社会使人类历史从没有阶级、没有剥削和压迫的平权社会进入到一个人剥削人、人压迫人、人杀人、人吃人的阶极社会，使一部分人享有了特权，而另一部分人完全丧失了人权，但是在它确立形成前后的一段时期内，从发展的总趋势上看，基本上适应了人的权能扩展的要求，在很多方面都有力地刺激、促进了人的权能的扩展。这是人类社会发展过程中出现的一次巨大痛苦的转变。这种转变就集中地表现在，它冲破了平淡，冲破了人在大自然面前所表现出来的无权能状态，为一部分人在享有特权的同时也扩展了权能创了条件。不管合理不合理，也不管公正不公正，能使一部分人的权能扩展，这总比所有的人全都停滞不前而处于无权能状态要好得多。况且，社会再文明、再觉悟，也根本不可能事先创造出一付能使所有人绝对平等、不差分毫而一同富裕、一同享有特权的灵丹妙药。人的差异性总是制约着人们有先有后、有上有下、有贫有富、先知后知、先觉后觉。当然，我并不是替暴权社会说情，不是赞成以先压后、以强欺弱，但在几千年以前，有谁会有功夫静下心来坐在对峙着的两军的阵中去研究并解决这个问题呢？谁会听着你掰着一个一个手指慢条斯理儿地在那绕口令呢？

◯ 暴权社会是历史大长学问的阶段

我们说暴权社会替代平权社会是人类历史发展上的进步而不是倒退，具体表现在以下几个方面。

第一，较普遍、大规模的战争必然有胜败结果。对于战胜者来说，大批的俘虏成了奴隶被占有，可以强制他们从事依赖于集体性的较大规模的生产劳动，使得能力的量扩展提高了，由此提高了劳动生产率，为更多地生产提供剩余产品创造了有利条件。也就是说，它为社会创造更多的财富提供了可能，从而有利于整个社会的发展。

第二，战败者的大片土地划归战胜者所有，这又为集中管理、统一耕作创造了条件。地域的扩大，加强了各种耕作知识的传播，扩大了人们交往的领域，扩大了人们的活动范围，使人们之间的赋权活动发生了质的飞跃。交往的扩大促进了交换，交换的增强又促进了技术的传播和发展，技术的发展又进一步促进了分工，社会的大分工又促进了整个社会权能的扩展。权能的扩展越来越广泛、越来越专业化、越来越技术化，这对推动社会向前发展的促进作用是不容怀疑的。

第三，暴权的出现，使一部分人由原来的无权能状态开始逐渐发展成为争权、保权意志，这种权争的思想意志伴随着人的权能的扩展使人们开始意识到，权，不能等着它从天上掉下来，正好掉进你的怀抱里，而是需要你拼出性命去争夺，才有可能得到它。

第四，每一次暴权的出现，都或多或少地有原先社会制度不公平、欠公正的因素在其中。如果能够确保利益分配公平公正，让每一个人都心服口服，愿意接受，那还有什么理由要使用暴权呢？正是因为有人不公，才引发暴权。

一少部分人通过争权获得了特权，便会带动起大部分人起而争权，最后导致所有的人都获得权的觉醒。都觉醒了，都为维护自身的人权而拼搏、而战斗，权力意志的普遍提高无疑会促使社会制度越来越走向进步，走向文明。

没有特权的出现，就不会有后来的《人权宣言》。如果人们都不起来争权，都像印第安人那样，像非洲现存的原始部落那样，大家"平心静气"地过那种平庸、平凡、平淡、枯燥无聊的生活的话，那么人类社会怎么会有今天这样的繁荣昌盛？怎么会有这么先进的科学技术？怎么会有如此丰富多彩的生活？

第五，暴权社会的形成，强化了国家的机器的职能，"要强迫社会上的绝大多数人经常替另一部分人做工，就非有一种经常的强制机构不可"[(10)]。首先被强化了的是军队，军队是国家机器的主要支柱。为了战胜敌人，扩大疆域，掠夺奴隶，并有效地统治奴隶和平民，特权统治者们就必须建立起强大的武装力量。

除了军队和官僚以外，监狱也是特权者们统治奴隶和平民的重要工具。这个时候还没有法，也没有法庭，因此罪与非罪都是由暴权社会的特权统治者的意志决定的。他们可以随意用各种最惨无人道的方法残害无权者、折磨无权者，一切是与非均是以特权者的好恶为标准。为了维护这个"标准"就要强化所有的国家机器。正是在这国家机器被强化了的过程中，国家全面统治、管理的各种职能部门设置得越加完善了，职能部门的作用也越加增强发展了，这从客观上促进了社会管理水平的不断提高，从一个方面也对社会的发展起到了一定的、不可缺少的作用。

○ 人的奴隶取代大自然的奴隶

总之，暴权社会的出现，是不以某个人的意志为转移的。在它给人类社会带来了极大灾难和痛苦的同时，它也为人类社会的发展创造着条件。例如，战争的爆发促使人们重视了杀人武器的制造，而在研究和制造杀人武器的同时，冶炼、铸造的技术便得到了极大的提高。暴权社会的形成使人们不再局限于本氏族部落非常狭小的地域范围内活动，而是东征西战，没了边界，使人们的眼界扩宽了。随着扩大疆域的野心膨胀，人的活动能力也发生了质的变化，如骑马作战等，大大提高了人的活动的速度和活动耐力，使人外涉的权能变得更宽更广。另外，战争使人口出现"漂移"，那些势力较弱的民族部落和战败后幸存下来的人，为了躲避屠杀，不得不往偏远及荒芜的地方迁移。所以人们可以看到，不管是多么寒冷的地区，多么遥远的

---

(10)列宁选集.第4卷.人民出版社.1995，页48。

岛国,多么茂密的原始大森林,到处都有人生活在那里。如果没有暴权社会的出现,人类也许还裸着体生活在大森林中过着无忧无虑的生活。如此这般,尽管没有人会成为奴隶,但实际上所有的人们都是"奴隶"——大自然的奴隶。

2-5 暴权社会感觉特征

◯ 战争最容易使人们愿意服从统治者

从某种社会现象到形成某种社会感觉,这是需要一个过程的。现今社会上出现的个别的、偶然发生的暴权现象,如打架斗殴、杀人放火、强奸妇女等,并不因社会历史的进步而杜绝。但由于现今社会的管理水平和治理的能力都有了非凡的提高且又是行之有效的,通过惩罚侵权者,在精神上和物质上均给予受害者以补偿,故这些暴权现象不会形成社会感觉的主流,人们也大可不必为了生存而整天提心吊胆。可是在暴权社会时期,氏族内部行之有效的权力关系结构根本无法去有效地治理氏族部落之间的暴权现象,只会引发更大的暴权报复,它给所有的氏族部落都带来恐惧。为了防止暴权的侵犯,就必然要打破一切旧有的风俗习惯,让一切风俗习惯都服从于能带领全体氏族成员抗击外部暴权侵略的某个首领的权力意志,并且听任他建立起各种形式的暴权机器,磨刀制弓,组织起所有的男人,拿起武器,全民皆兵。

到了这个危险的时刻,谁还会计较说,首领的备战、抗击的决定应该由全体氏族成员举手表决、全体一致通过才行?

因此,在暴权的威胁下,人们考虑的仅仅是如何能保住性命,不在乎谁掌权谁不掌权,也不在乎谁专制谁不专制。这样,氏族内部原有的权力关系结构也就随着暴权社会感觉的形成,随着氏族外面的紧张、危险的环境而变得毫无意义了。于是,建立起一套新的权力关系结构就势在必行:任何氏族成员都要绝对服从于首领,就好像战争中任何一个士兵都要服从于长官的指挥一样。不难看出，首领的权力在氏族部落进入"紧急状态"的过程中得到了非同一般的加强，并且使之完全摆脱了原有的赋权原则，使得"权力建筑"完全有能力凌驾于"权利基础"之上。这样一来，氏族外部的暴权权力关系导致氏族内部的权力关系也失去了原有的平衡而变得暴权化，于是整个社会便开始陷入到暴权感觉的泥潭中。

○ 奴隶主的过去大都是"公仆"

战争最容易使人们愿意服从统治者。在和平时期，本来对统治者感到反感的人，一旦突然遭到国外侵略打起仗来，意见和不满就暂时被弃一旁。战争会使人们出现"热聚"的状态。

暴权社会感觉的形成，不仅仅是指爆发的战争，而是由战争所引起的使整个社会生活中的各个方面都体现出它的暴权性质来。战争的胜败规律使暴权得胜方完全控制着失败一方的生存权。最初的战败者都要被处死，所有的男俘全都被砍头，妇女当中的年老者、孕者和年幼者也无一幸免，只有少数几个年轻貌美的女子才有可能逃过此劫，但却得像牲口一样成为胜方首领的性奴。暴权社会发展到后来阶段，出于暴权首领扩大疆域的野心，为了增强实力，不得不保留一些有专长的战俘或是被迫去参加某种特定的生产劳动，或是被迫去当壮丁。最初的奴隶就是由战俘转化而来的，而氏族军队的首领则在战争中不断增强自己的统治力量，最后转化为奴隶主。

奴隶们没有任何人权，奴隶主可以随意宰割；奴隶们没有任何人身自由，他们只是奴隶主们的牲畜或工具。往往一个奴隶的复仇、反抗之后，带来的是更加残酷的屠杀和更重的枷锁。

奴隶们缺衣少食，受尽了折磨。有的奴隶主为了防止挨饿的奴隶在劳作时偷吃食物，竟在奴隶的脖颈上套上一个大木枷。在当时的罗马，凡是不听指挥的奴隶，都要遭到严酷的惩罚，有的被鞭打，有的被烫上烙印，有的被关进地牢，有的被拉到斗兽场去送死，有的甚至被活活地钉死在十字架上。历史书上记载，有个叫维狄·波利翁的奴隶主便是残暴成性，一旦奴隶触犯了他，就要被抛进一个奇特的养鱼池中，去喂一条噬食人的大海鳗。至于奴隶主摧残女奴的事情那更是令人发指，惨不忍睹。

奴隶主为了榨取到更多的脂膏，便把奴隶当作能活动的机器投于生产之中。一旦发现奴隶在劳动当中稍有疏怠，便用皮鞭等各种刑具毒打他们，罚他们挨饿或处以其它苦刑。为了防止奴隶逃跑，奴隶主常常强迫奴隶戴着沉重的脚镣干活，并加强对奴隶的看管、监视。奴隶的地位还不如奴隶主所养的狗。暴权使奴隶已经丧失了一切人的权利，已经不成其为人了，变成了无权者。相反，奴隶主则享有了各种各样的特权，特权者对无权者的压迫和榨取完全是借助于超经济的暴力和公开的特权。总之，对人的占有比任何对财产的占有还要更残酷、更暴力；一切对财产的占有以及"私有制"什么的，都首先是从"人的被占有、被压迫"开始的。

无权的奴隶们受压迫、受残害就必然要反抗、要斗争。从暴权中尝到了甜头的特权者及其贵族成员正是在这种情况下，为了维护自身的特权及其利益，为了强制社会上的绝大多数人服从他们少数人的权力意志，借助原来的民族"国家议事会"等合理机构，改换成亲兵、打手、军队、监狱等暴力机器，设置了新机构的大大小小的官吏，来镇压奴隶的争权反抗，来威慑原氏族内部的平民成员。于是，原来经民主选举出来的部落联盟和氏族的首领们，为奴隶主和大小官吏们所代替。那些原先的社会公仆，一跃成为高踞于奴隶和平民头上的主子。也就是到了这个时候，"国家"才成为阶级斗争不可调和的产物，成为一个阶级压迫另一个阶级的暴力工具。

○ 别让历史的悲剧重演

人人都感到被暴权所威胁，人人又都被迫用暴权去拼杀、去复仇。人与人之间没有了信任，完全被复仇和杀人的意志所摆布。平权社会的"公天下"变成了暴权社会的"杀天下"；杀了人就享有一切，被杀就丧失一切。暴权社会的真理标准只有一条，看谁的暴力强大，看谁的暴力残酷；施暴越多，胜利越多，地位也越高，物质也就越丰富，被占有的女奴就越多。否则就只有人头落地，一切全无。因此，在这个以强暴为荣的时代，残酷、野蛮的行为从不受公众舆论的指责，在人们的思想意识中，"杀"字占有很强的位置，人与人之间的权力关系随时都能体现出"杀"的权力意志，比"狼吃羊"还凶残、还狠毒。因为狼从不吃同类，而人这种高级动物什么都吃，如果需要的话还可以吃自己的同类。于是形成的这种暴权社会感觉使所有的人都清楚地意识到，不是你杀了我、吃了我，就是我杀了你、吃了你。

典型的例子可说是古罗马的角斗场，奴隶主贵族强迫奴隶充当角斗士，经过训练后，让他们或是单人格斗，或是成队互相厮杀，以奴隶之间的互相残杀，来供特权贵族取乐。而角斗士们则为了各自的生存，不得不使出各种技能杀死对方以保全性命。其实，这种暴权现象不光是奴隶主杀奴隶、奴隶反抗奴隶主，而且奴隶主与奴隶主之间、奴隶与奴隶之间也都在杀，可谓杀气冲天。

综上所述，以"杀"为典型特征的暴权社会感觉不管是从社会生活中的哪一个方面看，都是一个处处施暴残酷无比的社会；是以暴权为荣、将害人性命之罪大恶极之事全不当一回事的吃人的社会；是强者强暴、弱者被强暴的社会。它是人类历史上没有记载下来的真正的第一次世界大战，整个地球到处都杀声震天、血流成河、尸骨如山。

现今的历史已经步入21世纪了，然而令人遗憾的是，有些人还是那样地崇尚暴权。在经济最发达、自称为最文明的美国，几乎每个小时就会有一人被杀，连上学的学生都带着枪步入课堂。全国两亿多人口，几乎人手一枪，这真是对过去了的历史以一种怀旧的心理念念不忘。不知人们是否明白，这是历史的进步还是历史的倒退？更可怕的是，科学技术的高速发展使暴权变得更轻松自如，只要食指一扣，对方的脑袋就开了花；只要按一下按钮，几十人甚至是上百人、上千人、上万人便一命呜呼、血肉横飞。不知哪一天，科学家们又制造出袖珍手雷式原子弹，当人们都手握着手雷式原子弹去讨论是非问题的时候，谁还会在乎"公正"二字算老几？不怕死的就当爷，怕死的就当孙子，都不怕死那么就都去当死鬼！这是多么可怕的后果啊。

因此，任何一个先进的国家，都应该把铲除暴权、防止暴权作为最重要的任务来抓，绝不能让历史的悲剧重演。

○ 性命比"私有制"值钱

暴权社会是一个没有任何正义可言的社会，更是那个所谓的"私有制"无法确保、无法稳定的社会。因为不仅仅是奴隶们挣扎在死亡线上，奴隶主也常常被杀得片甲不留。

财产和性命这两个筹码，也就是说人的经济权和生存权，都是把保命放在头一位的。财产的占有权完全始终地处在一种动荡的状态中：今天你占有着，也许明天你就身首分离去了西天，但你绝对无法带走任何财产，不管你当初把那个"私有制"搂抱得多紧，脑袋没了剩下手和胳膊有什么用，于是，你的财产就会被其他人所占有，不管是他以个人的名义还是以"国家"、"人民"的名义。但是，同前者一样，在这么一个动荡不安、充满暴权的社会里，谁也无法有绝对的把握、有超人的力量能够把"私有制"永远牢固地抓在自己的手心里。这样一来，"私有制"的意义何在呢？

正是由于暴权社会给所有的人们都带来了不安定的因素，尤其是因为无权的奴隶们所进行的争权的反抗斗争，促使奴隶主贵族统治者为了实现较稳固的长治久安的特权，不得不变换手段，不得不寻找出一个分化、瓦解奴隶们反抗情绪、适当缓解权力关系矛盾，以维护特权贵族利益的新秩序。他们或是搬出"神"来威吓、欺骗奴隶，或是有条件地改善奴隶们的生活，适当地调整奴隶们的社会地位，给奴隶们一些无足轻重的权的享受。这种精神上和物质上的双重让权安慰手段，一旦给奴隶们带来了一时的安定，带来了政权的稳固，则享有特权的奴隶主贵族统治者便会乐意建立起一个对其自身更有利、更安全、更有益于长期统治的新秩序。于是，一种新的社会感觉形态便有了形成所必须的基础。

2-6 暴权社会的末路

○ 从人人自危到人人思安

暴权社会同平权社会一样，发展到一定阶段时，当某种社会权力关系感觉已经开始与社会的权力意志水平出现明显的不适应时，那么他们就必然要向新的社会感觉形态进化、发展。在这进化与发展的过程中，由于"权多方"与"权空方"的力量对比关系总在发生着变化，于是这种发展不会是"一往无前"的，而是反反复复循序渐进的，甚至还有"跌停板"的情况出现，一下子使历史发展的"综合指数"跌到了历史阶段的最底部。即暴权社会没有向高一级的社会感觉形态发展，而是又回复到平权社会。这是极特殊、极个别的情况。从社会历史发展的总趋势来看，社会历史一般都是由低至高发展的。倒退的情况有，但这仅仅是暂时的回复，最终还是要发展的。

暴权社会为什么要消亡，为什么要向高级的社会感觉形态发展呢？

在人的各种权内容的需求中，生存权是最核心、最重要的。而在暴权社会中，人的生存权没有最基本的保障，人们总是处在恐怖之中，就连享有特权的统治者也时常担惊受怕，没有一点安全感。可以这样说，简直到了人人自危的地步。于是，越是不安定，越是思安定。每每战争都是如此，一开始打起来劲头十足，打着打着，人们就厌烦了，反战的，开小差的，盼望和平的人就会逐渐多起来。为什么厌战？就是因为战争使所有的人都不安宁，安全都没有保障，故而人们都盼望过稳定、宁静、和平、快乐的生活。

暴权社会的"无政府"状态之后，人们首先向往的是安定，而暴权的最终结果，必然会有那么一个集团取得全面性的胜利。为了保护这一胜利果实，于是与其他人一样也向往安定。统治者和被统治者都向往安定的生活，而这种安定以树立绝对的权威实行专制制度既适合于统治者又适合于被统治者。可以肯定的是，暴权社会状态想指望出现平等合作或者被称为民主的东西那样一种局面，这绝对是一种幻想。

社会的发展总是要循序渐进的,跟着社会发展的感觉走,才符合社会发展的自然规律。当然,我不能否认,特权者及其统治下的某个政治权力集团向往安定,与无权者们向往安定,其目的是不一样的:前者向往安定,是因为安定更有利于他们已经享有的政治权力、经济权力及各种权力内容的巩固和长久,一句话,是因为安定更有利于他们维护自身的利益;而后者向往安定,只是为了更安全地活着,用不着整天提心吊胆地耽心掉脑袋,并且有吃、有穿、有老婆、有孩子,对于一些人来说,这就足够了。但不管怎样,思安定的社会权力意志从形式上看都是空前一致的,它必然会影响到由这种意志而派发出来的社会权力关系及其社会感觉形态。由人人自危,到人人思安,这是人类求生、求安的必然要求和其必然的权力意志反映。

◯ 财富越多就越害怕出现暴乱

社会生产力的提高,逐渐丰富了物质财富,大量的剩余产品满足了社会最基本的生活需求。在这种情况下,人们之间因为人的权能的提高,尤其是战胜自然灾害征服大自然的能力的提高,使得过去的那种生存难以得到最起码的保障所形成的紧张的暴权权力关系得到了一定的缓解,这就为人们祛除暴权求得安定提供了决定性的客观物质基础。试想,如果只有一口食,两个人谁吃了谁就可活命,谁吃不到谁就得死亡,到了这一危险的时刻,谁能保证两个人都具有"共产主义"觉悟?谁能保证两个人之间不进行一场你死我活的斗争?据报载,某条逃难的越南难民船上,人们饿极了,互相残食的悲剧都发生了。据说我国三年自然灾害时期也出现过人吃人的现象。现代文明时代都杜绝不了此类悲剧的发生,更何况古代?

享有一定特权的富有者,最不愿意处在暴乱之中,越是动荡不安,他的一切即得利益就越可能会受到侵害。而对财产的侵害最有效、最方便的做法都是首先从对人的侵害开始。由此,特权统治者们为了他们的共同一致的利益,想方设法制定各种措施,以约束平民,以防止暴乱。于是，法律就成为一种统治手段而产生。可见，法律的始出其源头及其本质不是为了民众服务的，而是为了少数特权统治者们服务的，是赤裸裸的特权法，它公开确认"良"、"贱"不平等的法律地位，而且法酷刑残，常常毁伤人的肢体实施肉刑，以增加法律镇压的威慑力量。由于暴权社会后期宗法血缘关系还有着深厚的基础，而宗法制度又与后来逐渐形成的等级制度、分封制度密切相联系，形成了家国相通，亲贵合一的政治权力建筑体制，因此，法的产生不但是镇压人民的，也是束缚、惩罚家族内部成员以维护特权权威的工具。历史上早有"戮于宗"的记载。伴随着法的出现，法庭便产生了，但它归根结底是特权统治者们临事议制、任意施刑的掩护工具。其根本谈不上"公正"、"客观"，完全是凭当权者的好恶来作为评判是非的标准，是"统治阶级意志的体现"，是人治的产物。

不可否认的是，法的产生客观上为社会在一定程度上维持安定确确实实地起到了很大的作用，使完全混乱、暴虐、毫无秩序的暴权社会逐渐朝着相对有秩序的君权社会感觉的方向发展。尽管这个秩序的性质仍然是为特权阶级利益服务的"秩序"，但比起混乱的社会状态来说毕竟是前进了一大步。而且，随着社会的不断进步发展，随着社会权力意志的普通提高，法律中的很多不适应的东西就要被修正、更改，朝着有利于维护大多数人利益的方向发展，使无权者们在法律上争得一部分人权的同时，必定会以法律的形式、借助于法律来剥夺特权者们的一部分特权内容，最终消灭特权，使权力回到人民的手中。宪法的诞生就是这一进程开始吹响的号角，只是路途还很遥远。

○ 暴权的结果往往是两败俱伤

暴权使大多数人都逐渐认识到，侵害他人所带来的后果，是使自身也最易被侵害。对别人施暴，被施暴者所能作出的唯一选择就是用暴力来复仇。要想防止受害，就得首先不去伤害他人。如果日本当年不去偷袭美国的珍珠港，也就不会有广岛、长崎的原子弹的爆炸。尽管这两个国家已经从整体上进入到强权社会时代，但暴权社会感觉仍会在特殊的阶段内长期留存于国家的权力意志中。

暴权社会完全处于相互伤害的状态中，人们互相残杀、恶斗，结果常常是两败俱伤，最终还是人民遭殃。所以，贫民们有时都不惜以一个君主、一个"父母官"来换取社会的一时安定。一个由君权统治下的社会，总是要比无权政府状态下的混乱的社会要强得多。而开明的君权政府当然要比极权专制的君权政府还要合于民意。

人的权能的扩展，科技的发展，使得"斗人"的意志逐渐转向"斗物"的意志。"斗人"必定要整人、杀人；而"斗物"却很需要人与人之间的团结协作。所以，人们抵御自然灾害并意欲战胜大自然的权意及其权能的出现和扩展，这从一个方面也形成了促进社会感觉不断发展的主观原因。

人与人斗，斗脑袋，斗性命，不管胜还是败，都不可以发展人，只是损害人。不管你多大的能耐，如果一旦陷入到了"斗人"的沼泽里，你的一切才能便会被无声无息地埋没，便会无用武之地、乖乖的受降。而人与物斗，与大自然斗，则永远是发展人的，并且其乐无穷；它可以使你发挥出所有的潜能，充分显示出人的聪明才智，使人类社会不断受益，为人的解放、为人的全面发展创造着条件。这种面对着自然的挑战欲征服自然的某种权力意志，不得不转移那些权力意志强盛并享有至高无上权力的统治者的注意力，用于自然的拼搏来取代与人的拼杀。

当时的人们对自然想象的迷惑，对神的崇拜，为特权统治者由原来对平民实行的"硬统治"转变为"软统治"提供了可乘之机。暴权社会时期的特权者们为了维护自身的利益，往往要费九牛二虎之力、东拼西杀地勉强维持，时常还会遭到复仇和反抗。而后来，特权统治者发现类似"神"这样一些东西可以毫不费力地使平民们诚惶诚恐，再不会亲自举起砍刀，只需用一些宗教的东西施以小计，便可使成千上万的老百姓跪地磕头、服服帖帖，并且还自愿地为主子高呼

"万岁！"、"万岁！"、"万万岁！"

对于特权统治者来说，这真是求之不得的。

当特权者披着"神"的外衣成为"天子"的时候，当广大的无权者都从内心里表示对"神"的崇拜而无条件地服从并忠心耿耿的时候，再高举屠刀还有什么意义呢？

在整个暴权社会的阶段中，虽然从社会感觉的总趋势上它体现出的是暴权的权力关系，但在这个暴权社会中不是一切社会现象、一切社会权力关系都是暴权的，而是在这个阶段中还包含着一些其它的社会感觉形态。如：特权统治者虽然享有特权，但对于他们的父母则是不敢摆架子，甚至还要尽孝子之道的。因此在很多的社会权力关系中，平权的社会感觉形态，君权的社会感觉形态，强权的社会感觉形态，民权的社会感觉形态都有一定的表现。既有低级的社会感觉，又有高级的社会感觉，只不过这些社会感觉形态在这个暴权社会中所占有的比重较少，没有哪一种社会感觉能像暴权社会感觉那样举足轻重、那样具有普遍性。在自身利益得到确保的情况下，暴君是不会对自己的亲属施暴的，而是充满了爱心。

○ 暴权和君权难舍难分

一般地说，暴权社会是必然要向君权社会过渡、发展的，这是历史发展的客观规律。但是，历史也会倒退，从暴权社会倒退到平权社会的有，例如世界上现存的原始部落就是如此，他们是在经历过无数次的暴权社会的冲击后又回复到平权社会的典型例证。同时，从君权社会倒退到暴权社会的也有，中国每一个封建王朝的崩溃，都是由于暴权社会感觉占了上风；中国每一个封建王朝的建立，也是暴权社会感觉弄得人仰马翻、血流成河之后奠定的。因此，暴权社会向君权社会的转变，不是一朝一夕、干脆利落地在瞬间完成的。它往往几经反复，暴权、君权；再暴权，再君权；又回复到暴权，再发展到君权，经过这样不同的社会感觉进行了无数次的较量之后才逐渐趋于稳定的。这个阶段也许需要经历几百年甚至几千年。

可以从历史中看出，每一次暴权社会之后都会使特权统治者确定出统治疆域，在这个形成的疆域内，小的君权社会就会形成。随着君权社会统治的巩固，随着统治者对统治疆域扩大的权力意志及其野心的膨胀，于是便会回复到暴权社会阶段——它不是简单的重复，而是一次大的暴权动乱冲毁了原有的、小的君权社会。当这次大的暴权动乱结束后，大的君权社会便会建立起来。当这个大的君权社会又有了扩大统治疆域的野心了的时候，更大的暴权、范围更广的暴权又会掀起波澜。

秦朝建立之前的七个小君权社会，那不知是多少次的暴权社会振荡之后形成的。而秦朝统一后，随着一朝一代的更迭，你会发现暴权社会感觉的范围、规模越来越大。当所有的国家都划定了版图，并且都礼貌地建立了外交关系之后，仍然没能遏制住暴权社会感觉的来势，甚至会引发更大规模的暴权动乱。所发生的第二次世界大战，可以说是迄今为止发生过的规模最大、范围最广的暴权社会感觉。只不过希特勒和日本军国主义没能取胜，否则，两个世界上最大的君权社会国家也许会诞生。假如这两个最大的君权社会诞生了，相信早晚还会发生一场全球性的、更大的暴权。事情好就好在，在德国纳粹和日本军国主义都被打败以后，苏联的君权社会统治者没有能力独霸世界，其他的胜利国也都不得不面对现实收起独霸世界的美梦。尤其是当苏联打破了美国的核垄断，继而英国、法国、中国等国家都掌握了核技术的时候，要么来一场最大的世界性的暴权战争，将世界上所有的人类都毁灭掉，要么就收起疆域扩张的野心，维护现今的和平。当很多国家其社会感觉形态逐渐地告别了君权社会而进入到强权社会时，似乎越来越让人对安全和和平感到放心。因为暴权社会最易来源于君权的特权统治者的个人意志。

虽然强权社会中没有哪个人可以享有至高无上的权力，甚至连总统也不得不受制于国会，但暴权的危险仍然存在。因为"国会"只是某个国家维护自身利益的集团，它不是人类真理的化身。杜绝大规模的暴权动乱，就必须加强国际性的管理组织职能，更有效地发挥联合国的作用，就必须尽快地使所有国家都加入到关贸组织之中，整顿好国际性的贸易秩序，减少、避免贸易纠纷，调整好国与国之间的权力关系结构。否则，不定哪一天，战争还会爆发，社会历史还会倒退和反复——别管是世界性的，还是地域局部性的。

从暴权社会到君权社会，其发展的过程就好比我们进入一个非常深、非常深的历史走廊。在这走廊中，挂着无数个越来越大、越来越厚的帘子，上面分别写着"暴权"和"君权"。一个社会要想从暴权社会进入到君权社会，就不得不从这走廊中通过，就不得不一会儿掀起"暴权"的帘子，一会又掀起"君权"的帘子。就样不知经过多少次的反复，历史才会进入到一个比较稳定的社会感觉阶段中。

2-7 君权社会的建立

○ 秦朝至清朝并非封建社会

近大半个世纪以来，很多史学研究者将中国秦朝至清朝2000余年的社会形态称作"封建社会"，并将此说推尊为"马克思主义史学成果"，不容置疑。然而，有专家经过认真研读马恩论著后发现，上述结论其实根本站不住脚。[11]

专家论证：马克思、恩格斯历来把绝大多数东方国家的前近代社会形态称之为"专制主义"或"东方专制主义"，归入无限君主制（专制君主制）一类，并将其与西欧封建主义实行的有限君主制（等级君主制）区分开来。

英国的安德森教授写了一本《绝对主义国家的系谱》著作，该书译者刘北城先生在"中译者序言"中指出：在马克思、恩格斯看

（11）冯天瑜：马克思的封建观及其启示. 中央编译局网站. 2010-02-
　　09：http://www.cctb.net/llyj/llgc/basictheory/201002/
　　t20100209_283233.htm

来，专制主义与封建主义是不相兼容的概念。封建主义的概念最初是对中世纪西欧军事分封制和等级所有制的概括。马克思、恩格斯只承认这种本来意义上的封建主义。因此，凡是典型的、纯粹的封建主义，必然是"等级的所有制"，其统治权是分裂和分散的，那就不可能有专制主义。东方社会没有"封建主义"，只有"东方专制主义"。[12]

中国清末的很多思想家对此也是异口同声，都将前近代中国归入不同于封建社会的"专制一统"社会：梁启超称之为"君主专制全盛之时代"；[13]严复称之为"霸朝"；[14]孙中山称之为"君主专制政体"；[15]周谷城称之"专制一尊"、"统治于一尊的郡县制度"。[16]可见，将秦朝至清朝的这段历史的社会形态归结为"封建社会"不但没有出处，而且也缺乏理论依据。

与此相类似，我们现今的教科书中经常说的"中国五千年文明史"也是值得商榷的。所谓中国五千年文明史，按照我的理解，其中的95%都不是"中国社会文明史"，而仅仅是与动物相区别的"中国社会生活史"。过去的学者认为，人类之所以被称作高级动物，就是缘于在自然界中，我们比任何一种动物都要文明得多，所以是"文明史"，它的主要标志就是有没有文化现象。但是我认为，具有文化现象的人类，仅仅是不同于动物，是在自然界的生活中有文明，并不意味着就具备了"社会文明史"的资格。"社会文明"的标志之一，是社会理性不可或缺，应具体体现在社会制度的公正与公平上（区别于动物界的"丛林法则"）。而处于暴权奴隶社会及封建专制君权社会

---

(12)〔英〕安德森：绝对主义国家的系谱.上海人民出版社.2001，页2。

(13)梁启超：中国史叙论.载于《梁启超全集》第1册.北京出版社.1999，页453。

(14)严复：严复集.第1册.中华书局.1986，页135。

(15)孙中山全集.第1卷.中华书局.1981，页325。

(16)周谷城：中国社会之结构.新生命书局.1930，页31。

制度中的社会，人与人之间的权力关系，尤其是权利基础与权力建筑之间的关系（对此我将在后面详细阐述），大多适用的仍是"人群中的丛林法则"——虽然并不以看谁的牙齿锋利来决定胜败，但是仍以看谁的权力大小来决定胜败，谁有权谁就主宰一切，谁无权谁就丧失一切，因此它是不可能有真正公平和正义的。

　　那么剩下的5%的中国历史，仍不能算作"社会文明史"，充其量只能说是"半社会文明史"，因为它始终处于难以维持长久的动荡之中。有些统治者确实想建立并开创"社会文明史"，但他们至今仍不知究竟如何才能建立并开创"社会文明史"，或者是表面上赞同、骨子里根本就不是真想，因此他们一直在进行"改革"，朝着"社会文明史"的方向艰难前行，时而还走错了路或是开了倒车。从现今的实践上看，马克思的唯物史观根本没有办法解决这一难题，因为无论从"权"的知识教育上，还是从"权力制衡"的"人性理智"上，都没有从顶层设计（即制度）上真正奠定社会公平正义的理论基础，甚至在有些时候还使"丛林法则"得到了进一步的加强。鉴别这一理论基础是否有效的方法其实很简单，主要看三个方面：一是看军队是否独立（只负责保卫国家）；二是看司法是否独立；三是看媒体监督是否独立。如果一个掌握国家政治权力的人或集团，必须依靠暴力机器（例如军队）的维系，必须掌控司法和媒体监督，那就说明顶层设计（即制度）还没有真正奠定好社会公平正义的理论基础。所以，马克思主义是非常急迫需要发展、弥补不足的。

　　西方的"社会文明史"比中国略强，其社会理性的建立并开创，是始自"文艺复兴"和"启蒙运动"，但他们至今仍有很多不尽人意的地方，例如美国时不时发生的枪杀案就是用子弹来代替牙齿进行较量，比起动物之间的杀生，来得还要干脆利索、轻巧便利。所以美国同中国一样，在完善"社会文明史"的进程中，还需要不断地进行改革和探索。

○ 君权社会始于何时？

我国的君权社会始于何时？按照过去书本上讲的和人们常常说的"中国有2000多年的封建历史"，似乎专制的君权社会是从秦朝的建立开始的。

对此，我总认为这是绝对错误的。

中国的君权社会历史不止2000年，而是距今已有4500多年的历史了。在4500多年以前，即自黄帝（公元前2717年～公元前2599年，系古华夏部落联盟首领，中国远古时代华夏民族的共主，被尊为中华"人文初祖"）"伐蚩尤"、"战炎帝"之前，也许曾经出现过小的君权社会，但由于在当时的社会感觉中平权或暴权的指数比重远远大于君权的比重，故而它们是以平权或暴权社会感觉为主要特征的。但自黄帝"伐蚩尤"、"战炎帝"之后，尤其是平定了中原并在广大疆域实行了分封制、设官制、封禅制[17]之后，君权社会感觉权重指数就已经占据上风了，君权社会自此开始。这么说来，我国封建专制的君权社会在历史上延续的时间就不是过去人们认为的2000多年，而是4500多年，这一下子使我的内心变得沉重起来。如果过去我们只使出了20%的力量去打击封建专制的文化习惯和专制意识势力的话，那么现在我们就不得不下定决心使出80%以上甚至100%的力量去与封建专制势力、专制社会感觉作斗争。中华人民共和国太年轻，才有70年的历史，其中有十数年甚至数十年还完全笼罩在君权社会感觉的魔影之下，让这个"共和国"徒有虚名，它能够战胜专制的君权社会感觉吗？它能够一下子把4500多年形成的封建专制习惯、专制传统、专制的残渣余孽全部清除掉吗？一座大山压在我的胸口上，心脏的跳动在加快，呼吸也越来越急促……

为什么中国的君权社会不应从秦朝统一中国时算起呢？我们从几个方面来进行分析。

---

(17)周非：非议历史.远流出版事业股份有限公司.2010，页32～37。

一、以"世袭制"为政权移交方式

平权社会是"公天下",暴权社会是"杀天下",君权社会统治的特点是"家天下"。"朕即国家"嘛!而"家天下"的世袭制不是产生于秦朝,而是始于黄帝后期,这是君权社会的主要特征之一。历史上的君权者从这个黄帝开始,不管怎样改朝换代,都以世袭为本,只是有的没有世袭成而已。

二、"分封制"下的税收制度

传说"禹合诸候于涂山,执玉帛者万国"[18],这说明大禹(禹是黄帝的玄孙、颛顼的孙子)始,已经有了最早的君权社会的税收制度的记录。由此也表明,黄帝时代已形成了有效的君权统治网络,并按地域来划分其统治区域,设置大小官吏负责本区域内的日常管理,并按规定缴给"国家"上缴"管理费"。反映出自黄帝始就有君权社会的"分封制"。

三、颁布法律来规范社会秩序

自黄帝时代始,法律作为一种国家统治的手段已趋初步健全,古文献中称之为"禹刑"(黄帝时代,虽然我们至今没有发现有明文法律,但还是有管理、赏罚制度的)。法律的产生也是君权社会的主要特征之一。因为法律是君权统治必不可少的手段,是暴权社会转变为君权社会的标志之一。君王为了进行统治,让臣民服贴,就要把自己的权力意志系统化、条理化、制度化,用"国家"的强制力来保证执行。由此,伴随其出现的严酷的刑罚、监狱当然必不可少。

四、一切均取决于上

自黄帝时代始,国家的最高权力(政治权力、军事权力、经济权力等),均掌握在君王手中。一切是非好恶均取决于上,君王的话"一句顶一万句"、"句句是真理"。君王一人之权力意志往往决定着整个"国家"和全体人民的前途和命运。

五、礼教孝道盛行

---

(18)左传·哀公七年。

提倡礼教孝道，也是君权社会的主要特征之一。古人普遍认为夏道尚孝，其实夏道尚孝乃是传承黄帝时代的尚孝之风而已。既然尚孝可能就有不孝罪。《孝经·五刑章》所说的"五刑之属三千，而罪莫大于不孝"[19]说的就再明确不过了。由于黄帝时代氏族血缘关系还相当深厚，故对不孝罪要严厉制裁是很自然的。特别是所谓的道德教育，是维护君权统治、治理人民的一个最省心省力且有效的手段，历史上所有的君权社会的特权统治者对此没有一个不予以高度重视的，只不过有时提法不同，有的称"礼"，有的的称"义"，有的称"忠"，有的称"孝"。但其本质统统都是一路货色。

六、管理机构趋于完善

据文献记载，黄帝时代为了便于系统分工管理，"于是有天、地、神、祇、物类之官，是谓五官，各司其职，不相乱也。"[20]说明自黄帝平定天下之后开始建有较系统的官吏及其机构，这是君权社会必不可少的国家职能部门。

七、视最高君权者为不落的红太阳

自黄帝时代始，通过封禅之举，黄帝就可自称是天的人间代表，即"天子"。于是，代表着"权空方"的民众其整体的权力意志已经形成为尊君即是尊天的心理特征，敬君、怕君、爱君、崇君，这就为君权社会感觉的形成夯实了社会基础。人们这种敬君、怕君、爱君、崇君的心理，就如同人们敬仰太阳一样，把它看成是天道。

总之，自黄帝时代起，君王大权限于父子或兄弟之间继承，或是由君王一人来指定继承人，标志着平权社会的"公天下"、暴权社会的"杀天下"，已转变成君权社会的"家天下"。"国家"的最高统治者也趋明确和稳定：前君王死了，后君王继任；一代一代基本遵循着世袭的"秩序"，虽有改朝换代，但其结果也只不过是用新的君权秩序代替旧的君权秩序。

---

(19)章太炎：孝经本夏法说。

(20)史记。

　　黄帝时代以后，社会历史从整体的发展总趋势上看，虽已进入了君权社会，但正如同前面我们讲过的那样，这历史的走廊太长了，社会的发展有时不得不去掀开那暴权社会的帘子。因此，夏朝末时又会出现暴权社会感觉的反复，商朝末时、周朝末时还会一次又一次地重温那暴权社会感觉的旧梦。这种反复并没有因为秦朝的建立而终止，而是一直延续到近代。现代又如何？只要君权社会感觉仍然占据着主导地位，那么，暴权的阴影永远不会消散，随时随地都会旧火重燃。

○ 暴权是君权的马鞍

　　从另一个方面讲，君权社会的建立并不能一下子将暴权社会感觉的各种形态全部消灭掉，而是在很长的一段时间内，仍有暴权的感觉在兴风作浪。因此，不能因为社会历史发展进入到了君权社会感觉阶段就可以说完全地解放了奴隶，而是在这个君权社会形成的初期仍有大量的奴隶存在着。也就是说，奴隶不仅仅存在于暴权社会中，也会长期地存在于君权社会中。只不过奴隶被残害、被压迫、被剥削的程度随着社会的发展，随着民众权力意志的不断提高而越来越趋向于减弱罢了。但不管是在角斗场里厮杀，还是略微享有了一点人身自由和占有了一些财产，只要他们的命运不是掌握在自己的手里，而是完全掌握在特权阶级的手中，并听任特权统治者的摆布，那么，奴隶终究还是奴隶，不会一下子消失得无影无踪。所以，当奴隶主强迫奴隶劳动时，存在着奴隶；当专制君王不再鞭打农民、可农民自愿跪地磕头时，存在着奴隶；当八国联军和日本鬼子烧杀抢掠时，存在着奴隶；当特权阶级把民众本应享有的很多权利和权力变戏法儿般地给剥夺了的时候，而民众无力反抗或根本不想反抗的时候，事实上照样存在着奴隶。

　　为什么说，暴权是君权的马鞍？原因就是，君权的统治，是离不开暴权机器的，一旦与暴权机器脱钩，失去对暴权机器的控制，君权的位置就会立即危在旦夕、大权旁落。由此，君权主义社会的一大主要特征，就是谁控制了包括军队在内的国家暴力机器，谁才有统治权，谁才能享有特权！就如同毛泽东所说："枪杆子里面出政权"。数千年以前是这样，数千年之后的今天，不少国家也是如此。

2-8 君权社会感觉特征

○ "龙生龙、凤生凤"的等级制

作为一种社会感觉，它不仅仅体现在政治上，而且体现在社会生活的方方面面，甚至还体现在人的意志中。人与人之间的社会权力关系之所以是这样的或那样的，这与人的权力意志有着密切的关系。如果我们只骂皇帝不骂"阿Q"的话，这恐怕显失公平；如果我们彻底地消灭了"阿Q"的话，想想看，皇帝的宝座谁坐得稳？君权社会感觉之所以是君权的，这是由它的社会权力关系决定的。

公开地确认"良"、"贱"不平等地位的等级制，是君权社会的命根子。国王、皇上的后代，生下来就被称作王子、天子；前辈死后，一切特权便由后辈继承。而平民和奴隶的后代，生下来就是贱民，老子是卖肉的，儿子长大后也卖肉；老子是倒垃圾的，儿子长大后也去顶替倒垃圾，永无翻身之日。就是在特权阶级内部，等级制也是森严壁垒。

具有代表性的就是"嫡长子继承制"，它规定只有嫡长子才是唯一有权继承国王或爵位的人。庶子即使比嫡长子年龄大，比嫡长子有才能，也不能继承；嫡长子即使是一个白痴，宝座也只有他的屁股才能坐。这样一些宗法等级制度被此后历代王朝所接受，并且为社会中的各个阶层所共认。随着社会的发展，等级制越来越发猖獗。封建的君权统治者就是依靠这种自上而下的等级从属权力关系层层加以控制，来维护和巩固自己的政治权力和经济权力的，从而加强对无权阶级的奴役和剥削。

一般说来，谁的等级地位越高，他所享受的封建特权也就越大。

国君站在等级阶梯的最上层，掌握着最高权力，底下分有各种等级的爵位。例如，齐国和燕国的爵位等级分为卿和大夫两级；秦国时爵位分20等；汉承秦制，贵族分为诸候王、列候、关内候各级；明代的皇族分为亲王、郡王至奉国中尉，共8级，功臣外戚又分为公、候、伯3级，并且都可以世袭；清代等级更严，五花八门，甚至在满州贵族与汉族官僚之间，在各级官僚之间，内外上下等级之分都十分严格。

在我国长期的专制君权统治下，贵族是世袭的。官职虽非世袭，但按其等级，同样有种种特权。比如，从汉代起就有所谓"任子权"，规定从一品官到七品官都可以荫一子为官，正一品官的儿子，按正五品官叙用。其它级别的以次序递减。

但是到了君权社会的后期，这种现象会略有好转，很多等级制都不是公开进行的，披上了"市场经济"的外衣，但骨子里仍然没有变。"富二代"、"官二代"等等，都在"合理合法"地进行世袭，从法律上找不到任何漏洞。

在特权等级制度下，什么不可思议的事情都有可能发生。

据《中国体育报》载，山东省枣庄市体育运动学校于1987年夏季招生时，一名市委某部领导干部的儿子，本来高度近视，又从未学过射击，因此在报考射击专业（包分配、包生活费）的初试中，成绩列全部考生名次倒数第二，却凭"权力关系"进入复试，复试成绩倒数第一，却挤掉了复试名列第二的工人子弟周辉。

怪么？一点不怪！君权社会感觉不只是指皇上有等级特权思想，而是指构成了这个社会的绝大多数人都或多或少地有等级特权的感觉意志。也许他的这个意志能够成为现实，也许他的这个意志永远被现实所压制，享有特权的和没享有特权的，都是盼望享有特权；为君权者和尊君权者，骨子里都是崇尚君权、崇尚等级、崇尚特权的。

在君权社会中，民的才能再高，不能高过君的才能；所享受的待遇再好，不能超过君的享受和待遇。如果民超过了君，就是大逆不道之行为，就得想方设法干掉那个敢超者。一切一切成绩，均首得于君，其次才剩下于民；君，永世为君，民，永世为民，以保君权永不丧失。当然，这里所说的君，并不是单指一个皇上，而是指所有相对民而言都掌有一定权力可以管着民的人。既有大君，又有小君，有时小君权者对民的压迫和残害，比大君权者还疯狂、还残暴。

○ "刑不上大夫"

君权社会等级制的特征之一就是"刑不上大夫"的特权原则。

首先，为君者只要大权在手一天，对下属来说他的一切行为都是"合法"的。他们从不犯罪，有罪也无罪。"法自君出"嘛。在百姓眼中，君如再生父母，君"爱民如子"。君若与民有矛盾，那就是民不孝，一切都是民不是。民有错要向君检讨、认罪、受罚；君有错要么一掩而过，要么强词夺理。一切真理都归君所有，一切错误都归民所有。因此，君权社会中普遍地存在民不敢告官，民不敢与官争的现象（告了、争了也白搭，根本告不赢、争不胜）。在君权统治阶级内部也是如此，下不犯上，下不敢与上争辩。越往上越正确，越往下越错误；越往上越伟大，越往下越渺小；越往上越光荣，越往下越可耻。

其次，虽不为君，但与君亲近有瓜葛的人也可享受这一特权。即使对于这些亲君者所犯有的不得不加以惩处的罪行，也千方百计地保持他们的"尊严"与面子，尽管避免使用侮辱性的或有损于统治集团形象的手段。例如，允许他们不出庭受审，也可以不下狱。至于对一般犯人的绳捆索绑，更是不允许加诸于这些"大夫"们的。特权统治者之所以千方百计地为犯罪的特权者"迁就而为之讳"，其最终的目的乃是为了保全特权阶级整体的"尊严"和权威。因此，对于个别特权者的公开处置，无疑将会把特权阶级的一些内幕暴露出来，由此会引起无权者们对特权阶级的轻视、不满而失去权威，以至动摇统治集团的基础。

"刑不上大夫"的这一君权社会原则，那是相对于下而言才有效的。不管哪个犯了罪的小君权者，如果他犯罪所侵害的对象是上级，不致他于死地才怪呢。只有当他犯罪所侵害的对象是下属、是百姓、是与上级利益无关无害的时候，"刑不上大夫"这一原则才能得到体现。因此，君权社会时期，若想治罪于小君权者，非要得到大一级君权者的支持才来得牢靠；支持者的身份和地位越高，犯罪者就会越难逃法网。所以，君权社会感觉的一种非常特别的现象，那就是"上告"、"信访"的人特别多。

◯ 礼教与孝道的治民原则

礼，最初是平权社会的原始习俗，它是由于人们用饮食供奉鬼神而开始发展起来的。如果起初它是人们盲权的产物，可到了后来它就变成了一部分人使另一部分人盲权、愚权和滥权的工具。

周朝时，礼教盛行，其典范之效果为各朝各代的君权统治者所器重。因为它不用捆绑，也不用鞭打，只需愚弄几下，平民自愿做平民，奴隶甘愿当奴隶，省时又省力，何乐而不为？这样一来，贵族君权者永无权争之忧，这是最高明的统治方法。

礼是特权阶级意志和利益的集中表现。它不但体现了当时特权者和无权者之间的阶级关系，也确认了特权者们在"权多方"阵营中的不同等级的地位和权力：天子有天子的礼，诸候有诸候的礼，卿大夫有卿大夫的礼，士有士的礼；上下有别，等级森严，以保证贱不妨贵，下不犯上。

另一把软刀子是孝道，孝道之首可数董仲舒提出的"三纲五常"，它的核心在于"三纲"，即所谓的"君为臣纲，父为子纲，夫为妻纲"。它概括了整个君权社会的道德标准，是完完全全为君权社会感觉的尊卑、贵贱、上下的等级制度服务的，是把由上至下、由里到外的各种君权熔铸于一炉，使整个社会中的无权者都认命而弃权的"蒙汗药"。它的实质就是把权力这东西归结为自然的属性，是不可争的；而服从于这个权力更是自然的结果，谁不服从谁就是大逆不道；人们不但不可争权，放弃自身的权利，还要绝对地忠诚于"自然享有"权力的人。如此这般地把家族关系和政治关系作为一种"天然"的东西合二为一，由此，君权王朝的官吏们，或者是"一人得道，鸡犬升天"，或者是"一人犯法，株连九族"。到了后来，朱熹等人则更进一步地向特权者们献媚，极力维护"三纲五常"，把它说成是永恒不变的"天理"，甚至宣扬"饿死事小，失节是大"之类的奴才思想，其目的就是想用封建礼教与孝道来麻痹、束缚无权者的意志和手脚，使人民愚权、盲权、弃权，以保特权者无忧无虑地享有一切想要享有的东西。

礼教与孝道，二者合一具有的最重要的作用，就是"以为民坊"[21]。坊，就是堤防：认为礼教与孝道的防乱，正像堤防一样，没有堤防就要发生水患，没有了礼与孝就要发生祸乱。所以历代的君权社会，无论是提倡礼教与孝道，还是实施严酷的刑罚，它们的主要锋芒都是指向"治民"的。即把人民作为专政的对象，而且软硬兼施：硬攻之以刑罚，软施之以礼孝。目的只有一个，那就是统治人民。

中国历史上的法家学说也好，儒家学说也好，在我看来，它们实质上都是"君家学说"，都是提倡维护君权利益的，只是方法不同而已。法律也好，礼孝也好，那都是治民不治君的法律，那都是管民不管君的礼孝。例如，为君者向来要求为民者"灭人欲"，提倡"一夫一妻"制，可君王者则享有特权，娣、嫔、妇、妾、三宫六院，可任意所为。即使这样，为君者还不满足咧，偷偷出宫寻花问柳，甚至去妓院开眼。因此对于君权者来说，从来没有什么道德约束，也不会出现什么"作风问题"，全都变成了"工作需要"。君王天子以下的各级贵族也享有特权，如诸候就可以有"夫人"、"世妇"、"妻"、"妾"等名义的九位媳妇；大夫可以有三个老婆；最低一级的"士"，尚允许有一妻一妾，这说的还都是明的，暗的不在其数。

在平民百姓中，也分地位：男人为君，女人为奴。女人"嫁"给男人，便成了男人的附属品，要"三从四德"，要"嫁鸡随鸡，嫁狗随狗。"这是君权社会感觉的又一特征。

时至现在，再也没有人说什么"夫为妻纲"之类的布道了，但是

---

(21)礼记·坊记。

君权社会感觉时代的女人都免不了要"嫁人"的愿望。男人为女人所购置的每一件家当，男人为女人所送出的每一个红包，男人为娶到女人所花的每一分钱，似乎都在意味着女人向男人声明：你得买我的贞操。于是，与其说"嫁人"倒不如说"卖人"，而且整个社会都以"卖出"为荣，以"卖不出"为耻；以"卖"的价高为荣，以"卖"的价低为耻。难怪人们比收彩礼，比摆宴席，比看谁租的车又多又高级。可见君权社会感觉不是我们说一声"玩去！"就真的一走了之的，它经历了4500多年的沉淀，太根深蒂固了，在我们现今生活中的很多方面，都还可以见到它的影子。

○ 顺君者昌，逆君者亡

夏王朝的最后一位君王，名叫姒履癸（史称夏桀），他发明了一种酷刑，称为"炮烙"，即在铜柱上涂抹膏油，下面燃烧炭火，逼犯人赤足在铜柱上走过，一踏上去，便会滑到火炭上烧死。姒履癸最喜欢看别人受这种酷刑时挣扎悲号的惨状。有一天，他一面看，一面问他的下臣关龙逢是不是快乐，关龙逢回答说："这种作法，好像春天走在薄冰上，危在眼前。"姒履癸听罢大怒："你只知道别人危在眼前，却不知道自己也危在眼前。"遂下令把关龙逢炮烙处死。姒履癸之所以要"炮烙"关龙逢，就是因为他没能顺君之意而逆反，自然要严惩不贷。关龙逢倘若佯称："君快乐，臣便快乐"，想必准能避免一死的。

商王朝的最后一位君王，叫子受辛（史称商纣），他和他的妻子苏妲己性情残暴，是一对十足的虐待狂。有人赤脚走过结冰的小溪，子受辛夫妇便命令随从敲碎他的脚骨，研究他为什么不怕冷。女人怀孕，子受辛夫妇又下令剖开她的肚子，看看胎儿是什么模样。这种残暴之举，使平民逃亡和反抗情绪日益增加。子受辛有三个忠臣：九侯、鄂侯、姬昌。九侯的女儿是子受辛的妃子之一，但是由于她不善逢迎、承仰颜色，子受辛就命人把他们父女俩人剁成肉酱。鄂侯略表不满，也遭此下场。姬昌只因叹了口气，子受辛便把他的儿子姬考处死，做成肉羹给姬昌吃，姬昌被迫吃掉亲子之肉，不久便忧郁而死。

子受辛的叔叔子干也不得已进言规谏，子受辛大怒说："我听说圣人的心有七窍，你好像是圣人，不知道有几窍"，于是下令把子干的心挖出来察看。冤臣们之所以都落得个屈死的下场，无非是说了君不爱听的话，做了君不爱看的事。

彭德怀好像爱提意见，还有好多的知识分子也喜欢提出批评，但结果如何呢，一场"无产阶级文化大革命"就将所有的逆君者全部"打倒在地，再踏上一万只脚"，叫他们"永世不得翻身！"从古至今，历朝历代都是如此，只要是顺着君的，升官的升官，发财的发财；没房的给房，没地的给地。只要是逆着君的，抄家的抄家，罢官的罢官，该杀头的杀头，该下牢的下牢。细读历史书后不难发现，这种"顺君者昌，逆君者亡"的现象，它不但发生于君与臣之间，还发生在臣与吏之间，吏与民之间。更耐人寻味的是，它还常常发生于君王之亲属之间，子杀父、父杀子，姐妹相斗，兄弟相煎。

随着历史的发展，随着社会的进步，逆君者不一定非要立即被杀戮了。但为君者是决不会让逆君者好受的，谁要是给"领导"提了意见，不遭打击报复、不挨整那才怪呢。因为君权社会感觉就是这样，事不论大小，也不分家里和家外，都是"君权者"说了算，君说是白的，大家谁也不敢说黑，君说是"自愿"的，大家不敢不自愿。只要是君王领袖、"父母官"点头的事，一切就都是正确的、合理的、合法的；反之，就都是错误的、非法的。上至大臣，下至小官吏，那眼神均瞅着上面，看着顶头上司的眼色行事，上面指东便朝东，上面指西便朝西。即便如此，稍有不慎，就会祸从天降，斩头抄家，诛连九族。在他们讨得顶头上司欢心的时候，对下则立刻换了一副面孔，把他所有心中的苦闷和委屈一股脑地全发泄到老百姓身上。正因为如此，历朝历代都是良臣难当，奸臣吃香。当然，奸臣固然可恨，但臣之奸必有其缘故，为臣不奸何以生存？唯有臣奸方能障君之目、搏君之心欢，否则，如关龙逢一样危在眼前。至今使我弄不明白，南宋抗金英雄岳飞之死，世人皆骂秦桧如何如何，却只字不提皇帝如何如何，他秦桧若不是看懂了皇上的眼色替主子行事，敢如此般滥杀无辜？如今秦桧成了替罪羊，皇上却逍遥法外，甚至还在被人们歌颂着，这也是君权社会感觉的一大特色。

世间顶怪的东西，要称圣言。人类的通性，好像都是悚慕权势的。凡是有权势的人说的话，句句是真理，人人都要听从，而且极巧的是人们也愿意听从。世间权势之大者，莫如人君，尤其是开国之君。

为君圣言，形式多样，有的称"诏书"，有的称"圣旨"，有的称"上谕"，有的称"最高指示"。只要为君王者一开尊口，就是"一句顶一万句"，是"放之四海而皆准的真理"。所以，"诏书"一到，生死已定不可更改，没有你任何分辩的机会；"红宝书"一举，"右派"的帽子就给你戴上了，让你有冤无处申。因此，在君权社会感觉的历史阶段中，君与臣之间，官与民之间，都是没有公平道理可讲的。谁有权谁就有理，专凭"指示"、"批示"办理，什么"首长讲话"、"首长电话"、"首长条子"，都比任何一条法律还重要，以言代法、权大于法的现象处处可见。

这里所说的"圣言"，还不仅仅指国君之言，在整个君权社会感觉中，凡处于类似君之地位的人，其说的话都可沾上"圣言"的光。家庭、学校、单位、机关，处处都有君权者。君说你行你就行，不行也行。提拔干部，任命官吏，全以君之好恶为准绳，在每一位君权者的周围，都会有如蜘蛛网一般的裙带关系。反之，君说你不行你就不行，行也不行。明明你有真才实学，但为君者可以挑出你很多的毛病而将你打入现代文明的冷宫。可见，君权社会感觉在对人的能力的评考中，是没有任何客观标准的。有趣的是，老百姓对此习以为常，并无异议，且甘愿随着潮流。

"在专制的国家里，所谓法律，其实只是君主的意志而已；君主纵然有了英明的决断，可是官吏并不知晓，他们怎么可能执行呢？所以他们只能按照自己的意愿行事。"、"由于法律仅仅是君主的意志，而他想要做的只可能是他所知道的，于是乎就得有一大批人，为他出主意，并且按照他的意志替他拿主意。"、"由于法律只是君主的一时之所愿，因此，为他出主意的那些人也必须得像他一样，一时一个主意。"(22)

我为此而感叹：没有逆来顺受的"无为"的感觉和独断专行的"专制"的感觉非常和睦地融合在一起，就不会形成君权社会感觉。

○ 以"官"为本的经济权力关系

在君权社会中，经济地位的提高始终是与"官"位为核心的。官位越高，享有的就越多。那些没有官位的地主豪绅，若想保持自身的经济地位，都必须与官勾通，或是拉官入伙，或是投官为戚，或是贿官投好，没有一个是远离官场、洁身自好地独自经营发展起来成势的。不管是哪个庄园，还是哪个工厂，只要是官办的，就得天独厚；只要有官后台、有背景的，就准能一帆风顺，效益颇丰。反之，与官远隔、与官无益，多好的庄园和工厂也可以把它搅和散了。因此，凡是赚了钱的聪明人，总是将其中的一部分舍出来去贡奉当权者，甚至用钱去买了官当，以此来确保所得利益不失。

经济权与政治权，它们之间的联系太密切了，只要当了官，有了政治权力，源源不断的钱财便会有人送上门来。所以民众的感觉都是"官本位"的。父母盼子成龙，盼的就是孩子能当大官，只有这样，才能光宗耀祖，才能挣大钱。

皇帝的官最大，所以整个国家、整个天下都是他的。衙门越多，"国有"的东西越多，则君权的感觉就越有基础。

其次是皇亲、宦官们，他们在皇帝一人之下，却在百姓万人之上。历代皇帝为了培植自己的统治支柱，往往把大量的土地赏赐给下属官员。西汉哀帝一次赐给宠臣董贤的土地就有2000顷；元朝顺帝赐给大臣伯颜的土地竟多达20000顷。这些得到大片土地的皇亲、贵族又依仗自己在政治上、经济上的特权，强取豪夺，霸占民田，扩大

---

(22)[法]孟德斯鸠：论法的精神（上卷）.商务印书馆.2012，页82。

地盘。这样，几乎所有的土地都被皇亲、贵族及和他们有瓜葛的地主豪绅所占有。特权者们靠"官"位积累了大量的财富，过着穷奢极欲的生活。明代神宗皇帝结婚，用白银9万两作织造费，另用白银2400万两采办珠宝；据清代档案记载，宫中生活费用的开支，平均每天需白银1万两以上，仅皇帝的一顿饭，就相当于5000个贫苦农民一天的伙食费。

与特权阶级花天酒地的生活相反，广大的无权阶级则过着牛马不如的贫困生活。他们从早到晚没白没黑地辛勤劳动，到头来却落得个吃糠咽菜、衣不蔽体，甚至有的卖儿卖女、背井离乡。君权社会，凡是当权、当官的都富，凡是无权、盲权的都穷。

○ 盲权与愚民的土壤

特权阶级为了使统治稳固，便不得不采用一些愚民政策。按照人的本性来说，人人有争权之心。争权的人越多，就越对统治者不利，争权的内容越广泛，专制统治就越不稳定。于是历朝历代的统治者最怕人民知权，知权就要享权，享不到权就要争权，争不到权就要暴权，专制者通常都认为这是一种必然的规律。所以，对于君权统治者来说，最重要的事情就是想方设法使民愚，使民众总是处在盲权、愚权的状态中。为了使百姓安分守己，有时也不得不让百姓得到一些权的享受，比如生存权的一些内容，其目的是在百姓有吃有喝的情况下使其满足现状、"安居乐业"，以维护社会的一时安定。社会安定了，特权阶级的利益才最安全、最有保障。高层次内容的权力是绝不能让与民的，经济权力、政治权力统统都得把持在统治者手中。为了确保具有命脉性的权力不至丧失，就得耍出各种伎俩让老百姓不知权为何物，凡是有关权的议论、文章等均不能让百姓接触，以使百姓萌生争权之心。反过来还要让他们迷信宗教，阿弥陀佛，因循守旧，无知怯懦，使他们文化低下，思想落后，头脑迟钝，逆来顺受。在这种愚民政策之下，平民们表现为普遍的非政治参与倾向。广大社会下层和一般民众缺乏政治自主意识，他们习惯于听从父母家长的训诫，服从领导的训令。国家大事自有"肉食者谋之"，他们只希冀风调雨顺，世事太平，愿做圣明天子的驯服百姓，把一切希望都寄托于"明君"、"清官"、"父母官"上。

那些大大小小的官吏们则不同于百姓。他们知道权的作用，更知道获得政治权力的意义所在。所以，他们紧紧依附在君权者周围，盼望着得到君主亲信，以此来谋取高官厚禄。他们参与政治的真实目的是为了求得君权庇护，分享社会财富和威福，因而甘作君王政治机器的传动链条和螺丝钉。

在君权社会，君权统治阶级使出各种手段愚弄人民，这固然可恨，但可悲的是，民乐自愚，民喜自愚；忠于这个君，忠于那个君，就是不忠于他自己的权利和权力。在漫长的中国君权社会感觉中，愚忠的事例可谓车载斗量。现代愚忠，在史无前例的"无产阶级文化大革命"中达到了登峰造极的地步："早请示"、"晚汇报"、"忠字舞"等等，五花八门，应有尽有，数不胜数，把愚忠的法子都想绝了、做绝了。另外，以人划线，攀比靠山，干部施恩图报，个人有恩必报等现象非常普遍地存在于君权社会中，还美其名曰"感恩"，殊不知，这其实也是愚忠的一种表现啊。

由此可知，骗人的骗子确实可恨，但那些受骗上当的也是可恨的；使民愚的愚民政策确实可恶，但那些自己乐于愚昧无知、不求进取的人难道就不可恶吗？骗人的种子撒在愚昧的土壤里，才能结出上当受骗的果子来。没有这盲权、愚权的权利基础，怎么会产生骗人、愚弄人的权力建筑来？所以，君权社会并不是那些君权统治者们一方"感觉"出来的，而是得助于无权者一方的盲权、愚权感觉而融合出来的，是两对感趋——两种具有代表性的社会精神——成因果的。如果问，历史发展成为君权社会，它的历史罪责究竟应该由谁来承担的话，那么，盲权的无权阶级和君权的特权阶级同样负有历史的责任。

2-9 对君权社会的评析

○ 仁君和暴君都是独裁者

君权社会取代暴权社会，由此给社会带来一定程度的安定，带来经济的发展，由此使人民的物质生活得到一定程度的改善，这是历史的进步。但是，由于君权社会的最高统治者不总是享有权威的，有时就会遇到争权者的挑战，因此在君权社会发展过程中，总是有暴乱发生，甚至大战四起，整个社会处于暴权战争之中。每一场战争的胜利，都会有新的具有权威的君权统治者出现，于是社会又重新得到安定。如果说民众尊君、崇君的社会感觉缔造了君权统治者，那么完全可以这么说，君权统治者最大的恩人就是这些盲权、愚权的民众。遗憾的是，他们并没能感动君权者，倒使君权统治者认为，天下是他自己打下来的，否则为什么要他来当领袖。历朝历代的封建君王都不会产生这样一个念头：我的当权是受惠于民众的支持，由此我应报恩于民众。为君所想的，只是如何使手中的权力更牢固，从来不想应如何要还权于民。有时为君者也会为富国而忙碌，甚至受尽辛苦，但最终也是服务于加强自身权力这一根本。一旦富国与权力两个问题发生矛盾、不可调合时，那么君权统治者宁肯使国祸民殃，也不会丢掉手中的权力。

君权社会历史中总是有明君和昏君。遇明君时，则国家繁荣，百姓安乐；遇昏君时，则国破民亡，战乱频起。霍尔巴赫的看法是："专制君主乃是一个宣称唯有他一人的意志应当支配国家命运的首领；可是既然这种意志很少符合正义的规范，他也就通常成为一个暴君。"[23]因此我不能否认，明君也罢，昏君也罢，仁君也罢，暴君也罢，他们之间只隔着一层纸，不捅是两样，一捅破就是一个模样了。这是由君权社会权力建筑结构的特点——极权、独裁、专制的制度所决定的。它是君权社会自身自始至终无法克服的最大的弊端。

---

(23)十八世纪法国哲学.商务印书馆.1963，页661。

◯ 极权主义的利与弊

当然，对于独裁专制极权主义应予以实事求是、客观的分析。

首先，当极权者的主观决策与当时社会历史发展的客观规律相一致时，其促进社会生产发展的速度就非常的快，往往能取得出人意料的战果。尤其是当这个社会的民众其权力意志和权力能力都较低、较差时，当整个的社会感觉都茫然不知所措，确定不出一个统一的目标、统一的方向时，更需要有一个极权独裁的权威来稳定局面。没有这样的极权独裁就没有秦朝的统一；没有这样的极权独裁就没有唐朝的盛世；没有这样的极权独裁就没有新中国的诞生——"共产党不独裁，反动派就会独裁。"所以，在特定的历史条件下，极权独裁并不一定是坏事。

如在斯大林极权领导下的苏联，1925年～1937年，工业发展一跃居于欧洲第一位，其发展的速度比"资本主义"（应称之为"强权主义"）国家至少快10倍。

任何一个好的社会制度的建立，其最容易、最简单、最能避免暴力痛苦的方法，就是出现一位最具权威、最有公正之心、最有历史眼光的极权者。如果不是这样的话，改变或建立一种社会制度就非得使用暴力、非得流血成河不可；且在暴权胜利后所享有极权的独裁者，大都是至死也不肯放权的家伙，就不用说什么"公正之心"或者什么"历史眼光"了。

其次，与上面说的正好相反，当极权者的主观决策与当时社会历史发展的客观规律相违背时，那么他给整个社会带来的灾难则是空前巨大的。他可使社会生产发展停滞不前，甚至倒退几十年或几百年，以至于很有可能使整个社会处于崩溃的边缘。如秦始皇的"焚书坑儒"，对思想认识上的不同意见采取极其野蛮、极其残酷的镇压手段，对于中国的古代文化是一次灭绝性的摧残。十六国时期后赵的暴君石虎，只图个人安乐，不问百姓疾苦，为修一条长墙而征发民工40余万人，为运送材料而征发船夫17万人；石虎还下令各郡县强选美女3万余人置于后宫，其中有夫之妇9000余人。贵族们则上行下效地乘机又抢夺民女1万余人，结果百姓生无宁日，背井离乡，最后使国衰亡。唐朝唐玄宗后期，由于皇帝不问政事，沉湎于酒色，政治腐败不堪，最后导致"安史之乱"，战争延续了8年之久，使百姓蒙受了一次浩劫，黄河流域的社会经济遭到严重破坏，使唐朝由盛转衰，渐渐瓦解。纳粹头子希特勒，灭绝人性地发动侵略战争，使德国、使整个欧洲变成了一片废墟。苏联的斯大林，为了拔除政敌、维护极权，进行了大规模的镇压，苏共十七大的代表1966人，其中就有1108人被捕，并随即遭处决、囚禁，送入劳教营或被放逐。中央委员会成员139人，被捕被杀的竟达90人之多，为后来苏联的解体点着了导火索。空前绝后的"无产阶级文化大革命"，更是残酷无比，多少个老革命家被整致死，多少个科学家、知识分子惨遭迫害。

客观地来看，相比较而言，极权主义的利与弊，其利即便显现，它也是难以长久的，一旦其弊显现，则不仅会将此前所有的利全都淹没，而且会导致数年、十数年甚至数十年的社会灾害不断，很难再恢复元气。

○ "小巫见大巫"，看一县而知全国

"文革"期间，莫说全国死了多少人，仅以湘南省道县的大屠杀为例，便可知其一二。

"1967年夏，自上而下的'文革'之火蔓延到了湘南道县。这里成立了'红联'、'革联'两个对立组织。正当两派'斗'得热火朝天时，有人突然制造谣言，说'地、富、反、坏、右'要造反了，顿时民心大乱，形势骤变，道县农村纷纷成立所谓'贫下中农最高人民法院'，随意将人判处死刑。一些心术不正的人乘机更是为所欲为。屠杀的手段有：刀砍、铳打、铁烙、掩埋、沉河、尖刀刺、钝刀剐、锄头挖、绳子勒、石头砸、数十人捆在一起用炸药炸、几十人丢进红薯窖里用火活活熏死，还有砍头、挖眼、割耳、削鼻、剖腹、切指、断肢、割乳房和生殖器等……惨不忍睹。一时间，整个道县尸横遍野，水臭

风腥。

与道县相邻的县也纷纷效仿。杀人风很快便刮到了江华、江永、蓝山、零陵、宁远等县，在短短的两个多月中，道县被杀人数达数千，湘南几个县被杀人数上万……"

由以上可见，极权独裁对于社会的发展来说，其起的作用有时是积极的，有时是消极的。如果说，极权者的主观权力意志及其权力能力总是能同客观事物的发展规律相符合的话，那么，极权独裁是非常必要的。尤其是在那些民众思想素质差、权力意志和权力能力较低、较落后的发展中国家。使一个落后的国家发展成为一个文明、先进、发达的国家，没有权威，没有极权独裁，那么它的前进发展的速度必定是相当缓慢的。问题的关键在于，当社会在具有权威的极权者的带领下，快速地登上滑梯的顶端的时候，领袖人物是否具有历史的眼光，是否怀有公正之心，是否能朝着权力制衡、还权于民的方向展翅飞翔，这将决定着国家的兴盛与衰亡。因为如果民众同极权者再稀里糊涂地走下去的话，那么整个社会就会以比攀升时还要快几倍的速度滑下深渊，跌个头破血流，这样的结果是早晚要发生的。而具有历史眼光、怀有公正之心的人，就是能够避免这一恶果发生的人。他极权独裁的目的是最终消灭极权独裁，而不是至死抱住特权不放、大权独揽。这样的领袖才是最最伟大的领袖。

世界上没有一个一贯正确的超人；所有的人，其主观认识都会有出现偏差而导致犯错误的时候。君权者是人，各级的官吏也是人，他们怎么能够例外呢？很显然，社会在一定历史时期需要极权独裁专制，但同时，极权独裁的专制制度为君权者的错误决策给社会带来灾难又提供了一个现实的条件，使这种因一人的错误导致整个社会倒退——从君权社会倒退为暴权社会或倒退为半君权半暴权社会——这一悲剧无法避免。

同时，极权者的错误决策也会给自己挖好了坟墓。当某种权力建筑结构对社会没有好处或者违背了它的社会权利基础的共同意志和共同利益时，权力建筑的性质就变了，就非得凌驾于权利基础之上不可，也就不得不进行暴政。暴政者对民施暴，其结果，暴君总是感到焦虑和不安，总是担心被别人所暴。因此，凡是怀有暴政心理的君王，他首要的事情就是杀掉那些"功高盖主"掌有暴力手段的军事大臣及上层官吏。

"让多数人恐惧的人自己必然生活于恐惧之中"。暴君的下场就是永远也得不到安宁。海地的君权总统杜瓦利埃就是这样一个人。当初，杜瓦利埃为了维护其家族骄奢淫逸的生活，对一切反对派进行了残酷的镇压。这个家族豢养着一批比国家军队和武装警察人数总和还多一倍的便衣特务和保安人员，只要谁稍有不满，就会遭到秘密逮捕、杀害或流放。杜瓦利埃的暴政必然会引起民众的反抗，在海地首都太子港，民众举行了规模空前的大罢工、罢市、罢课，反对杜瓦利埃的极权独裁统治。与此同时，海地反对派和国外流亡组织要求废除总统终身制、恢复立宪机构和立即举行大选。在民众争权斗争的强大压力下，杜瓦利埃被迫逃到国外，没有任何一个国家在当时敢表示愿意收留他，有如过街老鼠，人人喊打。

需要说明的是，这里所说的极权独裁专制制度，指的是整个权力建筑结构，而不是仅指某朝某代的君王、皇帝、首领、领袖。在这一级一级权力建筑结构中，上可有大的极权者，下可有众多的小的极权者，从省到市，从镇到乡，从机关到企业，小的极权者遍地都是。对上都是忠臣、顺奴，唯唯诺诺，磕头作揖；对下脸就变了，成了老爷、主子，专断强横，作威作福。这些小的极权者在哄好了顶头上司的前提下，对自己所辖范围内的事情可以按照自己的意志和好恶来决定一切，成为欺上瞒下的土皇上。于是我们就很容易地看出一个更严重的问题，即：即使权力建筑结构上层的主观决策是正确的，是符合客观事物发展规律的，但谁能保证那些小的极权者在他管辖的范围内所制定的主观决策也是绝对正确的呢？如果这些小的极权者都像山东省黄县水泊村的大队党支部书记王连清那样，在他的管辖区域内作主天下，欺男霸女，甚至可以过上"天下之女均为吾妾"的皇帝生活[24]，那么极权独裁专制制度就暴露出它最大的弊端。

《水浒传》中被逼上梁上的好汉有哪个是皇上逼走的？还不是下面的那些贪官污吏的胡作非为造成的。

○ 喊几句口号没有用

纵观君权社会的弊端，是不是我们通过高喊"打倒极权独裁"就可以祛除君权社会感觉了？答案是否定的。这是因为，如果占社会多数的民众总是处于盲权、愚权状态中，则老的极权者被打倒之后，又会有新的极权者站出来；不要爹独裁，娘独裁还是独裁。因此，在我看来首先要消灭的是盲权和愚权，只有等到愚昧无知已成为过去了的历史，等到人民都知权、护权、争权，这才是君权社会感觉灭亡的开始。当然，这可不是一件容易事，只要读一读王向锋老师写过的一篇文章，我们就会有所感悟了。

与西方人有所不同，旧时我们中国人不仅敬天，敬地，敬鬼神，而且几乎是无所不敬；凡有所威，莫不在可敬畏之列，敬畏皇帝，敬畏官府衙门，敬畏大人老爷，敬畏主饭食的灶王爷，主钱财的赵公元帅，敬畏山神、水神、火神公，土地爷，听说甚至有些庙堂里连主管蚊子苍蝇的偶像也都供奉着，这也并非是耸人听闻，只要看看我们现在的婚丧嫁娶，乃至修房子搬家等大事小事都要放放鞭炮，去去'邪'，就可以理解这一切。

久而久之，这种敬畏之心便在国人的心底里，即潜意识里积淀下来，成了习惯，成了所谓国民性的一个重要特征，甚至成了人们不可缺少的秉性了。鬼神们灵不灵，是非善恶是次要的，主要的是百姓们自己似乎不能无所敬畏，不能没了"主心骨"，不能无依无靠，不能没人管，不论敬畏的是什么时候。独立的人格，独立的思考，事实上是没有基础的。无怪乎古汉语中本无所谓"人格"、"自由"之类的词，原来

---

(24)第九次较量——44名妇女的控诉.《天津日报》.1988-02-15.第8版.

根本就缺这种需要。

如今，在现代城市中寺庙是不多见了，鬼神们也不曾真的显过灵，人们的敬畏之心便更多的转移到现实中来，于是那些能够左右我们的现实利益，对"是非"有解释权的人，就在某种程度上顺理成章地取代了鬼神的位置，而被敬畏起来。于是，不要说那些功勋显赫的权威，凡是比自己权力大的，凡是"头儿"，凡是"长"，凡是坐轿车的，管公章、管档案的，管签字的，管点头摇头的……，凡是"现管"，无论他多么正派，或者不正派，都在可敬畏之列。对他们恭恭敬敬，好吃好喝地供着，倒也不一定都是出于对他们的功德和辛劳的感谢，除了盲从之外，更多的恐怕还是希望以此能得到高抬贵手，或手下留情，抑或不过是想得到一句诸如"你不错"之类的夸奖。

这样，权力的腐败，官僚主义的流行就难以避免了，而在种种敬畏之中另有一类投机分子，对上面"敬畏"，对下面施威，打击异己，欺压百姓，特别是在社会动荡中的迫害狂等行为，反过来更造成了敬畏心理的畸形和强化：越是敬畏别人，越是向往被别人敬畏，从而使对权力的追逐在许多情况下越加严酷无情了，造成了现代心理学观念所说的施虐与受虐心理的社会性恶性循环。如果说盲目的敬畏，还出于愚昧和缺乏独立思考的话，那么出于势利之心的"敬畏"就属于人品问题了；至于那种以"敬畏"为手段，以被敬畏为目的的行径，则是许多罪恶之果的根源。

王向锋老师所说的"敬畏病"这一社会现象，就是非常明显的君权社会的感觉特征。

○ 民怕官的恶习难改

处在君权社会的历史阶段中，实事求是地说，整个社会的权利基础，就是愚昧无知和尊君、敬畏君权的社会精神、社会感觉的基础。如果没有了可敬畏的君权，没有了一个具有权威的杰出领导者，谁也不敬畏谁了，那样的话，人们就要慌神了，社会就要混乱了，已有的社会秩序就要崩溃了，历史就要倒退到暴权社会的状况中去，或是国内内战，或是外国势力乘虚入侵，不管怎样统统都是老百姓遭殃。因此，任何一个好的社会制度的建立，都有赖于一位高瞻远瞩、胸怀远大并具有权威的领袖人物先行把国家建成一个稳固的、开明的、和平的君权社会。在此基础上，运用他的权威和威望，在搞好经济基础、解决人民的生活保障问题的同时，健全法制，使民众由过去的那种敬畏官、敬畏权的社会感觉，转变成使所有的人（包括君权者在内）都敬畏法的社会感觉。当然，做到这一点还有赖于民众的文化知识水平的提高，有赖于人民的权力意志和权力能力的增强，有赖于人民知权、护权、争权的社会大环境逐步完善，由此逐步确定人民在国家中的政治主导地位，最终实现消灭君权社会创建民权社会的远大理想。

有学者称，在中国的传统文化中已有经济民主意识，并举出下列例子予以证实：

墨子说："君，臣、萌通约也"[25]

孟子说："民为贵，社稷次之，君为轻"[26]

韩非子说："而民悦之，使王天下。"

慎子强调："故立天子以为天下，非立天下以为天子；立国君以为国，非立国以为君。"

意思似乎能够表明，在中国传统文化中，民本的意识萌芽已经产生，只不过他们的政治思想还往往很难上升到政治民主领域，几乎都是在经济民主领域的范畴内有所阐发。这说明什么？说明在中国传统文化中，所谓的民本意识都是要想劝导统治者为了加强稳固的统治，都要注意到民间力量，都不能小视老百姓，"水能载舟，亦能覆舟"就是这个道理。

一些学者把孟子提出的"民为贵，社稷次之，君为轻"之说，解释为是中国古代最早的"以民为本"的政治思想和民主意识，认为

---

(25)经上。

(26)孟子·尽心下。

孟子把民众放在了最尊贵的政治地位上,而把国家政治放在民众之后,把君主政治地位放到了无足轻重的末席,这就是中国最早的政治民主思想及民本理论的雏形。但我经过仔细研究后发现,这些学者的观点恐怕站不住脚,值得商榷。

我认为,中国古代的各种学说,不管是儒家的,法家的,还是道家的,从国家政治结构的本质上说,统统没有脱离开"君家"的意识范畴。即:无论是政治和经济,还是文化和道德等方方面面,所有的说教都是以遵从"家长制"为基础的"官本位"文化的延续,其核心点归根结底都是为封建主义和君权专制服务的。孟子的思想也不例外,也不得不受到历史的局限。所谓的"民为贵,社稷次之,君为轻"之说,根本不是"以民为本"政治思想和民主意识的体现,而是为稳固以"家长制"为基础的"官本位"文化传统、求得社会安定、避免社会动荡所提出的安邦治国的权宜之计。

按照我们现在的意识来理解,中国的传统文化中根本不包含着这样一种观点:君主权力的合法性只能来自人民授权,而人民授权的目的,是要政从民意,法顺民心,以民为本。只有受人民欢迎者,人民方才授权。不是任何人都可以成为授权的对象的。总之,人民授权是一切合法性政治权力的来源。如果在中国的传统文化中能够包含真正的民本思想,那中国就不是现在的中国了。

一、自古家长制,王权至上无不依

古代社会时期所形成的某种文化传统习惯和思想意识,往往是受制于自身所处的客观生活环境的,大体上说,主要受制于自然环境和社会环境。中国的地理环境,地大物博、一望无际,氏族部落之间的交往、纷争以至于经常发生的暴力,只能深切地感受到人与人、部落与部落之间强与弱的差别,因而更多地受制于"人与人斗"的社会环境,所形成的某种文化传统习惯和思想意识,也就与此有关。它无法像古希腊、古罗马等一些岛国或半岛国家那样,在交往中不得不经常需要驾舟于海上,每时每刻都要在大自然面前经受生与死的考验，感受最多的则是人与自然之间强与弱的抗争，因而更多地受制于"人与天斗"的自然环境，所形成的某种文化传统习惯和思想意识，例如平等的意识、"天赋人权"的观念，统统与此有关。

正是因为中国古代氏族部落之间的交往、纷争以至于经常发生的暴力，更多地受制于"人与人斗"的社会环境，因此在社会政治权力构成上，只有"家长制"最具权威且争议最少，也就自然而然地由"家长制家庭"直接过渡进入国家。也就是说，早期国家的形成，父系氏族公社时期家长的绝对权威就会自然而然地演变为国家专制君主的权力，是以血缘关系为纽带的"家长制"家庭关系的国家化。

由于"家长制"在家庭与国家之间扮演着双重身份，就如同儿女孝敬父母是天经地义的道理一样，臣民无条件地遵从王权乃是不容置疑的一种"孝道"。这种文化传统习惯和思想意识，别说是夏、商、周，就是到了元、明、清依然如故，它贯穿于整个封建社会的始终，成了无人不依从的传统习惯。

唐代的柳宗元提出的"吏为民役"的观点，以及此后清代的黄宗羲提出的"天下为主，君为客"的观点，尽管他们从某一个角度确实关注到了民众的重要性，而且也确实为民众争得了一些权益，为社会和谐起到了促进的作用，但都与孟子的观点一样，不得不受到历史的局限，没有能力从国家的政治权力构成上着手去解决政治权力的来源问题，而是躲避开政治权力的来源及其构成的问题，因而并不属于较彻底的政治民主思想，仅仅是出于社会稳定、长治久安的需要而提醒君主别忘了"体察民情"而已。中国产生的真正的政治民主思想意识，只是在欧洲出现了"天赋人权"观念之后，尤其是在"文艺复兴"和"启蒙运动"影响下所受到的启迪，孙中山、梁漱溟等人的民生思想和民主意识即是如此。

"孔孟之道"诞生于春秋战国，其文化传统习惯和思想意识绝对不会完全超脱于那个时代的客观现实，"君君臣臣、父父子子"的意识流绝对不会产生出"天赋人权"基础之上的政治民主思想。

二、孔孟重周礼，敬天保民固君权

王权至上的思想意识到了商代时期曾经肆无忌惮地达到了鼎盛，甚至演变出"君权神授"的萌芽，使商王成了民众的主宰，民众必须绝对服从商王的意志，以至于任其宰割。这也正是商朝走向灭亡的主要原因之一。周灭商后，周文王之子姬旦（周公）吸取了商朝灭亡的教训，在坚持王权至上、继续遵从"家长制"的基础上，更加关注民生，目的并非是还权于民，而是为了巩固国家政治统治的基础，说的好听一点，就是为了实现社会和谐，达到长治久安的目的。周公曰："人无于水监，当于民监"[27]，意思是说，统治者不能把水当作镜子，而应该时时刻刻关注民情，把民情当作镜子。在周公看来，每一个君王都应该像周文王那样，每当体察到民众有不满情绪时，都不迁怒于民众，反而找自己的不是，修正自己的行为，只有这样，民众才能安居乐业，专制国家的政治秩序才能安定。西周时期抚民的方法多种多样，其中在宣传教育上推崇"礼"，对后来的儒学影响甚远。

孔子、孟子均维护周朝的"礼"，主张贵贱有"序"，这是他们政治思想的组成部分。也就是说，儒家的许多思想主张，都与西周初期周公的"敬天保民"、"明德慎罚"的思想有着十分密切的渊源关系。说到底，他们的主张，都是固君权的，而不是反君权的，因而所谈的"重民"的言论，即使他们在主观上确实对民众具有"播体恤"、"重关怀"的历史意义，在社会安定促进和谐方面起到了积极的作用，但从客观上看，最终结果无不是成了巩固君王统治基础的工具。同时，他们所谈的"重民"，只是在经济领域内表现出的"惠民"的思想倾向，并非是为了在政治领域还权于民。因此，"民为贵，社稷次之，君为轻"之说，如果后来的解释者没有断章取义的话，那它充其量也只可用于经济领域。因为民以食为天，像种庄稼、产粮食这样关乎民生的大事，当然是民众重要，谁见到过君王下田割麦子的？国

---

(27)尚书·酒诰。

家的各级官吏打着"算盘"去收税，也并不是直接的生产者，自然次之，而君王却高高坐在殿堂之上不劳而获，说其"轻"不为过。可见，孟子此说充其量是落脚在国家经济管理的结构上，是在提醒君权专制者，在物质财富的收获和积累过程中，直接投入到生产劳动一线的民众是最重要的，他们是国家政治统治能否稳固的经济基础，而不是落脚在政治民主意识或国家政治权力构成上，与政治民主风马牛不相及。

三、重民防覆舟，愚民政策现原形

有道是"听其言还要观其行"。真正找到孟子"民为贵，社稷次之，君为轻"之说的原意，不能光看孟子说了什么，更要看孟子做了什么。孟子继承和发展了孔子的学说，有"亚圣"之称。孟子提出"仁政"，认为"政在得民"，主张给农民一定的土地，不得侵占农民的劳动时间，宽刑薄税，这仅从"言"上，确实体现出有"重民"的思想。但孟子一生也像孔子那样，周游列国，为或大或小的各国之君出谋划策。出谋划策的目的只有一个，如何使社会能够和谐安定。从表面上看，这是具有历史进步意义的；但从其本质上说，他仍然是服务于巩固及扩大君王的统治。从这一点上看，就可以理解孟子所言不可能是为民众的政治权益鼓与呼。把民众看得再重，也仅仅是手段，而不是目的。尽管后来还有"君者，舟也；庶人，水也。水则载舟，水则覆舟"之说，但它仍属于周公"人无于水监，当于民监"的演绎，水仍然是水，水在下，舟仍然是舟，舟在上。上下仍然分明，王权仍然至上。为了防患"水灾"，儒家极力推崇愚民政策，这下就彻底地露了马脚——哪有用愚民政策来让民"贵"的？如此"贵"法，何不让于君王？它与"还权于民"的民主思想意识恰恰是背道而驰的。孔子曰："民可使由之，不可使知之。"[28]他认为，民众只能是生活在社会最底层的愚民，由圣知贤君统治愚昧的民众，是最牢靠的政治统治模式。孟子虽然并没有直接鼓吹愚民政策，但也从来没有反对过孔子

---

(28)论语·泰伯。

的主张。可见孟子对圣知贤君与愚民的政治地位应如何定位，是不言而喻的。也就是说，在政治地位的问题上，他绝对不会糊涂到把民众置于君王之上的地步。

四、原意被曲解，断章取义难立足

孟子的"民为贵，社稷次之，君为轻。"这句话，出自《孟子·尽心下》，原文如下：

孟子曰："民为贵，社稷次之，君为轻。是故得乎丘民而为天子，得乎天子为诸侯，得乎诸侯为大夫。"

这句话的意思按照著名语言学家杨伯峻[29]的译注是："百姓最为重要，土谷之神为次，国君为轻。所以，得着百姓的欢心便做天子，得着天子的欢心便做诸侯，得着诸侯的欢心便做大夫。"

有学者作出进一步的解释："孟子是以什么心态说出这番话的？民、社稷、君这些东西，无非是可资利用资源的一个列表。你要想爬到天子的位置，必须讨百姓的欢心，要想成诸侯，必须讨天子的欢心，要想成大夫，必须讨诸侯的欢心。讨谁的欢心只是手段，实现自己的政治野心是目的。"另外，从这段话的语言连贯性上分析，"民为贵"的"贵"字，绝对不是高贵的贵，只能是"重要"，"高贵"和"重要"的区别，前者是对一个事（人）物独立的评价，例如，高贵的血统；后者是对一个事（人）物相对另外一个事（人）物，或者在另一事物之内的评价。那么孟子的"民众重要"是相对什么说的呢？就是"得天下"这件事。

可见，这仍然没有摆脱"家长制"和"君权至上"的思想意识范

---

(29)杨伯峻（1909～1992），原名杨德崇，湖南省长沙市人，著名语言学家。1932年毕业于北京大学中文系，后历任冯玉祥将军研究室成员、广东中山大学讲师、湖南《民主报》社社长、湖南省政治协商会议秘书处处长、中共湖南省委统战部办公室主任、北京大学中文系副教授、兰州大学中文系副教授、中华书局编辑、中国语言学会理事等。他在语言文字领域的贡献主要体现在古汉语语法和虚词的研究方面以及古籍的整理和译注方面。

畴,与真正的政治民主思想相去甚远。

综上所述,中国古代思想家的思维意识,很难摆脱"家长制"等君权封建文化传统的困扰,都不得不主动或被动地服务于以"家长制"为本质的君权政治,或是以君权的加强来作为基础而换得整个社会的发展和进步,或是以促进社会和谐为基础而实质上加强了君权政治统治。任何一个时期,在君权封建主义国家经济得到恢复并走向强盛的过程中,为维护大一统的局面,所有的中国古代思想家都自觉或不自觉地建立起与之相适应的思想体系,没有人敢于"越雷池"。或者说,政治民主与"家长制"是格格不入的,在"家长制"盛行之时,说民主就是大逆不道。先别说把民众摆在君王之上,就是让民众与君王平起平坐,那都是在挑战"家长制",挑战封建道德底线,挑战君主权威,这样的思想家岂能还有活路。

因此,说孔子"圣人"也好,称孟子"亚圣"也罢,他们确实都为社会秩序的稳定、和谐做出过贡献,但在根深蒂固的"家长制"面前,他们再有学问,首要的任务也不会放在反对封建君权统治上,更不会在倡导"人人生而平等"的人权、民主领域与"家长制"对垒,甚而至于还要仰仗"明君",倡导家庭和国家政治领域的孝道,回避政治权力的来源问题而畅谈伦理,导致类似论资排辈、保守中庸等封建主义文化大行其道,也就不可能为中国真正的政治民主多做些什么。所以,虽然以孔孟之道为代表的中国传统文化有很多精华的东西直到如今仍需要我们发扬光大,但是它在中国历史上绝对没有从政治民主的本质上摆脱"家长制"的桎梏,导致在国家政治权力构成上失去科学的依据而处于真空状态,致使国家政权更迭不断、战争纷至,甚至父子相戮、兄弟相煎,这样的惨剧一天也没有停止过。

在这样数不胜数的惨剧面前,中国的传统文化,不管是儒家的,法家的,还是道家的,都显得无可奈何,根本没有发挥出任何有效的作用。其原因就在于,无论这些说教如何重视民众,重视社会和谐,它也仅仅是把落脚点放在了"官治民"上,而不是"民治官"上,导致封建主义"家长制"和君权专制的"官本位"文化盛行于天下，致使中国的君权社会延续了4500多年。这种封建君权文化对后人的社会感觉影响，是非常难以消除的。

2-10 强权社会的形成

○ "不是冤家不对头"

在社会发展的过程中，强权社会感觉萌芽便会生成，并逐渐形成一定规模。当君权社会感觉阻碍了强权社会感觉发展并且使得强权社会感觉无路可走的时候，那么两种不同的社会感觉就要进行一番较量。这种毫无规则的较量又往往迫使双方不得不操起暴权社会感觉的工具来，使三种社会感觉混为一体，看看是谁最后占据了主导地位。从整个历史发展的总趋势上看，君权社会感觉必然要代替暴权社会感觉，而强权社会感觉又必然要代替君权社会感觉，这是不以某个人的意志为转移的社会发展的客观规律。得出这一结论，主要依据于以下两点：

首先，这是人的权能扩展的需要决定的。

君权社会总是企图把人民牢牢地束缚住，不允许你乱说乱动，安排你干什么你就得干什么，叫你怎样做你就得怎样做，一切都得等着君权者来决定，而不允许人民有任何主见。在生存权上，君权者以"血统"和"官位"为标准，使人的才能受到极大的压制；在经济权上，君权者总是以"国有"的名义把持着一切财权，任由他们支配，毫无约束，而百姓则创造的财富最多，所得却最少，还得听任君权者的摆布；在政治权上，君权者控制着一切暴权工具，实行"极权制"，为所欲为，无恶不作，而民则必须无条件地服从统治，逆来顺受，不得表示一丝不满，更不允许有任何争权的行为。但人的权能的扩展是一个必然的规律；人对权的需求在不断地增加，权的欲望越来越大，权力意志和权力能力也在迅速地提高，从生存权至经济权,追求的越来越广,越来越高。于是,一个要束缚,一个要挣脱,这就使得君权社会的权力建筑结构与权利基础素质不相适应,且矛盾越来越激化,冲突越来越激烈。

例如广大的工人和农民,经过几个世纪的斗争,争得了一些自由,并且可以通过做工和种田取得一定的收益,维护了自身的生存权,但是这按捺不住更高层次的追求,决不会满足于被束缚在工厂里或土地上。越来越多的人走出那一亩三分地,挣脱开那类似"人事关系"的桎梏,走向广阔的社会。他们越是四处闯荡,就越少束缚;越是享有种种选择权,就越是珍惜自由的价值,把命运牢牢地掌握在自己的手里,而不会再轻易出让给别人。经济上他们要凭借自己的勇气和才能去创造价值,并从中获得应属于自己的那一份财产;政治上他们要体现自己的权力意志,并且不屈服于别人的权力意志,甚至扩大自身的影响去感召社会,以赢得民众的支持。不管君权者们怎样费尽心机都无法阻挡人民奋起争强的局面。权利基础要扩展,权力建筑要制约,这种社会矛盾的最终结果,是扩展必然要战胜制约,只不过有时需要经历多少次的反复而已。因此,任何一个君权统治者都无力阻挡住历史的车轮,君权社会的"家天下"必然会被具有万民争强特征的强权社会的"争天下"所代替。

其次,这是人的权力意志和权力能力的变化从而导致社会权力关系变化的结果。

随着社会生产力的提高,物质财富的不断丰富,人民受教育的范围越来越大,使得愚昧无知的盲权者开始有机会充实自己的头脑,思想不断受到权的启蒙。由过去的不知权,逐渐转变为知权,只有知权,才懂得护权;为了护权,才敢于争权。过去被套着枷锁劳动,受着非人的虐待,却还逆来顺受,毫不反抗;现在则敢于挣脱甚至砸烂枷锁,抵租抗租,罢工罢课,以至于发动起义暴动武力反抗。过去被统治时不敢乱说乱动,一切事情无论大小均取决于上;现在则越来越敢想、敢说、敢干,不管是谁,只要是错误的,就敢站出来批评、反对，就是对待君权者也毫不留情。总之，从无权阶级中涌现出一大批争权者，他们思想进步，崇尚真理，又大都具有超人的才能；既有一定的经济基础，又有进步的政治要求，他们知权、护权，开始为维护自己的人权而战斗。与此同时，特权阶级中的一些开明人士，一些思想进步的或是对极权独裁的君权制度不满的保权者，也会在特定的有利时机向君权统治阶级发起进攻。他们大都采取与无权阶级队伍中的争权者结成联盟，形成一个独特的领导核心，并带领着广大的无权者向着君权统治堡垒开炮。正是从这个时候起，君权统治者一人作主天下的日子一天不如一天好过，极权独裁的专制制度从此开始瓦解。

　　但是，在这个独特的领导核心取得胜利后，新的斗争便又会开始。这是因为，在斗争中所形成的这个独特的领导核心，从其与君权社会统治阶级斗争的历史地位上看，它表现出的是一个强权集团，"资产阶级革命"就是由这样的强权集团所组织发动的。在这个强权集团中，存在着两种势力，一种是由无权阶级阵营中涌现出来的争权者所组成的势力，另一种是由特权阶级阵营中反叛出来的保权者所组成的势力。两种势力在共同对付极权独裁统治者的时候，他们自然是一个战壕里的战友，但当敌人被消灭后，两种势力就必然会再度较量，其结果，要么是一个势力打败另一个势力而独霸政权，使一个新的极权独裁的君权社会形成；要么是双方在谁也无法独霸政权的情况下，找到一种可让双方都满意、都不能极权独裁的治国方法。当这种方法以"宪法"的形式确定下来之后，强权集团内部的暴权争斗才会平息下来，从而标志着强权社会革命取得了最后的胜利。

　　例如18世纪末，法国爆发的震憾整个欧洲的"资产阶级革命"，就是这样的一次强权集团领导下的社会革命。在这场革命取得胜利即宣布建立了共和国之后，保权势力与争权势力肯定会发生冲突。一会儿保权势力即课本上说的"大资产阶级"掌握了政权，一会儿争权势力即课本上说的"资产阶级民主派"掌握了政权。后来经过了几十年的反反复复、曲折的较量，直到第三共和国颁布了新宪法，才从根本上摧毁了君权社会制度，使强权社会制度稳定下来。

○ 思想的解放是社会权力意志解放的体现

君权社会向强权社会的发展、过渡，与思想的解放尤其是人权意志的树立是分不开的。在广大人民群众反封建、反君权斗争不断高涨的形势下，涌现出大批先进的思想家、科学家、文学家和艺术家，他们都是从无权阶级阵营中涌现出来的以不同的方式与君权制度抗争的争权革命家，他们揭露封建君权社会制度之腐败，指出封建君权社会灭亡的必然性，从思想上——即从人的权力意志上武装了群众，为万民争强的强权社会革命作好了舆论准备。

例如14至16世纪在欧洲意大利、德国、法国、英国、荷兰等国先后开展的"文艺复兴"运动，反映着新兴强权阶级的利益和要求。"文艺复兴"并不是简单地恢复古代社会的文化，而是以平权社会感觉的精华文化为理想，酝酿和创建强权社会的新文化，它标志着强权社会文化的萌芽，为以后的强权社会革命作了最初的思想准备。

文艺复兴时期所形成的强权阶级思想体系是人文主义，主张一切以人为本。一切为了人的利益；提倡人性，反对神性；提倡人权，反对君权；提倡个性解放，反对宗教旧俗；提倡理性，反对蒙昧主义和神秘主义。它集中地反对中世纪的禁欲主义和宗教观，摆脱教会对于人们思想的束缚，打倒作为神学和经院哲学基础的一切权威和传统教条。如但丁的《神曲》、薄伽丘的《十日谈》和拉伯雷的《巨人传》，都对君权统治、神权政治、教会特权、僧侣的虚伪作了揭露和抨击。在自然科学方面也有极大的发展：哥白尼的日心说，给几千年来"上帝创造世界"的宗教传统以致命的打击；哥伦布和麦哲伦等人在地理方面的发现，为地圆说提供了有力的证明；伽俐略在数学、物理学方面的创造发明，使人对宇宙有了新的认识。由于各国的社会和历史条件不同，文艺复兴运动在各个国家都带有自己的特征。

又如17至18世纪，欧洲的启蒙运动是一次"争权阶群"（对这一概念将在后面详述）代表无权阶级反封建反君权斗争的思想文化运动。法国进步思想家如伏尔泰、卢梭、狄德罗等积极推进了这一运动。他们从强权变革现实的要求出发，在哲学上继承和发扬了17世纪特别是英国的唯物主义思想，对基督教神学和各种唯心主义学说进行了批判；在政治上则主张剥夺封建君权贵族的特权，建立开明专制制度或民主政体。18世纪下半叶，德国进步思想家如莱辛、赫尔德、席勒、歌德等人所进行的批判封建君权主义和宗教盲权主义的思想文化运动，也是这次启蒙运动的一部分。

从文艺复兴，到启蒙运动，新兴的、由争权阶群和保权阶群所组成的强权阶级日趋成熟和壮大，他们所宣扬的强权思想日益深入民心，尤其是他们所提出的"自由、平等、博爱"等主张，对欧洲整个社会的思想产生了巨大的影响，成为新兴的强权阶级反对君权主义、反对封建特权阶级的重要精神武器，成为强权阶级用以动员群众向君权主义和封建特权思想进行战斗的政治口号，对欧洲发动的强权社会革命起了先导作用和充分的舆论准备。

可见，新思想的传播大大地提高了民众的权力意志，振作了社会精神，社会权利基础素质的提高必然要对封建君权主义的社会权力建筑发起冲击，也就必然会最终摧毁旧的权力建筑，形成与社会权利基础素质相适应的新的权力建筑。

但是我不得不说，从"文艺复兴"到"启蒙运动"，很多实例都无可辩驳地说明了一点：所谓的"经济基础决定上层建筑"，往往都是在"上层建筑对经济基础具有反作用"之后才能兑现的。就如同社会权利基础决定社会权力建筑，也是在社会权力建筑先对社会权利基础实施某种作用后才表现出作为。而新思想、新理论作为一种新的文化体系，恰恰是社会权力建筑中极为重要的一部分。

○ 两种截然不同的社会感觉

强权社会感觉不仅仅是体现在政治权的内容上，而是反映在社会生活的方方面面。

在生存权内容上，君权社会实行的是"地域户卡制"，把每个人都牢牢地束缚在君权者的手心儿里，便于监视和控制；而强权社会感觉则冲破了地域观念，跨州出国，自由往来，随心所欲。君权社会时期以"孝"为大，我国古代传说有十大孝子，听起来确实有点可歌可泣；而强权社会感觉则以"理"为先，长幼平等，互不依赖，就是父母错了，也得向子女赔礼，就是总统办了错事，也得向民众道歉。君权社会时期，妇女以"贞"为界，一切快乐都得服从于男人的享受，不许这样，不许那样，像枷锁一样的"规矩"多得不得了；强权社会感觉则彻底冲破了套在女人头上的沉重的枷锁，享有了更大的自主权和选择权。她们不再愿意成为男人的附属品或成为生儿育女的工具，不再把"出嫁"看成是什么"女人的第二次生命"，而是根据自己的喜爱和需求服从自己的意志去追求。她们也不再轻信什么"嫁鸡随鸡，嫁狗随狗"，"白头偕老"，而是在自身受到侵害或是意志上有所需要的时候，有权重新选择。故而强权社会感觉使"一夫一妻"、"从一而终"的婚姻制逐渐渐瓦解，离婚率大大提高，家庭的篱笆再也圈不住人了，过自由独身生活的人越来越多。

在经济权内容上，君权社会倡导的是温饱型的"寡欲观"；而强权社会感觉则鼓励自由竞争，以富为荣，优胜劣败，强者富，弱者贫。能富者并不限于"血统"、"等级"、"靠山"，完全在于你自己的能力，即使你是个普通的老百姓，只要你有能力强于他人，你就可以成为富有者，而且你所得的私有财产神圣不可侵犯，受到国家有效的保护。在强权社会中，由一个普通贫民，发展成为百万富翁的实例举不胜举。说到"贫富悬殊"，最富有的"资本家"也比不上君权统治者占有的多；强权社会"贫富悬殊"再大，也比不上君权社会的悬殊大。强权社会的富者离不开经营的能力和才智，缺乏这种能力的人早晚会由富变贫。而君权社会的富者离不开政治权力的保护和偏袒，其能力不是体现在真正的市场竞争中，而是体现在官场的勾心斗角中。

强权社会阶段，随着社会的进步和发展，民众会越来越强大，越来越觉悟，他们既可以凭自身的能力比强，也可以团结起来用合法的手段抗强，与强者"讨价还价"，以强对强。所以，强权社会发展的总趋势，不是少数强人永远称强的社会，而是最终导致万民争强的社会。民不觉醒，民不愿强，那么受剥削也好，受压迫也好，这能怪谁呢？你不争强，甘以示弱，都像"阿Q"那样没有人的脊梁骨，当然只好咎由自取。

在社会文化权和荣誉权内容上，君权社会感觉是"莫谈国事"，"枪打出头鸟"、"人怕出名猪怕壮"；而强权社会感觉则是个人的权利最受重视，谁都可以根据自己的意志在不侵犯他人权利的前提下充分地表现自己。人们不再像君权社会时代那样愚昧无知、盲目服从，而是开始把自身的权利看作是一个自然的主体，自我意识日趋强烈，民主与人道主义思想深入人心，并具有了初步的参政意识，甚而至于可以公开发表与政府和领导人意见不同的批评、建议等言论，而这都是君权社会决不允许出现、出现了要使用各种明的或暗的手段予以打击、迫害的事情。强权社会是个性解放的时代，是人们追求实现自我的鼎盛时期。

在政治权内容上，君权社会实行的是人治，体现为从上至下的"极权制"。虽然它也可以有法律，但君者以言代法是其根本；而强权社会实行的则是法治，是"分权制"，颁布宪法，以法治国。强权社会的宪法，是"实宪法"，不是"虚宪法"。所谓"实宪法"，它有三个最主要的特征：一是它有效地规定了，任何人、任何部门、任何集团，都无权干预法律，都受法律的限制，且官职越高，受到的限制越多；二是它有效地规定了，任何人、任何部门、任何集团，包括法律的执行者在内，都处于社会各个方面舆论部门的监督之下，公开执法的全过程；三是它有效地规定了，任何人、任何部门、任何集团，都无权使用国家暴力机器（例如军队）为其掌控政治权力服务，在获取政治权力的社会活动中，国家暴力机器是始终保持中立的。

君权主义社会的中后期，受国际形势的影响，也有的也会颁布宪法，但多为"虚宪法"，即具有不彻底性。不过，根据国情的需要，这种"虚宪法"作为过渡性的法治形式，确实有存在的必要，它是会逐步向"实宪法"的方向不断演化的。

○ 枪杆子里面不是出暴权就是出君权

强权阶级通过不断的斗争取得了一条经验，那就是：如果不成立共和国实行宪法，则国家的权力机构便总是处于动荡之中，起义、政变、暴乱等反对活动一天也不会平息。只有通过制宪实现"分权制"，实行"普遍选举制"，才能使政治权力公开于民众面前，还权于民，由人民去选择，任何人都无法通过卑鄙的手段搞政治投机。只要某人想拥有政治权力，就必须站在民众这面"照妖镜"面前暴露真像。同时，为了限制极权的复辟，强权社会都采用分权的原则，搞"三权分立"，以权力制约权力，有效地防止了暴权、极权和滥权现象。我们可以看到，强权社会政治权力的交迭，基本上都是在"言谈笔语"中完成的，而不像君权社会那样大都完成于残酷无比的腥风血雨之中。例如美国，建国200多年了，没有发生一次"宫廷政变"，而且军队从未发动过"军事政变"，没有一次是"枪杆子里面出政权"。从中不难悟出些道理。

枪杆子里面出的政权，不是暴权，就是君权，绝对出不了民权，更出不了公平和正义！

2-11 强权社会的历史进步

○ 拦不住的强权社会革命

英国强权社会革命的胜利，标志着欧洲开始从封建君权主义时代进入到新的强权社会时代。一个世纪以后，法国爆发的强权社会革命则彻底动摇了欧洲封建君权社会的统治基础，有力地推动了其他国家的反封建、反君权的革命。

强权社会革命的胜利，宣告了新的社会政治制度和经济制度的诞生，标志着人类社会的第二次伟大解放，使人类社会进入了一个新的历史时期。

人类社会的第一次解放，以暴权社会取代平权社会为标志，它使人类开始增强了权力意志，摆脱了大自然对人的束缚。

人类社会的第二次解放，就是强权社会战胜并取代君权社会，它使人类开始摆脱人对人的束缚。

二者对比，第二次解放比第一次解放更伟大，其所造成的积极影响更为深远。因为摆脱人对人的束缚，即指文化习惯、宗教迷信、社会制度等对人的束缚，比摆脱大自然的束缚还要来得艰难，所付出的代价更加巨大。第一次解放只是为人类敲开了哺育阳光的天窗；第二次解放则为人类打开了通向宏伟事业征程的大门——它取消了君权专制和等级制度，废除了封建贵族特权阶级的许多特权，提出了"法律面前人人平等"的原则，规定了公民在法律上享有言论、出版、集会等自由权。公民的人权第一次被合法确认，君权主义第一次被公开地受到限制，这些都足以说明，强权社会同君权社会相比，具有历史的进步性。

君权社会时期，由于人民受着各种各样的束缚，由此人的所有才能都处在受压抑的状态中，即使才能有所发挥，也只能被官场所用、为君服务。而发明创造者本人却无法从这才能所创造的价值中得到应属于自己的劳动果实。也正因为这样，君权社会时期的人民，其发明和创造是得不到有效保护的。即使有些发明创造，也大都为君所用，其利益都为君权者们所享有，因此人民发明和创造的积极性特别低。

强权社会就不同了，它提倡自由竞争，而不分贵贱等级，只要你有某种才能，并被社会所接受，那么由此而取得的一切利益均属于你个人，而且你的这些所得——私有财产将受到绝对有效的保护。

因此人民发挥才能、发明创造的积极性空前高涨，这就大大地促进了科学技术的迅猛发展，使生产力得到了异乎寻常的提高。

正如马克思和恩格斯在《共产党宣言》中曾经评价的那样，强权社会"在它不到一百年的阶级统治中所创造的生产力，比过去一切世代创造的全部生产力还要多，还要大。"[30]

例如在英国，1733年，机械师约翰·凯伊发明了飞梭，使织布的效率提高了一倍多。1765年，织工兼木匠哈格里夫斯发明了一种手摇纺车，名叫"珍妮"机，能同时带动16～18个纱锭，大大地提高了棉纱的产量。1769年，表匠阿尔克莱特制成了水力纺纱机，这项发明的应用，使纱的成本大大降低。此后，工人克隆普顿综合"珍妮"机和水力机的优点，发明了"缪尔"纺纱机；工程师卡特莱特发明了水力织布机，把织布的效率提高了40倍。最值得一提的是徒工出身的机械师瓦特，于1769年，在前人研究成果的基础上，研制并发明了蒸汽机，并且作为机器的动力，在1784年应用到棉布厂。从此，大大提高了棉纺织业的生产效率，并为后来的工业生产机械自动化奠定了基础。

人类的第二次解放，使众多的发明创造者们如雨后春笋，不断涌现：

制成世界第一艘动力轮船的美国发明家菲奇；制造出第一台有实用价值的蒸汽机车的英国人斯蒂芬逊；奠定了动力学基础的法国科学家萨迪·卡诺；奠定了电磁学实验基础的英国化学家和物理学家法拉第；发明第一台电极机的美国艺术家莫尔斯；研制出第一部电话的英国声学家亚历山大·贝尔；创造、发明电灯、手摇留声机、电影等共计1000多项发明的科学家爱迪生；确立科学的原子论的英国人道尔顿；发明烈性炸药的瑞典科学家诺贝尔；以及揭开了人类起源之迷、创立进化论的英国科学家达尔文等等，不计其数。

科学技术的发展促进了人的权力能力的提高，人的权能的提高鼓励着人们去创造发明，而人的创造发明又促进科学技术的发展。

---

(30)马克思恩格斯选集. 第1卷. 页256。

人的权力能力的提高，不仅是指社会生产力的提高，它还包括能力素质的提高和创造能力的提高。人权社会革命最大的历史贡献，就是它冲破了君权社会延续了4500年的落后的权力关系的重重束缚，它解放了人，解放了人的权力能力。人的权力能力的提高，使社会生产力飞速发展。例如1770年～1840年，英国工人每个工作日的劳动生产率平均提高了20倍；法国1818年生产的年产量是11万吨，仅30年后就增加到了400万吨；德国的煤产量，在1850年～1870年间由670万吨增加到3400万顿，提高了4倍多；美国从1810年～1860年的50年间，工业生产一日千里，工业资产值增加了将近9倍，并以前所未有的速度扶摇直上。

　　封建的君权社会为了维护等级制，最怕的就是民知权而变强，民众都知权、护权了。君权者就难以为所欲为了，他们的统治就不牢固了。因此君权社会总是想方设法让民众距离权的问题远点，不能让他们知权，使他们总是处在盲权、愚权的状态中，甚至为了防止他们起而护权、争权，就要用有效的暴力镇压手段。所以凡君权社会时期，政权都是同军权连在一起的，军权比政权还重要，谁掌握了军队的指挥权，谁就有了统治权。而强权社会则不同了，任何一个总统或领袖人物的当选、当权，不看其是不是掌握着军队的指挥权，　而是来源于民众的支持这一根本。强权社会感觉使人们都接受这样一个观点，即军人滥用军权对国家政治制度和经济秩序以及人的社会自由所构成的威胁是难以估量的。这一原因是暴权最没有理性而且最不讲人性，因而对高度极权化的军队始终怀有强烈的憎恶感和极高的警惕性。尤其是这支军队的军官们和士兵们本身就没有多少受过高等教育，而且也大都是处在盲权、愚权的状态中，只知道盲目服从，让他们把枪口对准谁就对准谁，成了极权统治者的工具。所以，军队是最大的暴权机器，上面站满了血腥味。但是，世界还很不太平，各个国家之间的权力关系矛盾有的还无法用谈判来解决，甚至在一个国家中的各个民族间的权力关系矛盾也是动不动刀枪上见，所以军队的存在，对外防止侵略，对内防止暴乱，还无法用别的什么东西来代替军队的作用，无论哪个国家都必须有军队。对军队恐惧的同时又对军队有所依赖，于是为了扬长避短，很多强权社会国家为了削弱军队对政权的干预和对自由的威胁，宪法对军队的统帅权作出明确规定，把军队建设和使用的权力交给国会和总统相互制约，而且由文官出任国防部长，形成对军队的多元文官控制制度。例如在美国，除了在朝鲜战争期间迫于形势的需要，国防部长由五星上将马歇尔出任以外，美国所有的国防部长没有一名职业军官担任，全部由文官来担任，实行文官治军原则。

军队不涉政，并且实行文官治军原则，这是强权社会防患极权、消灭君权主义、彻底铲除暴权政治所具有的最重要的历史进步。它成为区分君权社会与强权社会的重要标志之一。

○ 扩大权力的野心几乎人人都有

人们都应该清楚，军权如果与政权合二为一，并且形成一种极端的形式控制在某个领导人的手中时，尤其是当这个领袖所领导的这个国家处在鼎盛时期，而邻国或其他小国恰好处在较弱时期，于是军队对社会自由的威胁就不会只局限于国内，而很自然地会把手伸向国外。这是因为，所有享有极权的君权者、所有怀有帝国梦想的领袖人物，无不对扩大权力范围而感兴趣。"既然权力获得者通常会比大多数人更爱权，那些管理国家的人在正常情况下，很可能对增加国内活动与对扩大版图，怀有同样强烈的欲望"。不管是君权社会的当权者，还是强权社会的当权者，欲望本是相同的。

但是，往往灾难更容易出现在君权主义国家之中，这是因为，强权社会的当权者其使用军队的意志无法以某个人的意志为所欲为，而是受到某种政体制度的限制。就是在非使用暴力不可的情况下，也必须在某个规定的程序上、在一个特定的由众派别所组成的某个机构内（如国会）争来吵去，当大多数人的意见都一致时，才能作出是打还是和的决定。即使这个决定出来了，它还必须承受着来自方方面面的戳戳点点，又是新闻报道，又是示威游行。总之，想要顺利地执行某一决定，它必须事先考虑到大多数人的意愿和利益，而不敢公然违反。

君权主义国家就用不着这么罗嗦了，只要领袖人物想干什么，任何人都必须服从于他，而且处在君权社会的人民因为权力意志和权力能力就处于当时的水平上也愿意服从于他。这样一来，领袖的话，"一句顶一万句话"是不准确的，而是领袖的一句话，可以使所有的人都立即变成了哑巴，用不着领袖再去重复什么，只要说一声"打"，人类的灾难顷刻之间便会降临。当年的纳粹德国领袖希特勒，不就是一个鲜明的例子吗？

○ 美国为什么曾经强大？

当今世界，是强权社会、君权社会、暴权社会的混战局面。世界上最强大的强权主义国家，美国经过冷战之后已经把世界上曾经最强大的君权主义国家苏联搞得后院起火，不得不丢掉君权政体，重走强权社会的新路。从某种意义上说，强权社会战胜君权社会这是历史的必然。此后不久，以美国、英国、法国、德国为代表的强权社会又与君权主义国家伊拉克进行了一场"海湾战争"。结果不言而喻，在阿拉伯地区武装力量最强大的伊拉克，被强权国家打得废墟成片，死伤无数，大伤元气。再看波黑的战乱，那些执掌军权的君权首领有的已经被送上国际法庭审判，胜利的天平又倾向于强权主义社会。

综上所述，很多的事实证明，在强权社会、君权社会和暴权社会这三种社会感觉形态的斗争中，强权主义社会最具有生命力，是最先进的社会制度，因而总是强权社会取得胜利。这是不以人的意志为转移的客观规律。谁违背了这一社会历史发展的客观规律，谁就会尝到失败的滋味。

当然，强权主义社会当中的一些社会制度，不见得有多么科学，例如"三权分立"和选举制，但是它在一定的历史时期，用政治参与甚至带有"政治诱惑"的方式，引导性地让人们介入到社会政治生活中来，至少可使人们增强了权力意志之中的政治意识，增加了政治知识，有条件地提高了政治权能，甚至等于是免费地让人们补习了政治实践课，为彻底消除君权社会感觉的思想意识和政治体制，增强民权社会感觉的指数创造了条件。民众在政治权力领域，权力意志和权力能力的增强，使得在强权社会中的政府官员，已经远远不像君权主义社会时期的政治官员那样为所欲为、日子好过了，他们都不得不公开自己的财产，接受全社会的有效监督。

不过，强权主义社会并不是人类最美好的理想社会，只是在强权、君权、暴权这三种社会感觉形态中，强权社会是最先进的社会制度。但是，强权社会还不是民权社会，它还存在着很多的社会弊端，存在着很多的历史缺陷。

2-12 强权社会的历史缺陷

◯ 以强欺弱和片面发展

强权社会取代君权社会，虽然是历史的进步，但是，同任何一个社会形态一样，比起前面的旧的社会形态来说是进步的，比起后来的新的社会形态来说则总是落后的。因此，强权主义社会还不是一个完美的社会，它存在着许多的缺陷和弊端。这些缺陷和弊端有些是强权社会本身的制度造成的，有些则是历史的缘故，即权力扩展的片面性造成的。不管其形式是如何体现出来的，归根结底，这些缺陷和弊端都源于两个突出的原因，那就是权力意志上的以强欺弱心理和权力能力上的片面追求、片面发展。

在所有权力关系组合中的权力意志都带有拒强而欺弱的本性。尼采先生曾经说："只要还没取得权力，人们就想要自由。假如人们有了权力，人们就想建立霸权，假如人们争不到霸权（假如人们的力量还不足以取得霸权），人们就要求'正义'即平等权利。"于是权力这东西，它必然要表现为爱强权的意志和在强权面前自卫的意志。

强权社会既然是人人争强的社会，因此人们之间就避免不了竞争。

合理且公平的竞争，本无可非议，就如同田径赛跑，枪声一响，运动员们都像离弦之箭争先恐后地飞跑出去。谁跑得最快，谁就是胜者，就可以得金牌，领奖金；谁跑得慢，谁就是失败者，就拿不到金牌和奖金。这种公平的竞争，胜者理直气壮，败者毫无怨言，心服口服。但是，强权社会的社会制度并不像赛跑那样，有明确的起跑线，有标准的跑道，有统一合理的比赛规则。一个庞大的社会无法使各个方面都公平合理，更何况有很多历史的原因掺杂在其中。因此很多事情都是杂乱无章的，使得社会竞争的合理性得不到有效的保障，甚至使竞争时常也充满了血腥味。例如：富豪家的子女与穷人家的子女去作一次竞赛的话，就会遇上很多的不公平。由于一方财大气粗，而另一经济拮据，在受教育的问题上，在就业的问题上，在很多很多的问题上，似乎都是富人的子女占着先：一方坐着豪华轿车，而另一方却赤着两只脚，谁胜谁负，在这种情况下根本用不着"比赛"就很容易地得出结论。

○ 强者恒强，弱者恒弱

既然合理的竞争没有先进、文明的社会制度提供保障，则人们在争强的过程中，为了逞强，往往不择手段，甚至不惜以侵害他人权利为条件，只顾自强，不管其它。一旦获得强胜，便以强欺弱，由此使强者更强，弱者更弱，贫富悬殊，出现严重的两极分化，造成强弱之间永无休止的争斗。

在经济权内容上，强权者依靠手中掌有的大量财富，更借助于无权者的愚昧无知、软弱思想，在雇佣工人中以强欺弱，压低工资，延长工作时间，提高劳动强度，借此剥削雇工，获取巨额利润。即使弱权者和无权者明明知道受剥削，但还是委曲求全，为了生存而趋附于强者，以求得安身之所。在这种情况下，强者与弱者之间所有的"契约"都是不平等的条约。因为强与弱两方面不同的经济地位以及由此产生的不同的社会地位，不可能会产生出合理平等的契约来。这个"契约"必定是对强者有利的。除非弱者不甘示弱，起而争强："你不提高工资，不缩短工时，不改善劳动条件，我们就罢工，就不给你干了"，以强抗强。否则的话，强权者是不会主动将利益的天平推向弱者一边的。如果弱权者和无权者们自认弱命，不愿争强，都像阿Q那样逆来顺受，那也不能全怪强权者太逞强，倒是应该把那阿Q先打上它五十大板。待把他那弱命打没了，打出了争强的决心和勇气来，再去跟强权者们算总账。

在政治权内容上，强权者仰仗厚实的经济基础，在加上他们大都接受过较高的文化教育，在参加各种政治权力的竞选中也是以强卖强的。他们拉帮结派，结党营私，贿赂拉拢，欺诈蒙骗，哪个当权者不是靠着一帮子打手登台的？例如：第二次世界大战之后，美国的历届政府，几乎成了"富豪内阁"：艾森豪威尔是一个大农场主，在他的内阁中有272名高级官员和主要决策人，其中有150人是大资本家，其余的人跟各大财团或大资本家本人都有着密切的联系。尼克松是加利福尼亚财团的代表人物；里根的内阁是美国历史上最典型的富豪内阁，在13名议长中，就有8名是百万富翁，3名是准百万富翁。而广大的无权者表面上看起来可以行使选举权，可以有机会表达自己的意志，但实质上他们的意志还不是只能在强权集团摆布好了的范围内行使？因为不管你如何投票，如何选举，其当权者必定出自强权集团的代表人中；不管他们谁当权，都是强权集团利益的维护人，正像我们的导师所说的那样："……实质上政权总是操在资本手里，不管权利有没有资格的限制，不管是不是民主共和国，反正都是一样的，而且共和国愈民主，资本主义的这种统治就愈厉害，愈无耻。"、"资本既然存在，也就统治着全社会，所以任何民主共和制、任何选举制度都不会改变事情的实质。"

强权社会革命给人类带来第二次伟大解放，使人获得了第二次自由。但同时，由于历史的原因，人们的文化水平还较低，对事物的分析能力、鉴别能力还很低，故而人们最容易由此导致片面发展而异化。

○ 有钱能使鬼推磨

各种束缚随着君权社会的消亡而消失，使被长久压抑着的人性一下子腾跃起来，人们追求满足各种权力的欲望第一次不受阻挠地滋生出来，一发而不可收拾。在权力的各种内容中，经济权处在一个非常重要的位置上，故而它最易使人们一股脑儿地把注意力全都集中在经济权上。通常是这样，在人们的权力意志中，挣钱、发财的意志往往是首先冒出来的。尤其是当尝到了一点甜头之后，追逐金钱、唯利是图、甚至贪得无厌便很自然地在一些人头脑中扎根，成为拜金主义的人生哲学。人们把一切都看成是金钱关系：为了钱，不惜出卖自己的肉体和人格；为了钱，不惜侵害他人的权利；为了钱，什么坏事都敢干。正如同马克恩在《资本论》中曾引用一位英国经济学者的话来评价强权社会权力关系那样，"如果有10%的利润，它就保证到处被使用；有20%的利润，它就活跃起来，有50%的利润，它就铤而走险，为了100%的利润，它就敢践踏一切人间法律；有300%的利润，它就敢犯任何罪行，甚至冒绞首的危险。"[31]这样一来，强权社会本使人性开始复苏，但复苏的结果却使人追求金钱，导致片面发展；而这片面发展又反过来使人重又丧失理智，丧失人性。即一切都为了钱，可以不顾他人的死活，可以谋财害命，甚至可以连自己的良心和人格都不要，可以出卖肉体，最后使人变成了金钱的奴隶，使人和社会异化。另外，人和社会的片面发展，还不仅仅表现在对金钱的追求上，它还表现为享乐主义，如同性恋、吸毒、赌博等。

在整个社会发展上也出现偏强的这种片面性。当高度的科学技术迅猛发展，摩天大楼高耸入云的时候，贫民窟里大批的穷人仍然饥寒交迫、流落街头，过着乞讨的生活。强权者们在争强中，只一味地去争强，往往盲目地、无计划性地扩大商品生产，造成社会经济权力关系上授权与受权不相平衡的状况，由此出现供需矛盾，造成经济危机。工人大批失业，大量产品被毁掉，社会生产力遭到极大的

---

(31) 马克恩思思格斯全集. 第23卷. 页829。

破坏,整个社会的经济赋权规律陷于混乱和瘫痪状态。如在1929年～1933年的经济危机中,广大的无权者饥寒交迫,而美国的百万富翁却把1040万英亩的棉花毁坏在田地里,把640万头猪抛入密西西比河,把2300万头牛羊弄死。1961年,美国发生了严重的农业危机,大量"过剩"的农产品积压在仓库里,有的干脆霉烂在田里。但是,每天却有一千万劳动群众挣扎在饥饿线上。

可见,强权社会的实质,"只是为了用金钱的特权代替已往的一切个人特权和世袭特权",是"把历代的一切封建特权和政治垄断权合成一个金钱的大特权和大垄断权"(32)。

强权社会最大的弊端就会从这强权社会肌体中的众多的小病毒中爆发出来,这就是霸权主义。霸权主义是强权社会发展到一定时期,将其强权的意志扩展到国外的突出表现,是强权社会最危险的阶段。在世界上,当一个强权社会国家取得了霸主地位,而其他国家仍处在无力与之相抗衡的时期,这种危险则来得更让人毛孔悚然。好在当今世界的格局还没有出现这一危险即将全面爆发的信号,倒使人稍觉宽心。但是,这种危险的苗头始终存在。

当一个强权社会进入到霸权阶段时,强权集团"集体性"的决策有时与极权独裁的结果没有两样。一个人喊打是打,大伙一块喊打也是打。于是霸权主义的最令人害怕的结果就是挑起国际性的暴权,使强权社会又重新回到历史的"循环岛"里面去。在争霸的战争中,军队这一极权化的暴权机器又一次强化了君权的独裁体系,因而社会又会重新跌入君权社会的陷阱里。

○ 是温和地变强还是愤怒地变强?

强权社会既有内忧,又有外患。内忧是弱者不可能永远示弱,尤其是在强者对弱者过于残忍的时候,就必然会引起反抗。正是因为害怕这种情况发生,"资本家"总是喜欢给予工人一些恩惠,以防止

---

(32)马克思恩格斯全集.第2卷.页647。

工人成为"革命者"。工人们也愿意接受这些恩惠而服从强者，暂时地服从是为了悄悄地、慢慢地使自身从某一个方面变强，从而改变弱的恶境。历史的发展最终必然会使人们——越来越多的人变强。那些反对"资本主义"制度的人以及和我类似的指出强权社会缺陷和弊端的人，无不是在用不同的方法激励民众要弃弱变强，而且奉劝强权者——不管是老的强权者还是新的强权者，对待弱者不要过于残忍，只不过是不要逼迫弱者一改温和地变强，而变成愤怒地变强。因为不管你这个强者是多么仁德或是多么残忍，民众早晚会随着历史的发展而变得越来越强。这是不以某个人的意志为转移的客观规律。关键的问题是，你是愿意在民众的变强中仍能保持强的地位或是变得更强，还是在民众的变强中被人"革命"而变得弱小可欺，这就是如今"资本家"都对工人露出笑脸的聪明之处。不像我们一些当官的或有钱人，至今还在教条地扳着面孔教训人，或是整天总想着如何如何把别人搞弱，你整我，我整你，唯恐别人不死。

强权社会得的病不是不治之症，其缺陷和弊端是可以克服和消除的。从根本上看，随着社会的发展，弱者不会总以弱为安，早晚要起来争强的；强者也不会总以强为本，早晚会有变弱的时候。盲权者、无权者开始知权、护权，并且肯定是要起而争权的。随之而来的是，强权者所享有的特权会越来越受到限制，使"权多方"与"权空方"逐渐地向一起靠拢，最终参差不齐地融合在一起。

不过，强权者为了变得更强——不管是经济上变强还是政治上变强，往往会更加不择手段，运用高超权谋，不惜以他人的生命作为代价，策划出各种人们意料不到的事件，来实现自己强盛的愿望。美国的"9.11"事件，很有可能就是一次强权者们精心策划、布置的一次借恐怖袭击而使自己及所属集团瞬间变得更强的范例。某些集团权力建筑在经济上的变强，他是不管其它集团、集体、个人乃至国家会不会在经济上变弱的。所以，强权主义社会的很多弊端是无法回避开的。

○ 最难以消除的不是经济上的差别

当然，"权多方"与"权空方"聚拢在一起的局面至今还没有出现。相反，人们看到的却是越来越悬殊的贫富差距。这种差距其实只是人们从表面上看到的，而实质上悬殊最大的差别则是人们的权力意志，是人们精神上的差别。经济上的差别只不过是权力意志的质的差别的量化而已。在一切差别中，最难消除的不是经济上的差别，而是人们权力意志上的差别。随着红旗的高高举起，随着一切生产资料都收归"国有"，按说已经把经济上的差别缩小到已不能再缩小的地步了。"人民公社"的大铁锅已经将人们绝对无差别地围拢在一起，喝一样的粥，吃一样的粮。但是，人们精神上的差别，权力意志上的差别以及权力能力上的差别这些骨子里的差别只是暂时受到束缚而已。一旦有机可乘，一旦有权可争，政治权力总是先被那些好权之心比较旺盛的人取得。很快，政治上的差别一下子就偷偷地骑到了经济差别的脖子上，让经济上无差别的大锅饭来掩盖政治上两极分化的真面目。到头来，在经济差别不再以为可耻且允许一部分人先富起来认可差别出现的时候，一些人自然愿意用政治上的便利换得经济上的便利，于是无论是在经济上还是在政治上，差别仍未消除，而且愈加悬殊。

强权社会、君权社会、暴权社会能在历史发展的魔辙中形成一个"循环岛"，如何能跳出"循环岛"？如何能使社会逃出这历史的"百慕大三角区"？如何能在这"三岔口"之外再寻找到一条社会向前发展的生路？

有一条宏伟征程，有一条光明大道，它是马克思曾经探索过的。虽然马克思指明了大方向，但走哪条路？如何走？这些具体的问题他老人家根本没有说清楚，因而人们总是争吵不休。有人大胆地走过，她的名字叫"苏联"，走来走去，转了大半个世纪，结果又转回到原地。好像摆在这些人眼前的道路，都是回归的路。都使人走着走着，怎么越来越感到熟悉，就如同做梦一般。几十年前被斗得上吊的上吊、跳楼的跳楼的那些"资本家"和"地主"们，如果他们还健在的话，或是他们的阴魂有灵的话，看着现在的那些豪华别墅和庄园、高级轿车和丰盛的酒宴，以及那些妖艳肉麻的美女们，他们会被惊得目瞪口呆，气得死去活来……

让整个社会去探路这太危险了，付出的代价太大了。当人们迷失方向时，盲目地闯荡不如找一处背风且有泉水的地方安营扎寨，休养生息。我愿一人去探险，去翻山越岭，去漂洋过海，待我找到了那太阳不落的地方，便找到了人类社会前进发展的正确道路。

2-13 历史演变的三岔口

○ **历史发展途中的"循环岛"**

回顾一下暴权社会、君权社会和强权社会不同的社会感觉形态，对照一下现在世界上各个国家目前的实际状况，我发现在世界历史的魔盘中有一个"循环岛"，它在整个人类历史发展的过程中占据着一个举足轻重的位置。

为什么说这"循环岛"是一个社会历史的大魔盘？那是因为不管哪种形态的社会，在发展过程中都必须经过这社会历史的"百慕大"，而且一旦进入便很难能逃脱出来，让所有的人都迷失方向，着魔般地围着这"循环岛"绕圈子。这"循环岛"处在暴权社会、君权社会和强权社会这三岔口的中央，使三种社会形态来回转换、反反复复、周而复始，让人们谁也不知道历史的车轮究竟应该朝哪个方向走。不管社会朝哪个方向发展，都会使社会又回复到原来的始发点上，浪费了不知多少社会发展的动能。

如图2-13-1所示，暴权社会、君权社会、强权社会都是各自封闭的社会，且都有通道通向"循环岛"。三种社会形态环绕着"循环岛"，有似历史发展的三岔口，不管社会历史从哪个路口出现，都要按照逆时针的方向旋转一番,也许是巧合,这历史发展旋转的方向同地球自转的方向一样,同地球围绕太阳进行公转的方向也一样。

很多国家的历史,无论是改了多少朝、换了多少代,人们去对照好了,都是在这暴权社会感觉、君权社会感觉和强权社会感觉的循环岛中来回游荡着。

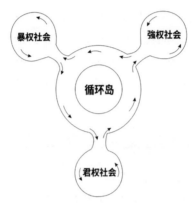

图2-13-1　历史发展途中的"循环岛"

当暴权社会发展到一定阶段而来到路口时,历史的车轮必然要延着逆时针的方向绕着"循环岛"寻觅着下一个目标。在围绕着"循环岛"发展时,它一会儿显现出君权社会的某些特征,一会儿显现出强权社会的某些特征,一会儿又转回到暴权社会的老路上,显现出暴权社会的某些特征。不知历史的车轮在这"循环岛"中绕了多少圈,最后必然要进入一个社会形态的路口中,使一种比较稳定的社会形态最终形成。可以看出,暴权社会的末期与君权社会的初期,应该是两种社会感觉相互交融频繁变化的时期。人们无法找出一个非常具体的时间来划一道线,说哪个时间以前是暴权社会,哪个时间以后是君权社会。因为暴权社会中有部分君权社会感觉,而君权社会中也有部分暴权社会感觉。与此相同,君权社会的末期与强权社会的初期也是两种社会历史感觉相互交融的时期。强权战胜了君权,不多时君权又复辟了，后来强权又一次打败了君权，反反复复。因此，社会形态的演变，不是一下子完成的，而是一点点过渡、一点点变化的。

从暴权社会的死胡同里闯出来，历史的车轮按照历史发展的客观规律通常是要首先进入到君权社会路口中的。一旦进入君权社会路口，社会就会被封闭在君权社会的圈子里旋转，有的时候能转上几十年，有的时候能转上几百年。但不老实的历史车轮总是会从封闭的君权社会的死胡同中跳出来，重新来到"三岔口"，围绕着"循环岛"寻找方向，寻找下一个历史目标。通常它每次都会路过强权社会的路口，但由于人性恶的一面总是得不到抑制，这也许与人们缺乏理性有关。因此通常比强的方法都是使用暴力，所以社会总是错过强权社会的路口而又进入到暴权社会时代。每次暴动，每次起义，每次战争，都是这一历史复归的写照。但暴权社会是个死胡同，别无他路可走，故而每次战乱之后又要回复君权社会，这样反反复复不知在历史的魔盘中转了多少圈、重复了不知多少遍。历史发展的规律毕竟是规律，从君权社会的死胡同里走出来不可能总是错过强权社会的路口。随着社会的进步，随着人类理性的完善和升华，进入强权社会路口的机会不可能总是错过去。于是英国首先跨进去了，随后法国也跨进出了，再后美国等国家也都先后进入到强权社会。

○ 不同的社会形态"自转"的周期不一样

三种社会形态，这种作封闭性旋转其周期是不相同的。就其稳固性而言，君权社会"自转"的周期是相对长久的，暴权社会通常打个十年八年的战争就算不短了，而君权王朝的统治周期常常能维持几百年。但君权社会"自转"的周期比起强权社会，又是较短暂的。君权社会"自转"几百年有时才几十年后就会被甩出封闭的圈子，进入"循环岛"的轨道，进入到暴权社会的圈子中去，等到再甩进君权社会中的时候，一切都得重来。所以我们看到的中国历史为什么会出现这么多的朝代。

在三种社会形态中，强权社会"自转"的周期是相对最长久的。

但是它同暴权社会和君权社会一样，同样是一个封闭的死胡同。其最终的结果是早晚还要被甩到"循环岛"的轨道上来，又绕回到暴权社会的路口处。二次世界大战以前，德国已经从君权社会进入到强权社会，但希特勒的上台把德国引向"循环岛"的轨道上，进入到君权社会，待政权巩固之后，又把德国引向"循环岛"，并且躲过强权社会路口，直接把德国带入暴权社会，这前前后后才用了多少年？可见强权社会也不是天堂，它同样是一个封闭的死胡同，随时都有爆发暴权、复辟君权的可能性。

如今最文明、最发达的美国，据说人人崇尚暴权，谋杀、强奸已成家常便饭；而且全国人民人手一枪，连学生上课，书包里都装着凶器用以自卫。任何一个人都担心成为暴权的受害者，于是所有的人都时时刻刻把手放在枪柄上，在"先下手为强"的强权理念支配下，恐他人为先而首先扣动扳机，以首先损害他人甚至伤害他人来达到保护自己的目的。除此之外，在国与国、民族利益与民族利益的关系上也是如此。美国的航空母舰在世界各地到处游弋，辉耀武力，巡航导弹一次又一次地将某个国家的军事及其它设施毁于一旦，多少平民死于非命。这样一来，不知已经在强权社会中"自转"了200多年历史的美国，离进入暴权社会还差多少时间？我不由得为美国的历史捏了一把汗。

○ 当今世界就是在"循环岛"中玩着捉迷藏

面对着"三岔口"和"循环岛"，我仿佛看到无数个国家正在这历史的"百慕大"里玩着捉迷藏的游戏。大部分国家都从暴权社会的死胡同里逃了出来，但是却陷进了君权社会的魔圈中。还有一些发达国家很幸运地进入到强权社会的魔圈中，尽管比起"暴权魔圈"和"君权魔圈"要先进得多，但是强权社会也不是人类的天堂，它也是一个封闭性的死胡同，正因为它无路可走，所以这历史的车轮随时都有可能被甩进"循环岛"的轨道，甚至又跌进暴权社会的深渊。因此，人类社会历史的车轮不管进入哪个历史的路口，都是一种痛苦的选择：

——进入暴权社会的路口里，社会已有的一切秩序将被打乱，社会就要动荡不安，起义、暴动、军事政变、恐怖主义、军阀割据，打砸抢、匪患、黑社会、国家分裂等等暴权现象，使整个社会人与人之间的权力关系被鲜血染红。

——进入君权社会的路口里，社会就要失去公正和自由，世袭制，极权独裁，一言堂，揪辫子、扣帽子、打棍子、整人、索贿受贿、官官相护、红眼病、大锅饭、愚忠以及腐败等君权现象，使整个社会人与人之间的权力关系被各式各样的"主义"、"宗教"所束缚。

——进入强权社会的路口里，社会就要异化，拜金主义、享乐主义，自由主义，欺诈，强制，贫富悬殊以及霸权主义等强权现象，使整个社会人与人之间的权力关系完全被金钱熏黑。

虽然社会历史的车轮越走越文明、越走越进步，但不管哪一种社会形态都有其缺陷和弊端，都摆脱不了这个历史的大魔盘，因此都始终面临着危机，灾难随时都有可能降临。

看一看中国4500年的君权历史，一朝朝，一代代，多少次起义、暴动，多少次政变和篡权，多少次革命和专政，都在使历史的车轮绕过来、绕过去，使中国的社会历史白白地耗费了多少人力物力，白白地浪费了多少宝贵的时间，使中国的历史车轮总是在暴权社会与君权社会的圈子里徘徊。难怪孙中山先生早就指出"中国向来没有为平等自由起过战争，几千年来历史上的战争，都是大家要争皇帝，每次战争，人人都存一个争皇帝的思想……所以中国的革命，至今没有成功，就是因为做皇帝的思想没有完全铲除，没有一概肃清。我们要把这种做皇帝的思想完全铲除。"[33]人人都有敬畏君权的思想，便人人都有争当君权者的思想。不见得人人都想当皇帝，但人人都想做官的道理其实都是一样的。

这不能怪皇帝，皇帝在这"三岔口"处迷惘，也不能怪官吏们，臣

---

(33)孙中山选集（上卷）.人民出版社.1956，页701。

子们在这"三岔口"处也迷惘，更不能怪百姓们，百姓们在这"三岔口"处更是糊糊涂涂了。怪不得这历史的"百慕大三角区"魔力太强，谁也想不出逃出这魔圈的方法和方向。因为在这"循环岛"的轨道上，不管人们怎样张望，谁也看不见标明方向的任何标志和路牌，都还以为路口里面就是最美好的地方，都以为那里会给人们带来幸福和希望，再加上那些控制历史方向盘的人总是爱讲一些动听的故事给人们听，所以没有人可以提前明晓是非。只有当人们满怀着希望流着血、流着汗整齐地喊着号子推动着巨大的历史车轮进入到某一个路口里面时，这才刚刚隐隐约约地感到他们到底来到了一个什么样的鬼地方。可是这时已经晚了，历史的车轮是不允许倒转的。

◯ 想跨越历史绝对是空想

按照"三岔口"循环岛理论，我相信任何一个有文化的人都可以用它来判断出某个国家所处的位置，或是暴权社会的，或是君权社会的，或是强权社会的，或是正在围着"循环岛"绕着圈子，即一会儿是暴权，一会儿是君权，一会儿是强权。本来，我是非常愿意将世界上所有的国家都摆在这个"循环岛"画图上一一评析一番的，只是觉得比我明白的人很多很多，为什么不让更聪明的人去做这项工作呢。

但是，我必须在此先劝一声，对历史莫要太悲观了，尽管人们目前还暂时不得不在这历史的"百慕大"里受着历史的煎熬和戏弄，可人类求知探索的天性决定了人们不会总是这样逆来顺受、因循守旧，总是会有人壮起胆子去探索一条新的历史道路。不破旧立新，不打破这"循环岛"的"交通规则"，不去探险铺设一条新的康庄大道，社会历史便没有了希望。

在这"循环岛"中，任何一个岔口都有一个消极文化陷阱，它都能将人们的思想束缚住，引向一个异化的死胡同。这种消极文化所产生的作用，可以影响到社会的方方面面，把社会历史发展的车轮固定在某一个孤岛内，使其难以脱身。

就生产力与文化力之间的关系而言，所谓的文化力，是指某种文化在社会生产力发展过程中所产生的作用力。从其作用的不同效果上看,可将文化力大体分为积极的文化力和消极的文化力。积极的文化力即先进文化力,可起到推动和促进社会生产力发展的作用,例如"文艺复兴"和"启蒙运动";消极的文化力即落后文化力,可起到阻碍和破坏社会生产力发展的作用,例如"焚书坑儒"和"文字狱"。

综观人类社会发展的历史,我们可以发现在所有的社会形态中,都无可避免地会出现某种消极文化力,它直接或间接地对社会生产力发展产生副作用,甚至有些副作用直到今天还没有完全消除。

一、消极文化力的起源及影响

伴随着人类历史的文明起源,在积极文化力促进社会生产力发展的同时,对生产力起阻碍作用的消极文化力也不可避免地出现了。大致说来,产生于夏以前的巫觋文化以及后来发展而来的祭祀文化和礼教文化,就是当时消极文化力的代表。巫觋文化的主要表现,就是人们对大自然的求索被锁定在巫术和占卜的范围内,使得人们事事以一种迷信状态听任使之;祭祀文化的主要表现,就是人们对生命的探索被锁定在崇拜图腾的范围内,使得人们事事以一种愚昧状态祈求神灵保佑;形成于周朝、后被孔孟之道"发扬光大"的礼教文化的主要表现,就是人们对社会生活领域的探求和总结,被完全压制在"君君臣臣、父父子子"的等级制度的范围内,使得人们事事以一种臣服、依赖的状态仰仗长者、君者施恩。

如果说,巫觋文化是人们"对地盲目"的产物、祭祀文化是人们"对天盲目"的产物的话,那么礼教文化就是让人们"对人盲目"的产物。相对而言,巫觋文化和祭祀文化如果能够暂时占据一个民族文化的主流,尽管它们属于消极文化力,但也能在客观条件成熟之际即生产力得到有效发展的作用下转变成积极的文化力,就如同龟卜可以逐渐扬弃、改弦更张演化为科学预测,星占术可以逐渐扬弃、改邪归正演化为天文学一样。因为在天和地的面前,人与人都是平等的,每个人都有平等的权利和平等的机会去做探索的工作,创新的概率就会大一些。相反，如果礼教文化占据了一个民族文化的主流，则即使有客观条件促使消极文化力转变成积极文化力，但礼教文化的维护者会在主观上为了自身的既得利益而抑制甚至打击积极文化力，就如同清朝宗室整治"戊戌变法"一样，使消极更为消极。因为在人的面前，人与人就不同了：血统、地位、权力、名声、好恶等等，到处都可以"使绊子"，"说你行你就行，不行也行；说你不行你就不行，行也不行"。于是，创新的概率就会小很多。"李约瑟难题"其实并不难，从消极文化力的起源及其影响上就可以找到它的答案源头。

巫觋文化、祭祀文化和礼教文化所带来的直接后果，就是使人们不思进取、逆来顺受、听天由命和无为思想的惰力文化蔓延开来，阻碍了人的智力开发，大大地降低了人们的创新力，从而极大地束缚了人们对未知领域的科学探索。这些消极文化力，它们虽然盛行于平权社会和暴权社会的一段时期内，但一直到了君权社会时期，它们的余风仍然不减，变相"品种"还偶而猖獗，甚至至今尚有其残迹。

二、消极文化力与社会形态

消极文化力在任何一种社会形态中存在的形式是多种多样的。但经过分析，我们从社会历史发展的总体上，将消极文化力的突出表现归纳为四种。即：惰力文化、暴力文化、权力文化和财力文化。在一般情况下，任何一种社会形态中都会有一种为主的消极文化力，它可以成为主流，在消极文化力之中占据着主导地位。

在平权社会形态中，消极文化力占主流的是惰力文化，这是由当时的生产力发展水平的客观情况所决定的。产生惰力文化的主要原因，是人们当时完全受制于大自然，人们了解并改造大自然的能力极其低下。随着生产力的提高，惰力文化逐渐失去主流地位。

平权社会后期，由于各个氏族部落之间社会关系失衡，在没有公平的社会裁决的情况下，暴力成了可以论成败的英雄，致使暴力文化成为暴权社会形态中占主流的消极文化力。由于暴权社会使人人都处于动乱之中，谁都没有安全感，于是人人都思安定。尤其是当国家实现了统一后，为了巩固政权，国家会加大治理的力度，通过制订法律来规范人们的行为，维护社会秩序，从这时起，暴力文化就逐渐失去主流地位，君权社会便进入了历史的轨道。

历史发展到君权社会阶段，权力文化便成为消极文化力的主流。君权社会的一大特色，就是所有会做"大买卖"的聪明人都把捞取个一官半职作为一项重任，至少要和那些有权力的政府官员搞好关系，一旦成功便荣华富贵。当官掌权，成了人人的志向；与官攀亲，成了人人的向往；为官效力，成了人人的理想。不过，随着社会生产力的提高，权力文化也必将走向没落。可以这样说，什么时候财力文化从整体上完全取代权力文化成为消极文化力的主流，这就预示着君权社会的真正灭亡。

强权社会阶段，货币充当了经济交往的主角。这个时候，不管是投资开办企业，还是参与市场消费，要的都是实实在在的货币，有了足够的货币，才能成为开办企业的本钱，才能在琳琅满目的商品面前随心所欲地挑选自己所爱。这一时期，即使不可以说是"金钱万能"的年代，但至少可以说是"没有钱万万不能"的年代。由此，财力文化必然要对经济社会产生副作用，在某种程度上会破坏社会和谐，甚至造成社会动荡。

对消极文化力与社会形态之间内在联系的分析，将有助于我们根据不同的社会发展阶段，准确地抓住影响社会生产力发展的主流消极文化力，抓住主要矛盾，采取有针对性的措施，更准确地"对症下药"，有效地发挥积极文化力即先进文化力的作用，抵御消极文化力的影响，使社会生产力得到最快的发展。

三、消极文化力的突出表现

在不同的社会历史阶段所形成的社会形态中，都会不同程度地存在着各种各样的消极文化力。不过，就社会历史的正常发展过程来看，这各种各样的消极文化力综合在一起，它所起到的副作用，仍然无法从整体上抵御整个社会生产力的正常发展，只不过它有时逞一时之能，暂时阻碍生产力的正常发展而已，最后它终将会被社会生产力发展的洪流所淹没。

然而，文化是无法阻断的，它往往具有"遗传性"。消极文化力也是如此。在一个特定的历史时期，几种消极文化力会综合在一起向我们袭来，对防范任何一种消极文化力都不能放松警惕。

惰力文化，是指平权主义社会形态中所形成的不想改变旧的生活和工作习惯的文化感觉倾向。它的主要表现形式是：因循守旧的无为思想，不思进取的保守观念，事不关己的放任态度，排斥异己的工作作风，胆小怕事的处世习惯，人云亦云的跟风风俗。惰力文化所造成的后果是，它使人的智力活动变得懒惰起来，抑制了人的创新能力，在新事物面前人人自危，谁也不敢"越雷池一步"，导致社会风气消沉、懒散、桎梏、闲逸。惰力文化阻碍生产力发展的"至理名言"是："先出头的椽子先烂"、"人怕出名猪怕壮"。

暴力文化，是指暴权主义社会形态中所形成的对待不同的意见惯用强制手段进行压服的文化感觉倾向。它的主要表现形式是：弱肉强食的霸权理念，欺弱怕强的处世哲学，以暴取胜的为人心态，视暴为尊的盲从心理，急功近利的暴躁性情，自暴自弃的消极行为。暴力文化所造成的后果是，它使人的智力活动和创新能力均偏向地为暴力活动服务，不能做到这一点就会遭受毁火性的打击，出现智力和创新力的异化，谁都认为"枪杆子里面出真理"，导致社会风气紧张、恐惧、无序、仇恨。暴力文化阻碍生产力发展的"至理名言"是："胜者王侯败者贼"、"顺我者昌，逆我者亡"。

权力文化，是指君权主义社会形态中所形成的人们过于求乞、依赖政治权力的文化感觉倾向。它的主要表现形式是：倾慕权力的社会氛围，攀权为贵的精神寄托，执权唯上的诡诈权术，官官相护的混沌体制，推诿避实的为官道术，寻租腐败的肮脏伎俩。权力文化所造成的后果是，它使人的智力活动和创新能力均偏向地为谋权和保权活动服务，不能做到这一点就会遭受排挤，出现智力和创新力的蜕化，谁都渴望"有权就是娘"，导致社会风气腐化、虚假、阴险、沮丧。权力文化阻碍生产力发展的"至理名言"是："有权就有一切，无权就丧失一切"、"有权不使，过期作废"。

财力文化，是指强权主义社会形态中所形成的人们过于求乞、依赖金钱的文化感觉倾向。它的主要表现形式是：金钱至上的拜金风潮，享乐主义的人生价值，不择手段的谋财恶作，营造虚荣的奢侈浪费，花钱似水的消费攀比，鄙视穷人的豪贵气焰。财力文化所造成的后果是，它虽然用"一只看不见的手"激发了人的智力和创新力，但对社会的平等造成极大的损害，极易导致一部分人为求财而铤而走险，甚至还会在特定的情况下引发"革命"，促使暴力文化抬头。与此同时，它还对大自然平衡造成损害，过度地消耗和浪费，都会使大自然反过来"报复"人类，最终造成对生产力的破坏。在"笑贫不笑娼"的驱使下，导致社会风气糜烂、浮躁、空虚、妄想。财力文化阻碍生产力发展的"至理名言"是："有钱能使鬼推磨"、"有理无钱别进来"。

虽然社会得到了空前迅速的发展，但是，这四种消极文化力仍然会不同程度地潜伏在社会的身边，稍有不防，就会突然袭来，令我们措手不及。

2-14 集权社会的发展方向

○ **我又发现了一个"新大陆"**

若要摆脱"循环岛"的迷惑，逃出历史的"百慕大"，就要找到一条新的道路。

站在"悬崖峭壁"上我寻视了很久很久……

"你在干什么？"很多人都用宅异的眼神看着我，这包括我的父母和亲威、朋友。还有人建议我去搞个什么"心理咨询"，好像我得了精神病似的。周围的人都不理解我。我却总是执着地想方设法弄清楚"循环岛"的原因所在。

当人们都还穷得叮当响的时候，人们寻视的是什么？那肯定不是理想什么的，除了金钱以外还能有什么？当人们的眼光全都一统地向"钱"看的时候，我却在黄昏以后脸朝着东方看日出。

——是啊，不同的寻求、不同的目标，他们怎么能理解我呢。

我在找什么？我是在寻找人类社会发展的方向和其所应走的道路；我在寻求人类最高理想的社会，必须要保证那不是海市蜃楼般的空想。

至今为止，寻遍了世界上的各个角落，还没有发现一处现成的画面可供我临摹，只是隐隐约约地经常听到无数只喜雀在歌唱，唱得是那样的好听，但听起来总是那样地让我厌烦，可有时偶尔唱得确实动听的时候，还真有点催人泪下……

从平权，到暴权；从君权，到强权，社会权力关系的转换体现出一条最基本的规律，那就是：整个社会历史的过程，是一部分人为了享受到更多的权利和权力而想方设法、不择手段地去剥夺或侵害他人的权利和权力，使得一部分人享有特权而另一部分人丧失人权。在这以后，那些被剥夺或被侵害的人为了取得本来就应该归属于自己的权利和权力，不得不与那些享有特权的人进行一场场争权的战斗，这样一场在人的权利和权力上的剥夺与反剥夺、侵害与反侵害的持续不断的争权斗争，构成了整个社会的历史。这种循序渐进的争权斗争的结果，必然要以一种大家都有权可享、又都避免被侵害这样一种权衡的局面为终结。否则，一天也不得安宁。

这样一种使所有人都有权可享，谁也不享有特权，由此谁也不会遭到侵害的社会，它就是我所看到的民权主义社会。

民权主义社会在其发展过程中，必须经历两个阶段：第一阶段即强权主义社会，第二阶段即集权主义社会。这是实现民权主义社会无法绕开的历史征程。判断一个社会究竟属于哪种感觉形态，就看其各种社会感觉中，哪一种社会感觉的指数占主导地位，这里不需要"特色"二字，因为只要用了"特色"，那就绝对称不上"主义"了，这应是最起码的逻辑常识。

○ 别把"集权"与"极权"弄混了

"集权"，不是"极权"，更不要理解成"中央集权制"。封建君权主义的政治权力关系体系和经济权力关系体系的基本特征不是"集权"，而是"极权"。即：君权社会时期的每个当权者在自己权力范围内所享有的特权是"顶极"的、至高无上的。其来源都是上方的特权者授予的，或是篡权的，而不是民众集合权意授之的。最高的特权者其权限是最极端的、无人可比的。因而君权之权绝不是"集"权而来的。过去人们常说的或是中国大陆课本中所写的封建主义"中央集权制"，那是与事实不符，且是对封建君权主义最无耻的美化。正确的定义应该是"中央极权制"。

什么是集权？集，集合而来；凡称得上"集"的，那准是由众多的个体性的东西自愿汇集、聚集在一起形成了一种整体性的东西。能"集"而来，并不排除不"集"而去。我们到集市上赶集的时候，不是听任某个长官的行政命令而活动，而是任由我们自己对某一物品是否需求、是否感兴趣而前往。运动在集市上，谁也不能剥夺谁的权力；而且少了谁，都不妨碍集市照样开下去；多几个人、少几个人，集市照样是集市。但是，如果大家都渐渐散去，摆摊儿的都收摊了，大街上空空荡荡了，集市就没了。如果我们三三两两地站在当街上喊道"我们还没走呢"，证明不了集市没散。

许多原本分散的人或物聚集在一起，这才是"集"的含义。集权就是人们把某种权力内容汇集在一起，比如集资存款什么的。"集资"就是人们把原本分散的、原本都有所归属的经济权力汇集在一起。汇集后的结果并不因"集"而改变原来的构成及属性，即"散"是内容，是根本，而"聚"只是形式，是被前者决定的。所以我们去银行里储蓄存款，把资金"集权"在银行里，储户的经济权力及其经济利益并不因"集"给了银行而受到损害，恰恰首先要得到保护，甚至必须要从这"集权"活动中受益。当某个储户需要用钱了，随时都可以从银行的"集" 中取回属于自己的那一部分，并不因"集权"了而使所有的储户都丧失了收回钱的权力。如果所有的储户果真都不存钱了，都取回自己的那一部分，那么这个"集权"的银行就要关门甚至倒闭了。

集权可不是弃权、让权。老百姓把某种权意转赋授予给某个部门或某个领导人之后百姓们就没有权了，这是不对的。集权者的权意本质是为了从这集权中实现自己的权力意志，获取更多的利益，而不是通过集权使自身的利益受损。

譬如，三个人合资干一个工厂，其原因是因为他们之中无论哪一个人都无最基本的资本实力。而三个人将各自的经济权"集权"在一起，才能使大家都能有回报，都能有收益。这道理再简单不过了。

在政治权力方面，"集权"的概念也是如此。大家都拥护某某当长官，这就是政治集权活动。即把大家的意见集合在一起而达成共识，并且通过举手表决或选举投票等方式体现出来，那么那位长官的权力才能有权享有。大家集权授予给那位长官的目的必定是希望他能给大家带来好处而不是带来坏处。如果哪一天发生了事与愿违的事，大家都反对这个长官了，那就是大家把自己的授权意志改变了，收回了，于是那个长官就应该下台休息休息了。

"极权"就不是这个样子了。大家让那个长官休息休息，可那个长官偏说不累，还要再为民众服务一阵子，就是不放下手里的权力。大家表示反对甚至反抗时，长官就可以用军队、警察来镇压，用刺刀顶着大家的后心逼着人们举起赞同的手、投出赞同的票。当然，这都是赤裸裸地进行的，还有经过伪装的传销式极权，"在极权主义国家里，宣传和恐怖相辅相成，凡是极权主义拥有绝对控制权的地方，它就用灌输代替宣传。"而且，"凡是在极权主义运动取得政权的地方，早在政权开始它的最大犯罪之前，就已经抛弃了"广大民众，"执政的极权主义无一例外地排斥第一流的人才，无论他们是否同情极权主义，使取而代之的是一些骗子和傻瓜，因为他们缺少智慧和创造力，这正是他们的忠诚的最好保障。"[34]可见"极权"带有一种强制性、专政性、蛮横性、霸道性和欺骗性，它不管大多数人愿意还是不愿意，权力都被掌握在长官一个人的手里。"极权"是封建君权专制的一大特色，怎么能与"集权"混淆在一起呢？把某些国家的极权主义说成是"集权主义"[35]，这是对君权社会感觉的最无知的美化！

作为集权社会感觉，早在君权社会、强权社会时期就有萌芽产生。中国清朝时期就有钱庄出现，美国历届总统都是通过全民大选产生的，这都是在某个方面萌芽出来的集权社会感觉。所以，集权主义社会的形成，作为一种社会感觉，它早就孕育在原来的、落后的社会形态中，一点点长大，一点点成熟。一旦时机到了，一旦条件具备了，一旦集权社会感觉已经充满了、或者基本充满了社会形态的时候，强权社会的灭亡和集权社会的形成便不可阻挡。

集权社会是民众觉悟、开始享"有"的社会。强权社会初期，民众虽已"争有"，但"资本"总是由一"家"或几"家"操持着。随着集权社会感觉的形成，民众开始理智地与"资本家"争有了。在这"争有"的过程中，越来越多的民众由"黑领"到"蓝领"再到"白领"，民众的经济权力能力越来越强，强到了可以加入"资本"的行列。于是我们就可以从那些文明的、发达的强权社会国家里看到"资本"在不断地扩展、兼并、联合，规模越来越大，参与的人越来越多。这样一来，"资本家"已经不是"家"的意义了，发展为"资本公司"、"资本集团"。在这个"资本"的集权中，过去的"资本家"和过去的"工人"，到现在已经越来越看不出"质"的差别来了——都成为股东。

如果说，过去资本家因为"有"而被定义为"资产阶级"，工人

---

(34)［美］汉娜·阿伦特著，林骧华译：极权主义的起源.生活·读书·新知三联书店.2008.译者序，页12。

(35)参阅丁云本等：社会主义集权政体的形成与演变.春秋出版社.1988。

因为"没有"而被定义为"无产阶级",那么这个"质"的差别,即:"有"与"没有"是多么的鲜明。可是现在,"工人"们也"有"了,甚至"有"的还很多,不但有的有产,而且有的还有"资本",买了企业的股票,成了企业的一名股东。于是质的差别就转化为量的差别,即他们都逐渐地成为"资本"的主人,只是股权有多有少罢了。这样一来,社会的发展使人民的生活水平日益提高,人民的经济权力能力越来越强,人民不但都有产了而且都"资产"了,也就都成了"资本家"了。既然都成了"资本家",也就使"资本家"这个概念失去了时代的意义。因为如果所有的人都成了"资本家",谁剥削谁呢?都是"剥削者"同时又都是"被剥削者",岂不是笑谈!

○ 国家将演变成最大的"股份公司"

集权社会时代的经济权力关系结构就是使所有的人都具有经济权力能力——说明白一点就是使所有的人都有钱,有相当富裕的钱。这钱不仅仅是用来消费,而是有一大部分用于参加到"资本"的行列中。凡是与生产资料有关的"国有企业",其资本的投入那都是民众大伙的钱,民众是这些"国有企业"的股东。它不是名义上的主人,而是事实上的主人,因为这个"国有企业"的总资产,恰恰是与民众投资资本的总额是相等的,是一个经过科学量化了的集权形式。

在集权社会时期,"国有"的一切东西都不是国有的,而全部是民有的。这种"有"都能够量化到每个股民身上,让所有民众都确确实实地"有",而不再是名义上的"有"。但是民有的很多东西出于大家的需要有时必须集权在一起,这便是"集体所有制"。很多的集体之有出于所有集体的需要又集权到一起,形成了更大的有,这才上升为"国有"的性质。

总之,"国有"是民有的集权的结果,而不应出现这样一种荒唐的状况——国家什么都有,并且有人唱歌说这是人民的,但问到具体的每个人——"到底哪些东西是属于你的?"时,却人人都摊开双手说:"老实讲,我一无所有。"

集权社会就是使民强、使民有的阶段。有什么? 当然是指有权,既有经济权,又有政治权。集权社会的政治权力关系结构就是所有的人都具有政治权力能力——说明白一点就是使所有的人都有权。这权不仅仅对管别人有效,而且最重要的是,它还体现为对那些专门管人的人也是有效的。不管是在他们投资的企业里还是在他们所处的社会中,他们都能确确实实地行使权力,如选择权、发言权、出版权、监督权、批评权、报道权、罢免权等等。所有那些享有政治权力的人,他们手中的权力也都应该是量化了的产物,即: 他的权力是怎样集合起来的,有百分之多少的人投了赞成票? 有百分之多少的人投了反对票? 还有百分之多少的人投了弃权票?•这权力的集合让人一目了然,心服口服,而不是由哪个"伯乐"或几个什么"代表"所炮制的。

○ 集权社会的任务之一: 消灭无产者

集权社会阶段是人类社会最后冲刺的阶段,是逐渐地、彻底地消灭特权的阶段。不但要消灭经济上的特权,还要消灭政治上的特权。与此同时,人类需要消灭的还有盲权主义、愚权主义。有趣的是,伟大的"无产阶级"其革命的最终目的,就是要消灭阶级、消灭特权,消灭"无产者"——直截了当地说,就是要消灭贫困,使得人人脱贫,使得人民——所有的人都有产;不但都有产,而且个个都是"资产者"。

集权社会是在权力来源于"赋集"的前提下,使国家的"政令统一"、"司法一致"的阶段。经过强权社会的反复磨合,参差不齐的地方法规、地方习俗和传统,以及"地方保护主义"等等一切带有地方色彩的东西,都在集权的浪潮中被聚集在一体,经过重新的搅拌之后形成了为全民所共识的社会"标本"。任何一个方都必须按这个统一、一致的"标本"去贯彻落实。甚至这种集权的倾向还会逐渐地跨越国界: 有属于经济权内容的,如跨国公司联合、兼并等;还有属于政治权内容的,如对人权观念的宣传和传播等。为了保证集权的有效性,国家除了颁布统一的法律以外,还必须实行"垂直领导"、"垂直负责"制。

以往，国家"垂直领导"的集权化很容易被人们误解成封建主义的"中央极权制"。不可否认，很多的封建王朝确实都曾搞过"垂直领导"。没有这些"垂直领导"，就没有中国文字的统一，就没有中国度量衡的统一，就没有中国货币的统一，也许就没有现在中国的统一。很多的封建王朝之所以有时长命，恰恰是沾了"垂直领导"的光。它们的"垂直领导"的基础是"极权"，而不是"集权"。希特勒以暴力企图统一欧洲其目的是极权，而如今"欧元"的发行是欧洲各国集权的产物。当然，这种集权不能仅仅依靠货币来完成，在政治体制、经济体制、文化传统等方方面面也应该同步地实现集权，才能确保"欧元"的生命力，否则，集权的道路会步履艰难。这是因为，利己主义和民族主义会干扰这一集权的进程，甚至会起到消极的作用。

"垂直领导"是一种先进、有效的管理方法，就看它被谁利用了。被极权利用，则封建君权势力就猖獗；被集权利用，则民国共和的政体制度就有了保障。如果不实行"垂直领导"，各地方各行其事，政令不符，法治不一，国家岂不是要走向"割据"？尤其是当某些地方实行"地方极权制"的时候，它比"中央极权制"更有害，它会使国家走向分裂，走向战乱。

如果我是一个被统治者，而且在"极权"统治面前暂时还没有别的选择的话，那么，我宁愿接受"中央极权制"，也不愿意看到"地方极权制"。这是因为，选择后者除了要冒被专制的风险之外，还要冒各地方之间因权力关系不协调而爆发内战的风险。在美国的历史上发生的"南北战争"就是一个血淋淋的鉴证。从这一教训中，后来美国所加强的不是地方自治的权能，而是越来越集中地加强了联邦的国家管理监督权能。

关键的问题，是应该想方设法用"集权制"代替"极权制"。"集权制"的根本，是还权于民，是"三权归一"。对此，我们将在后面详细阐述。

总之，所有研究历史的人都不要搞错了：误把"集权制"当成"极权制"来讨伐。"极权制"才是封建君权主义社会的政权本质，而"集权制"则是民权主义社会的初级形式。二者不能混为一谈。它们之间不是相同的，甚至是根本对立的。

○ 世界不会统一，但会集权一体化

国家内部事务也好，国际事务也好，都必须有统一的、趋向于集权的管理标准。"关贸总协定"就是在经济权上制定的国际化标准；《公民权利和政治权利国际公约》就是在政治权上制定的国际化标准。社会的发展会不约而同地向集权化迈进。谁不融入到这个浪潮中，谁就会被历史无情地遗弃。"一体化"将为"集权化"铺平道路。

展望未来，能源的开采将会出现国际集权化，航空和海运将会出现国际集权化，宇宙空间开发将会出现国际集权化，军队、法律、货币，也会向国际集权化迈进。人们将会发现，集权主义社会的很多社会感觉慢慢地渗透到社会的各个领域，在社会感觉形态的"试管"中，社会感觉将会朝着集权社会感觉的方向流动上升。

不管你愿意还是不愿意，所有的国家都不得不朝着集权主义社会的方向前进，但是，在特定的历史时期，由于国与国之间的竞争的缘故，有些国家会反其道而行之，实施单边主义，反对多边主义，这种情况有时是难以避免的。不过，从大趋势上看，单边主义无法持续长久，害人损己，两败俱伤，最后不得不返回到多边主义的道路上，否则的话，这个国家就会被逐渐孤立了。由此也可以看出，集权社会是一个漫长的历史阶段，是有一个反反复复过程的，这是社会感觉的发展规律所决定的，是谁也阻挡不了的。

集权社会在人类历史上是一个相当漫长的历史阶段，是一个使社会经济权力关系中穷人和富人逐渐向一起聚集的阶段，是一个使社会政治权力关系中"权多方"和"权空方"向一起汇集的阶段；是一个使社会的权力意志中的强者和弱者缩小差别，人人争强但不欺弱，反而扶弱助强的阶段。在这个阶段中，尽管可能在工农之间、城乡之间，脑力劳动与体力劳动之间还会有某些差别出现，但这差别被有效地控制在"量"的差别上，而不具有"质"的意义。同时这种"量'的差别与人的权力能力上的差别成正比，差别得让人心服口服，合情合理，而不会再出现一方坐着豪华轿车、另一方却光着脚进行赛跑的情况。通过集权，使能力最差的人也能得到最基本的保障。

集权社会是强权社会的正确发展方向。只有使历史的车轮进入到集权社会并向民权社会过渡，才能避免社会倒退，避免社会进入到强权–暴权–君权三种社会感觉形态轮回的"循环岛"中。

集权社会最根本的任务，就是要消灭阶级差别。消灭阶级差别就是消灭特权阶级与无权阶级之间的差别。集权社会最终还要消灭阶层差别，实现民权主义社会。

民权主义社会是在我们这个地球上人类最理想、最美好、最进步、最高级的社会阶段。

2-15 民权社会形态

○ "革命"就是暴力，就是革人的命

在中国近代史上，孙中山先生早就提出过"民权主义"，他说：要实行三民主义的"真正的'全民政治'，必须先有民治，然后才能够说真有民有，真有民享。……真正民治，是要兄弟所主张的民权主义。"[36]孙中山曾经把人类历史的进化，在民权主义社会之前分为四个时期：第一个时期是人与兽争，不是用权，是用气力。相当于我所说的平权主义社会时期。第二个时期是人同天争，是用神权。相当于我所说的暴权主义社会和君权主义社会时期。第三个时期是人同人争，国同国争，民族同民族争，是争特权争霸权。相当于我所说的强权主义社会时期。到当时的第四个时期，是国内相争，人民同君主相

---

(36)孙中山全集.第3集.上海三民主义公司版.页220。转引自《孙中山研究论文集》上卷.四川人民出版社，1986，页650。

争。在这个时代之中，可以说是善人同恶人争，分理同强权争。[37]人们追求及社会发展的大方向应是民权主义社会。

新中国成立后，好像人们不大提"民权主义"了，经常说的是"为人民服务"。谁为人民服务？当然是指"公仆"们，指那些掌有各级政治权力的人。人民不用动脑，不用动口，不用动手，躺在床上就能够得到最优质的服务，得到各种各样的有如儿女孝敬父母一般的侍候，还要什么"民权"干嘛用？这也许是不再谈论"民权主义"的缘故吧。可人们不要被蒙蔽，问题就出在这里：民权主义的主角是民治，权力在民手里，民众享有主动权，而"为人民服务"的主角是"公仆"，权力在"公仆"手里，"公仆"享有主动权。所以民权主义要比"为人民服务"更真实，更可靠，更能真正使民受益。

我在这里所阐述的民权社会，与孙中山先生提出的"民权主义"不完全是一回事。在封建君权统治和"帝国主义"强权国家侵略势力"两座大山"压迫的历史条件下，在官僚、地主、资本家对广大农民、工人残酷压迫和剥削的历史时代中，"民权主义"所具有的最核心的任务当然是政治暴力革命。没有政治暴力革命，不刀对刀、枪对枪地拼个你死我活，国家和民族想独立，人民想推翻封建君权社会统治那是根本不可能的。在那样一种谁也超脱不了的历史局限性中，谁不把"革命"放在首位？故而，所有后来发生的类似"民权主义"这样的政治革命，都难免变成了事实上把目的当成了手段的"革命"。

民权主义社会，也许是当初的那些"民权主义革命"的最终的革命目标。任何一次"民权主义运动"和"民权主义革命"都无疑地将历史向着民权主义社会又推进了一步——仅仅是离着那个理想的目标又近了一些，不可能一下子达到。有时还事与愿违地又远离了一些。这是因为，民权社会绝不是靠"革命"建成的；绝不是靠"革命"能够建成的。

---

(37)孙中山选集·民权主义.人民出版社.1981，页668。

民权社会的所有人恰恰都应是反对"革命"的。革命、革命，就是革人的命，"就是一个阶级推翻另一个阶级的暴力的行动"。不是特权者革了无权者的命，就是无权者革了特权者的命；一旦无权者革了特权者的命，那么必然会有一部分无权者因革命有功而摇身一变又成了新的特权者。于是不得不再来奋斗、再来革命。难怪孙中山先生曾感慨地说："中国向来没有为平等自由起过战争，几千年来历史上的战争，都是大家要争皇帝，每次战争，人人都是存一个争皇帝的思想。"

翻开历史书看一看，不管是哪次"革命战争"、"革命运动"，这"革命"二字总是与暴权、专制紧密联系在一起。只不过有的是"正义"的，有的是"非正义"的。正义的也罢，非正义的也罢，都离不开暴力，都离不开杀人，都离不开暴政。暴权必然要导致专制，专制又必然使君权主义产生，因此每次"革命"总是让历史从头来，重复了不知有多少遍！

每次"革命"，又都是历史的必然。享有特权的人死抱着特权不放手，无权者为了夺回本应属于自己的人权拼命去争权，在这种情况下，不使用"革命"手段，好像谁也想不出什么别的好办法。西方强权社会国家中曾出了个什么走"议会革命"道路之说，那其实已经根本称不上"革命"了，而是集权感觉的选举制度萌芽。

○ 民权社会的基本特征

我们可以看到，孙中山先生的"民权主义"思想已经开始构画出民权主义社会的轮廓，并且在很多方面指出了民权社会的某些基本特征。最具有伟大意义的是，孙中山并没有被一些当时先进发达的强权社会的民主制度所迷惑，在强权社会"杂粮"中，把"议会制度"等还未熟透了的稻米粒非常准确地挑出来放到了集权主义"间接民权"的米袋子中，进而提出了民权社会的"直接民权"学说。

所谓"直接民权"是指：人民具有选举权、罢免权、创制权、复决权这必备的四个权。

选举权是人民选举官吏和被选举的权利和权力，是废除以财产为标准的普遍选举权。

罢免权是人民撤换贪赃枉法的不能代表人民利益的官吏的权利和权力。

创制权是人民以公意创立各种法津法令而政府必须执行的权利和权力。

复决权是人民废除和修正政府所制定的不利于人民利益的法律和法令的权利和权力。

孙中山先生认为，只有当人民真正具备了上述这四个政治权，才算是充分的民权，才算是彻底的直接民权。

纵观世界所有国家，没有一个能使人民真正享有这四个权。倘若可以给予人民的，也只是权利而不是权力。即名义上好像享有这样的、那样的权利，而实际上什么权力也没有。但是，从君权社会到强权社会，人民可以实际享有的权力越来越多，这毕竟是历史的进步，也是历史的必然。

强权社会在向集权社会转化的过程，就是民强的过程。不但经济权强了，政治权强了，其它权也强了。经过集权社会漫长的发展，到了民权主义社会时期，人民不但可以在政治上享有一切直接民权，而且最重要的是，人民在经济上，物质需求上也享有最彻底的民权。现在虽然还不能够准确地把民权社会各个方面的具体特征都事先确定下来——确定得越具体，就越有可能成为空想，但它的最基本的特征是应该与以下的一些社会感觉现象相符或接近、类似的。

一、当官的差事就如同无偿献血

在人们的意识中，当"官"成了一种负担。每每到选举的时候，人们都揣测不安，唯恐被多数人选上而不得不当"官"。因为民权社会时期，官没有自由，为官者处处都要受到民众的监督；官也没有民实惠，凡官上任，必先在他的辖区内放弃所有与经济利益有关的股权什么的，乃至连他的亲属也必须按惯例"迴避"，躲开所有的是非之地。官与民的"平等"关系与现在相比倒了个,为官者是名副其实的公仆,对人民的服务不得有一点怠慢,否则就要遭到极其严厉的处罚。所以,不说是谈"官"色变,也是都恨不得让给别人去当。于是今后的宪法修正案中就不得不增加一条新内容:"当官是每个公民的义务,一旦被推举就不得弃权。"

二、每个人的账本就是人事档案

每个人都有自己的独立的银行账户,不是等到18周岁,而是从一出生时就同他(她)的"户口本"一块办妥了。社会福利部门将按规定给予"补贴投资"对所有人都是一样数额的,确保他们站在一条"人生起跑线"上。待他们长大成人以后,他们要靠自己的才能去劳动、去工作、去创造、去发明、去获得相应的报酬,并且要按一定的比例给"国家"纳税,用纳税额一点一点地偿还"补贴投资"。银行中的账户记录了人一生的成长过程,并体现出一个人的人生价值。一个人一生中所有的支出,所有的所得都清清楚楚地记录在账上,每个人的账目就是他(她)的档案,就是他(她)的自传。当然,继承和赠予什么的,都被视为非法。而且人们都达成了这样一种共识,不是自己血汗得来的是最可耻的。于是,出生早的和出生晚的;出生在"穷"家的和出生在"富"家的,他们都是绝对平等、公平地站在同一起跑线上。

三、女权高于男权

出生的孩子不再姓父姓,而大都是姓母姓。生孩子已被当成一种义务规定在法律中,凡生孩子的母亲都会得到社会福利部门的补助奖金。男人与女人之间,爱情多,但婚姻少。单身集体公寓——每个单身者都有自己独立的居室和活动空间,同时又有集体活动场所和服务设施的楼群遍布城市和城镇。养老院不少于幼儿园。

四、"信用卡"几乎取代货币

几乎不再使用货币,而是每个人都有一个"信用卡"。商店及各种服务场所均实现了与银行计算机联网,人们可以持"信用卡"购买自己所需要的东西。"信用卡"就是身份证;身份证就是"信用卡"。

民权社会时期虽然基本上没有了货币，但商品经济、市场经济仍然是经济结构的组成部分，因此创造剩余价值和创获价值剩余[38]，使社会的财富不断增长，仍是民权社会始终保持的经济目标之一。

五、再不用为裁军进行谈判

"国界"失去了本来的意义被淡化，只不过是一种不同区域的表示，就如同我们中国人从这个省市到达那个省市一样，人们可以自由往来，不受任何限制。同时准军队消失了，没有了存在的意义，但警察、法庭、"监狱"仍然存在。

六、"百花齐放，百家争鸣"

各种体育竞赛盛况空前，新闻报道中有关体育方面的内容占的篇幅最大。贪官污吏、官僚主义的内容极少见到——不是不敢报道，也不是不让报道，而是实在找不着这样的典型案例。涉及战争方面的不是科幻内容的就是历史回顾的。除此之外都是那些人们感兴趣的问题公开评议、辩论的话题。

七、高等教育普及

61.8%（黄金分割位）以上的人都接受过高等教育。100%的成年人（从18周岁可能要下降至16周岁）都学习过权的知识。所有的人都接受过不同专业的训练，而且大都"艺多不压身"，同时掌握几门不同的专业技巧和技能。

八、国际学会和社团遍布全球

没有了民族区分，也没有了种族的歧视。很多的部门或组织机构均"国际化"。即：国际学会和社团组织遍布全球。

九、全民公投成了家常便饭

一"国"之内，涉及民生问题的事务无论大小，都会经常地进行全民公投。

民权社会也许还有很多其它有趣的特殊的社会感觉现象，这可

---

(38)张春津：剩余价值与价值剩余. 载于《中国当代思想宝库》. 中国工人出版社. 2004，页1～4。

能只有等到民权社会真正实现了的那一天才能知晓。不管怎样,它肯定会以不同的形式反映出它的本质所在,那就是实实在在的民主,即人民是真正的主人,并且可以通过整个社会中的权力关系反映出人民当家作主这一民权社会的最本质的东西。

○ 喊口号实现不了民权主义社会

民权社会的实现是"渐变性"的而不是"突变性"的,它不是随着我们大家一同叫喊"打倒私有制,实现公有制"就瞬间进入了民权主义社会,更不是把"资本家"打倒在地,把"地、富、反、坏、右"都关进了"牛棚"就使民权社会到来了。民权社会的实现,它的渐变性就有如太阳星云收缩的渐变性一样,那是一个相对其它社会感觉来说更加漫长的发展过程。人民知权而觉悟,人民享权而富有,这总是有先有后、有快有慢的。"先知先觉"的总是跑得太快,"后知后觉"的总是跑得太慢,"不知不觉"的还站在原地没动地呢。怎么能让"先知先觉"者跑得稍为慢一些,在不影响他们为先的前提下使他们愿意伸出手来拉一拉后面的人,尤其是拉一把"不知不觉"者;怎么样能使"不知不觉"者改变被动地被人拉的窘况,而变成主动去竞争,去知权而觉悟,这是一件很不容易的事情。

经济建设必须一点一点地来发展,思想建设那更是需要有耐心。想让"不知不觉"的盲权者都成为"有知有觉"的人,它比搞经济建设来得还要艰难,而且又是更为重要的事情。因此,企图以宣布一声"共和"或者"民主",便想着在一夜之间就使社会历史的车轮一下了就进入到民权主义社会之中,那可真是"天方夜谭"。

正如我在前面所讲过的,民权社会的实现,必须首先经历集权社会的初级阶段,这个初级阶级本身就是一个非常温长的时期,恐怕不是30年、50年就能完成的。它也许要经过几十代人的不懈努力,并且要始终地保持着同一个方向。也就是说,世界上所有的国家,至今都距离民权主义社会还很远很远,大都是处在君权社会正向强权社会过渡的阶段;少数几个国家已经进入到强权社会阶段,但还没有使历史的车轮步入集权社会的健康轨道，甚至个别的强权社会国家很可能会重新跌入历史的"百慕大"，进入"循环岛"的历史误区。

我总是对马克思的伟大赞叹不已，那是早在近200年前，他老人家就已经朦胧地指出了社会历史发展的大方向。但是，他老人家受历史的局限，骨子里把注意力几乎全部都放在了"斗富人"上，因为他的理论所提出的核心主张，有意或无意地引导人们去破坏理性社会的所有合理秩序，倡导"剥夺剥夺者"的斗争哲学，把"斗富人"作为一项社会公理，也就在无形中鼓励了暴权。

不可否认的是，在一国的内战中，在如何"剥夺剥夺者"的问题上，除了使用暴权最直接、最简便、最有效以外，没有其它更好的选择，毛泽东"枪杆子里面出政权"的论断就是对马克思主义者大多崇尚暴权最好的诠释。但是，当一个政权得到了天下之后，"剥夺剥夺者"的斗争哲学便成为暴权的恐怖帮凶，没有任何社会公理可讲，因为"剥夺剥夺者"不认法治和社会理性，只是认谁的拳头硬、手段狠——"抢劫抢劫者"、"强奸强奸者"、"诈骗诈骗者"、"贪污贪污者"……类似这些"革命举措"——以犯罪行为对抗犯罪行为的思维逻辑，都与"剥夺剥夺者"没有什么本质的区别。所以马克思所倡导的"社会主义"，在社会实践中没有一个是长命的；侥幸活下来的，也定是"社会主义"的反叛者或修正者（侥幸生存的通常都是用"特色"二字来修饰），与马克思当初所憧憬的"社会主义"绝对对不上号。

如果说，马克思研究并发现的社会发展规律是以物质的、经济的东西为基础的话（在他老人家所处的那个时代也必须如此），那么我是希望以这一基础为基础，再从更为广阔的方面——从权的本质、权的特征、权的内容、权力关系结构及其社会感觉的变化等等规律上，来进一步系统地总结出新的社会发展规律理论。而这正是马克思"唯物史观"的最大疏漏，他完全忽视了对社会的人的权利与人的社会的权力之区别和联系，以及人性、社会感觉组成及特征的系统分析。

君权社会向强权社会发展，谁也无法阻挡住历史的车轮。强权社会必须朝着途经集权社会奔向民权社会的方向前进，这是历史的客观规律，不以任何人的意志为转移。就是说，强权主义社会即便有时仍会在"暴权社会-君权社会-强权社会"的"循环岛"中徘徊，但从整个人类历史发展的大趋势上看，它没有别的出路，早晚会被民权主义社会所替代。

○ 一个摊儿上卖出的东西不能叫"主义"

事实上，很多人都在朝着这个方向探索，很多具有领导才能的领袖也都是希望在他的率领下使广大的人民一同步入民权主义社会。但是历史的"百慕大"魔力太甚，特别容易使人误入歧途，错把泥人充作活佛来崇拜。个别的、特殊的在经济领域之中出现的民权社会感觉现象，不能说它不是历史的进步，但它只能说是某种社会感觉现象的进步，而不能以一代十地把它说成是民权社会或"社会主义"形态。一个社会具有资格地被称为民权主义社会或"社会主义"社会，那么它必须是在整个社会中的各个方面、各种权力关系中都能充分地体现出民权社会的感觉来，这种社会感觉的权重指数是占统治地位的，占压倒性的。社会感觉形成了一种定势，其它的社会感觉都从根本上服从这种定势，那么社会形态才算构成。只有某种社会形态构成了，它才能被定义为某种"主义"的称呼。比如平权主义、暴权主义、君权主义、强权主义，是与它的社会权力关系的总体结构即社会感觉形态相统一的。

民权主义社会不是"均贫富"的代名词，也不是什么"按需分配"，好像是生活在民权社会中的人，我想要什么就可以取得什么。权的欲望是无限的，低层次的权内容满足了，高层次的需求又出现了，似乎是永无止境的。如果说民权社会有时具有"均贫富"的作用的话，那也是被限定在确保每个人在他出生以后，他们谁也享受不到任何特权，不管是经济上的特权还是政治上的特权；也不管是血缘上的特权还是遗传上的特权。他们都是平等地享受社会福利部门发放的"补贴投资"。对于每一个人来说，数额都是一样的，并且是绰绰有余的。从养育，到教育，每个人都能得到充分的物质保障。这物质保障既是有偿的也是无偿的。说它是有偿的是因为，这些"补贴投资"是要记在每个人的"档案"账目上的，他支出的越多，那么账目上的负数就越大。当他有了劳动收入的时候，就可以凭借自己的才能将那负数变得越来越小，最后变成了正数。

人们之间的竞争，最突出的体现——看谁能在最短的时间内偿还"补贴投资"；——看谁在还清"贷款"之后账目上的正数大。一句话，就是看谁人生价值高，看谁的人生贡献大，那时的富有者才是最让人们敬佩、最让人们心服口服的。

富有者的一切所有是不允他人继承的。富有者完全可以根据自己的需要去消费，也可以省吃俭用为的是打破人生价值的"世界记录"。民权社会时期，"金钱"完全是一种人生价值的体现，一种衡量人生价值的尺度。因为你的钱越多，就肯定意味着你对社会的贡献越大。

另外，我们说这种物质保障又是无偿的，那是指社会中的所有人不可能都成为富有者，有一些个别的人恐怕到死也偿还不清"补贴投资"，甚至还需要什么"劳动保险"部门提供社会救济。好在民权社会时期能力如此差的人只是极少数的个别情况，所以类似"保险事业"这样一些社会性福利部门应该是相当繁荣的。总之，民权社会时期，任何一个人都不想负着"债"了却一生，他们的内心都是求上进、重名誉的，因此不用担心会有人好吃懒做，即使有那也是极个别的人、极个别的情况。

最后必须说明的是，进入民权社会仍然要讲"经济效益"。"经济效益"是人类经济生活中的永恒话题。

民权社会时期，尽管社会物质基础保证了所有人的生活所需，而且人的觉悟是较高的，但仍会有个别的侵权现象发生。谁也保证不了人们之间任何矛盾都不出现，更保证不了当矛盾出现时都能本心静气地解决矛盾。"觉悟"二字有时起作用，但它是一个靠不住的东西，尤其是在出现某种矛盾双方都认为真理在自己一边时，"觉悟"就不得不跑得远远的，当矛盾不可调和时，矛盾肯定就会激化，就势必会出现侵权行为。虽然社会已进入到民权时代，但类似"他妈的"这样的一些语言恐怕有时还能派上用场，所以也就难免出现侵权的"恶升级"性（有关侵权以及侵权的恶升级性的问题，我将在后面详细阐述）。这样一来，警察，法庭、"监狱"就如同体育比赛中不能缺少裁判一样不得不保留下来，只不过那时的"司法人员"比不上现在的司法人员辛苦，"外快"当然和现在没法比——不是不敢拿，而是根本不想拿。

显然，民权社会仍需要法律来规范社会生活的方方面面，而且对于每个处在盲权状态的少儿，知权教育、普法教育是一项永远也做不完的工作，以便所有的人，在进入成年人行列的时候都能正常地达到知权懂法的状态，这是民权社会对人的素质所要求的必备的条件。

"无产阶级"的解放。不应仅是财产上的解放，而应是全面的解放。一群有财产的文盲、法盲、权盲，非但对社会有益，甚至会给社会带来更大的悲剧。所以，权力意志——知权懂法的素质的解放那是万万不可丢弃的，是一切真正解放的前提。

民权社会的高级阶段是国家实际接近消亡了的阶段。这一时期，很多的管理部门、司法部门、教育部门等机构，全都已经国际化了，而且其管理的办法已经有了国际标准，大家都以这一国际标准为准则——这就是人们常常争论的"普世价值"——它必定有，只不过现在还没有达成共识。因此，过去各个国家的宪法都成为过去了的历史，有的被废除掉而统一于国际宪法，有的虽然仍保留但绝对符合国际宪法的要求。所有的法庭都是国际法庭的分支机构，执行的都是统一的国际法。此时如果还保留着一部分准武装力量的话，那也必定是"联合国"性质的，它不听命于某个"国家"，而是听命于联合国国际军事组织的。

既然民权社会的高级阶段社会的管理职能都已经国际化了，因此民权社会是不可能在一个少数国家内独立实现的，这也正是我之所以说实现民权社会的过程相当漫长的原因。它有赖于国际上的占绝大多数的国家共同努力，形成国际共同体，就像是欧洲的各个国家在逐渐地朝着"欧共体"的方向发展一样，早晚会有一天实现全世界的"统一货币（以国际通用的信用卡的形式）"、"统一度量衡"、"统一法律"的"大一统"的局面。在经济上、政治上、法律上的"一统"的过程或说"国际化"的过程，恰是民权社会之前集权社会发展的漫长过程。什么时候各个国家都真正地进入到集权社会时代，并且经过漫长的发展，那么那时我们才能理直气壮地拍着胸脯说，我们盼望的民权社会就要到来了。

在此我再重申一遍：在地球上，民权社会是最先进、最文明、最高级的社会阶段。

也许有人会问：

"马克思曾经预言的共产主义社会还有吗？"

"共产主义社会能否实现？"

"共产主义社会什么时候能够实现？"

……

我不想欺骗人民。我也不能欺骗人民。但我更不想也不能使人民失去希望、失去理想和信仰。

别提我多为难了。只是思考了几个晚上，便发现头发开始"发白芽"，莫不是发愁的人都这样？

2-16 共权社会形态

○ 人就是人，而不是机器

"共产主义"曾经是多少人长期以来梦寐以求的崇高理想，多少人曾经为它流血牺牲。撇开那些"觉悟"高的人不说，对于广大的平民来讲，"按需分配"这一"共产"的体现之原则乃是具有极大诱惑力的——需要什么就可以获得什么，还有什么能比这更好呢？

然而，权的本质和权的特性却被"共产"的宣教者们忽视了。权的本质是每个权利主体都各自具有独立的需求权和自由权。"需求是各自的需求"，"自由是各自的自由"，这需求和自由不是可以"共产"到一起的而不要了"各自"二字。权的特性之一是权的自我性，说得通俗一点就是权的自私性，意思是指每个权利主体——即每个人都各自具有自我性或自私性，这是谁也不能否认的。马克思当初所说的"共产"，现今科学地、时代性地理解，应该就是"共权"。

权的本质和权的特性，我将在后面详细阐述。但读者应该能看得出，权的本质说的就是人的本质，权的特性说的就是人性，它们的核心都是"人"，而不是机器或工具。

一个人本质上的需求是不会"适可而止"的，而是永无止境的。不管是哪个人，都不会有满足的时候。而一个人对自由的需求，那更是无限的，想什么就想干什么。这样一来，在自身的自由和他人的自由发生冲突的时候，谁也难以保证使每个人都为了维护他人的自由而放弃掉自己的自由，于是谁也保证不了使每个人为了使他人获得需求而甘愿放弃掉自己的需求。也许有些人能够做到这一点，但他们不可能保证永远做得到——因为另外一些人恰恰在需求和对自由的要求上是无限的，因而不管有觉悟的人自身的需求和自由被主动地放弃过多少次，也弄不清那些没觉悟的人们其需求和自由要等到什么时候才能满足。故而有觉悟的人也不得不把"觉悟"丢得远远的。

不管我们如何夸大"觉悟"的作用，我们也不能否认这样一个事实——它是靠不住的。人的本质和人性是不会改变或掺假的。它是人的一种本能，不是能让"觉悟"二字"套牢"的。就如同让狼"觉悟"一下不去吃羊一样。人可以"觉悟"地不去吃羊，这并不是缘于人有觉悟，而是缘于除了羊以外还有别的美味可吃。

倘若什么食物也没有，只有这羊可供人食后维持生存，那么，人也许会比狼更凶狠——为了保证这羊能进口，就会首先吃了狼。即使到了社会生产力最先进的时代，物质确实是极大地丰富，但谁也不敢保证到了那时就没有天灾人祸了，社会财富被毁灭造成大幅度地减少的情况是有可能发生的。一旦出现了这一窘况，所有人的人性还都能做到善始善终么？

社会越发展，人的权能越扩展，人的相对独立性也就越强。只要我饿了，打个电话就有伙计送快餐上门，荤的、素的什么都有。用不着像原始人那样必须合群大伙一块去打野兽，否则就得饿着肚子。原始人群有"觉悟"地互帮互让和睦地生活在一起，"有福同享，有难同当"，那是因为无论哪个人都对他人有依赖性。任何一个人都无力或有必胜的把握与野兽搏斗，所以"觉悟"的缘故是出于猛兽对人生存的威胁。社会的发展，科技的进步，使人对集体的依赖性变得越来越小了，在很多方面，对某个特定的人的向往只是企望帮助而不是依赖。绝对不是缺谁不可的。"没有谁地球都能转！"——这是人们常常异口同声说出的真理。当偶尔听说某个人自杀了的时候，知道消息的人绝不会比那个死去了的人感到更痛苦和更难过，甚至会认为："这么大的世界这么多的人，死个人关我屁事，太阳还不是照样从东方升起来。"

人与人之间是存在着差异的。生理上有差异，意志上有差异，欲望上有差异，技能上有差异，体力上，智力上处处都有差异性。这些差异性汇集到需求上，那更是有想上天的，也有想入地的，有想娶一千个老婆的，也有想嫁一万个丈夫的，有要太阳的，也有要月亮的。那种以"均贫富"的理想主义为基础的"按需分配"满足得了人们的各种各样的需求吗？只要人们的意志、欲望、技能不被"共"在一起，被限定在一个统一的标准上，那么"分配"就永远也满足不了需求。

○ "你的就是我的，我何必再费辛苦？"

"共产"的概念模糊了财富所有的状态，似乎所有人都是财富的主人。你的财富也是我的财富，我的财富也是别人的财富。如是这样的话，整人家资本家干什么，让他们去干好了，最后他们的财富不就是我们的财富了吗？我们何苦去搞什么阶级斗争呢？

一切财富都归属于大家所"共"有，就好比平权社会原始人群面对着可食用充饥的所有的动物所产生的感觉一样：天下所有可食用的动物都是我们所"共"有的。即说的是我们的应然权利，而不是我们的实然权力。在这里就产生出一个非常重要的问题，即这个社会中的人，他们在这"共"有的财富中，每个人应该实际占有多少？有多少是归这个人占有的，有多少是归那个人占有的？所有的财富是不是都能落实到人头儿上？如果不是这样，即财富的归属是模糊的，被冠之以"共"有的，那么这个社会中的所有人谁也不知道自己和他人应该或者可以实际得到多少财富。如此这般，这个社会中的每一个人都可以这样说："财富是属于我的，因为没有证据能证明财富是你们的"。

于是人们就会发现，创造"共产"的老祖宗没有留下任何遗嘱，把他的巨额的遗产确定出份额留给后代子民们，使财富的属性处于一种不确定的状态中。好比把财富变成了可供原始人食用的动物放逐在大森林中，只留下一句话——那是你们所有人共有的。天哪！这些"共产"便隐藏着巨大的危机：看谁有本事、有能力抢到的多，那便是谁的。到了这种地步将会出现什么事？恐怕有人要变成狼！

先进的社会制度绝不是"大锅饭"，而是在保障人的最基本的生存权的前提下，将人的才能、劳动贡献与经济利益及其物质享受紧密联系在一起的。决不会使财富处于"混沌"的状态中。而什么所谓的"公有"、"共产"的经济形式，恰恰是先进的社会制度最终所要消灭的。民权主义社会已经彻底地完成了这一历史使命，在这个地球上还有什么社会能取代民权主义社会呢。

在人类的历史上，除了平权社会，暴权社会、君权社会、强权社会、集权社会、民权社会这六种社会形态以外，是不是还有更高级的社会形态？我的回答是：有！

○ 放眼世界，还要放眼宇宙

这时也许有人会诧异地问我：你不是说民权社会是最先进、最文明、最高级的社会形态吗？怎么会又出来一个比民权社会更高级的社会形态呢？这不是自相矛盾吗？

这不能怪我没说清楚。因为在我每次说到"民权社会是最先进、最文明、最高级的社会制度"的时候，我总是不忘在前面加上一句"在我们这个地球上"，这是非常重要的。在人类的历史长河中，还有一种社会形态，它就是共权主义社会。共权主义社会不可能在地球上出现，它是产生于太空中的。因此共权主义社会又可称为"宇宙平权社会"。

顾名思义，"共权"是指共生存权，共经济权，共政治权，共文化技能权，共自我荣誉权。它包括了"共产"，除此之外它还包括了其它更重要的应该"共"的东西。而且所有的"共"不仅仅是靠"觉悟"，还靠人的本质和人性，或者说是靠人的本能。

马克思早就发现了社会发展的总体规律，他说："历史常常有惊人的相似之处。在现实生活中，当人们采用与历史上相类似的方法来应付与历史相类似的事变的时候，逝去的历史又往往会以类似的方式重演"。

共权主义社会与平权主义社会就是如此。为什么呢？

○ 共权社会与平权社会的相似性

共权社会与平权社会有很多的相似性，是一种否定之否定。

一、面对同样的死亡威胁

平权社会时期的原始人，时时处于大自然的威胁之中，猛兽的侵袭，火山的爆发，洪水的泛滥，疾病的困扰，森林大火等等自然灾害，使原始人常常面临着死亡的威胁，随时都有死亡的可能。原始人之所以能以"平权"的权力关系相处，与他们所处的恶劣的客观环境是分不开的。并不是原始人有理性、有"觉悟"，而是大家都为了各自的生存，必须靠集体的力量团结协作去战胜各种威胁。

共权社会也是如此，面对浩瀚的茫茫宇宙，现代人又时时处于大自然的威胁之中。载人航天飞行本身就是有一定危险性的，导致灾难发生的偶然因素是很多的，机器失灵，密封舱漏气，流星的撞击，计算的不准确，等等，稍一疏忽便会大祸临头，性命不保。而生活在航天器中的人们，不"觉悟"也得觉悟，因为他们这些生活在太空社会中的人是共生死、共存亡的。

二、掌握同样的"棍棒、石块和弓箭"

平权社会时期的原始人，其需求权和自由权受到了极大的限制，他们往往不得不听命于大自然的摆布。因为当时的原始人其抵御自然灾害、战胜自然灾害的能力非常有限，其技术水平非常低下，只会制造一些棍棒、石块、弓箭等相当简易的工具。

共权社会时期的现代人，虽然他们的科技水平有了非同凡响的提高，但面对着茫茫宇宙那广阔深邃的空间，好像又回到了"棍棒"、"石块"、"弓箭"的时代。由此，生活在太空社会的人们，其需求权和自由权又受到了极大的限制。

三、爱他人如同爱自己——不爱不行

平权社会时期的原始人，其人性也是立足于自我性的。之所以有时可以忘我，爱他人如同爱自己，那是因为人们在大自然的各种威胁面前感到自己太弱小，只有把自己的命运同他人的命运紧密地联系在一起，才能共同对付天敌。

试想，面对猛兽的侵袭，多一个人就多一份战胜猛兽的力量，而少一个人也许自己就会成为猛兽的残食。所以，他人的生存同自己的生存同样重要。

共权社会时期的现代人，他们生活在一艘太空船上，每个人都有自己的岗位，必须依靠大家的团结协作，才能顺利地驾驶太空船行进。在这种情况下，每少一个人，都会使某个专业岗位出现空缺，都会影响到整个的飞行安全。每一个人的死亡都将会导致全体人员的死亡。于是，他们都不得不把他人的生存看成是自己生存的前提，把他人的死亡看成是自己死亡的结局；爱他人如同爱自己，爱自己如同爱他人，使得人们又处在一种共生死、共存亡的状态中。

四、同样处在"盲权"阶段

平权社会时期的原始人，面对着大自然，其权力意志是相当软弱无力的，对自然界的盲权无知，必然导致原始人萌生对自然现象诚惶诚恐的供神、崇神心理。

共权社会时期的现代人，虽然他们在地球上都受过高等教育，但进入到太空社会之后，面对着一个更陌生的茫茫宇宙，他们的"文化水平"恐怕又回到了盲权无知的状态中，因而他们的权力意志在征服宇宙的问题上，又会变得软弱无力起来。人的权力意志就是这样：越强大的时候，独立自主的个性就越突出，权力关系就会出现"冷散"的状态；反之，越软弱的时候，合群无主的共性就越明显，权力关系就会出现"热聚"的状态。共权社会同平权社会一样，人们之间的权力关系是一种"热聚"的状态。这种"热聚"是以互助为基础的；之所以要互助，更多的原因是人们在大自然面前所表现出来的"弱"和"盲"所决定的。

○ 循环往复是大自然的规律

大家都知道，地球不是永恒的，它早晚有一天是要毁灭的。人类将不得不最终全部移居到太空去，全部都进入到共权主义的社会中。

社会的发展同物质的演变规律一样，也是"循序渐进"、"循环往复"的，也是遵循着"否定之否定"这一基本规律的。因此，共权主义社会与平权主义社会的相同之处，不是简单的复归，而是一种"扬弃"，是一种高级的"螺旋复归"。人类征服地球的活动最多用了几万年，但人类征服宇宙——从地球到其它行星及卫星，从太阳系到其它恒星系，从银河系到其它星系，这是一种无穷无尽的历程。

如果此时再有人问："共产主义社会能实现吗？"

那么我就会毫不犹豫地回答说："在地球上实现共产主义社会，那纯粹是骗人的，是空想社会主义的另类翻版。而在太空中，共权主义社会能够实现，必然要实现。她不但能实现，而且就在眼前！"

——美国的航天飞机；

——俄罗斯的太空空间站；

——中国的航天事业……

这就是共权主义社会感觉的萌芽，这就是共权主义社会的开端！

实现共权主义社会靠什么？不是靠杀人，不是靠专政，更不是靠什么暴力革命。而是靠生产，靠物质基础，靠科学技术，靠教育，靠民主制度，靠和平，靠社会经济的大力发展，靠全世界人民的团结协作和共同努力。

必须指出的是，共权主义社会不是人类最理想、最幸福的社会。共权主义社会的实现，她起初是人类探索宇宙、扩展人类的权力能力为目的的。她最终的实现，那是人类不得已的、唯一的选择，是人类最后的归宿。到了那个时候，当人类都乘太空船进入到太空中的时候，各个太空船之间会不会为争夺"能源"而爆发"太空大战"，就像现在很多的儿童科幻影片所上演的那样。我想这肯定是难以避免的，因为在地球上，人类社会历史的发展规律会在太空中重演……

从社会历史发展的规律上看，所有人都会最终成为"为共权主义而奋斗"歪打正着的践行者——且不管他们在主观上愿意不愿意，但他们的行动从客观上都是朝着这个方向努力工作的。其根据之一是——地球面临的灾难使人类不得不向太空发展，只有征服宇宙，才能使人类生命得到延续，尽管这也许是很久很久以后的事情，但它的必然性——即人类社会最终必然要向共权主义社会（等同于宇宙平权社会）形态过渡——是任何一个人都无法改变的。

在此我要申明：我绝对不想为共权主义而奋斗，因为那同找死差不多！如果有那么一天，我不得不为共权主义而奋斗，那是因为地球将要毁灭，已经活不下去了，为了求生，不得不乘坐太空船去冒险。此外我还要实事求是地告诫人们：以当初马克思主义理论为基础、为旗帜所建立的共产党，按照马克思所期盼的让大多数人摆脱贫穷，最后都能过上幸福生活的追求来衡量，其实准确的称谓应该叫"民权党"。叫"共产党"也好，叫"民权党"也好，或者是叫"共和党"、"民主党"等等，不管叫什么都一样，都应该是为了追求大多数人过上幸福生活的目标而奋斗的，只有真正为人民谋福利，才能获得人民的信赖和支持。中国共产党所确立的"社会主义"核心价值观"富强、民主、文明、和谐，自由、平等、公正、法治，爱国、敬业、诚信、友善"，这与民权社会感觉特征是多么地相辅相成啊。所以，是什么称谓并不重要，重要的是他们每天在做的事——别管是大事还是小事，是不是真正为了人民的幸福。

2-17 社会感觉与社会形态

○ 社会形态是由多种不同的社会感觉组成的

我在前面就有关社会历史发展的不同阶段所呈现出的基本规律的阐述中，经常谈到"社会感觉"与社会形态这是两个不同的概念。那么，我所说的"社会感觉"与社会形态各自代表什么意思呢？

有关社会问题被冠之以"主义"时，那是概指社会形态，如民权主义社会，即是指民权社会形态。有时我们还习惯说"社会制度"一词，这应是指社会形态中政治性的国家管理办法。因此，什么主义社会，什么社会制度，那都是泛指社会形态的。

一种社会形态都包含着多种社会感觉。换句话说，某种社会形态是由很多不同性质的社会感觉所组成的。之所以是这种社会形态或是那种社会形态，这取决于这个社会中各种不同的社会感觉各自所占的比例关系是什么样的。比如在平权社会时期，人们之间的权力关系所衍生出来的社会感觉是以平权社会感觉为主的,它的指数(权重)最高、最大,但并不是全部都是平权的社会感觉,其中也有暴权社会感觉、君权社会感觉、强权社会感觉等,但都相对平权社会感觉而言,所占权重都较小甚至微乎其微。也就是说,平权感觉、平权现象是广泛、普遍的,是在各种社会感觉中占绝对优势的。所以我把这个具有代表性的社会权力关系所派生出来的社会感觉,确定为这个时代的"主义"或性质,故称为平权社会形态。一旦有其它的社会感觉占了绝对优势,取代了平权社会感觉,那么,社会形态就要起变化了。

为了便于理解,我将各个不同的社会形态用图来作一说明。

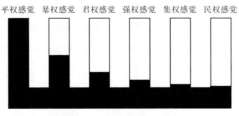

图2-17-1 平权社会形态

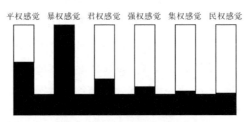

图2-17-2 暴权社会形态

图2-17-3 君权社会形态

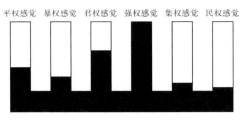

图2-17-4 强权社会形态

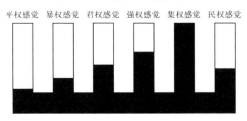

图2-17-5 集权社会形态

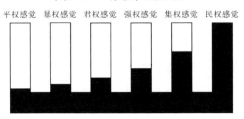

图2-17-6 民权社会形态

如上图所示，各种社会权力关系所派生出来的社会感觉在社会形态的"试管"中是流动着的。当一种社会感觉指数上升到非常充盈足以占压倒性优势的位置时，而其它社会感觉都趋下降或处在较低水平时，这种社会感觉就形成了一种社会精神、社会文化主流，于是以这种社会感觉为主要特征的社会形态便告形成。

所谓社会权力关系，即是指社会生存权力关系、社会经济权力关系、社会政治权力关系、社会文化技能权力关系和社会自我荣誉权力关系6大指标各自的权力关系状况。评判一个社会是属于什么样的形态，就需要考核这个社会中的每一项社会权力关系指标的属性，究竟是什么样的社会感觉占绝对优势，而不仅仅是看占有财富的多与寡。

在社会形态中，各种社会感觉之间既有区别、相互"对应"，又是相互贯通、可以相互转化的。低层次的社会形态中包含着高层次的社会感觉；高层次的社会形态中又包含着低层次的社会感觉。例如在平权社会时期，"家长制"的君权社会感觉是存在着的；在强权社会时期，谋杀、强奸等暴权社会感觉也是存在着。就是到了民权社会时期，也不可能完全杜绝发生矛盾而动手打架的暴权现象。反过来看，虽然一些强权社会国家处在"资本主义"阶段，但助人为乐、学雷锋的民权社会感觉事例也是层出不穷的。因此，用历史的眼光看，各种社会形态之间的内在联系不是可以一刀切开的。对于这一点，唯物史观的正统理论是说不清的。

另外，社会形态由低到高的发展过程是循序渐进的。它不可能出现历史的跨越，从平权社会一下子跨越到君权社会，然后再由君权社会一下子又跨越到民权社会，这是违反社会发展的客观规律的。

○ 防止"革命"就要还权于民

所有人都盼望过上美好的生活，故而人们都盼望生活在民权社会中。但怎么样能使社会形态进入到民权社会阶段？它最初的手段也许不得不进行革命，而革命的目的无不是为了消火"革命"，使社会处在和平安定的状态中。在这个时候，无论哪个执政党或反对党，他们首要的任务就是要防止"革命"。如何来防止"革命"、防止暴乱？最根本也是最彻底、最有效的办法，那就是要逐步地还权于民。不但要还之生存权、经济权、还是还民之政治权、文化技能权和自我荣誉权。什么时候将人权完全还之于民，什么时候才是"大同"之日。于是，使社会尽快地进入到民权社会阶段不是不能人为的，而是能够发挥人的主观能动性加快这一进程的。其唯一的方法在"还权于民"的宗旨下，如何能抑制、消除低层次的社会感觉，培养和发扬高层次的社会感觉就成为一个关键的因素。除此之外别无它途。

必须说明的是，人的主观能动性只能加快社会形态转化的过程，只能解决"时间"的问题，解决不了"空间"的问题。就是说，人们可以通过制订有利于社会发展的制度（如法律、政策、方针等），促使社会形态在发展的过程中，用尽可能短的时间通过那些并不太理想的社会形态阶段，为社会的发展赢得时间，而无法使社会跨越过那些我们认为不太理想的社会形态阶段空间，想跨越和超脱历史，这绝对是一种幻想。

任何一个企图跨越和超脱历史的国家，或早或晚，都不得不回过头来到历史的"跳空缺口"处补上那一课。晚补不如早补。想补得补，不想补也得补。这并不意味着历史的倒退，而是将社会形态中各种社会感觉的"升降"水平，作一番调整，使得某种社会感觉在社会形态中的对比关系更有利于朝着高级的社会形态转化。

○ **两个最不稳定的历史周期**

在确立了历史发展不可超越这一结论之后，我们就得研究一下，哪些社会形态是人类历史最痛苦的阶段。由此来决定当社会历史进入到什么社会形态阶段时，我们应该想方设法缩短停留的时间。

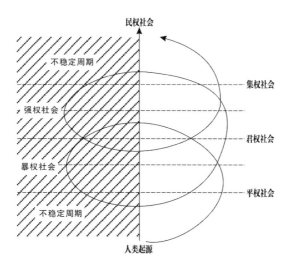

图2-17-7 社会发展周期

　　纵观整个人类社会历史，我发现有两个不稳定的历史周期。每当社会进入到这两个不稳定的历史周期中的时候，社会就会变得最复杂、最多变、最具有反复性。于是生活在这个社会中的人们都处在最不稳定的状态中。尽管这一不稳定周期是根本无法回避的，人人都不太想进入这一周期，但社会历史却从来不打马虎眼，你想进入得进入，你不想进入也得进入，是不以人的意志为转移的客观规律。

　　如图2-17-7所示，这两个不稳定历史周期，一个是暴权社会，一个是强权社会。当社会发展到这个区域时，社会便会进入到相对极不稳定、较为混乱、矛盾冲突此起彼伏的状态中。正因为这个阶段使人们失去了安全感和稳定感，因此人们还容易产生盲目地思古、怀恋旧时的情感。这就为那些有复辟思想的人创造了机遇，极易使社会倒退到旧的稳定的社会形态中去。很多的民族部落进入到暴权社会形态中以后，又恢复到平权社会的社会形态；很多的国家开始进入强权社会形态，但结果又恢复到君权社会的社会形态。这样的事例举不胜举。

　　这是因为，人的本能是思安的。向往美好的社会生活之本意是认为她会带来更安定的生活。而社会一旦进入到剧烈震荡的不稳定周期中，人们会在此时产生出一种莫明其妙的感觉："还不如过去好了！"、"世道变坏了！"且不管现在的生活水平是比以前提高了还是下降了；且不管现在所享有的自由是比以前增加了还是减少了。

　　这也难怪，人们生活在不稳定的周期中，总是觉得精神上特别紧张、特别累，当权的，要雇保镖，无权的，人人手里握着枪，这样一种局面怎么能让人们安心生活呢。当今的美国就是处在强权主义社会中，尽管在这个以强权为主要特征的社会中存着很多民权感觉、集权感觉，但不足的是，暴权的感觉所占的比例太大了。强权社会本身就处在不稳定的历史周期中，而此时又有这么沉重的暴权感觉隐藏其中，就使本来就不稳定的状况又多了一种不稳定的因素。好就好在美国社会的民权感觉、集权感觉已经开始溶入到经济、政治制度中，否则的活，美国早就进入到"循环岛"中转圈去了。

摆在历史学家和社会学家面前的一项艰巨的任务，就是如何能使一个社会在进入到不稳定的历史周期中的时候，尽量地减少和消除那些低层次的社会感觉，同时尽可能多地培养和发扬那些高层次的社会感觉。只有做到了这一点，才能"平稳过渡"，而且还能加快速度闯过这"独木桥"。

当然，在不稳定的历史周期中，要使社会每前进一步，都是相当艰难的，都要付出极大的代价。只要稍一疏忽，社会便会像溜滑梯那样一下子倒退到原来的始发点上，来个前功尽弃，万事又得从头做起。

除了暴权社会和强权社会这两个不稳定周期之外，在平权社会之前的一段很长的时期，以及集权社会向民权社会发展的一段很长的历史时期，也都会面临不稳定期，但相比暴权社会和强权社会这两个不稳定周期，已经不算是不稳定了。平权社会之前的不稳定期，主要是以人与大自然抗争为特征的不稳定期；集权社会与民权社会之间的不稳定期，主要是以不同国家、不同民族所进行的"文化博弈"为特征的不稳定期。这两个时期的不稳定期，都是过渡性的，不是反复无常的不稳定周期。

不管怎么说，在社会形态这"试管"中流来流去的社会的感觉"试剂"，其总量是不变的。人们不让它在高层次的社会感觉里上升，那么它就肯定会跑到低层次的社会感觉中去。因此，一个进步的社会制度的确立，就看它能否将低层次的社会感觉指数降低，而使高层次的社会感觉指数升高。否则的话，它就永远也起不到进步的作用。

2-18 社会感觉的构成及演变

◯ 社会感觉的"渐变"与"突变"

历史变化的主要力量就是社会感觉。所谓的社会感觉，它既可以从社会中每个人的权力意志状况和权力能力水平及其由此形成的社会权力关系中体现出来，又可以通过艺术、宗教、法律、道德、文化传统和风俗习惯表现出来。前者是不稳定的、往往是正在发生感趋冲突时期的社会感觉，后者是各种感觉综合后基本上处于融合状态而进入较稳定时期的社会感觉。历史的社会感觉反复振荡，就是在稳定与不稳定、融合与冲突之间进行反复较量反复振荡的。

纵观人类历史，每当社会权力意志状况和社会权力能力水平发生较大变化的时候，都会使社会感觉发生突变性的剧烈振荡。好像每次历史的进步都是源于突变性的社会感觉振荡之后，只不过其振荡的激烈程度不一样，振荡得越激烈，越会使历史的发展突飞猛进。与此正好相反，每当艺术、宗教、法律、道德、文化传统和风俗习惯根深蒂固、"风华正茂"时，历史的发展就会慢吞吞地"细嚼慢咽"，迟迟顿顿，犹犹豫豫，颤颤癫癫。因此，艺术、宗教、法律、道德、文化传统和风俗习惯都是某种特定时期的社会感觉定势，是一种社会感觉保持相对稳定的保守力量，它既不喜欢社会权力意志的升华和求异，也不喜欢社会权力能力的提高和创新。正是因为这一点，历史中每一次旧的社会感觉定势被冲破的时候，那准是社会权力意志最无束缚、社会权力能力最空前高涨的时候。可以这样说，社会权力意志和社会权力能力的发展和变化，必然要冲破一切旧的条条框框，挣脱旧的社会感觉定势的束缚，这是不以某个人的意志为转移的客观规律。当旧的社会感觉定势相当牢固的时候，社会权力意志的消沉和社会权力能力的萎缩肯定只是暂时的现象。消沉和萎缩的时间越久，其突然爆发的能量就越大，也就意味着将会出现更巨大、更激烈的冲突，而且这种冲突最容易陷入到暴权社会感觉之中，造成新形成的社会感觉定势并不一定比旧的感觉定势有多先进，甚至还可能更落后。但总的趋势是向着进步的方向发展的，而且这种冲突还将会持续不断地发生，直到旧的社会感觉定势被彻底冲垮。

一个先进的社会制度其优越性就在于：它的社会感觉定势总是

在主动地进行自我调整和改革，其自我调整和改革的方向是如何使社会感觉更有利于社会权力意志的健康充盈和社会权力能力的有效提高。这种主动进行的自我调整和改革并不是顽固地在社会权力意志和社会权力能力的发展规律面前筑起堤坝，将它们拦腰截断，也不是放纵地置之不理任其泛滥，而是有序地疏通渠道，发挥其所能，变其害为利。

○ 社会感觉的"主体"与"客体"

个人与社会的关系也是两对感趋成因的，只不过各方感趋的刺激量有大有小罢了。

当新生儿离开母体的时候，尽管其作为独立的权利主体已处于复杂的社会权力关系之中，但此时的他（她）还只是作为一个自然人更多的是接受社会的感趋。

有人也许会问：社会的感趋是什么？简单地说，社会的感趋就是社会的赋权过程。说的是谁向谁授权，授什么样的权内容，授权的信息量谁比谁更多、谁比谁更强大。

一个人的成长过程也是参与社会感觉的过程。婴儿时期的人虽然还不会说话，但外界的一声一响，都会引起婴儿的注意，都会使婴儿产生这样或那样的感觉。旧的社会感觉定势以为婴儿的感觉只是睡觉和吃奶，使婴儿和社会之间很多有利于婴儿成长和发展的感趋被废弃掉，使社会的赋权活动产生了滞后的作用。农村的孩子与城市的孩子本没有什么本质上的不同，但他们在婴、幼儿时期所接受的社会感趋是不同的，这也就决定了他们之间的素质差异从一开始就酿下了差距。

一个人所养成的某种社会习惯、所形成的某种价值观和人生观，都是社会感觉的产物。这种社会感觉起初完全是以权力社会如何对权利主体施以影响为主要特征的。随着权利主体权力意志和权力能力的提高，在社会感觉的过程中，权利主体便会逐渐地与权力社会两种感趋相互作用、相互影响。这种相互作用和相互影响并不是均衡的,似乎往往是权力社会的感趋刺激量要大于权利主体的感趋刺激量,但有时也会出现相反的情况。

就社会感觉的感基而言,权利主体与权力社会分不出什么"主体"和"客体",但就社会感觉的感趋来说,其感趋刺激量弱的一方总是被动地接受感趋刺激量强的一方的影响。在这里,感趋强的一方就成为积极主动的社会感觉主体,而感趋弱的一方就成为消极被动的社会感觉客体。因此,在社会学领域,"主体"与"客体"之分,只不过是对社会感觉刺激量大小的一种划分,并不意味着权利主体与权力社会总是被规定为客体与主体的关系。也就是说,如果某个权利主体(即个人),他的感觉趋导能力超乎寻常,那么他就可以对整个权力社会施以影响,并不会因为权力社会本是人多势众就无法对其施以影响。甚而至于,当某个权利主体的感趋刺激量达到登峰造极的时候,那么这个权利主体就可以对整个权力社会发号施令。这个时候,从社会感觉理论的角度讲,个人不但不会服从于社会,甚至可以决定社会感觉发展的走向。"个人服从于集体,少数服从于多数"这一原则只是相对于那些没有超乎寻常的感趋能力者而言的,是"庸者"适用的原则,而对于那些具有超强感趋能力的人来说,总是能够使集体服从于个人,多数服从于少数。大凡天下所有可称得上"伟人"的权利主体,无不是具有某种超强感趋能力的人。当权力社会感趋能力相对较弱的时候,历史的进程及其发展的方向往往都是由某些权利主体(即领袖、英雄人物)决定的。它并不真正掌握在处于社会感趋麻木状态下的人民群众手里。

历史是谁创造的?是英雄创造历史还是人民群众创造历史?从社会感趋的原理出发,我不得不得出这样的一个结论:

当权力社会(即大多数人)还处于"权空方"阵营中的时候,当权力社会的社会感基(即素质状况)较脆弱、社会感趋(即主动性和创造性)较低迷的时候,历史总是由那些首先闯入"权多方"阵营中的英雄人物创造的。

但是，随着历史的发展，随着社会感基的不断强壮，随着社会权力意志和社会权力能力的不断提高，权力社会所发出的社会感趋将会越来越强大，历史发展的方向会越来越多地被把握在进入到"权多方"的权力社会的手中。这是一个必然的规律。因此，在权力社会（即人民群众）以"不作为"的方式站在"权空方"阵营中参与社会感觉过程的时候，尽管他们也是社会感觉中的一种感趋反应，但它定是被动、消极的感趋反应，就如同无数个杨白劳站在黄世仁的面前所表现出来的结果一样，无所作为，也就只能任人宰割。正是在这一前提下，少数的英雄人物才能够积极主动地发挥出他们超长的感趋能力来。所以，英雄们创造历史，是在权力社会中人民群众"不作为"方式的帮助下体现出来的。

这里所说的"人民群众"，不像马克思"唯物史观"中所称颂的那样，一定绝对都是"社会物质财富的创造者"、"社会的精神财富的创造者"、"变革社会制度的决定力量"[39]，不排除有些是，有时是，但大多不是或不真是，关键是看他们是否真正进入到"权多方"，还得辨别一下他们哪些人是稀里糊涂被骗进来的，哪些人是真的明明白白进来的。

○ 社会感觉要经常吐故纳新

社会感觉的一个不变的定则，就是从感趋中作出反应，从感趋中作出判断，从感趋中得到认知，从感趋中得出评价。偶尔出现有如昙花一现的感趋虽然也会使受权者作出反应，但这种反应往往是随机应变的产物，它无法由此总结出经验，只有那些反复不断出现的感趋，才会加深感觉记忆、造就成某些经验。久而久之，这些经验就会积累成风俗习惯，哪怕再出现与此内容相反的感趋，也很难一下子改变旧有的经验。

当某个人把手向我们伸过来时，我们就会很自然地握住这只手，

---

(39)李秀林等主编：辩证唯物主义和历史唯物主义原理.中国人民大学出版社.1982，页393～395。

因为我们从以往的握手中感觉到亲近、友好和关切，以握住对方的手来对待伸过来的手，这种感觉反应已经形成习惯。于是，当朋友伸出手时，我们会觉出朋友间的友情，当"敌人"伸出手时，我们也会取消敌意地感到一种友善。但是，假若我们第一次与人握手时就被对方的手刺痛，而且后来的体验总是重复被刺痛的感觉，那么，只要有人再向我们伸手过来时，都会使我们以紧张的心情提高警惕，都会作出拒绝的反应，把对方伸过手的行为看成是对我们进行某种侵害的图谋。

所谓经验的东西，就是对以往感觉的记忆和总结。就权利主体而言，由于每个人的感觉经历都是不同的，所以各自的经验也就会千差万别，各有其特色；就权力社会而言，社会感觉的经历只有一个，所得出的社会经验往往总是能够形成潮流和时尚。因此，一个国家的历史越古老、所记载的越详细，那么这个国家的社会历史经验就越难以改变，其所形成的社会感觉就越难以改造和更新。

从某种意义上说，社会的进步有赖于经常不断地融入新的感趋。缺少了新的社会感趋刺激，那么原有的社会感觉就肯定退化，由优变劣，由好变坏，最后必定会被历史所淘汰。关键的问题是，相对原有的社会感觉而言，外在的新的感趋并不见得都是富有朝气的，有些甚至是比原有的社会感趋还腐朽和堕落。因此，不断地融入新的社会感趋并不是一古脑地、良莠不分地全盘吸纳，而是要吸取其精华、去其糟粕，有选择地接受和改进有利于原有社会感觉健康发展的社会感趋，这才能不断地推进社会的进步。

总之，社会感觉的进化，既不能全部排斥与自身不同的社会感趋，也不能全盘地吸纳有别的社会感趋。这就要看在我们的社会感觉中，哪些是衰败的、落后的、腐朽的，哪些是强胜的、进步的、有朝气的；还要分析我们所面对的各种新的社会感趋，哪些是对改变旧社会感觉有利的，哪些是无利的甚至是有害的。有道是："取人之长，补己之短。"社会感觉的发展规律之内涵尽在此言中。

社会感觉的构成是多种多样的社会感趋杂乱无章地组合在一起的，既有权利主体对权力社会的感趋影响，又有权力社会对权利主体的感趋影响。在这个权力社会中，权力社会集体、权力社会集团之间也都是相互感趋影响的。出于某种需要——尤其是政治权力斗争的需要，从这些杂乱无章各种各样的社会感趋中可归纳出两种最突出、最集中、最具有代表性的两对社会感趋来，这就是我们过去经常谈的两个相对立的阶级。这种社会最基本的感趋划分是依据权力社会中的权力社会集团这样一个规模进行的。

权力社会集团的构成，应该是有序的组织化形式（例如某个政党），不应是无序的松散化形式（例如工人阶级或农民阶级）。前者是一种能够体现整体性、集中化并能实现有序管理的权力社会集团；后者是仍处于杂乱无章、无法实施组织管理的组合状态。这是因为，这个被称为"工人阶级"或"农民阶级"的所有人，并不是被有序地规定在一个明确稳定的社会组织中，而散乱地混杂在社会的各个权力社会集团之中，这个集团里有，那个集团里也有，彼此之间毫无明确的组织性而言。与"工人阶级"、"农民阶级"相类似的概念还有"无产阶级"，它也是一个不明确、混杂的社会感趋。

因此，社会最基本的感趋划分，其依据的标准不应该适用"数量原则"，即看这个社会中的工人多了，就把工人上升为阶级，使之形成"权力社会集团"。这种划分的方法是错误的。划分社会最基本的感趋，应该适用"质量原则"，即看某一个群体其权力意志和权力能力的水平如何，即这个将被归纳在一起的集团（阶级）的素质是怎样的？其组织性如何？对此问题，在权的政治分析中我还要进行更深入的探讨。

总之，一种社会感趋或是一个"阶级"的先进性，是仅仅体现在"占大多数"上，还是因这个群体的权力意志和权力能力素质高于其他的"阶级"？如果仅仅强调"占大多数"，从生物学意义上说，那田鼠和蝗虫岂不成了一个更先进的"阶级"？所以，对某种具有先进性的社会感趋划分和识别，万万不可适用"数量原则"，尽管这一原则可以从感情上会使更多的人感觉好受一些，但这一原则是反理性、反人性的，尤其是反公平的。

◯ 社会感趋演变的"翘翘板"

我小的时候经常去公园里玩"翘翘板。"翘翘板是什么？在一个支架上放着一块长木板，中间有轴固定，使木板在支架上呈平衡状态，在木板的两端，孩子们坐在上面，一边一个或一边两个，这边升起来，那边就降下去，那边升起来，这边就降下去。这就是"翘翘板"。

社会感觉就是这长长的翘翘板，社会感趋就有如在平衡状态的翘翘板上放着一个巨大的圆球，不管哪一边低下来，圆球就会滑向哪一边；圆球一旦滑向了某一边，翘翘板的平衡就会被打破，就会立即加重某一边的重量，使某一边以更快的速度降低下来；某一边降得越低，那么它的倾斜度就越大，就会使圆球下滑的速度加快，冲击力加强。这就是社会感觉权力关系失衡的恶循环现象。

如图2-18-1所示，当某种社会感趋偏离平衡状态滑至某一边时，其社会感觉的"翘翘板"降得越低，则预示着某种社会感趋偏离平衡的中心点越远；偏离平衡中心点越远，那么纠正它的某种感趋倾向相对就越难。

若想使社会感趋恢复到平衡的状态，没有别的办法，只有在与其相对应的别一端建立一个新的社会感趋，使"翘翘板"停止失衡的趋势。这种新的社会感趋之能量如果小于或等于原来旧的社会感趋，那么失衡的状态都会继续保持下去；如果新社会感趋有限地大于原来旧的社会感趋，就会阻止失衡状态的进一步扩大，但还无法纠正失衡的状态；只有新的社会感趋足够量地大于原来的社会感趋，那么定会迫使下降的一边逐渐升高，导致失衡的社会感趋向平衡中心点移动。

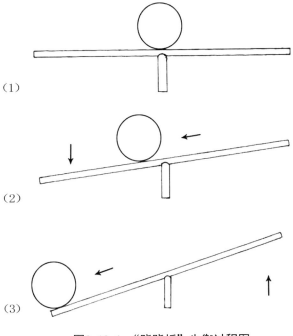

（1）

（2）

（3）

图2-18-1 "跷跷板"失衡过程图

为什么新的社会感趋与旧的社会感趋相等时仍无法改变失衡的状态？为什么新的社会感趋有限地大于旧的社会感趋时，只能阻止失衡状态的进一步扩大，却无法纠正失衡的状态？

其原因在于：当旧的社会感趋"左倾"或"右倾"猖狂至极的时候，社会感觉的"跷跷板"是完全倾向于旧的社会感趋的，它的"倾斜性"决定了，任何一种新的社会感趋形成于社会感觉"跷跷板"的另一顶端时，都会自然地向旧的社会感趋方向滑动，其滑动的距离越远，即越向中心点滑动，其"杠杆原理"的重力就越少。这个时候，即使新的社会感趋刺激量略大于旧的社会感趋时，也不能使社会感觉"跷跷板"恢复平衡。

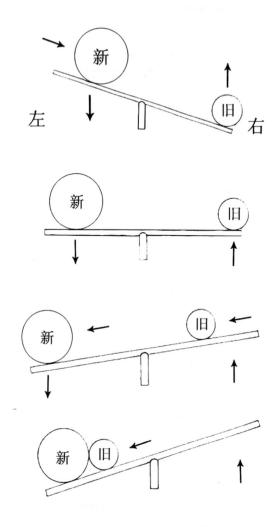

图2-18-2 "跷跷板" 矫枉过正示意图

为了使社会感觉恢复平衡状态，就必须加大新的社会感趋刺激量，使其在社会感觉倾斜的 "翘翘板" 上被迫滑动有限距离时，仍然有足够的重力将社会感觉的 "翘翘板" 反压，最终迫使旧的社会感趋向新的社会感趋方向滑动。

但是，如图2-18-2所示，新的社会感趋使社会感觉"翘翘板"出现反压的情况，它可以使"右倾"的状况改变，却仍无法保持社会感觉的平衡状态。一旦新的社会感趋占绝对优势，社会感觉"翘翘板"才能走向平衡，但是，一旦所施加的社会感趋超过了限度，虽然会结束"右倾"的状态，却非常容易导致新的失衡，仍无法使社会感觉平衡，只不过是以新的"左倾"再来代替旧的"右倾"。

"左倾"也罢，"右倾"也罢，都会使社会权力关系失衡，都会出现极权主义。极权主义的出现就必然会导致暴政，社会成员就会处于被压迫的境地。

那么，如何才能使失衡的社会感觉保持在平衡的状态中？这是任何一个新政权都必须予以重视的大问题。

根据"杠杆原理"，新的"左派"力量一旦使社会感觉"翘翘板"达到平衡状态，就应该逐步减少自身社会感趋的刺激量，或是使自身逐渐向旧的"右倾"的方向进行平衡调整。这种调整使旧的"右倾"社会感趋朝着社会感觉"翘翘板"的中心点行进，使两种不同的社会感趋或是双双融合在"翘翘板"的中心点上，或是根据自身的不同"重量"处在"翘翘板"的不同位置上，这样才能保持社会感觉的平衡。总之，新的社会感趋必须善于不断地进行自我调整、自我改革。这种调整和改革并不意味着要加强自身的感趋刺激量，甚至应该朝相反的方向即减少自身的感趋刺激量发展，也许还要适当地作出向"右派"适当倾斜的姿态，吸收对立派的合理成分，以至于有意地保留对立的某些合理力量来与自身保持社会感觉的平衡。

"物极必反"。社会感觉最忌讳"翘翘板"出现"极左"或"极右"的倾斜，最害怕某一端的社会感趋占据绝对的优势。一个国家的经济发展是如此，一个国家的政治制度（主要是意识形态）也是如此。他们其中都有社会感觉"翘翘板"平衡或失衡的问题。社会感觉相对平衡时，社会的发展速度就加快，国家的经济建设就会少走弯路，国家的政治制度就会持久、稳固。相反，如果社会感觉出现了

"左倾"或"右倾",都会使国家遭受空前性的大灾难。

所谓"社会异化"的问题,就是社会感觉使"翘翘板"发生最严重的倾斜的问题,或是"极右"、"右倾",或是"极左"、"左倾",且不管它究竟属于哲学概念还是经济学概念[40]。如此这般,整个社会的权力关系就会部分失衡或完全失衡了,没有任何一种相反的社会感趋力量可以制止这种失衡的状态,甚至连一种对现实产生怀疑的思想意识都难以产生,致使社会权力意志和社会权力能力都出现了"生物链"遭到破坏的恶境。这个时候,统治集团的得意和"人民群众"的疯狂,极其巧合地穿起了一条裤腿,成了一个战壕里的"战友",其配合得如此协调,使极权主义和盲权主义有如孙权打黄盖——"一个愿打,一个愿挨"。

正因为社会感觉的异化破坏了社会正常理性、正常秩序的"生物链",所以异化的结果——即社会感觉"翘翘板"的失衡,必将最终使异化物本身面临着灭顶之灾。因此,从某种意义上说,社会的全面发展——防止社会异化的唯一途径,不仅体现在不同的权内容(如经济、政治、文化等)的均衡扩展上,而且也包含着在某一项权内容中,不同的社会感趋甚至是相对立的社会感趋(如不同的思想、不同的风俗习惯、不同的自我追求等)既相互依存、又相互斗争的共存特征。违反了这一基本原则,就会导致社会的片面发展。

---

(40)参阅朱德生:所谓人性"异化"问题.载于《人道主义和异化问题研究》.北京大学出版社.1985,页150~173。

第3卷

"挖掘"篇

　　各种旧的学说及其旧的伦理道德对人灵魂的布道，就是用把人当神来恭维的方法，来达到把人当物来驱使的目的。

3-1 权的本质

○ 人的各种动机是哪里来的?

权的本质是人的需求权和自由权的统一。这是由人的两个根本属性决定的:人的自然属性决定了权的需求性;人的社会属性决定了权的自由性。人的需求权和自由权二者统一起来,构成了权的本质。

权的本质就是人的本质。人的本质是什么?这个问题几千年来一直有人在研究和探索。马克克思曾说:"人的根本就是人本身"、"人是人的最高本质"。在《黑格尔法哲学批判》中,马克思对这个"人本身"作了进一步的规定:人的本质主要指人的群体理性、自由;在《德法年鉴》中又补充到:"人本身"不但包括人的精神属性,而且包括人的自然本性并以其为基础。他说:"作为市民社会成员的人是本来的人,……是有感觉的、有个性的、直接存在的人。"[1]可见,人既离不开需求,即对自然的需求,又需要自由,即在社会中应享有的自由。对于每一个人来说,二者是缺一不可的,是不可分离的。

需求权是人的一切行为的内源和动力。正是以这种自然的需求为目的,才转化出许许多多的动机,推动着人去从事某种活动。换句话说,从人的木质出发考察权的发生和变化的过程,就是从人的自然的肉体组织中产生出来的吃、喝、穿、性行为等等需求,为了肉体需要的满足,就不得不直接或间接地通过各种感觉形式去与他人发生社会权力关系,参与社会性的赋权活动,这当然包括从事生产劳动,但绝对不仅仅局限于生产劳动。

生产关系只不过是人们之间社会权力关系中的一种较重要的内容,即经济权力关系的内容,它不是权的本质,不能代替其它权力关系内容,更不能代替社会的人的各项权利。如果我们把一切都归结到"生产关系"上,那么,"生产关系"是哪来的?它为什么会出现?因此应该把一切都归结到人的需求权上,这才是权的真正的本质。

---

(1)马克思恩格斯全集. 第1卷. 页442～443。

　　"任何人类历史的第一个前提无疑是有生命的个人存在。"[2]这个有生命的存在首先必须有衣、食、住等需求。自然的需求又必然促使人们进行物质生产活动，从而开始了人类历史的发展。也就是说，正是人们为了满足自己的生活需求而从事物质的生产活动。在这个生产活动中形成了人们之间的物质生产关系。并且，在这个生产过程中又必定会产生新的需求。当这个需求上升到社会领域之后，便形成了社会的需求。社会需求是人的自然需求的集中反映，它并未抹杀掉人的自然需求来作为自身产生的前提。同时，这种需求不会只局限在物质的生产活动上。或者说，物质的生产关系不是人与人之间一切社会权力关系的前提，而是一个方面——一个具有相当重要意义的方面，它不能完全代替、全部包括人与人之间的社会权力关系，仅仅是社会权力关系当中能起到经济纽带作用的一种关系。

　　总之，需求是人在社会中缺乏某种东西在人脑中的反映，它既是人的一种主观状态，也是人的客观需求的反映。马克思一直十分重视人的需求，他说："人的每一种本质活动的特征，每一种生活本能，都会成为人的一种需要。"[3]

○ 想要的并不一定能得到

　　需求权是人的自然的本质反映，因而世界上所有的人，人人都享有需求权这一天赋的权利。但是，需求权同我在本书开始所谈到的"权的权利"之阐述是一样的，即：都是"应然权"而不是"实然权"。所以，这里所讲的需求权，仅是指每个人均具有的需求大自然中的一切东西并由此可以达到满足的权利资格，它并不一定能使每个人都切实地、"为所欲为"地得到一切所需要的东西，而仅仅是使每个人都具有了需求自己所需要的东西的权利。不享有这一权利，那么就丧失了人的需求权；享有这一权利，那么就为实际获得需求奠定

（2）马克思恩格斯全集. 第3卷. 页23。

（3）马克思恩格斯全集. 第2卷. 页153。

了基础。你可以需求这个东西，我也有权利需求这个东西。但是结果也许就不同了，你也许可以得到这个东西达到满足，而我却不一定能够得到这个东西。因此，人的需求权能否最后体现为需求现实，使需求实际得到满足，这是由需求对象和需求能力二者之间的相互关系决定的。

所谓需求对象，是指需求者所需求的目标或客观物。就目标而言，它可以是有形物，也可以是无形物；不管这个目标是什么，也不管它是否实际存在，只要有需求它的需求者，那么它就属于需求对象而存在。譬如说，有人需要一台空调器，那么这台空调器就是这个需求者的需求对象；有人需求一种权威，那么这个权威就是这个需求者的需求对象；可能还有一些人需要一个上帝来主宰一切，那么这个上帝就是这个需求者的需求对象——即使没有也要创造一个出来。

○ 最让人苦恼的事情是"心有余而力不足"

所谓需求能力，是指人们为了达到需求的满足，其自身内在的素质状态——即权力能力。权力能力就是指人们的"应然权利"兑现为"实然权力"的能力。

人与人的能力素质是各不相同而有差异的，就如同"天下没有两片相同的树叶"这句哲言一样。由此每个人的需求能力都是不同的。婴儿的需求能力很低，恐怕仅限于能吃饱奶水，而成年人的需求能力却能大到享有亿万元的财富还嫌不多。小学生的需求能力一般情况下仅限于加减乘除的运算，而宇航员的需求能力却可以大到自如地操纵航天飞机遨游太空。就说同是婴儿，其吃奶的量也不会是一样多的；同是小学生，其运算的速度也是有差别的。人的权力能力的差异性，不仅仅是反映在经济能力、文化技能能力方面，它还反映在人的生理能力、智能能力、意志能力、政治能力、实现自我的能力等各各方面。

需求对象和需求能力的关系决定了需求权能否从"应然权"兑现为"实然权"。因为如果有人需求某种东西确定了需求对象，但是他却没有需求这个东西的能力，从而他的这个需求就得不到满足。譬如，某个人想吃"北京烤鸭"，可平常又好吃懒做不参加劳动，使得口袋里没有钱，其结果是，烤鸭店的售货柜上堆满了烤鸭，而这个人虽然享有需求权但却没有需求能力，于是他的需求便以得不到满足而告终。反之也是如此，我们如果很富有，具有了需求能力，可是选错了需求对象，将一个实际不存在的"神仙"当成了我们需求的目标，则我们的这个需求权也无法从"应然权"转变为"实然权"。也就是说，我们无法实际上将"神仙"买到手里。

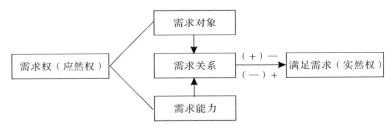

图3-1-1 自然需求关系图

由以上我们可以得出结论：需求的满足与否，需求权能否由"应然权"兑现成"实然权"，这是由需求对象与需求能力的相互关系决定的。

需求能力是获得需求满足的条件，是人的需求权得以体现的重要的工具；需求对象则是需求得到满足的基础，是人的需求权得以落实的唯一彼岸。二者是缺一不可、相互联系、相互制约、相互作用的。

在此需要说明的是，需求是一个不断发展的概念，而不是一个静止的概念。也就是说，人们一直在努力满足需求，但需求又一直在发展，旧的需求满足了，新的需求又产生了。人类就是在这种不断地满足需求又不断地产生新的需求的过程中不断丰富物质文明和精神文明的。人的需求是永无止境的。

既然人们的需求都是无止境的，而人们又都是生活在一个社会中，这就难免产生需求矛盾——即一部分人所获得的需求的满足是以另一部分人需求权实际被剥夺为前提的，于是这就牵扯到社会自由问题。

人的社会的属性决定了权的自由的本质。正如马克思所说的："自由确实是人所固有的东西，连自由的反对者在反对实现自由的同时也实现着自由……没有一个人反对自由，如果有的话，最多也只是反对别人的自由。"(4)

自由！这是一个多么诱人的字眼。自18世纪以来，差不多人人都似乎懂得这个字眼的份量。"放弃自己的自由，就是放弃自己做人的资格，就是放弃人类的权利，……这样一种弃权是不合人性的。"(5) 究其原因，就是我们人与自由有着一种密不可分的关系，而且是一种带有根本性的关系。人，如果没有了自由，就视同没有了生命；社会，如果没有了自由，就视同没有了发展，就没有了进步。

究竟什么是自由？自由是抽象的自由还是具体的自由？对这个问题众说纷纭，各有各的见解。哲学家与政治家，现实主义者同理想主义者，从事繁重劳务的工人与大腹便便的"资本家"，一无所有的"无产阶级"与大权在握的特权统治者，在不同身份、不同思想、不同的社会地位的人们之间，都不会有不同的答案。

十九世纪英国哲学家约翰·斯图亚特·密尔在《论自由》一书中所概括的"人类自由的适当领域"，至今还值得人们在研究和分析自由话题时作为有一定价值的参考。

第一，意识的内向境地，要求着最广义的良心的自由；要求着思想和感想的自由；要求着在不论是实践的或思考的、科学的、道德到或神学的等等一切题目上的意见和情操的绝对自由。说到发表和刊发意见的自由，因为它属于个人涉及他人那部分行为，看来像是归在另一原则之下，但是由于它和思想自由本身几乎同样重要，所依据的理由又大部分相同，所以在实践上是和思想自由分不开的。第二，这个原则还要求趣

---

(4)马克思恩格斯全集.第1卷.页63。

(5)卢梭：社会契约论.天津人民出版社.2009。

味和志趣的自由；要求有自由订定自己的生活计划以顺应自己的性格；要求有自由照自己所喜欢的去做，当然也不规避会随来的后果。这种自由，只要求我们所作所为并无害于我们的同胞，就不应遭到他们的妨碍，即使他们认为我们的行为是愚蠢、背谬或错误的。第三，随着各个人的这种自由而来的，在同样的限度之内，还有个人之间相互联合的自由；这就是说，人们有自由为着任何无害于他人的目的而彼此联合，只要参加联合的人们是成年，又不是出于被迫或欺骗。

任何一个社会，若是上述这些自由整个说来在那里不受尊重，那就不算自由，不论其政府形式怎样；任何一个社会，若是上述这些自由在那里的存在不是绝对的和没有规限的，那就不算完全自由。唯一实称其名的自由，乃是按照我们自己的道路去追求我们自己的好处的自由，只要我们不试图剥夺他人的这种自由，不试图阻碍他们取得这种自由的努力。[6]

◯ 想干的事不一定能干得了

在我看来，密尔所说的自由，大部分说的应是指人的权利，是"应然权"。说人们享有自由权，并不是指人们想做什么就有自由做什么，不是指人们可以获得一切现实自由——即将自由"应然权"无条件地随时随地兑现成自由的"实然权"的那么一种权力。你也许可以自由地言论，而我却因某种特定的原因不能自由地言论。因此，人的自由权同人的需求权一切，能否将自由权最后体现为现实的自由，这是由社会的自由环境和人的自由能力二者的相互关系决定的。

所谓自由环境，就是指人在享有自由时所处的自然环境和社会环境。自然环境是指相对人类社会的自然界，包括作为生产资料和劳动对象的各种自然条件。社会环境在这里所指的是社会权力关系即人与人之间的关系。人在自然环境中实现的自由就是自然自由，人在社会环境中实现的自由就是社会自由。

---

(6)[英]约翰·斯图亚特·密尔：论自由.许宝骙译.商务印书馆.2013，页14。

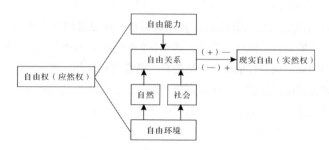

图3-1-2 社会需求关系图

所谓自由能力,是指人们为了实现自由其自身内在的素质状态。人所反映出来的自然能力是不相同的:有的人可以驾驶飞机周游世界,也有的人瘫痪在床上连自身的生活都不能自理;大人可以说走就走,说跑就跑,而婴儿的很多行动就要受到大人的限制。人们的自然能力是有高有低、有强有弱的,因此人们所需要的现实的自由绝不会是一个同一的自由。

不具有自由能力,再好的自由环境也无法实现自由。例如:"条条大道通罗马",任何人都可以有权自由往来。但是,对于瘫痪在床上的人来说,他无法实现这一自由,因为他没有了行走的自由能力。但尽管如此,他仍然同其他有行走自由能力的人一样享有自由权。

虽然我们具有了自由能力,但不可能使我们想什么自由就有什么自由,而是会受到自然环境和社会环境的限制。譬如,你有两条腿,有到处任意行走的自由能力。可是你的这个行走的自由不是无限的,你只能在你能走的地方自由地行走,由此你就不能享有在不能走的地方行走的自由。如果你的面前是一片泥泞的沼泽地;如果你的面前是一座陡峭的悬崖;如果你的面前是汽车道,是课堂,是别人的家里,那么你还能自由地随意行走吗?如果你再固执地"自由"向前走,那么,你不是损害自己的自由就是损害别人的自由。

综上所述,人的自由是由自然环境和社会环境等客观因素决定、制约的。同时,人的自由能力是能动的、可调的、发展的,对自由环境具有反作用。它可以积极地改造自然环境，通过社会活动影响社会环境，使自由能力与自由环境逐渐相适应，从而达到一种自由关系的平衡，使人们的自由权兑现为现实的自由。

人们现在所享有的现实的自由有两种：一种是相对自由；一种是绝对自由。

所谓相对自由，即人在享有自由时又受他人自由所限制、所制约的自由，是有条件的自由。

所谓绝对自由，其"绝对"二字是相对"相对自由"而言的。因此绝对自由不是"绝对"的绝对，而是"相对"的绝对。绝对自由就是人在享有自由时，不受他人的自由所限制、所制约的自由，是无条件的自由。也就是指在不影响他人享有自由的情况下所享有的任意所为的自由。例如，人的思维就是绝对地自由的，一个人想什么，不管他怎么想，他都是自由的，不受他人的干涉。又如，某个人在自己的家中也是绝对自由的，他想唱歌就可以唱两句，他想干点什么就可以干点什么，也不受他人的干涉。

3-2 权的基本特性

○ 阶级性是人性海洋中露出的陆地

权的基本特性研究的就是人性的问题。

人性是什么？究竟有没有超阶级的人性？对此问题向来就有不小的争议；在人性、社会性、阶级性的关系上，一直存在着不同的甚至相对立的观点。有的人说，阶级性不是人性，它是人为制造的，是从外部附加给人的。有的人说，人总是阶级的人，超阶级的人性是没有的，人性都必然是具体的带有阶级性的人性，等等。

我在这里研究和探讨"权的基本特性"，就是力图解决人性、阶级性、社会性的关系问题，并且尽力挖掘出它们的实质。

不言而喻，生活在阶级社会中的人，必然会多多少少地打上阶级的烙印。但是，这个阶级的烙印不是人天生就具有的，而是由那个阶级社会烫烙出来的。因此所谓"人性都必然是具体的带有阶级性的人性"这一说法，不适用于所有的人。人性、人性，很显然，她是社会中所有的人所共同具有的人的特性，是共同的人性，是一般的人性，是普遍的人性。而阶级性，则是相对由人组成的某种社会集团的"组织性"而言的，她是在人的共同特性之中表现出来的相对特殊的人性，即：阶级性是一般的、共同的人性中的特殊的、不同的表现。因此，我们不能用阶级性来代替共同的人性，把一切人都看成是阶级的人，难道平权社会的人和实现了共权主义社会的人也都是阶级的人吗？同样，我们也不能因为一般的、共同的人性的存在，就否认人的阶级性，把人都看成超阶级的人。在阶级社会中生活的人必然会有特殊性的表现，这便是人的阶级性。总之，共同的人性是社会的人的特性，她以个体为单位，以"社会的人的权利"为基础。而阶级性则是人的社会的特性，她以集体为单位，以"人的社会的权力"为基础。

我们研究权的特性，就是对人性的普遍性作一综合的、全面的探索。由此能够使我们逐步摸索到人的内在特性，从而使我们对许多社会现象进行分析找到原因后，发现其内在的某些规律。

○ 求异性与排斥性

求异性和排斥性是人人都具有的人性之一。

这里所说的求异性，是指人具有的不断需求自己所不曾得到的或异于自身所得到的一切东西的一种心理特性。它是人的追求永无止境的内在动力，是人对各种各样权内容追求和索取的欲望不断扩展的促进剂。人的很多行为发生的原因以及很多的社会现象都可以从人的求异性上找到答案。

为什么生活在这个国家的人会觉得那个国家好？而生活在那个国家的人却会觉得这个国家好？

为什么与这个人结婚后却总觉得那个人要更好些，而一旦同那个人结成伴侣之后又会莫名其妙地觉得有些地方还不如原先的爱人更好？

这是因为，越是在你身边的东西，你就越觉得它平淡无奇，没有价值；而越是你不曾得到的东西，那怕它是一堆破烂，你也会神秘地感到它在你心目中的价值之高，感到它是那样的可贵，由此你也就越加渴望得到它。

我们在研究古代原始平权社会时期人们的婚姻关系问题时就可以发现，人们一开始是处于一种杂交状态，即父母子女间都存在着性行为，而后发展到兄弟姐妹之间的交配，继之又扩大到氏族部落间的男女婚配以及"对偶制"的出现。那么是什么原因使人们的婚姻关系不断扩展？按照一些学者的传统说法，是由于人们——古代原始平权社会时期的人已经懂得近亲结婚的不利后果，懂得了近亲结婚所生子女智力低下。真是可笑至极！当科学技术突飞猛进的19世纪和20世纪，一些人还没有完全认识到这一点，这包括那些专门从事科学研究的科学家。而不懂任何科学、把一切都看作是天命神赋的原始人，竟然会在遗传学上有如此造就，这岂不是怪事？那么这个原因到底是什么呢？这就是人的求异性在起作用。就是说，这是由人性决定的。

每个人都想接触一下不曾接触过的异性。每个人也都想去一下所不曾去过的地方。原始人同样天生就具有求异的特性，但由于人数的限制和活动范围的狭小，因而其求异性无条件发挥出来罢了。设问：只有几人至多十几人组成的最原始的人群，他们之间的婚配关系怎么能不受限于父母子女之间呢？那么随着人数的增加，而且往往是几何性的递增，婚配关系就必然会扩大到人数相对众多的兄弟姐妹之间。同时随着人的活动范围的扩大，各原始人群之间联系的建立，人的求异性便使人自然而然地摆脱了血亲间的婚配关系，并逐渐形成一种社会规范。由此可以看出，人的发展不是由什么"觉悟"决定的，而是由人性决定的。"觉悟"是一个很不牢靠的东西，而人性则是难以作假的。

近万年的人类历史，就是人不断需求一切所不曾有的或异于自身所有的东西的需求扩展的历史，是人求异的历史。人之所以能够摆脱动物界而成其为人，正是由于人具有这种积极的、丰富的求异心理，使人不断的进步和发展。

人的求异性是不可限，而且是无法根除的。只要有人存在，这种求异性就永远也不会消失。求异性的主要表现是：

1、好奇感。好奇感就是指人们对自己所不了解的事物觉得新奇而感兴趣。从婴儿的东张西望，到儿童把手里的玩具摆弄来、拆开去，还有我们在道路上时常可以见到的扎堆儿围观现象，等等，都是出自于好奇感。

2、认知感。就是指人们跟本来没有关系的事物建立联系并得以认识。这个为什么？那么为什么？孩子们总是这样问这问那，问个没完没了。数学家为了一道什么公式，算起来忘了吃、忘了喝，像是犯了精神病。这些现象都是认知感驱动的。

3、求新感。就是指人们不满足于对旧有的事物的好奇和认知，而是在此基础上不断求得新鲜特别之感。通常一样儿的东西吃得太多了就觉得没了口味。譬如：大家都知道对虾好吃，如果我们一年365天，天天吃对虾，那我们可就受不了了，就恨不能换换口改吃点别的。同样，干一种单调的工作时间太长了就会觉得没意思，也是人的求新感在起作用。

4、刺激感。是指人们寻求异常之事物，使自我感官产生强烈的活动和变化，以求得到精神饱满、情绪激奋之感。如拳击、攀登等激烈的体育活动和探险活动等。

求异性的作用是非常重大的。人类第一个吃熟食的，第一个穿衣服的，第一个写字的，第一个下海的，第一个上天的，他们无疑是求异的结果。迄今人类所享受着的一切文明成果，哪一样不是求异者们创造的？历史上的一切英雄伟人，哪一个不是优秀的、突出的、典型的求异者。求异性越强的人，其创造性也就越强；求异性越强的民族，就越是先进和文明的民族。求异性对于人的全面发展和社会的文明进步均起着积极的主导作用。

当然，"物极必反"。任何事物超过了一定限度就会改变原来的发展方向。求异性超过了现实的限度，不但不会对人和社会的发展有积极的影响，反倒会起消极、阻碍的作用。如那些吸毒者、同性恋者，国家之间发生的战争等。

求异性是人固有的人性。还有一种与求异性正好相反的人性，那就是人的排斥性。

所谓排斥性是指人对自身未予了解没有接触过的，或者出于某个原因不愿接触的事物所具有的排除或远离的一种心理特性。人的很多行为的原因也可从人的排斥性上找到答案。

例如，小孩子晚上睡觉总是要求和父母在一起，如果独自睡在另一间屋里就会感到害怕。大人也是如此，我们谁也不愿意独自到原始大森林里去住上一段时间，除非我们无处可去。倘若有个男子追求你的妻子的话，你就会千方百计地甚至不顾一切地去阻止他，你决不会愿意让自己的爱人去和别人建立什么亲密的关系。再如，一种我们不曾接触过的样子凶猛怪状的东西，我们就会不由自主地躲避它等等。说到权——当然是指政治权力，则更见排斥性的存在。无论哪一个当权者，不论职位高低，他们都不愿意自己手中的政治权力被别人夺了去、占了去。他们会不择手段地去保护自己，去排斥别人，而决不允许别人比自己强大。因为政治权力一丢，那么经济权力、自我荣誉权力等等很多的权力就有可能随之被削弱。所以护权的本能是最强大的。

一、陌生感。陌生感就是指人们对于其不曾熟悉而感到生疏的事物予以排斥的一种心理因素。例如，当一个人来到一个新的集体中，会在一开始保持距离；一个地方混熟了就不愿意再到另一个新的地方。

二、恐惧感。是指人们对某个事物感到害怕或担忧而惶恐不安的一种排斥心理。如：幼童在家里不论同哪个亲人玩耍都是可以的。但是，如果你把他送到别人家里，或让别人单独领他去玩的话，那么一般情况下这个幼童肯定会表示反对而哭闹不休的。

三、未知感。就是指人们对某一事物不知道或没有了解清楚，从而导致排斥性。通常，如果我们了解了某一事物，我们就可以欣然接受；但如果我们对某一事物还处在不了解的情况下，就可能使我们止步不前。如在人类还没有开始吃螃蟹历史的时候，人们对螃蟹是未知的，由此谁也不敢轻易地吃第一口。倒退几十年，人们对高压锅一开始也是反感的，它就像一枚重型炸弹，让一些人望而生畏，其原因就是对它处在未知的状态中。

四、不快感。不快感是指人对某一事物的出现感觉到不愉快、不舒服。如果在你的周围有一个凶狠恶毒的人或是经常使你痛苦、生气或忧虑的人，那么，你就决不会想继续长久地与他共处往来，而且希望离他越远越好。其原因就是因为他使你产生不快，从而排斥他。

排斥性所起的作用也是不容忽视的。在一定的情况下，排斥性强些对人是有益的。例如，排斥性强的人其安全性较之那些求异性强的人要来得稳固些，付出巨大代价甚至付出生命代价的，大都是那些求异性较强的人。又如，相爱的男女双方如果都排斥性强，则他们的婚姻就相对牢固一些。但是，从总体上看，从人的权能扩展的需求上看，排斥性对人的全面发展和社会的进步均起着消极的作用。越是具有古老历史文化的民族和国家，其形成的旧传统、旧习惯的排斥性社会感觉就越强。在这样一个民族和国家中，所有的风俗习惯和文化传统都在悄悄地扼杀人的求异性，使人们都求一统，不准标新立异，不能有不同观点，更不允许产生新思想。因此，这些国家或民族的发展速度就必定会越来越缓慢。如古印度、古埃及、印第安民族和其他处于原始平权社会状态的民族部落等。我们中国也不例外，从

"焚书抗儒"到"罢黜百家，独尊儒术"；从清朝的封闭政策、闭关自守，到蒋介石的"一个领袖、一个政党、一个主义"；从几万人举手表决奇迹般地"全体一致通过"，到我们中国人最拿手的"红眼病"、妒忌心理，处处都体现出我们中国人的民族缺点。民族排斥性强，给我们自己带来的只有两个字——落后！这就是为什么西方人在科技领域，在社会发展方面超过了我们中国人的根本原因。其实，中国人不是劣质民族，中国人是具有很强的求异性的，只是4500多年中国封建君权主义的旧制度太残酷，中国的旧风俗、旧传统太恶毒，把中国人的求异性给抹杀、扭曲了，全盘地变成了排斥性，这是中国的一大不幸。

现今，中国的改革开放政策和鼓励创新政策，恰恰是要恢复中国人本来的求异性，只有这样，才能使中国这个民族、这个国家变得更加强盛。

首先，二者是相对的、矛盾的。人的求异性是绝对的、长久的、无限的积极因素，是人全面发展和社会文明进步的前提条件，是人权扩展的催化剂，是人的追求永无止境的内在动力。人的排斥性则是相对的、短暂的、有限的消极因素，它是受客观历史条件制约的。它与人对自然和科学的认识程度有关，它可使人畸形发展，阻碍社会文明的建设，甚至可以导致社会的退化。总之，排斥性从其总体上说，是一种守旧的因素。

其次，二者是联系的、统一的。求异性和排斥性在权利主体身上是相互并存的，并且可以相互过渡、相互转化。所有的人，正是通过求异性和排斥性两种特性的矛盾运动才产生了人的一切行为的全部心理过程。

求异性可以转化为排斥性。如对一稀有物品的渴望一旦成为现实，那么获得者就必定会尽力想方设法保护它，以防落入别人的手里。

排斥性也可以转化为求异性。过去闭关自守，现在改革开放；过去不允许有相反的意见，现在竟支持报纸指名道姓批评自己，等等。

总之，人的本性就在于：人们对于越是不愿经历或出于某种原因不敢经历的事物，我们就越会产生一种逆反心理，总是想去试一试，故而排斥性的发展趋向，是向着求异性上转化的。

综上所述。求异性与排斥性是辩证的对立统一关系，是马克思主义对立统一规律这一宏观理论在人性上的具体表现。对立统一规律无法直接运用在人性的问题上，解释不了人的与人性有关的动机问题。而求异性和排斥性原理则能在对立统一规律的指导下，对人进行深入的剖析。求异性和排斥性是一切人都不可缺少的天性。没有哪个人只有求异性而没有排斥性，也没有哪个人只有排斥性而没有求异性。同时，这种求异性和排斥性决不是由什么社会的物质生产所决定是否存在的，而是由人类自身的、天然的人的本质所决定的。社会的物质生产及其社会的经济关系只决定着求异性和排斥性在人身上所反映出来的各自量的相互关系。

◯ 自我性与社会性

自我性和社会性也是每个人时时处处都不得不表现出来的人性之一。

所谓自我性就是指人的一切活动，都是从自身出发，以满足自身需求为目的，最终又回归到自身的那么一种特性。自我性的基础是自利性，是一种不允许权利主体以外的任何人阻挠、干涉和侵犯的。"天下熙熙，皆为利来；天下攘攘，皆为利往。"[7]所有的人，他们首要关心的不是别的，而是他（她）自己或者与其自身密切相联系的事物，而且自觉不自觉地终日生活在利益得失之间。但真正的利益应是建立在道义的基础上，与他人合作共赢，彼此间都受益，即"利者，义之和也。"[8]

自我性，我们又可通俗地把它称为自私性，它是人的自然属性，

（7）史记·货殖列传。

（8）易经。

是没有善恶之分的。只不过我们过去总是把"自私"当作贬义词来使用，把它看成是侵害了别人以谋利于自己的不道德的东西，故而对"自私"二字深恶痛绝。其实，人的私心本不是什么坏东西，人的发展和社会的进步，每时每刻都离不开它。这种私心是在不侵害他人利益的前提下的自私性，它与损人利己和损人不利己的"私心"是格格不入的。自我性也好，自私性也罢，是每个人都具有的一种"天性"。一个人通过自己的劳动而受益，那么他所获得的这些财富是决不允许他人来剥夺的。在某件事情的决策上，我们都愿意由自己来做主，而不喜欢别人指手划脚地强迫。这些都是人的自我性或称自私性在起作用。

人的自我性是客观的属性。那些曾被宣传的所谓的"大公无私"的人是不存在的。它有时之所以"存在"，这只能是我们某些人出于某种目的主观故意地认定它存在而已，就像是下了一道行政命令那样。如果哪个人说，雷锋同志一点点私心都没有，这恐怕是不符合事实的。如果一个人没有一点私心，那么它与这个人本身的存在就是矛盾的。因为每个人本身的存在，就意味着这个人的自我性的存在，他们是相统一的。

当然，在这里我们并不想贬低雷锋同志。雷锋助人为乐的光辉形象至今还闪耀着光芒，雷锋精神到现今还是应该大力宣扬提倡的，但需要说明的是，不要盲目地夸大一个人，甚至把人夸大到"大公无私"的地步。人的自我性只是人的特性之一，它不是说人只有私心，而没有公心。人的自我性是说没有私心的人是没有的，只是有的人私心重，有的人私心轻；有的人私心多，有的人私心少。正常的情况是，每个人既有私心，又有公心；私心是永恒的、绝对的，公心有时有，有时没有，是相对的；私心是基础，公心是私心发展的高级阶段，是私心发展到一定水平之后所产生的质变和升华。至于私心与公心在每个权利主体身上所占的比例关系，依据每个人情况的不同而有所差异、有所区别。因此，可以肯定有"大公"的人，同时也可以肯定没有"无私"的人。

那些舍己救人、助人为乐的好人好事该如何解释呢？既然他们也都有私心，可他们的行为动机、行为过程和行为结果与人的自我性是不是有矛盾？

没有矛盾。我在这里所说的人的自我性（即自私性），不是一个固定不变的东西，而是从低到高分层次的。

第一自我。这种自我性是最低层次、最原始的自我。它的主要表现是主观为自我客观也为自我。当我们饿了的时候，主观上就有了饮食的需求，而吃饭这一行为的实际过程，客观上只满足了我们自己的食欲，消除了自身的饥饿感，并没有使他人得到食物。在体育比赛中，运动员得到金牌后，其他的运动员就绝对拿不到这块金牌了。

可见，第一自我是一种只为自身服务的自我性。在这个权利主体以外，任何人都不能从这个权利主体的第一自我中得到实际利益。

第二自我。这是人的自我性不断发展的必然阶段，是中间层次的自我性。它的主要表现是主观为自我客观为他人（社会）。一个工厂主为了赚取更多的钱，为了提高利润，就会想尽办法尽最大的努力去加强管理，提高技术，开发新产品，占领广阔的市场。从主观上看，他的动机是为自我的，但其客观结果却在一定的程度上有利于他人（社会），因为他所生产出来的产品只有为社会所需求，他才能达到赚钱的目的。一个司机为取得一定的工资去开车，主观上他是为了自我，为了取得报酬维持生活，但客观上他却成了乘客们的服务员。

不难看出，第二自我是一种既为自己服务，同时又不可避免地服务于他人（社会）的自我性。在这个层次上，相对第一自我来说，第二自我的自我性越大、越强，那么其对于他人（社会）的贡献也就相应地越大、越多。

第三自我。这是人的自我性的高级阶段。它的主要表观，是把自我与他人（社会）相等同而重合。换句话说，它或是把自身扩大了，扩大到与他人和社会一样大小，或是把他人和社会缩小了，缩小到与自身一样大小。一句许，就是把自身的私利与他人的社会的利益混为一体、合二为一。

我们总是赞予母亲的伟大，其伟大，就伟大在母亲哺育幼儿的高级自我性上。她把幼儿看成是自己的心肝，看成是自己的一个组成部分，看成是自己的化身。在危难关头，她往往为了幼儿的生命不惜献出自己的一切。这伟大举动的动机。归根结底就是源于人的第三自我。

多少革命烈士为了革命事而英勇献身，他们行为的源泉就是他们具有这种高级的自我性上。这是因为他们把某个目标的实现或行动所指向的内容同自身的自我联系起来达到等同。为了它就是为了自己；为了他人就是为了自己；为了国家就是为了自己。战士为保卫祖国战死疆场，他是为了谁？仅仅是为了国家吗？不！应该说他既是为了国家，又是为了自己。因为他所在的国家如果遭到了毁灭的话，那么同时也必定毁灭他，或是使他成了一个亡国奴。对于一个具有第三自我的人来说，这是难以接受的。与其受辱，还不如战死疆场。

总之，人的一切行动的动机都是为了体现"我"的存在，只不过其层次有高低之分罢了。有的人是为了经济权，有的人是为了政治权，有的人是为了自我荣誉权，也有的人有着他自己知道但不可告人的目的。不管是从哪一个动机出发，人的自我性的各个层次都是相互联系不可缺少的。

人是社会的人。但不可否认的是，人在社会中都各自具有属于自身的自我性。他不但要在社会中求得本体的生存，还要在社会中找到自己独立的位置。虽然在客观上每个人都离不开社会，但主观上人们都是以"我"的身份生活在社会中。"我"如何、如何，"我"怎样、怎样。因此，把"我"字置于每个权利主体最重要的位置上是人的本性，即人的自我性。

弄清人的自我性的问题，具有非常重大的意义。纵观中国4500多年的封建君权历史，我们不难发现。这4500多年的封建君权历史是皇族及其官僚特权阶级剥夺了人民的自我性的历史，是泯灭人性罪恶的历史。中国之所以发展缓慢，就是因为人性得不到尊重和维护。一切封建君权制度，一切封建君权文化传统，乃至一切封建君权伦理道德，都不允许人民的自我性的存在。他们只允许少数特权阶级享有自我性，而反过来总是要求别人"大公无私"、"尊礼守义"，使人民在盲权的状态下丧失了人性。

邓小平的改革路线，从大力扶持个体经济、私营经济，到"国有企业"的租赁、承包甚至合盘转让，正是注意到了人的自我性，重视了人的自我性，由此使国家在经济建设上取得了显著的成绩。如何充分调动广大劳动群众的积极性？这没有什么别的灵丹妙药，就是要注重人的自我性，发扬人的自我性尤其是人的高级的目我性。遵循人的自我性这一必然规律去制定方针、政策，使人的自我性健康地发展起来，在中国"四个现代化"的建设中，必定能够起到非凡的作用。

人的自我性发展到高级阶级，就使自我性开始与人的社会性溶合在一起。因此，人的自我性的人的社会性是相互联系不可分割的，并且是可以相互转化的。

所谓人的社会性就是指人们出于某种个别的或共同的利益，为了更全面地发展自己，使人们在相互的交往中都从中受益，由此导致人们愿意互相联系、相互依存的那么一种心理趋势，或曰人的一种属性。正如法国启蒙思想家霍尔巴赫所说的："人为了自身的利益必须爱别人，因为别人是他自身的幸福所必须的"、"在一切存在物中，人最需要的是人。"

人的社会性是人所必需的。一个权利主体为了扩展自己的权能，必须经由他人的赋权活动才能实现。一个婴儿的成长必须有赖于他的父母的抚养；一个学生知识的增加必须有赖于教师的精心培育。每个人无论干什么事情，都不同程度地直接或间接地有赖于他人的帮助，这样才能使权利主体本身原有的非常有限的权能不断得到扩展。

我在这里所说的人的社会性，不是出卖个人权利的社会性。它恰恰相反，正是为了赢得个人更多的权利享受，这种社会性才展现出来。人的社会性是以人的自我性为基础的；社会性是建立在自我性基础之上的社会性，而不是超脱了自我性的社会性。人的社会性是表现人的自我性的一种必不可少的手段，是自我性发展到一个高级阶级的特殊反映。由此，如果不谈人的自我性，只谈人的社会性，这样我们就会脱离现实，摆在我们面前的"人"，就只是一个被剥夺了心灵和自由的"集体人"的零件；于是人就变成了"机械化"的人，在任何时候谁也不能能动地、独立地表达并实现自己的意愿，这样一来，人也就不成其为人了。

○ 差异性与求衡性

人人都想比他人强的本性就是人的差异性。

所谓差异性是指人在不同的时期或在人们之间的各个方面都客观存在的或主观上企盼存在的差别、不相同的心理素质特性。

同是一个人，婴儿时期与成人时期是存在着很大的差别的。说的更确切些，今天的你就和昨天的你有不相同之处。

不同的人差异性就更明显了，遗传的差异，生理的差异，体力的差异，技能的差异，智力的差异等等，可以说是无处不差异。

在差异性之中，有普通的差异，还有特殊的差异。我从报纸上看到过很多的特殊差异的例子：

湖北公安县42岁农妇汤必芳，靠喝生棉油度日14年；四川巫山县渡乡凉水村龚清孝，从27岁起，把草当成"美味佳肴"十几年；而同省丰都县同心乡六井村女孩李淑碧，从4岁起每天吃饭时总要吃上一点土，几年就将她家的土墙吃了一个大洞；浙江省温岭县城关镇的李西宝，手指和脚趾共有28个，比平常人多出8个；湖南省石门县磨岗隘乡狮子岩村的一个男青年杨春发，一双眼睛白天高度近视，而夜晚却如同白昼视物清晰明亮。

国外也有类似的报道：英国有位叫杰姬·普丽丝曼的妇女，她身体内聚集着大量静电，只要她一靠近，灯泡就会自己爆炸，电视机会自动换台，超市内的电器设备会短路，谁和她握手就会遭到电击；土耳其南部的安塔亚雅齐一个叫亚克亚拉的古老村庄中，两性人竟然达到全村总人口的20%，成为罕见的两性人村。在美国，一名叫黄大维的男孩9岁便考上了体斯顿市圣·汤玛斯大学；一名叫艾德高·伊士洁·德梅路的儿童，两岁半就会下国际象棋，并懂得几何，3岁时能计算出浴缸水的容量，4岁时学习希腊文、物量和哲学，8岁前编了多个电脑程序，到了10岁就已能教成年人如何使用电脑了。

可见，生活在社会中的人都是有差异的。有的差异大，有的差异小，差异之中还差异，永无休止地一直差异到一个基因、一个细胞、一根头发，就如同"世界上没有两片完全相同的树叶"一样。正是由于人的差异性，才使得人各有差别，在各个方面各有其长、各有其短，从整体上填补了个人的不足和缺陷，使人们相互取长补短，各展才干，使人的权力能力不断地扩展到大自然的所有领域，并且逐步地扩展下去，使人类社会不断进步。

人人都有求衡性。所谓求衡性就是指人们之间在各个方面所表现出的意志上追求相近的趋向。这里所说的求衡，不是相同，而是指就人的共同发展的趋势而言，是趋于逐渐平衡的，是相对人的差异性而言的求衡性，而不是绝对的平衡。如一个国家发明了一种新技术、新工艺，相对其它没有发明这项新技术、新工艺的国家来说，就体现出它的差异性。但是，这种差异性从历史发展的趋势规律来看，从人的权能扩展的必然需求来看，是不会总停留在差异的水平上，而会向平衡性发展的。如电话、电灯、家电电器等早已在全世界普及了。

人的求衡性从各个方面都可体现出来。如在人的遗传上，每个人的遗传基因都是由23对染色体组成的，而决不会出现某个人只有20对或26对；同时，人的基因不管它怎样遗传，它只可能遗传出人的基因，而不会遗传出猫的基因。在人的生理上，尽管人的大脑容量不一定相同，人的心脏跳动的速度不会一样相同，人的脚不会一样长，人的手指也不会一样粗细，但是从总的趋势上看，人们一般都是平衡的。因为他们都均有一个头脑，一个心脏，也都一样有四肢。在人的体力上，由人组成的社会的体力平均值与每个人的体力值基本上是平衡的。没有哪个人能抬起一座山，也没有哪个人连鸿毛都拿不起来。从人的技能上看，分工造成的差异将会随着生产力发展水平的迅速提高而逐渐消减，同时又创造了使人学会更多技能的条件，缩小了差异，促进了平衡。从人的智力上看，人们的智商是不相同的，但人们的智力水平从其发展的趋势上看是平衡的。智力高的人，正由于他的智力高，所以他的智力再向上发展，其速度相对就会逐渐缓慢下来，而智力低的人恰恰可以飞快地赶上来。随着教育水平的不断提高，低智力的人数会越来越少，人的智力发展的总趋势是平衡的。

人的差异性与求衡性既相互区别又相互联系，并且可以在一定的条件下相互转化。

首先，二者是相对立、相矛盾的。人的差异性是绝对的，长久的，具体的；时时有差异，处处有差异。差异性是人不断增强其自身素质感阈，扩大其各种权能的积极的因素。人们如果都是同一表情、同一思想、同一行为，那么人也就不成其为人。由此，有不同的信仰，有不同的观念，有不同的政治见解，有不同的意志，这都是由人性决的，是不可能在各个方面一统一起来绝对保持一致的。人的求衡性则是相对的、短暂的、宏观的具有一种趋势性的特性。差异性每时每刻都在破坏着求衡性，而求衡性也在一定程度上阻碍着差异性。二者所起的作用就基本身的性质而言是相反的。

其次，二者又有联系、缺一不可。整个人类社会正是在差异性与求衡性这两种特性的矛盾运动的影响下不断发展进步的。求衡性是在差异性基出上的平衡；差异性又是在求衡性体现的过程中形成的差异。差异必然会导致平衡，新的平衡之后又会产生新的差异，就这样差异——平衡——再差异——再平衡，循环往复，以至无穷。

○ 取舍性与选择性

人人都有取舍性。所谓取舍性是指人在需求自己所需的一切活动过程中，取得了这些就必须舍弃那些、是这个就决不会是那个的那么一种特性。这里所说的活动过程，是指的同一时间内的活动过程，这时你在这，那么这时你就不能在那，你这时做这事，这就以你无法再做那事为条件。"谁也不能同时两次踏进同一条河流"就是这个道理。我如果是个男人，那么我必定不是女人；如果我现在是一个农民，那么我现在必定不是一个工人；如果我把钱花在了女人身上，那么我就无法再把这些花到事业上去。总之，取得这个东西或事物，是以同时否定取得其它东西或事物——即舍弃为条件的。反之也一样，舍弃这个东西或事物，是以同时取得某个东西或事物为结果的。"取"是对所取之外一切的"舍"，而"舍"也同样是对所舍之外的一定的"取"，取舍是紧密联系在一起的。

人的取舍性决定了人在享受各种权利和权力的时候，享有这些就意味着享有不了那些。一个人上饭店，店里有上百种美味菜肴可供应，而人的胃口大小有限，他不能吃下所有正在供应的菜肴。因此，这个人在点这几个菜的时候，是以舍弃点那几个菜为条件的。英国女王伊丽莎白二世，是世界上最富有的人之一，她拥有亿万财富，数不尽的珠宝和大批珍贵的艺术品，当然也就有着享不尽的荣华富贵。然而，女王并非像人们所想象的那样，事事处处都感到幸福和满足。在她取得了一个女王所享有的一切的时候，她同时也舍弃了一个平民所享有的无拘无束的自由生活。她的一言一行，一举一动，都受到极大的限制，稍有不慎，就会成为人们的议论的焦点，就会给她带来无穷的烦恼。就这点来说，权贵人物的生活并非是快乐的，因为他们得到的多，舍弃的也多。

对一个人来说，取舍性特别容易被人们所忽视。例如，有些人的求异性不是用在发明创造上，而是单单用在对异性的感官追求上。他表面上追求的越多越满足，他实质上放弃的也就越多，最后吃到的苦头也就越多。因为如果一个人若是把所有的精力都集中用在如何满足性欲上，那么这个人就必将会由此放弃掉很多对自身更有益的其它权利和权力，放弃掉自身的健康权、工作权等，放弃掉使自身得到全面发展的机会。

人人都有选择性。选择性是指人在一切活动发生之前，既可以做这些，也可以做那些；既可以这样去干，也可以那样去干，任其挑选、自行决断的那么一种特性。选择性与取舍性不同：取舍性是人的活动在实施过程中所表现出来的；选择性是人的活动在准备的状态中所体现出来的。生活在世界上的一切人，面对着大自然，他们每时每刻都在进行着选择。在生活上，吃什么？穿什么？都须选择。在工作上，干这一行还是干那一行？怎么干？也须选择。在精神上，是信仰什么宗教还是信仰什么主义？同样也离不开选择。

选择，既有非理性的选择，又有理性的选择。当发生大地震的时候，人们是躲在屋内等着房顶砸下来，还是夺路而逃抢出一条生路？这恐怕容不得人们仔细认真地思索，便会下意识地选择出逃这一行为。这就属于非理性选择。对道德行为的选择，对政治行为的选择，都应属于理性的选择。总之，人的选择性越强，选择的范围越大，那么人就越自由。相反，剥夺或是侵害了人的选择性，那么就是剥夺或侵害了人的自由。

对于人来说，最糟糕的事情就是看走了眼而导致做出错误的选择。

首先，二者是有区别的。取舍性是一种活动的事实排除另一种活动的现实性、绝对性，使人的活动在时间上均具有的一种次序性。也就是说，它的主要依据是时间，即在同一时间内，任何事物的"取"都是对其它一切事物的"舍"，使人的自身活动符合自然的逻辑而不至于发生混乱。选择性则是一种准备的状态，是预备实施某一活动的可能性、相对性。它的主要依据是空间，即人的活动的全方位性，使人的能动的主体性得以发挥表现出来。前者，归根到底说的是人在从事一切活动中所必然出现的一种客观性；后者，归根到底说的是人在从事一切活动中所必然具有的一种能动的主观性。二者有着根本的区别。

其次，二者又是有联系的。任何取舍都是由选择发展而来的，没有选择就不可能有取舍；同时、任何选择也都是在取舍的基础上又进一步表现出来的选择，没有取舍也同样不可能有选择。可见，取舍性和选择性是相互依赖不可分的。

人的取舍的客观性，决定了人的主观选择的重要性。选择得对，则取优舍劣，取真舍伪。选择得不对，则以劣易优，取伪舍真。选择，作为人性的天然的一种权利，是应牢牢地把握住、万万不可放弃的。放弃了选择性，实际上就等于放弃了人的自由，放弃了自身发展的机会，放弃一个人的主体地位。

20世纪70年代末所进行的改革，搞机构精简也罢，成立人才市场也罢，砸了大锅饭搞竞争，这归根结底都是在不同的方面恢复人的选择性，去掉消极的惰性。虽然有一部分人"下岗"了，被"精简"了，这其实并不一定是坏事，因为选择权又回到了这些人的手中。听说很多当年下岗的职工自己闯市场做小买卖，如今许多人都发财了，甚至成了大老板。现在如果再下岗，时间可是晚了些，因为当初的市场空间很大，竞争的压力较小，进入市场的门槛较低，所以那个时候的生意还是比较好做的。

让人民自己去决定自己的前途和命运，自己去发展自己，眼下看可能有些不舒服，甚至会给一些人带来精神上的痛苦和物质上的损失。但从长远来看，恢复人的本来的选择性，对人民的自强，对人的发展都将是千秋万代的大好事。

求异性和排斥性，自我性和社会性，差异性和平衡性，取舍性和选择性，是人性的四对基本特性，它们之间的关系不是机械的、僵化的，而是可以相互转化辩证统一的关系。它们是伴随着每一个生存的人而存在的，是人的自然的、本能的属性。任何一种社会制度，如果它违背了人权的四对基本特性，即有违于人性、忽视人性，那么社会的发展或早或晚就必然要遇上阻碍，就必然会积成各种各样的社会矛盾。违背得越多，社会矛盾就越容易激化。只有注重人性，顺应人性，并努力将人性引入健康的轨道，这才是对社会有益的。有道是：江山易改，本性难移！

3-3 社会权力关系基本矛盾

○ 十种主要社会矛盾形式

所有的人都具有天赋的权利，任何一个人其本质和人性又要求他自身通过各种活动去实现需求和自由。同时，人又是生活在社会中，本质的需求和人性的实现都是通过赋权活动——即与他人或社会发生权力关系后才能兑现的。由此，社会中的任何人，在其权利通过各种行为体现为实际权力的过程中，就要与他人发生各种各样的关系，这就难免出现矛盾。

权的社会矛盾，说的就是社会权力关系矛盾。在社会权力关系中，有个体与个体之间的矛盾，如两个人吵起架来；有个体与集体之间的矛盾，如某个工人与某个企业发生了劳动争议；还有集体与集体之间的矛盾，如两个企业发生了经济纠纷；集团与集团之间的矛盾，如两个城市之间互设关卡搞地方保护主义；国家与国家也有矛盾；等等。如果我把国家、集团、集体、个体这四种各不同的"社会矛盾组织构成"用甲、乙、丙、丁这四个符号来分别代替的话，那么社会权力关系矛盾的形式有如下几种：

1.甲——甲；2. 甲——乙；3.甲——丙；4.甲——丁；5.乙——乙；6.乙——丙；7.乙——丙；8.丙——丙；9.丙——丁；10.丁——丁。

以上共有十种主要社会矛盾形式。就是说，世界上所有国家中所产生的权力关系矛盾，都包含在这十种社会矛盾形式中。

那么，国家是怎样组成的？国家的首要基础是众多的个体（个人）。这些个体出于对不同权内容的追求而形成不同的集体，如人出于对生存权的需要而组成的家庭集体；又如人出于经济权的需要而组成的生产经营集体等。很多的集体——往往是不同性质、具有不同权力能力的集体又形成集团。最后由众多的集团组成了一个国家。

　　我这里说的集体与群体不完全相同，前者具有相对严密的组织性，通常比较稳定；而后者则是较松散的。不同集体中的人，可以形成一个群体。但因为群体的松散性和不稳定性，群体无法作为一种社会权力关系而列入到社会矛盾构成中来。

　　可见，在一个国家中，有很多的集团，有很多很多的集体，有很多很多很多的个体。在它们之间，每天都会有矛盾出现。为了避免矛盾，并且能在发生矛盾的时候解决予盾，国家就得制定各种法律法规，就得设置法院等司法部门，甚至还要设置监狱来处罚那些制造矛盾的人。

　　在所有的矛盾形式中，解决"丁——丁"即个体与个体之间的予盾相对是最容易的，它是最简单、最直截了当的矛盾。如果谁把谁的头给打破了，没商量！给人家看病，并承担医药、误工等所有费用。后果严重的，还要负刑事责任。

　　解决"丙——丁"之间的矛盾即集体与个体之间的予盾就相对难了一些，其难就难在集体侵犯了个体的时候，而不是难在个体侵犯集体的时候。明明人家个体没有错，只是给这个集体的领导人提了一点意见，于是集体就把人家给开除了—— 也许这不是那个集体所有人共同的决定，往往只是那些能代表集体的个别人所为，但归根结底还是通过集体与个体之间的矛盾形式表现出来的。这种矛盾就相对复杂了，因为有时在表面上的集体与个体之间的矛盾中，实际上还掺杂着很多个体与个体，小集体与个体之间的矛盾。因此解决起来定很棘手。

　　我们所说的这个集体，也许几十人，几百人，也许几千人，几万人。很难把它确定一个死数。所以对那些由千人以下组成的集体，我把它称为小集体；千人以上、万人以下的集体，我把它称为中集体；万人以上的称为大集体。

　　当一个个体受侵害的时候，也许是他与某个长官有个人之间的矛盾；也许是他与企业的小集体领导班子有矛盾；也许是他与整个企业这个集体有予盾，也许各种矛盾同时都有。这样一来，解决矛盾的方法就变得复杂起来。尤其是那些心怀叵测、善搞权术的长官、总是有能力变着法儿将他与某个个体之间的矛盾转化为集体与个体之间的予盾，使得个体无力抵抗侵害。如果说，一个集体对一个个体的侵害往往是个体无法抵抗的话，那么，集团或国家对一个个体的侵害，那更是灾难性的。这里所说的集团或国家，也不见得是所有的人，往往也是那些能够有权代表集团或国家的人。与此同理，在集团与集体之间、国家与集团之间，各种各样的社会矛盾交织在一起，且国家越大，这种社会矛盾就越复杂。说治理顺、治理好一个国家，那可不是叫一声"共和"或喊一声"民主"就可以做得到的。

一个国家就是一个大的矛盾体。在这大的矛盾体中还有很多中性的矛盾体；在这中性的矛盾体中又还有很多小的矛盾体；小的矛盾体中还有更多更小的众多的矛盾体。在这么多的矛盾体面前，要想使每个权利主体都得到需求的满足，而且都得到最充分的自由，同时又要避免社会矛盾的出现，或是在矛盾出现了的时候能够及时、公正地解决矛盾，这就需要国家以法治国，用法来规范社会，用法来治理社会。

◯ 权利基础和权力建筑

前面所说的那十种社会矛盾形式，就一个国家的体制而言，有一个贯穿于这十种社会矛盾形式之中的核心，它就是社会的基本矛盾。之所以说它是社会的基本矛盾，是因为正是它的矛盾运动，推动着社会历史向前发展，是它起着决定性的作用。

这个社会基本矛盾的一方叫作"权利基础"，另一方叫作"权力建筑"。但是，与马克思的"唯物史观"所不同的是，我这里说的"权利基础"和"权力建筑"，都不是单元、一统的，而是多元、复杂的；不是只有某一方决定另一方、另一方只具有反作用，而是两方都可起决定作用，就看谁的能量大了。

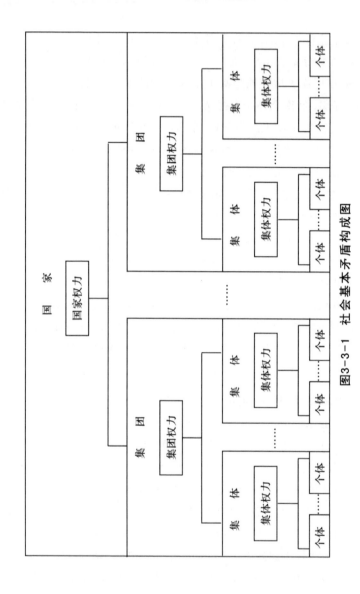

图3-3-1 社会基本矛盾构成图

一般情况下，一块大石头一个人是搬不动的，几个人相互配合也许就可以搬起来。可见很多事情还是有赖于大家集体性协作才能完成。但是，如果搬石头的这些人即使合群到了一起，却没有一个统一的方向——你朝东，我朝西，或者步调也不一致——有的走，有的跑，结果呢，石头不但搬不走，反而还会砸了大家的脚。那么为了协调一致，大家往往在很多事情上就要推举出一个喊号子的人，大家都得听从他的口令并且愿意听从，在他的统一号令下，使大家团结协作、步调一致。

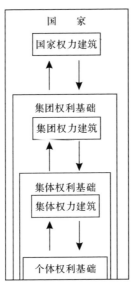

图3-3-2 权利基础与权力建筑矛盾构成图

如果这个搬石头的过程就是一次社会活动的话，那么，那些搬石头的人，就是这个喊号子的人的权利基础；而这个喊号子的人，就是那些搬石头的人的权力建筑。

通常情况下，权利基础决定权力建筑。一般的规律是，有什么样的权利基础，就会产生什么样的与之相适应的权力建筑。例如，君权的权利基础就会创造出君权的权力建筑来。权利基础的整体权能

（如文化程度、责任感、道德观、思想状况及权力意志等）决定着权力建筑的权能的高低（如管理方法、制定的方针政策等）。故权利基础的权能强，则权力建筑的权能就会相应地更强。反之，权利基础的权能差，则由它所决定的权力建筑的权能一般也就越差。对这个问题恐怕不难弄懂，由文盲、愚民组成的这么一个权利基础，怎么能明智地创建出一个公正、伟大、民主的权力建筑来呢？可见一个国家全体公民素质的高低，往往最终可以决定着这个国家的社会性质和政治制度。

允许一部分人靠自己的发明、创造和劳动先富起来是正确的，但却不能置几万万文盲、权盲大军而不顾，这样下去，历史将会无情地再次给我们以血的教训。

我所说的"权利基础"这一概念，不是简单、机械、僵死的基础，而是复杂的、变化的、多元的基础。这是由社会权力关系的复杂性所决定的。按照前面我所分列出的社会矛盾体的四种类别，即：个体、集体、集团、国家，我将权利基础具体地化分为以下三种：

一、个体权利基础

所谓个体权利基础，是指由较多的权利主体以个体身份参加所组成的一种社会性的公共意志。在这一范围授权所产生的权力是集体性的权力。它不但决定着集体权力建筑，而且还是其他类型权利基础的基础。即：它还决定着集体权利基础和集团权利基础。

二、集体权利基础

所谓集体权利基础，是指由很多的权利主体既以个体身份又经集体合成所组成的一种社会性的公共意志。在这一范围授权所产生的权力是集团性的权力。它不但决定着集团权力建筑，而且还决定着集团权利基础。

三、集团权利基础

所谓集团权利基础是指由众多的权利主体，既以个体身份，又经集体合成，继而扩大到集团大规模范畴所组成的那么一种社会性的公共意志。如各党派组织、大型企业集团、大城市等。在这一范围授权所产生的权力是国家性的权力。它决定着国家权力建筑。

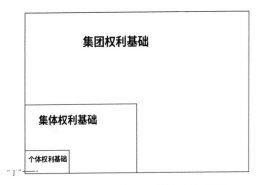

图3-3-3 社会权利基础构成图

由图3-3-3可看出，社会权利基础是由个体权利基础、集体权利基础和集团权利基础这三级权利基础组成的。这三级权利基础之间的关系不是相互对立的，而是由低到高、由少到多、相互包含与被包含逐渐扩展上升的关系。往往某一个权利主体"丁"（即某个体），既存在于个体权利基础中，又存在于集体权利基础中，还存在于集团权利基础中。由此使这个权利主体不会因权力建筑构成的上升扩展而丧失掉表达自身权力意志的机会，而是在各级权力建筑的构筑中享有"三级直接赋权"。这就是我将在后面要阐述的"三权定律"原理的基础。

我们说个体权利基础决定集体权利基础，集体权利基础又决定集团权利基础，这种决定作用只是一种趋势性的。因为集体权利基础是由个体权利基础所组成的，个体权利基础的变化最终肯定会引起集体权利基础的变化。但同时，集团权利基础对集体权利基础、个体权利基础也可以具有一定的决定作用。例如，工人受剥削，但大多数的工人都不愿意罢工抗争，只有少数人打算这么干，只要有人出头组织号召，愿意参加罢工的人就多了。因此，从社会感觉的角度讲，这个"决定"的作用均是双向性的，就看哪一种社会感觉能量占优势。

判断个体权利基础究竟是什么样的基础，依据权力意志的不同类型，可以区分为完全屈服者个体权利基础、盲目服从者个体权利基础、势力归顺者个体权利基础、理智权衡者个体权利基础、自有主张者个体权利基础和固执不屈者个体权利基础6种类型。依据权力能力的不同类型，可以区分为无知无能者个体权利基础、略知略能者个体权利基础、少知少能者个体权利基础、多知多能者个体权利基础、广知广能者个体权利基础和全知全能者个体权利基础6种类型。

所以，人们经常说的"人民"，是有差别的人民。由此，"人民万岁"的口号不应适用所有的人——"全知全能者"类型的人民万岁，我是赞成的；"广知广能者"类型的人民千岁，我是赞成的；"多知多能者"类型的人民百岁，我是赞成的；"少知少能者"类型的人民活多久算多久，我也是赞成的。但是，如果让"完全屈服者"、"无知无能者"和"盲目服从者"、"略知略能者"类型的人民万岁，我是万万不赞成的，因为他们活着对社会的价值不大。让这样的人民"万岁"，喊口号的人，要么是无知，要么就是居心叵测、用心歹毒啊！

判断集体权利基础究竟是什么样的基础，那就看在这个集体中，哪一种类型的个体权利基础占大多数，那么，他们就属于什么类型的集体权利基础。判断集团权利基础究竟是什么样的基础，那就看在这个集团中，哪一种类型的集体权利基础占大多数，那么，他们就属于什么类型的集团权利基础。

说到权力建筑，它是体观并维护一定的公共意志，享有一定管理、"统治"权力的全权代表的组织及代表人。它应是由一定的、相应的权利基础决定的。这个问题，我们可以从文艺演出的大合唱中悟出道理来。每每大合唱，总是要选出一二人领唱的。这个领唱者必定是合唱队中公认的佼佼者。领唱者的歌声宏亮动听，便会给这个合唱队带来一种荣誉；领唱的好，便会得到大家的赞扬和拥护而继续领唱下去。但是，如果这个领唱者嗓音嘶哑、难听得很，而且根本就不具备领唱的最起码的素质和本领，由此这个合唱队就决不会再让他领唱了。因为再让他领唱下去的话，就会给这个集体带来一种耻辱。听众们会说：瞧，领唱的水平都这么差，这个合唱队中能有会唱歌的人吗？当然，如果合唱队中以及台下的所有观众都是聋子，都是哑巴，或虽然不聋不哑但缺少鉴赏能力，那么领唱者唱的好坏就无关紧要了。这种情况在现实中有时是会发生，这不足为奇；但这种情况即使发生也必定是暂时的现象，是不会长久维持的，这是由人的权能扩展律所决定的。

虽然说一定的权利基础决定一定的权力建筑，权利基础的变化必然要引起权力建筑的变化，但权力建筑又具有相对独立性，可以反过来决定权利基础。

就是说，在特定的时期里，尤其是在权利基础以盲权的状态站在"权空方"阵营中乞讨的时候，那么权力建筑的决定作用就可以大到"骑在权利基础的脖子上拉屎"。总之，这种决定作用主要表现在：先进的权力建筑，对相应的权利基础朝着进步方向的发展起着促进作用，成为推动社会暂时快速发展的进步力量；落后的权力建筑，对权利基础的发展起着阻碍、消极的作用，成为妨碍社会发展的反动力量。

我在这里所说的权力建筑，同权利基础一样，也不是一统的"建筑"，而是多级、多元的"建筑"。权力建筑可分为以下三种。

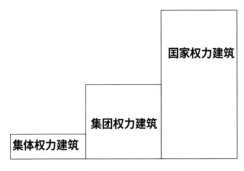

图3-3-4 社会权力建筑构成图

一、集体权力建筑

集体权力建筑应是由个体权利基础决定的，其服务的对象应是那些选举之的个体权利基础的公共意志。并且，它还得服从于集团权力建筑。它不但可以反作用于个体权利基础，而且可以与个体权利基础结为一体去决定着集团权力建筑。

二、集团权力建筑

集团权力建筑应是由集体权利基础决定的，其服务的对象是那些授权之的集体权利基础的公共意志。同时，它还得服从于国家权力建筑。它不但可以反作用于集体权利基础，而且可以与个体权利基础、集体权利基础和集体权力建筑结为一体去决定着国家权力建筑。

三、国家权力建筑

国家权力建筑应是由集团权利基础所决定的，其服务的对象应是那些授予它权力的全民的公共意志。它是国家中的最高统治权力。国家权力建筑可以对一切有别于它的各级权力建筑和所有的权利基础起反作用，而且这种反作用在社会历史的实践中被验证为是最为有效的。

从图3-3-4可以看出，这三级权力建筑的关系是与三级权利基础之间的关系不同的。它们不是包含与被包含的关系，而是本应相互区别、相对独立的关系。在这个关系中，低级的权力建筑要服从高级的权力建筑。

○ 社会矛盾构成的复杂性

综上所述，权利基础与权力建筑之间的矛盾是社会权力关系的基本矛盾的核心主线。在这个核心主线中，还存在着很多较具体的社会矛盾。从权力的构成来看，存在着三种社会基本矛盾，即：个体权利基础与集体权力建筑之间的矛盾；集体权利基础与集团权力建筑之间的矛盾；集团权利基础与国家权力建筑之间的矛盾。这三种社会矛盾是纵向的。从权力关系上来看，也存在着社会矛盾，即：个体与个体之间的矛盾；集体与集体之间的矛盾；集团与集团之间的矛盾；国家与国家之间的矛盾。这些社会矛盾都是横向的。除此之外，还有交叉性的社会矛盾，如个体与集体之间的矛盾，个体与集团之间的矛盾等。可见，社会矛盾问题，那可不是由一个什么"基础"和一个什么"建筑"的矛盾运动理论就可以全部包容的。"基础"是多级的基础，"建筑"也是多级的建筑，而且很多地方都是相互联系、相互交叉的。社会矛盾就如同一座高楼大厦，那建筑起来是相当复杂的；同是一棵柱子，对下它是"建筑"，对上它就成了"基础"；左面的梁与右面的梁，尽管各起各的作用，可那都是相互圈连筑在一起的。因此，用一个"基础"、一个"建筑"来企图解释整个社会矛盾的构成及其社会发展规律，那只能是机械的、片面的。

从古至今，只有在漫长的历史演变中，我们才能从总的趋势中看出权利基础决定权力建筑的痕迹。但如果我们随便地把某一段历史时期单独拿出来研究，我们就会发现，往往总是权力建筑在摆布着权利基础，看不出权利基础是怎么决定权力建筑的。

暴权社会时期，以广大奴隶为代表的权利基础连人身自由都没有，被奴隶主为代表的权力建筑所奴役。权力建筑其最拿手、最有效的"决定作用"，就是惨无人道地使用暴权，靠屠杀和恫吓来骑在权利基础的脖子上。

君权社会时期，以广大农民为代表的权利基础虽然有了一点人身自由，但仍然被以皇族、官僚、地主为代表的权力建筑所束缚。权力建筑其最拿手、最有效的"决定作用"，就是用"三纲五常"和"礼教孝道"来麻痹民众，使民众崇君、怕君，在权力建筑面前低三下四。

强权社会时期，以广大工人为代表的权利基础虽然可以表达自己的某些意志了，但仍然被以"资产阶级"为代表的权力建筑所压制。权力建筑其最拿手、最有效的"决定作用"，就是用一面剥削、一面施以小恩小惠的经济手段来欺骗民众，使民众在金钱的压力和诱惑下充满幻想，把一切希望寄托在权力建筑身上。

不可否认的是，暴权社会、君权社会和强权社会这三种社会形态相比较而言，社会越发展，则权利基础的作用就越来越开始发挥作用了。因此我们可以看到，尽管强权社会的权力建筑的作用仍然是决定性的，但在很多方面；权利基础已开始不再沉默了，游行、示威、罢工等反抗浪潮一波又一波。

如果我们从整个社会历史发展的总体过程来看，权利基础的作用才能表现出来。暴权社会时期的奴隶大暴动；到了君权社会时期，起义、暴动更是层出不穷：秦末的陈胜、吴广起义，西汉的绿林军、赤眉军起义，东汉的黄巾起义，东晋的孙恩、卢循起义；唐朝的黄巢起义，北宋的王小波、李顺起义；南宋的钟相、杨么起义，元末的红巾军起义，明末的李自成起义，清朝的太平天国起义等等。这都是权利基础尝试决定权力建筑的鲜明写照。但是，在漫长的历史发展中，权利基础起作用往往只是暂时的现象，并不是常态，有如"十天打渔，九天晒网"。

当然，权力建筑也是可以分出类型的，不见得都是一样的。撇开权利基础与权力建筑之间的矛盾不说，权力建筑之间或内部也会因类型的不同而存在着各种各样的矛盾，因此围绕着政治权力的权争现象呈现白热化。从西周时期的"三监之乱"、"国人暴动"、"犬戎之乱"，到汉朝的"党锢之祸"、"八王之乱"，再到南朝的"侯景之乱"，一直到清朝的"戊戌政变"，这个之乱，那个之变，多如牛毛。

历史告诉我们，要想避免这种较尖锐、较大规模的权争现象，只有两个办法：其一，让权利基础决定权力建筑。权利基础他们自己创建起来的权力建筑，他们是不会反对的。他们不反对并且拥护，那么权利基础同权力建筑就相适应，就不会出现不相适应甚至相对立的根本矛盾来。其二，强大的权力建筑在制定法律、政策、方针时，尽可能多地顺应权利基础的普遍要求，使权利基础愿意服从权力建筑的指挥，使权利基础明白，权力建筑所指定的方向，乃是为了使权利基础得到更多的权力享受，是为了使权利基础知权、护权、享权。由此，权利基础自然乐意服从。这样一来，权利基础与权力建筑之间的摩擦就小了；矛盾越少，阻力越小，国家的内耗也就越小，由此这个国家的建设事业发展的就越快越好。

从历史的角度看，实事求是地说，第一种方法是可望而不可及的，也是不现实的。这是因为，权利基础往往总是站在社会感觉要素中"权空方"的阵营一边，盲权、愚权，而且有时还滥权。让这样的权利基础去决定权力建筑，那会构筑出怎么样的一个权力建筑来呢？第二种方法从某个角度讲——站在权利基础的立场上——可以说它是反动的，因为它的"决定作用"越大，其危害也就越大。它的"决定作用"越大，它就越有可能凌驾于权利基础之上，骑在权利基础的脖子上，成了权利基础的"老娘"。于是权利基础肯定要反抗，不斗个腥风血雨是不会罢休的。每一次流血，都会使权力建筑体会到权利基础的力量所在，使得每一个新建立起来的权力建筑都不得不逐渐地让权于权利基础，缩短"权空方"与"权多方"两大阵营之间的距离。因此，第二种方法尽管具有反动性，但它是不得已的唯一可行的选择。

这样一来，我非常遗憾地告诉人们，一个先进文明的社会制度的建立，我们不得不把70%的希望寄托在最伟大、最英明的权力建筑身上。只有依靠明智理性的权力建筑，用它强有力的决定作用，制定出迫使所有权利基础逃出"权空方"而进入到"权多方"的法治体系及普及教育体制，使广大的人民都在普权、普法的教育中做到知权、护权、享权。最终，权力建筑将所有权力归还给权利基础——在政治上、经济上、思想上完全成熟了的权利基础。

○ 群众是由伟人召集在一起的

是人民群众创造历史，还是英雄、领袖们创造历史？过去我们总是肯定前者否定后者，这是不公正的。因为从以往的历史来看，哪一次人民群众创造历史不是由英雄、领袖率领的？当权力建筑在各种社会矛盾中总是起着决定性作用的时候，在创造历史的过程中，英雄、伟人、领袖以及各种具有领导才能、颇具号召力的人，他们的历史作用是不容低估的。历史是社会权利基础和社会权力建筑共同创造的，是缺一不可的。不管它所起的是积极的作用还是消极的作用，它们都是推动历史车轮前进的不可缺少的力量。

"根据与心理学毫无关系的理由，如果需使集体企事业获得成功，既要有发号施令的人，也要有服从命令的人。但是这所以成为可能，特别是权力实际上的不平等超过技术因素所要求的这一事实，只能从特殊心理学和生理学的角度加以解释。有些人的品性使得他们总是命令他人，有些人总是服从他人。"

罗素先生早就看出人们之间命令与服从的区别，但是他没有看出这一原因所在。

不管是哪个人，他们的权力意志都是不相同的。他们知权、护权、享权的能力和程度也是有差异的。这样就决定了一些人肯定会站在"权空方"和"权多方"的两大阵营的交界处，更有一些人在这两种阵营中跑来跑去。

不管是哪个国家，都必须有一个权力建筑的结构，都必须有一个政府，它以集团或国家的名义作决定，它比单个成员拥有更多的权力，而且，不管是哪个政府或是哪一级的权力建筑，又都面临着一个权力转赋的问题，即权力的再分配问题。即使是一个最民主的政府，它也要任命下属机构官员。因此，每个官员的表现，同整个权力建筑一样，都会对社会历史产生这样或那样的影响。

没有政府就没有大多数人的自由，有了政府就会使少数人更自由，所以有政府和没有政府都不好受。

历史证明，权力建筑的存在是社会所必需的。如果没有政府，只有很少一部分人有望继续正常安定地生存下去，而且只能生活在一种可怜的贫困状态中，如平权原始部落。而设立政府最重要的意义在于，它能有效地防止大规模暴权现象的出现，从而使民众都能较放心地把手从心理上的枪柄上挪开。因为人们确信有了按照某种规则、制度行事的裁判，他可以督促所有的人都按规则办事，并在出现有人违规的时候能够主持公道，维护正义，惩罚侵权者，保护受害者。

当然，政府也会带来弊端，尤其是那些拥有极多权力的人会利用这种权力演变成特权来满足他们自己的私欲，甚至以侵害权利基础的利益为前提。因此正如同罗素所言，专制政府和无政府状态同样有害。很明显，如果这个社会的裁判滥用职权，把胜利的果实都装入自己的口袋，把失败的痛苦都推给了社会成员，明明该输的它给判赢了，明明该赢的它却硬给判输了，且任何人都无法上告和控诉这个社会裁判，那么，这个权力建筑就开始滑向崩溃的边缘了。

3-4 权的侵权

○ 打架的双方都认为自己有理

出现了社会矛盾，不可能矛盾的双方都有理，肯定是一方侵害了另一方。在现实生活中，之所以矛盾的双方越打越热闹，越打越激烈，越打规模越大，其原因就因为，任何一方都认为真理在自己手里，对方是侵害者，自己一方是受害者。 我们研究权的侵权问题，就是为了保护人们真正享有自由，使人们懂得如何保障维护自己的权利。在享有各种权力的时候，怎样做到不去侵害别人的权利；当自身的权利受到侵害时，应如何对待侵权者，如何解决矛盾等等。

弄清侵权问题，将有助于避免社会矛盾，或是在社会矛盾发生时能尽快地解决矛盾，在一定程度上使人们知权、护权，由此减少侵权现象的出现。这对于一个社会的安定团结和人民生活幸福等各个方面来说，都是非常必要的。

所谓的侵权，就是指人们或是盲目地对自身实施不利的行为，或是在社会的交往中干涉、阻挠、影响他人的正常活动及其利益，由此侵犯了他人的权利，使人们之间权力关系失衡的社会现象。侵权是由侵害者和受害者构成的。实施侵权行为的一方是侵害者，他有可能是一个人，也有可能是多个人或某个集体、某个集团、某个国家。

受害者是侵权行为所指向的对象，他也可能是一个人，也可能是多个人或某个集体、某个集团、某个国家。

从古至今，在人类的历史上，侵权的现象一直没有中断过，残害奴隶，灭族，抢劫，战争，可以说是愈演愈烈。就是现时代，侵权现象仍然到处可见；暴力冲突，恐怖主义，间谍风波，不平等贸易，吸毒，化学武器，甚至动用核武器。这些侵权现象有的时候还往往被当成正义的东西存在于我们的社会之中，随时会给我们人类自身带来毁灭性的灾难。在现实生活中，这些侵权现象有的我们已能认识到，制定了防止侵权的措施。但是，还有很多的侵权现象我们并没有认识到、察觉到，甚至当我们干出了一些侵权事情来的时候，我们却还误认为这是理所应当的了。因此，往往很多的我们已经认识到的侵害权现象的发生，正是由这些我们还没有认识到的侵权所引起的。所以对这些还有没察觉出、认识到的侵权现象，更应该引起我们高度的重视。

我这里所说的侵权可不是赋权活动，它与赋权是有根本区别的。

第一，赋权是参与这一社会活动的双方均主动积极地发生权力关系，是双方均出于自愿性的具有"契约性"的活动。而侵权则是一方违背另一方的权力意志，以强制性的手段实施某种行为。侵害者总是把自己的权力意志强加给别人，即不管你乐意不乐意，你都要接受，并按照侵害者的意思行事。

第二，赋权是一种互助互利的社会活动，不能通过这种活动使其中一方受到损害，在赋权活动中，虽然会出现"有所失"的现象，但必定是以"有所得"来作为补偿，以使权力关系平衡。然而侵权则不然，它不是互助互利性的活动，而是使其中一方获取不正当的好处和享受，使另一方由此受到损害的社会现象，是在权力关系上的一种"不等价"的活动。甚至它还互损互害，常常使双方均得不到利益却都受到损害。

第三，赋权是由授权者和受权者所构成的，它的基本要素是两个人。在同一赋权内容上，授权者与受权者绝不能是同一人。而侵权则不同，侵权的社会现象虽然也是由侵害者和受害者而组成的，但是，在同一侵权内容上，侵害者与受害者可以是同一人。如某人自杀、吸毒等。

不难看出，赋权是对人的发展和社会的进步起着积极的、有利的、促进的作用。而侵权则是对人类有害的，是对社会的文明、进步和发展起消极、阻碍、损害作用的社会矛盾现象。它最大的损害作用就体现在侵权的循环、反复、恶升级的特性上。

当一个侵权现象发生后，由于受害者与侵权者的关系失衡，受害者为了平衡权力关系，社会在失去理性方法的前提下寻求报复，由此导致新的侵权发生，使受害者又变成了新的侵害者；新的受害者再予以报复手段，如此循环反复下去，使侵权现象接连不断地发生。

例如，张三骂了李四一句，李四也会回骂张三；甲国提高关税限制进口，乙国也会相应提高关税限制进口；我用不正当手段把你从领导岗位上赶了下去，你也会不择手段地想方设法把我也赶下台；等等。

在这些侵权现象中，引起后一侵权发生的侵权，我们将它称为始侵权；由侵权导致后来发生的侵权，我们把它称为复侵权。

侵权的循环、反复性，往往不只是在始侵权的水平上简单地重复，而是在始侵权的水平、规模、范围上逐步恶性地升级扩大，使侵权现象越发严重。如：在一辆公共汽车上，青年陆某的女朋友被站在旁边的男青年不小心踩了一脚，陆某的女朋友立即大骂对方"瞎了眼"，男青年也回骂了一句，陆某见状，就操起手中的铁杆雨伞，用伞的顶尖对准男年猛刺过去，男青年腹部被伞尖刺穿，立刻昏倒在车厢内。历经及时抢救，男青年才脱险。陆某则因故意伤害他人身体，被法院判处了有期徒刑。从这个事例中不难看出，一开始仅仅是踩了一下脚，至多只是脚痛了一下，而后则引起咒骂，污辱对方的人格，比踩一下脚还要使人难以忍受，再后就是大动干戈，比骂人又升了一级，这就是侵权的恶升级性。此外，国家之间的战争，也不是两国的人民吃饱了饭没事干，忽然想起来玩一玩打仗。往往战争的挑起，都是由一些小的摩擦开始的。

◯ 息事宁人是明智之举

在这里我要说明一点，侵权的恶升级性不是事事都恶升级，而是说侵权具有这种特性。当侵权发生的时候，特别会出现恶升级的局面，但另一种情况也可能会出现，即发生了侵权矛盾后，后来双方逐渐消解了。

例如，在道路上，甲与乙骑车相撞了一下，甲骂了乙一句，乙又骂了甲一句；甲推了乙一把，乙也还手推了甲一把，就这一阶段来看是恶升级了。但是，经甲与乙的长时间争吵，俩人都觉得争吵下去也没有多大的意思了，而且斗下去对谁也没有好处，于是两个人也就作罢，各走东西。就这一阶段来说则没有恶性升级，而是出于某种原因逐渐消解了。

在现实社会中，上述这类现象是不少的，如停战谈判，恢复贸易，重新建立外交关系，准备分手的夫妻经调解又重归于好，等等。这种能够逐渐消解的侵权，既有赖于客观环境的制约，又有赖于人的理性的白我克制、自我教育。

不可否认的是，指望侵权都能自动消解息及宁人这是不可能的。因为自我克制也好，自我教育也好，这些都是有条件的，而且如同"觉悟"一样也不是靠得住的东西。所以，防止侵权的恶升级，使权力关系恢复平衡其最有效的方法就是依靠法律手段。就是说，当一个人遭到侵害时，他不必复侵权地报复侵害者，而是可以通过法律手段惩罚侵害者，并使受害者得到赔偿，使遭到破坏的权力关系恢复平衡。因此，无论哪一个国家、哪一个社会都离不开公正的法律，其目的就是为了防止侵权、制裁侵权。但如果法律不公正，则必然会产生大量的复侵权现象。

◯ 有些习惯的本身就是侵权

但是，法律的制定有时是有疏漏的，即它没有注意到侵权的很多现象。对很多侵权行为不是未予重视，就是显得无能为力。例如，在大学的集体宿舍中，学生甲在屋中跳迪斯科，而影响了学生乙的学习。甲跳舞没有违法，因而谈不上犯罪，但实质上甲的行为就是侵权行为。又如，在公共娱乐场所，张三在屋中吸烟，其他不吸烟的人被动地吸到屋中的烟。张三吸烟本身是不违法的，但他的行为就是侵权行为。

可以看出，我们习惯上把很多的侵权行为都归纳在"道德"问题上，这实际是一个误区。若想减少侵权现象，把很多的侵权消灭在始侵权的阶段中，我们就不得不重视"道德"的侵权问题，把"道德"问题上升到侵权问题。这是因为，在我们的社会中，许多很小的、往往被我们视为"道德"的侵权现象很容易被我们忽略，甚至看成是微不足道的事情。其实，正是这些很小的、微不足道的侵权导致了很多造成了严重后果的侵权现象。因此，我们不能让被法律所忽视的侵权现象，变成一种似乎天生公正的东西存在于我们的社会之中，让我们集中一定的精力解决好那些不易被发觉的始侵权问题，那么我们就可以避免很多恶果的发生。

哪些行为是"道德"的、合法的，哪些行为是"不道德"的、侵权的，这归根结底就要看：你在行使自己的权利享有权力时，没有侵害或影响他人权利的行使和权力的享有，那么你的这个行为就是"道德"的、合法的；只要你的行为侵扰、影响了他人权利和社会公益，且不管你是过失还是故意，也不管你的动机是什么，那么你的行为就是"不道德"的侵权的行为。

哪样的行为是侵权的？依据侵权行为的程度和其造成的后果的不同，我把侵权行为即侵权的主要表现形式分为以下几种：

一、乞讨是侵权的软刀子

讨权是侵权中最轻级的行为。侵害者向受害者讨权，往往不能得逞，但仍构成了侵权。比如大街上的乞丐向人们讨要钱物，这一行为是侵权的表现。但是，这种侵权人们好像大都是不在意，因为被讨者愿意给就可以给，不愿意给就不给，没有那种被侵犯的感觉。正是因为讨权属于侵权中最微不足道的现象，故而人们大多不会留意它；尽管有时觉出了讨厌的感觉，但绝想不到它会是一种侵权行为。例如：当有陌生人敲你家的门推销这种或那种商品的时候；当传销员为了培养你成为他的"下线"喋喋不休地向你宣传的时候；当某个人去你的公司拉赞助的时候；当某个你讨厌的异性总是围着你套近乎儿的时候。在类似这些情况下，不见得我们会受到什么直接的或明显的侵害，但事实上，讨权者的行为是侵权的。

二、挠权最喜欢暗地里活动

挠权的损害程度比讨权严重一点，它是以一种比较轻微的、暗地的、间接的行为阻挠或影响别人，使之不能顺利而添加麻烦。例如，嫉贤妒能，冷嘲热讽，造谣挑拨，离间诽谤等等。看起来某人在背后说某人的坏话或是某国的情报人员给另一国提供假情报这样一些事算不了什么，信不信在你，说不说在我。但是，这种侵权行为往往会制造事端，引发出大的矛盾。例如，商贩们都把小摊儿摆到了马路上，尽管他们没有任何拦路抢劫的举动，但它属于阻挠了他人、影响了正常交通的侵权行为。

三、篡权成了法律打击的对象

篡权是侵害者一方乘受害者一方不备，在受害人事前不知或被欺骗的情况下所实施的某种侵权行为。例如，偷盗他人财物，剽窃他人作品，诈骗，用不正当的手段夺取并掌握政权等等。

篡权的侵害性就比较明显了，很多法律调解的范围，好像都是从这开始的。

四、霸权就如同猛兽发出吼叫

霸权是侵害者无所顾忌、明目张胆地实施某种侵权行为。由于霸权的侵害者往往凭借自己在某一方面所显示出来的霸主、霸世的地位，才从而使受害者一方出于某种不得已的考虑被迫接受这种强迫。如欺行霸市，威胁，一个国家对另一个国家实行的霸权主义政策等等。

国家同人一样，都有想称霸的。过去原苏联与美国之间的冷战，就是霸权野心的产物。有这样一个事例，俩男青年打架都受了重伤，他们为什么打起来的？说来很可笑，就是因为两个小伙子在马路上相逢时，都认为对方用眼睛瞪自己，都想称霸而不能示弱，最后动起武来。好在原苏联和美国仅仅是瞪了几下眼，并没有失去理智地动武，否则后果将会是两败俱伤。

看得出，霸权者靠的是一定的实力，以这种实力去进行威胁和恫吓，以迫使别人放弃自己的正当权力。为了显示自己的实力，有的人就喜欢纹身，或是留下一副奇异怪状的头型。有的国家就喜欢搞些阅兵式，或是进行军事演习、搞核试验等，其目的都是为了显示霸权。

五、暴权就是武力征服

暴权是指侵害者一方实施某种暴力行为，残酷地侵害受害者一方的侵权现象。如：凶杀，强奸，斗殴，战争，恐怖主义等。暴权与霸权联系得最紧密，欲称霸者总是最终靠暴力来完成。这种侵权以伤害人的生命为特征。是最恶劣残暴的侵权。

六、滥权就是不负责任

滥权是指侵害者不负责任胡乱地、盲目地实施某种行为，由此损害他人或自身的侵权行为。如：挥霍浪费，滥用职权；又如：自杀，吸毒，卖淫等。

前面所说的各种侵权表现只是我们大体上粗略地划分出来的，没有将所有的侵权表现都一一罗列出来。而且有些侵权具有一种"无形"性，这种"无形"性指侵权的活动其形式、内容及后果都不易认清或暂时无法判明，以及隐藏在人们的生活风俗习惯之中的侵权。这种无形侵权具有侵权的趋势，杀人不见血，却又看不见杀人的刀子放在哪里。明明受到了侵害，却弄不清侵害者到底是谁，明明受到了侵害，却不知道是怎样被侵害的；明明受到了侵害，可受害者本人却并没有认识到自身受到了侵害，甚至还糊涂地认为自己得到了一种什么荣誉呢。恕我冒昧，那些邪教的崇拜者即是如此。

七、丑恶也许就是一种侵权

一个身材强壮的大汉对一个体弱矮小的妙龄女子阴冷地奸笑，在这种情况下，这个弱女子的第一感觉就是认识到自己受到了威胁，在精神上已经受到了侵害。但是，我们有什么根据说那个大汉就是侵害者呢？假如这个大汉生下来就是这么一副皮笑肉不笑的表情，硬说人家是侵害者岂不是冤枉人家么？因此，"无形"性的侵权由于它大都是局限在心理上、精神上、风俗习惯上的，所以不好把它定得确切。

如何预防侵权，这是一件非常难办的事情。因为不管我们如何努力，想一点矛盾不出，想完全地杜绝侵权的现象，这是不可能的，我们只能通过努力尽可能地减少矛盾，减少侵权现象，这就有赖于我们要做好以下几点工作：

首先要消除阶级间的剥削和压迫，消灭一切特权，建立平等、公正的社会制度。同时还要消灭一切藏身于风俗习惯之中的侵权隐患。要知道，最难以制裁和防止的侵权，就产生于传统的风俗习惯之中。另外，家庭是社会的细胞，建立一个好的社会风气，是有赖于家庭的文明化的。因为侵权若被血缘关系和婚姻关系包装起来，那是最容易被人们忽视的。

提高人的文化素质，提高人们的权力意志，消除盲权、愚权思想，使人们都知权、护权、享权，这是非常重要的。人的文化水平越高，相对地说，侵权的现象就越少；　而人们越是处于盲权、愚昧无知、文盲、法盲的状态，那么侵权的现象就越多。一个盲权、愚昧无知、文盲、法盲的阶级，绝不会是一个有希望的阶级，也绝不会是一个有前途的阶级。因此，盲权、愚权是我们身上最阴险、最恶毒、最可怕的敌人。

◯ 把侵权消灭在萌芽之中

社会本身就是一个矛盾体，侵权的现象往往是难以避免的。但是，当始侵权发生时，就应及时地予以解决，或是使侵害者受到一定的惩罚，或是使受害者受到相宜的补偿和安慰，从而避免侵权的恶性升级，力争将侵权平息在复侵权以前，这就要求我们应做好大量的调解工作，法院要调解，企业要调解，街道居委会要调解，人人都要当好调解员，防止矛盾的激化。

说到始侵权问题，如果我们抽象地去追问它在人类整个社会历史的发展过程中，第一个侵权即始侵权是什么？是谁第一个张口骂街的，又是谁第一个动手打人的？是谁第一个用刀杀人的？是谁第一个开炮轰炸的？对此，我们恐怕谁也没法作出准确的回答。同时我们也没有那么大的功夫去研究这些毫无意义的东西，就跟杜林先生追索什么"原罪"的问题一样，稀里糊涂地开始，稀里糊涂地结束。

我在这里所说的始侵权，是就某一具体的社会矛盾事件而论的，不具有"溯及力"。譬如一个姓赵的人杀了一个姓李的人，姓李的子女又要杀姓赵的，这一事件中，姓赵的杀人行为就是始侵权，姓李的子女报复行为是复侵权。不能因为历史上姓李的人曾经杀过很多姓赵的人，就认为这个姓赵的行为是复侵权。

当然，一些始侵权的发生并不一定是侵害者事先有意所为的。例如在公共汽车上甲不小心踩了乙的脚，这是常有的事。因此一些意外发生的始侵权无法避免，这就要求我们在始侵权发生的时候应尽快地予以中止并纠正，如甲踩了乙的脚后，马上主动向乙致谦，相信乙是会同情达理的。假若甲认为反正我不是故意的，由此认识不到实际的侵权问题，那么矛盾肯定就要激化了。

预防侵权是离不开制裁的，不是为了制裁而制裁，而是为了预防而制裁。也就是说，通过侵权的制裁制止侵权的恶升级性，使侵害者受到罚处，使受害者得到补偿，从而使二者的权力关系恢复平衡。

在现实生活中，我们通常总是把侵权的制裁仅仅看成是一个惩罚的过程，这是不全面的。侵权的制裁是由惩罚和补偿两个过程而构成的，二者缺一不可。然而在一些国家中，法律往往只注重惩罚却忽视了补偿的重要性，使侵权的制裁总是进行一半就宣告结束。

很早以前有这样一个案例：一名诈骗犯骗得李某8000元钱全部挥霍，事情败露后被捕入狱。当李某找到有关部门询问此事时，答曰：他身无分文，已经判了刑，也就这样了。谁让你当初借给他的呢？自认倒霉算了！

对此我很难理解。判刑只是对犯罪的惩罚，而李某的损失并没有得到补偿，他们之间的这种失衡的权力关系并没有恢复平衡，怎么能就这样了结了呢？

按照侵权的制裁原理，罪犯应被追究刑事责任，其服刑期间靠劳动所得的收益，应由有关部门负责支出并结算，何时积累了8000元钱及其应得到利息后付给受害者，那么罪犯的刑期何时才能结束。刑期的计算，恰恰应该是以罪犯的劳动收益予以偿还受害者的损失为基本标准的，至于社会治安管理费用当然也在偿还之中，除此之外还要附加上对罪犯的惩罚部分。对侵害者的任何一种惩罚，都应是对受害者直接有益的补偿，至于说到补偿的形式，这是多种多样的，经济补偿虽不是唯一的补偿形式，但它是一个主要的形式，是一个比较容易衡量、量化，比较容易落实的形式。

如果罪犯被强制劳动的收益收归"国有"，这样一来，本应归还李某的钱却被无理地收归"国有"，由此，李某遭受侵害的现实就永远也改变不了，其失衡的权力关系就永远处在失衡的状态中。怀着这样的一种失衡心理的人，谁能保证他不产生从别人身上找回平衡的欲望呢？要知道，所有的诈骗犯都或多或少地曾有过被别人欺骗的体验。他们之所以从事诈骗的勾当，除了物质的诱惑以外，他们把自己的行为往往看成是——在"诈骗市场"上的一种"优胜劣汰"的竞争。

3-5 权的异化

○ **人的片面追求和片面发展**

权的异化，是由人的片面追求和片面发展导致的。它起初源于人性所驱使，但却误入了人性的误区。

　　谈人的异化问题不能不谈人性问题。好像人们从古到今总在争论什么"人性善"与"人性恶"的问题，似乎谁也没有说服谁。而马克思更厉害，把人性打上了"阶级性"的烙印。[9]其实，人一降生人世，是没有善恶之分的，更没有什么阶级性。人以后之所以通晓善恶或成为善人或成为恶人，这完全是由具有善恶之分的权力关系决定的。不是人的善恶决定人的异化，而是人的异化的程度决定着人的善恶。你如果侵害了别人，不管内容、形式如何，也不管前因后果如何，你的行为就是恶的；反之，只要你的行为没有侵害别人和社会的各种实际利益，那么你的行为就都是善的。同样，无视自己的正当利益，甚至做出自我侵害的事情，照样是恶的行为；而为自己谋取正当的利益，爱护自己，解放自己，照样是善的行为。

　　人性所需是人追求的源泉。但是，人的权需求往往是盲目或无度的，有时它使人在片面追求和片面发展过程中逐渐丧失了人的主动性，丧失了人的主体地位，从而被人们所追求的那个东西或目标所支配、束缚，听任于那个东西或目标的摆布，成了那个东西或目标的奴隶。由此它使人为了追求某一方面的权内容而盲目地放弃了其它权内容的享有，放弃了更为重要的东西或目标的追求，放弃了能使自身得到全面发展的机会和可能。

　　每一个人在生活中要想发展自己，就必须注重自己的整个生活的权内容，而万不能只追求一个层次的权内容，停滞在一个层次的权内容上，否则就会造成人的权的异化。譬如说，如果一个人一味地追求感官享受，只追求性欲的满足不顾其它，把所有的精力用在淫欲上，那么这个人便会被他的感官所征服，听任他的感官的摆布，成为他的感官的奴隶。由此，他就不得不放弃很多其它的权力（首先是健康权）的享受，甚至使自身的其它的权利和权力受到损害。对于财

（9）中国人民大学编：马克思恩格斯·论人性、人道主义和异化．人民出版社
　　1984，页193～195。

富问题也是如此。金钱本身并无好坏之分，没有钱，我们的生活就无法维持；有了钱，我们就能够过上舒适的生活，这无可非议。但是，我们如果把金钱奉为上帝，把索取与获得金钱当作自己的人生目的，一切"向钱看"，那么，我们也必然被金钱所征服，听任金钱的摆布，成为金钱的奴隶。

由以上我们可以清楚地看出，人，本来应是支配他的享有物的，但由于我们人的盲目的片面追求，反倒被享有物所支配，丧失了我们人的主体地位和人的尊严，也就谈不上人的价值了。

权的异化的根本原因，归根结底是由于我们的盲权所致。我们往往在某种追求中，只见表，不见里；只知其一，不知其二；这就造成我们作出错误的选择，使我们误入歧途。不错，所有的人都愿意得到快乐，享受幸福，而没有人天生就愿意遭受痛苦和折磨，这是事实。西方的一些哲学家认为人具有"趋乐避苦"的天生本性，这是有一定道理的。可是我们往往忽视了这样一个问题，人们越是想得到快乐，甚至不顾一切地去追求，那么其结果就越是备受痛苦。往往是这样：小的快乐得到了，却没想到带来了大的痛苦，就像一个患有胃病的人，遇有好吃的饭菜多吃了几口，嘴的快乐满足了，但却给胃口找了麻烦。"趋乐"的结果非但没有"避苦"，恰恰相反，其带来的苦要比那一点点的乐深重得多。人们在"趋乐"的同时，又成了陷害自己的"苦井"的挖掘者。这就叫作"物极必反"、"因小失大"。一包话，这是由于人们"近视眼"贪图小利、过度地追求感官享受等等一系列盲目行为造成的。因此，要想防止权的异化，就要使每个人都具备一个健全的头脑，知权懂权，高瞻远瞩，顾全大局，合理地行使自己的权力，均衡发展，不可偏废，使人在德、智、体各个方面都得到发展。

○ 争论异化问题曾经热闹非凡

早些年，对于异化问题曾引起过理论界的争议，在此，我没有资格对各方理论专家的论点妄自评说。但是，对于这里我所提出的关于人的权的异化问题，很有必要作以下几点说明：

第一，不论是马克思，还是德国古典哲学家，甚至连我们现今的专家，都没有给异化下过一个明确统一的定义。他们各有各的用法，只要是自己厌弃的或想要否定的东西，都可以冠之以异化的美名，赋予它一定的内容，说明自己想要说明的问题。这对于解决一些现实问题是毫无益处的。其实，只要我们静下心来仔细想一想，我们就不难发现，不管是哪一种异化理论，它们有一个共同的交汇点，这就是我们人的片面追求、畸形发展，最后导致人性的扭曲。因此，"异化"不应是一个神秘的概念，应该大胆地把它拿出来解释或解决一些现实问题。只要它有益于帮助我们认清某种道理，有助于我们解决一些问题，就不能让"异化"这个概念躺在理论的宝库中睡大觉。

第二，因为异化曾经是一个多含义、不严格的科学概念，因此就不能不分场合，不分具体条件，到处乱套滥用异化概念。

构成权的异化的三个主要特征是：

A、片面追求某一事物，使自身畸形、片面发展；

B、在这个盲目追求片面发展的过程中逐渐丧失了人的主体地位，丧失了人的正常意志，最终被追求的对象所支配、摆布；

C、其结果是，使自身放弃了其它更为有益的权力享受，而且必定使自身受到一定的损害。

第三，权的异化不是使肉体变成泥土永远也不能再复归，它说的是人的错误选择所造成的一种对自身发展极为不利的错误行为，是人在某种权内容的诱惑下所作出的盲目的错误选择。它不是一种必然的规律，似乎人人早晚都要被异化掉。这种权的异化只是一种现象，是可以避免的。

既然是一种现象，那么在我们的生活周围自然是常常见到的。如那些吸毒者，那些同性恋者，那些把分数当成了命根子的学生，那些嗜财如命的"资本家"，那些在疯狂年代的权力政客和政治虔诚者，以及那些想入非非的精神病患者等等。

○ 不怕个人异化，就怕社会异化

当然，不可否认的是，权的异化对个人发展是有害的，但就整个社会来说，某些个人的权内容的异化也许是对社会有益的。

很多的艺术家、文学家、科学家往往都是投身于他所追求的事业中，把他所指向的事业当成他唯一追求的目标。为了这一目标，他们忘我地工作，有时简直就是处于一种疯癫的状态中。对于这些艺术家、文学家、科学家个人来说，他们的生活是不幸的，因为他们放弃了很多权内容的享乐，苦苦地与某种枯燥无味的工作相伴一生。但是，正是由于这些人所作出的个人异化的牺牲，却使整个社会的权能获得扩展，为社会的整体发展创造了条件。

所以，社会中的人，在不同的权内容上，在不同的具体事物上，在不同的方向上所出现的异化现象不见得都是坏事，有的是对社会的发展有益的。一些曾为社会立下丰功伟绩的人，只要我们细细地读一读他们的传记，就会发现他们大都在某个领域、某个方面不同程度地出现了异化的倾向，这就为我们提供了一个警示：

个人的全面发展，对于个人来说是最理想的结果。但社会的全面发展却需要一些个人放弃全面发展的机会。也就是说，社会的全面发展往往是以一些人片面发展出现异化为代价的。异化的人越多，异化的权内容越广，异化的程度越高（这里所指的异化当然是那些对社会有益的异化，即"结果为善"的异化，而不是"结果为恶"的异化），对整个社会来说也许就越有益，尤其是那些追求高层次权内容的异化。例如某个嗜财如命的"资本家"，追逐利润积累了亿万资产，而他一生却省吃俭用，财迷得不得了，这就是一个比较典型的经济权异化者。但是，当这位"资本家"咽气的时候，他什么也带不走，不管他生前盖了多少高楼大厦，也不管他生前在银行里存了多少银元，最终他都将一无所有。如果他的后代也如他一样嗜财如命，那么，一切财富最终都将以不同的方式由社会所"继承"。

个人的异化并不可怕，可怕的是整个社会的异化。正如马克思所说的，"在所谓基督教国家，实际上发生作用的不是人，而是人的异化。"(10)即是指社会的异化。如果整个社会片面发展而异化，则悲剧就会降临到整个社会，人人都无法幸免。第二次世界大战时德国和日本在国家荣誉权上的社会异化，"无产阶级文化大革命"在政治权上的社会异化，当今一些发达国家在经济权上的社会异化趋向，社会成员中出现的"同性恋"等在生存权上的社会异化现象，都对社会的发展是有害的，都在为我们敲响警钟。

3-6 权术与权宜

○ 咬牙切齿谈权术

说到权术问题，可能马上就会听到有人咬牙切齿的声音。人们已经习惯把权术视为罪恶的东西来看待，似乎权术就是阴谋、卑鄙、邪恶和毒辣的化身。一般情况下，人们总是将权术与政治密切地联系在一起，把它看成是争政权、保政权，达到统治别人目的的手段。

其实，人们对权术的理解是不全面的。人们之所以将权术局限在政治范畴内，那是因为权术在政治舞台上最显眼儿、最活跃、最为人瞩目。人们的传统道德标准，对政治活动的基本要求，向来是"诚实"、"正直"和"光明正大"，而现实政治生活中所出现的虚伪、狡诈和阴险等权术伎俩，总是与人们的道德评判标准相矛盾。于是，政治活动中所出现的权术当然为人所不齿，为人所憎恨。而在军事活动中，类似"孙子兵法"这样一些权术之绝论，不但不遭唾弃，反倒成了"经典"而为人尊崇：从古至今，从中到外，人人争学，不读不快。究其原因，人们的传统道德标准，一上来就把军事活动排除在外，似乎打仗杀人不管用什么权术都可接受，因为不是你死就是我活，没有什么道德可言。

---

(10)中国社会科学院哲学所历史唯物主义研究室、中国历史唯物主义研究
　　会：马克思恩格斯列宁斯大林·论人性、异化、人道主义.清华大学出版
　　社1983，页147。

由此我们可以看出，人们对权术的评价出现了两个不同的标准：权术用于军事活动中打仗杀人不会被谴责，而权术在政治活动中的"勾心斗角"、"尔虞我诈"却屡遭责难；权术在军事活动中的首创发明和灵活运用被称赞为人类智慧的结晶，而权术在政治活动中的谋略和随机应变则被咒骂为人类可耻的糟粕。这是不是有失公平？

除了人们对权术存有两种不同的标准之外，在感情上对权术所产生的歧视也是不公正的。人们之所以大骂权术，乃是因为他们不懂权术，不善于使用权术，甚至常常被权术所伤，被权术整得昏头转向。这怎么能不让他们对权术恨之入骨？但是，假若他们之中的某些人通晓权术，并且从实施的权术之中获得了某些好处的时候，这些人定是恨不能与权术结拜成兄弟。

在特定的历史时期，权术本身往往是谈不上公正不公正、合理不合理的。这是因为，在一定的社会历史中，社会成员之间无法遵循一个现成的、统一的、公平合理的"游戏规则"。在没有"游戏规则"的情况下，人们就好比各种动物生活在原始大森林中一样，有些动物穷凶极恶，有些动物胆小怕事；有些动物专爱攻击捕食其它弱小动物，有些动物就要学会诈死、装伤、变色等伪装技能，以及各种各样用以蒙骗对手的"权术"本领。其目的都是为了战胜对手，为了自身的生存。

不管是哪个人，都或多或少具有权变的自然本能。一个人从小到老一句谎话也没有说过的，恐怕没有。如果小孩子一说"不好受"，大人就会做点好吃的，那么小孩子在嘴馋的时候就会自然而然地想起"不好受"这样一种权变的本能。尽管这种权变之术的水平非常的低级，但毕竟也算是一种计谋。

凡是弱者打败强者的，无不是依靠权术取胜。勾践打败吴王是如此，刘邦打败项羽也是如此；红军与国民党军队周旋是如此，八路军与日本鬼子打游击战也是如此。只不过这权术有被运用于军事上的，有被运用于政治上的，有被运用于经济上的。权术的高手是能够把权术综合运用于各个方面且都为一个目的服务的高超智慧者。

一切比强、权争的出现，必然要驱使权术登上历史舞台。

在战场上，希特勒无权指责盟军"你们在哪登陆实话实说，不许你们制造假象迷惑我"。在球场上，中国队的后卫也无权指责韩国队的前锋"你带球实破可以，但不许你们做假动作晃我们"。打仗也好，比赛也罢，玩的就是"技术"，玩的就是一种高超的谋略和技巧，玩的就是出人意料、心惊肉跳。若都是实打实的，开枪之前先告诉敌人"喂……小心点，我开枪啦"，这岂不是编神话故事哄孩子睡觉？

谁也不会指责谁在战场上或是在比赛中使用谋略和技巧，这是再一般不过的常识了。因为无论是在战场上还是在赛场上，人们都心照不宣地遵循着社会感觉中一项非常重要的原则，那就是"对等认同"原则。所谓"对等"，即是指双方所处的地位和所享有的权力都是应该相对等同的。你可以"明修栈道"，我也可以"暗渡陈仓"；你可以声东击西，我也可以"围魏救赵"。所谓"认同"，即是指双方所处的地位和所享有的权力虽然不是相对等同的，但双方对此境况都有意或无意地予以默认同意而未提出任何异议，对实施权术所带来的后果听之任之，那么，不公平的开始就变成了"公平"的结局。"认同"的法则就是：你只要不反对，你就是接受了。

因此，有些权术看似不道德，但却有它存在的合理性。

总之，人们把"权术"二字当作贬义词来使用，对"权术"大加抨击，过分地强调其糟粕的一面，却忽略了其精华的一面，这种认识是片面的。权术的不断完善和发展，充盈了人的智慧，扩展了人的权力能力。这种权力能力哪怕它是狡猾的，但毕竟是一种聪明才智的体现。我们应该辩证地、历史地看待权术问题，而不能一味地否定权术。

有人担心现代的高科技会使机器人的智慧超过人类，更担心有那么一天，人类也许会成为有"生命"的机器人的奴隶，这种担心并不是多余的。尽管人类运用权术的能力，尤其是权变、伪装的能力，现在来看是机器人望尘莫及的——譬如人可以在高兴的时候装出难过的样子，也可以在痛苦的时候露出笑脸，再聪明的机器人也难以辨别出来。但是将来，机器人兴许会比人类做得更善于伪装，把人类糊弄得神魂颠倒、不知所措。总之，物极必反啊，权术确实是人类在智力上目前所独享的具有绝对领先地位的"高科技"，但在人工智能的时代，如果让机器人学会了权术，那绝对是敲响了人类的丧钟。

○ 大学生为何屡上文盲的当？

我在报纸上不止一次地看到这样的报道：某个女大学生被文盲的人贩了给拐卖了。在文化程度上，弱者运用权术战胜了强者，这难道不是国家教育的一大悲哀么？这难道不是说明我们的教育存在着一个巨大的漏洞么？

在我们现今的教育内容中，尤其是道德教育，乃是与权术之类的东西水火不相容的，以至于把人人皆知的"狼来了"的故事，编入了小学的课本中。它倡导的是："说真话，做老实人"。它把说谎、欺骗等等恶习，均归纳在权术圈中，使权术蒙上了许多不白之冤。

权术并不反对"说真话，做老实人"，而是要求人们权衡所处的客观环境，根据不同的情况，作出适宜的选择。《红岩》小说中的江姐被捕后为什么不说真话向敌人供出地下党名单？许云峰为什么装疯？没疯装疯这难道是一个老实人所应该做的事情么？可见，"说真话，做老实人"也得分场合的，在这样一个场合"说真话，做老实人"是对的，在那样一个场合"说真话，做老实人"也许就是错误的。

在我们的社会实践中，凡是上当受骗的群众，都是"说真话，做老实人"的人；一些善于说假话，擅长投机的权术者却总能得到"伯乐"的赏识而步步高升。教育的目的是让人说真话，做老实人，可说真话总倒霉，做老实人总上当受骗；相反，那些有悖道德精神的小人，却吃香的、喝辣的。正统教育被社会实践痛打得遍体鳞伤、体无完肤，十几年的苦心教育顷刻之间就可以被一股小小的权术洪水冲垮、淹没，有多少人能闹明白，是教育的错，还是实践的错呢？

在很多有关论述权术问题的书本中，几乎都把权术与政治、权术与封建专制主义密切地联系在一起。

例如在《权术论——中国古代政治权术批判》一书中，权术都与旧的政治制度相关。

权术——处理官际关系的"润滑剂"。

封建时代的官僚阶层，本身就是一个居于"君"之下而又凌驾于"民"之上的特殊政治集团。除了"君臣"关系和"官民"关系之外，官僚集团内部还存在着多种多样的官际之间的关系。例如有上司与下级之间的关系，朝官与地方官之间的关系，文官与武官之间的关系，世族官僚与庶族官僚之间的关系，耆旧与新贵之间的关系，"清官"与"贪官"之间的关系，不同"朋党"之间的关系，等等。每个官僚集团的成员，在不同角度的官际关系中，处在不同的位置，扮演着不同的角色。各类官僚之间，既存在着相互利用、狼狈为奸的利益相同之处，又存在着勾心斗角、尔虞我诈的利益冲突之处。[11]

例如，当官僚阶层的内部矛盾激化时，各种竞争之术、攻讦之术、防范之术便大显身手，使得权力结构不断进行调整和重新分配，从而形成新的权力秩序。再如，各种"事上"和"驭下"的手段，如谄媚之术、勾结之术、贿赂之术、笼络之术、赏罚之术等等，也在一定意义上能够起到缓和官僚集团内部矛盾、润滑官际关系的作用，使官际之间形成利益均沾、休戚与共的密切关系，从而适应了凝聚官僚阶层的需要。[12]

好像给人们留下一种印象，似乎到了"社会主义"或"共产主义"，人们就都成了"老实人"，没有人再会玩弄权术了。这种论述不但有其片面性，而且还会误导人们得出错误的结论。

事实上，社会越发展，人的权术能力就越强，而且懂得权术从而能够识别权术的人就越多。早在几个世纪前，某个会玩弄"大变活

（11）余华青：权术论——中国古代政治权术批判.陕西人民出版社1990，页369。

（12）余华青：权术论——中国古代政治权术批判.陕西人民出版社1990，页370～371。

人"魔术（属技能权术）的人，也许会被当时的人们捧为"神人"，而到了如今这个时代，连小学生都知道那是假的，甚而至于连小孩子都可以熟练地玩弄几个小魔术玩具给大人表演一番。这就是权术在某个权内容领域的普及和发展。

如果说，技能权术的普及和发展并不与我们的文化传统及其道德观相冲突，由此不会对技能权术的普及和发展有什么非议的话，那么政治权术和经济权术则正好相反，它与我们的文化传统及其道德观是相冲突的。政治权术和经济权术历来被我们视为洪水猛兽，是社会的一大公害。这样一来，道德与权术就被绝对地对立起来，有如水火不容。在我们的教育史中形成了权术教育的空白，使得我们所教育出来的大多数人都因不懂权术而愚笨、僵化和呆板。由于人们不懂权术而不会运用权术这一结果并不会对社会造成损害，但是，由于人们不懂权术而不会分辨、识别和鉴证权术的真伪和善恶，则会使愚权者上当受骗。如果社会中的大多数人都是不懂权术的愚权者而上当受骗，那么这个社会实际上已经遭受了损害。可见，通过权术教育以提高人的鉴别权术的能力，对维护社会中大多数人的利益是非常重要的。

现今的人文教育体制使所有的人都不得不经历两个相矛盾的教育阶段。

未成年人在学校中，所接受的完全是正统的道德教育，它教人"说真话，做老实人"，把社会描绘得"花枝招展"，一片光明，有如世外桃园，这是学校教育阶段。

学生毕业后一旦进入社会，立刻就会感到"理论"与"实践"大相径庭。他们会发现过去所受的道德教育只是一辆独轮车，在人生的道路上推起来东倒西歪而无所适从。因为"说真话，做老实人"在社会上吃不开，而"说假话，随机应变"却能受宠。这是社会教育阶段。

于是人们可以很容易地看出，以道德理论教育为基本内容的学校教育，与以权术实践教育为基本内容的社会教育之间严重脱节并发生矛盾，使得几乎所有步入社会的学生，在被迫接受了十几年的正统道德教育之后，不得不再一次被迫自费接受权术教育。所谓"自费"，就是用自己一次次的挫折和忧郁，一次次的失败和痛苦来支付权术教育的学费，在这种学费之中不知浸透着多少血和泪。当然，接受权术教育的形式与接受道德教育的形式不同，前者都是以自学的形式偷偷地进行的，所有的人都在偷偷地自学，而且彼此之间"只可意会，不可言传"。

提高人的素质，只进行道德教育是不行的，还应该进行权术教育。只有在学校教育阶段就科学地对受教育者注射"权术"疫苗，才能使人提高免疫力，避免人们在社会实践中患上"天花病"。因此，权术教育与道德教育同样重要。

○ 权宜是被人们共同规范了的权术

有人说，权术一天不清除，国无宁日，民无宁日。

没错，权术本身所具有的恶性不可否认，什么"人君南面之术"、"驭臣之术"、"督责之术"、"笼络之术"、"谗毁之术"、"诬陷之术"、"造谣诽谤之术"、"挑拨离间之术"、"谄媚之术"、"阿附之术"、"结党之术"、"韬晦之术"、"自污之术"、"揣摩之术"、"贿赂之术"、"诡辩之术"、"游说之术"、"纵横捭阖之术"、"攘外安内之术"、"抚民之术"、"宗教之术"、"敲山震虎之术"、"政变之术"等等，所有这些权术都具有丑恶的一面。然而，权术是人性之中的"寄生虫"，有人欲，就会滋生权术。要想灭权术，就要首先灭人欲、灭人性，这谈何容易？那人性是人的本性，灭人性就要消灭人，革人的命，这还了得？我们在现实面前必须承认，权术伴随着人性的左右，就好像大自然中的细菌谁也灭不绝一样。

承认这一点并不是让人们无动于衷地听任权术的摆布，而是应该用一种抑恶扬善的办法来规范权术，使权术按照人们共同制定的"游戏规则"来进行，使不公平的害人权术变成公平的利己权宜。可以说，这是一个比较实际的办法。

就像是体育比赛一样，任何一个运动员都可以使用权术，这些权术都是被比赛规则规范好了的权宜之举。谁要是在运用权术手段时违反了大家事先共同认可的规则，那么，谁就要受到警告或处罚。假如我们一味地歧视权术，把权术视为大敌，在体育比赛中禁止任何一个运动员做假动作，也不许任何一支球队运用战术，可想而知，体育竞技也就失去了意义，相信不会有几个观众愿意观看这样的比赛。

在社会经济权术活动中也是如此。人们通过制定法律、法规，把类似"贿赂之术"等权术确定为犯罪行为，对行此权术者施以法律制裁，这就是人们规范经济权术活动的举措。至于其它的合法经营、正当竞争的经济权术，都应被视为公允的谋略和技巧。

在社会政治权术活动中就更应该如此。如果我们制定出政府官员公开选举、竞争上岗等行之有效的制度，让所有"公仆"产生的过程自始至终完全暴露于有分辨、识别和鉴证能力的人民群众的目光之下，那么，很多歪门邪道的政治权术就会没有了市场。

如今，很多干部的选拔和任用都是隐性操作，这是让一些人玩弄政治权术的最有利的社会环境。可见，很多丑恶的事情的出现不能完全归罪于权术，而应该归罪于我们的政治制度不完善，而是我们没有制定好使权术抑恶扬善的"游戏规则"所致。

权术或说权宜，它的基本法则，是以利己为根本目的的权衡变通的技术和手段。如果我们不对权术施以社会性的规范，那么，利己的动机就会演变成害人的结果。把权术变成权宜，就是由人们共同对权术的"游戏规则"进行统一、公允的规范，允许利己，但禁止害他人、害社会，谁违反了规则谁就会受到惩罚。

3-7 权的基本原则

○ 法律和道德派生于一个老祖宗

人们生活在社会中，尽管有法律的约定，也无法时时处处使人们之间的社会权力关系协调得人人满意、一帆风顺。这么多的人生活或工作在一起，这么多不同的权力意志掺混在一起，怎么可能不出现矛盾呢？

法律的产生之原因之一，就是为了使人们有一个行为规范，就是为了减少或避免矛盾的出现，以及当矛盾出现时怎么样来化解矛盾。然而，给人们留下的印象是：法律只规定了哪些事情不能做，不可以做的事情有人做了应该如何处罚和制裁等内容，却很少提及哪些事情能做，哪些事情应该做，能做或应该做的事情如何去做等内容。因此，人们的很多行为有时绕开了法律问题，不得不用道德的力量去约束。

在某些事情上，法律和道德成了两股道上跑的车，各顾各、不同路。其实，法律和道德不是两个陌路相逢的家伙，而是始出于一个共同的权的基本原则。它们都在这一基本原则的基础上在不同的范围、程度上作了更具体的发挥而已，其根本都建立在权的基本原则之上的。那么，权的基本原则都有哪些内容？

○ 自愿自负原则

一个人想做他愿意做的事情，只要他未侵害他人和社会的权益，那么他是有权而为。这是他根据自身的权力意志所为的，是由他的禀赋的选择性而派生的。这种行为的后果不管对他自身是有利的还是有害的，他都是自愿的承受者。就是说，某人想做的事，只要他没有侵害或影响到别人，那么就由他去做，别人是不必干涉的。所谓的不必干涉，是指最好不去干涉，而不是说绝对不能干涉；你干涉了，干涉的结果你就要承受，这是你的自愿自负；由你的自由干涉所引起的后果，你必须事先有自愿自负的心理准备。

听说有一件离奇事，说来离奇实际上一点不离奇，事情是这样的：

一个男青年不知何因在一幢五层楼顶上徘徊，似要跳楼自杀。楼下围观了很多人。有一个好心的男青年见状便登上楼顶欲解救那个想寻短见者。不想，前者把好心的男青年大骂一顿，说他多管闲事。好心不得好报，救人者气不过，便回骂了几句，这一下惹恼了前者，两个男青年在楼顶上动起手来，俩人都受了伤。最后，俩人都被带到公安派出所的时候，寻短见者仍然气愤不已："这是他妈的什么世界？想死都不让人死个痛快！"

据报载，在美国的马里兰州，一位叫迈尔斯的青年，因行窃在法庭上被法官宣判坐牢4年时，迈尔斯大发不满，不是认为判刑太重，而是认为判刑太轻，激怒之下竟用椅子掷向法官，要求接受更长的刑期。结果，法官无奈把刑期改为10年，使迈尔斯如愿以偿。

见怪不怪。"林子大，什么鸟都有"。只要有人想做某件事情，且确实是出于自愿，决没有别人逼迫他，那么，最好还是让他顺了心愿。帮助他、劝劝他不是不可以，但这要看能否使他改变选择。如果改变不了，那么帮助和劝解便是多余的。

如果我不愿享有民主的权利和权力，或是只想享有民主的权利而不愿意享有民主的权力，就愿意逆来顺受、任人宰割，那么别人休想让我成为主人。就如同清朝末代一样，它不想学人之长，关起门来做土皇上，那么就只好挨人家打，让人家抢光、烧光。

如果印第安人就愿意过原始部落生活的话，那么就让他们半裸着体群居好了，你千万别想着在他们那里闹革命；你想解放他们，使他们从野蛮时代进入到文明时代，可他们却有可能把你当成敌人，还没等你把"红宝书"举出来，早杀你个屁滚尿流了。

这样一些问题看似简单，其实不简单，如今举世公认的世界强国美国，却还在干着一些蠢事，例如对伊拉克就是如此。当大多数的伊拉克人民并没有怨恨萨达姆政权，甚至还喜不自禁地拥护萨达姆政权时，美国人着的是什么急？饿的是伊拉克人民，穷的是伊拉克人民，死的也是伊拉克人民。如果有不满，有怨恨，那也应该是伊拉克人民自己的事，其他国家是不必干涉的。只要伊拉克不对邻国侵略，不研制生化武器和核武器，不搞恐怖主义活动，美国就没有必要去花费这么大的精力，浪费这么多的钱财去推翻萨达姆政权。实际上，美国即使杀死萨达姆，伊拉克的社会感觉便会有君权社会进入到暴权社会——还不如君权社会好呢不知需要多少年的战乱之后，才能缔造出第二个"萨达姆"。指望在伊拉克实现美国式的民主制度——即直接进入到强权社会，那绝对是一种不切实际的梦想。

如今，美国人干涉了，其后果是什么呢？"9.11"事件就是干涉的后果之一。于是，干涉别国内政，尤其是使用暴力手段使它国人民遭受了损害和痛苦之后，就不得不时时处处神经紧张地严防恐怖主义者。美国所做的干涉别国的事情越多，就越紧张、越害怕、越防不胜防。

希望人们能够记住我的忠告：尽量不要去做干涉别人的事情是一种明智的选择。

○ 勿施于人原则

"已所不欲，勿施于人"。

不管你的想法多么地正确，只要对方表示不愿意接受，那么你们最好不要把自己的意志强加给对方。

这一原则非常适用于不同意识形态、不同社会制度的国家之间。这叫作互不干涉内政。有不同的看法和意见，可以进行对话和交流，你说你的观点，我讲我的道理，谁也不能用强制的手段压制某一方。

在一个国家之内的各个民族之间，也要遵守这一原则。在一些民族中，可能会有相对落后的文化习俗和生活习惯，谁也不能把自己的一些文化习俗和生活习惯强加给其他民族。你要是强加于人，就必然会遭受抵触或反抗。

就是生活在一起的家庭成员之间，能否遵守这一原则，是体现这个家庭文明程度的最好尺度。有些家庭中夫妻双方常常吵架，这肯定是有人破坏了这一原则。

"勿施于人"既包括不把自身的意志强加于他人，也包括自身的意志不受他人的干涉。这一原则最适用于领导者，因为很多的领导者总是靠行政命令过日子。你服从也得服从，不服从也得服从；对的要服从，错的也要服从。所以，人们对长官的行政命令极为反感，带着被强制的情绪，常常把正确的、好的行政命令当成了错误的、坏的行政命令来对待。

坚守"勿施于人"这一原则，不是对自身以外的一切事物不闻不问、不管不理，而是在于善于说服对方接受自己的观点，切不可以强制的手段或方法压服对方。民族也好，国家也罢，他们兴盛与衰亡，在很大程度上就是看这个民族或国家的人民是否能很好地遵守"勿施于人"的原则。这一原则遵守得好，就说明人民的素质高，"内耗"少，机制强，发展就快；反之，遵守得不好，就说明人们的道德水准低，"内耗"大，你争我斗，互相拆台，都想把自己的意志强加给他人，与此同时自身的意志又受他人的压制，到头来谁也没有落个好下场。有道是："搬起石头砸自己的脚。"

在不同社会制度的国家之间，遵守"勿施于人"的原则显得尤为重要，否则，就会发生实际冲突，挑起国家之间的战争。

人的排斥性之本能决定了：越是被强制，就越是不服；越是不服而受强制，就越想反抗。由此，"勿施于人"不但是做人的首要原则，而且还应是一个国家立国的首要原则。只要所有人、所有国家都遵守这一原则，那么就必然会形成一个良好的和平环境，与民、与国有利而无弊。

○ 契约平等原则

契约平等原则不仅仅体现在社会的人的权利上，并且还体现在人与人之间的社会权力上。权利上的平等显而易见，谁也不比谁多，谁也不比谁少；而权力上的平等则体现在人们之间所进行的契约性赋权活动的实现上。按说，权力是无法平等地享有的，因为人们之间所享有的权力有大、有小、有多、有少。这里所说的权力上的平等之实质就是：任何一个人都不具有统治别人的自然的权力，权力的产生，必须经赋权才得以实现。而在赋权活动的整个过程中，自始至终都应在契约的原则指导下完成。也就是说，人的自然权利的社会基础是契约的平等原则，社会的合法权力产生的基础也是契约平等原则。权力只能是人们在契约平等原则的自愿订约的产物。

契约平等原则，实际上就是一种以规范权力的产生程序来切实地保障人的权利平等、自由的原则。正如同卢梭曾经说过的寻那样："自由不只在于实现自己的意志，而尤其在于不屈服于别人的意志，自由还在于不使别人的意志屈服于我们的意志；如果屈服了，那就不是服从公共的法律了。"被迫屈服于人或使别人屈服，都不得不依靠权力来充当"打手"或"走狗"，因此放纵权利并不可怕，而放纵权力则是最危险、最有害的，所有自由被侵害、被剥夺的事实，都无一例外地是放纵权力、滥用权力的结果。

契约平等原则适用于一切社会关系。个人与个人之间应该遵守；父母与子女之间应该遵守，上级与下级之间应该遵守 ；人民与政府之间也应该遵守。美国的民选总统制度，就是无意中遵循了契约平等原则，它使总统的权力直接来源于民众的赋权活动。不仅如此，契约平等原则已深入社会生活的各个领域。据说，结婚前的男女双方签订的婚约已逐渐成为时髦之举，婚前契约不仅详细地规定了夫妻双方的经济权益，而且愈来愈多地涉及日常生活中的一些杂事，如由谁支付衣物费用，由谁下厨等。不管这种做法能否被社会所认同，它毕竟以契约的形式体现出双方当事人的真实意志。

契约平等原则，归根到底，是以保全缔约者实际利益为目的的，为的是以一种更牢靠、更稳定的生活方式来取代不可靠、不安全的生活方式。

○ 对等认同原则

生活在社会中的人们谁也无法保证人人遵守原则。而且有些事情要想做成，还必须以"破坏"某个原则为代阶，否则这个事情就没法办了。例如在激烈的体育比赛中，当对方球员带球进攻时，守方球员就必须想方设法地阻拦他，在关键时刻，甚至不惜下绊子，以犯规来换取到防守部署的时间。在这个时候，如果守方球员都遵守"勿施于人"的原则，那岂不是帮助对方来进攻自己的大门吗？那样的话，体育就失去了竞技的意义。

对等认同原则，是指在某些特殊的情况下使双方都给予对方可以干涉、甚至可以"侵害"的权力，这权力尽管可以造成"侵害"的后果，但却可以不承担任何"侵害"的责任。当然，双方所享有的权力是对等的，而且必须是双方共同认可同意的（也包括默认）。

双方的运动员都可以做出各种各样的假动作以欺骗对方，从而达到取胜的目的，不能因为某个球员所做的假动作使对方的球员上了当，就指责这个球员是诈骗犯。所有的球员和观众都会认同这样一个事实：欺骗对方的能力被视作一种技术，只有灵巧地晃过守方球员，且受骗上当的守球员越多，则获得掌声就越响。

外交官犯了法却可以免予追究刑事责任，那是因为他们享有"外交豁免权"。这种"外交豁免权"是国与国之间对等认同的。

对等认同原则，有些是公开的、明确的规则形式，有些则是隐蔽的、模糊的习俗形式。二者最容易被人钻空子。比如在政治权力角逐"竞赛"中，政治权术也本应是对等认同的一种"竞技"，但却总是在不对等、不认同的情况下被把持在一少部分人物中，使懂得权术的人占尽了各种各样的便宜，使不懂权术的人吃尽了各种各样的苦头。

可以这样说，对等认同原则是最不可缺少的一项原则，也是最难以遵守的一项原则。

○ 人道主义原则

没有人道主义，就不会有民权主义，更不会有共权主义。人们之间不相互尊重，不相互爱护，不相互关怀，那么人们怎么能和平相处呢？社会怎么能安定呢？人道主义原则就是要人尊重人，尊重人性，尊重人的价值，尊重人的利益和幸福，一句许，就是要尊重人的权利和权力。

我这里所说的人道主义原则，不论是"社会主义"的，还是"资本主义"的，所有的社会都适用，适用于一切社会中的一切人。所有的人都可以按照这一原则去做，不受什么社会制度的局限。因此，中国人学雷锋，美国人也可以学雷锋。同时，人道主义原则不反对以个人为中心来处理一切社会关系，因为这个原则的体现，正是需要社会中的众多的个人首先去自己完成。遵守这一原则的个人越多，社会风俗就越好，这是不容置疑的。

人道主义原则的内容，具体地分为三个方面：互让原则、利他原则和博爱原则。

一、互让原则

互让原则就是，人们之间在出现矛盾或其它问题的时候应该谦让。生活在复杂的社会中，人们之间可能不出现矛盾、冲突及其它问题，这就要求人们互相关照，处处礼让。你让了别人，别人在内心就会感谢你，你也会从中得到一种美意，得到一种安慰。所有的人都谦让，那么自然就会有别人让你的时候，而这恰恰是你礼让别人最好的回报，俗话说，"善有善报，恶有恶报"。如果事事处处不让人，那么你自身也必定得不到别人让，谁也不让谁，其结果必是两败俱伤。当然，什么事情该让、什么事情不该让，也应有原则。如果工人受剥削时还主动地让，而资本家却得寸进尺，也就违反了互让原则。任何一方单方面的让都会破坏权力关系的平衡，只有互让，才能使权力的平衡关系不遭受破坏。互让不是双方同时一块让，总是有让在先的，有让在后的。一般的合理规则是：有权的先让，无权的后让，强的先让，弱的后让。

二、利他原则

这一原则相对互让原则又高了一个层次。它是指人们在与己无关的事物中主动地帮助他人、关怀他人，做一些对他人有利的事情，而不为自身的利益斤斤计较。一个国家人民道德素质的高低，在很大程序上就是看他们遵循利他原则的好与坏。在1998年中国发生的特大洪灾中，在"5.12"汶川大地震后，无数的国家、企业和个人主动地捐款捐物，可说是贯彻利他原则的最生动的典范。当然，在我们的报纸上也经常看到这样的报道，有人在马路上连人带车摔下地沟，摔得头破血流、鼻青眼肿的，从中可以看出一律地要求人们都遵守利他原则是一件很不容易的事情。对于那些埋下祸根的人，只要求他们盖好地沟盖就已经不错了。

三、博爱原则

这是人道主义的最高原则。就是把人放在最优先的地位上，理解人，同情人，爱自己的同类，不因人的贫穷和愚昧而嫌弃他们，反倒是不附加任何条件地施以广泛的爱心。可以这样说，博爱原则得以贯彻之时，就是世界的大同之日。然而，这一原则与眼前的时代往往不协调，枪炮声还在世界的很多角落里阵阵作响，人类的最高智慧、最高的技能、最多的钱财，全都花费在研制杀人的武器上，人类自己扰得自己不得安宁。看来，当人类的理智还没有健全起来的时候，博爱的时代离我们还有很远很远的路程，别指望它能在一个美梦之后忽地出现在我们身旁。

3-8 权的基本规律

○ 权的规律是一道最难开启的科学之门

过去，我们的正统理论曾经总结出很多的"规律"。人们总是喊着要按规律办事，可见我们对"规律"是相当重视的。然而，我们曾确信的"规律"是不是永恒不变、永远适用的规律？随着社会的进步和发展，"规律"也会随之不断地创新和完善。如果我们死抱着一个旧规律不放，必然会使我们的思想僵化，就必然会阻碍社会的进步和发展。

人类已有近万年的历史。人类为了弄清楚自己是谁，弄清自己与大自然的关系，弄清人与人之间的社会权力关系等问题，一直在不断地探索着。

人类只有先解放大自然，才能逐步解放人类自己。

从人类科技历史的发展过程来看，自从人类脱离了动物界进入文明时代，经历了数千年的漫长岁月，才在茫茫的大海上发现了新大陆，逐渐摸索到数学、天文学等自然规律；历尽1500多年的艰辛，才在荒凉的旷野上望见了炊炊炊烟的村庄，创立了物理学、化学等科学奠基；又经受了几百年的磨难，形成并创建了遗传学、心理学、社会学等现代学科。人类不知付出了多少代价，闯过了多少千难万险，在这苍茫的世界中摸索来、探索去，最后终于来到了人类自己的家门口，找到了自己的归宿。

然面，展现在面前的这道人类自身理性的科学之门，并不是那么容易开启的。它是当今世界上最复杂、最庞大、最多变的一道科学之门。

说它最复杂是因为，如果一个人的心灵就是一道神秘之锁的话，那么这道有关权问题的科学之门就是由多如繁星而数不尽的神秘之锁所组成的。这些神秘之锁因人而异，五花八门，各不相同，绝没有两个是一模一样的，让人眼花缭乱，理不出头绪。

说它最庞大是因为，这道有关权问题的科学之门其规模是无以伦比的。单就今天而言，它就由60多亿个神秘之锁所组成。如果从现今到近代，再从近代至古代，一代一代地追朔下去的话，其数量之多就可想而知了。而研究权的规律，不仅要研究过去和现在，还要把将来也考虑进去。

说它最多变是因为，这道有关权的问题的科学之门不是僵死的，而是在不断变化着的，任何一个人都无法让它"暂停"静止下来，以便于我们仔细地"打量"和揣摩。甚而至于，它上面还布满了各式各样的暗器，一旦不小心碰到了哪里，便有可能遭到伤害，以至使探索者付出生命的代价。

但是，这道有关权问题的科学之让是决不会永运关闭着的，总是有人无所畏惧地挺身而出，去敲打、去碰撞。相信总会有那么一天，阳光终会照进这阴森的屋里，将权的阴影暴露在阳光之下，清清楚楚地展现在人类自己的面前。

事实上，这道科学之门已经有人在敲了。

17世纪英国资产阶级革命时期的政治思想代表托马斯·霍布斯、约翰·密尔顿和洛克等人，就曾"试探性"地在权的科学之门上敲了几下：他们反对君权神授，宣扬人类的自然权利和人民主权理论。虽然他们敲的声响并不很大，但其勇士之举是惊人的、伟大的。

相隔仅仅一个世纪后，孟德斯鸠、狄德罗、伏尔泰、让·雅·卢梭等启蒙思想家们也"胆大包天"地举起了拳头，勇敢地敲响了权的科学之门：他们提出了"三权分立"的学说和"主权在民"的思想，用"人权"否定"王权"，用"人道"对抗"神道"，用人类理性反对宗教迷信。尽管他们敲的并不一定很准确，但这敲门的声响却开始唤醒人们。

1776年7月4日，美国的《独立宣言》以一个国家、一个政府的名义，公开地、声势浩大地撞响了权的科学之门。它宣布："人人生而平等，都有生命权和追求幸福的权利"，这声响震天动地，传遍天下。它破天荒地第一次使这道坚固的科学之门发生了微微的颤抖，它被马克思称赞为"第一个人权宣言"[13]

1798年的法国资产阶级大革命中，举世闻名的《人和公民权利宣言》（即《人权宣言》）发表了。它有史以来第一次以法律的形式充分肯定了人的尊严和人的价值，它向全人类庄严地宣告："在权利方面，人们生来是而且始终是自由平等的"，"法律是公共意志的表现。……在法律面前，所有的公民都是平等的"，"财产是神圣不可侵犯的权利……"。

《人权宣言》吹响了战号，鼓舞着人们向着这道权的科学之门进行了猛烈的轰击，对后来的人民革命和社会发展产生了巨大的、深远的影响。随之而来二百多年，各式各样的"人权运动"便如同洪水决坝一般，波澜壮阔，汹涌澎湃，遍及世界各个角落。

如今，这道权的科学之门还没有真正打开，权的规律还没为人类所完全掌握。

---

(13)马克思恩格斯全集. 第16卷. 页20。

　　我们在这里研究探讨权的基本规律问题，就是为开启这道科学之门尽一份力。

○ 权的平衡律

　　人的权利都是相互平等的，没有什么高低贵贱之分。每个人都愿意平等地受到他人的看待，而决不愿意受到他人的歧视，这就是人的权利平等意志和愿望的体现。由此，人与人之间应该时时处处平等相待，在法律面前人人平等，在法律顾不到的地方也应该人人平等，以保持人与人之间权利的平衡。如果谁高高在上，藐视一切，势必破坏这种平衡，其结果就必然引起反失衡的行动。"人人平等"的口号之所以总是受到很多人的拥护和响应，其原因不是这口号好听，而是它符合了权的平衡律。

　　对于权力来说，也是如此。权力会带来人与人之间的不平等，但是赋权活动的基本原则，就是为了维护权的平衡性。赋权使某个人产生权力的同时，也使这个人产生了某种相应的义务，使得人们之间不会因为产生了权力而失去人的权利平等的地位。因此，与义务紧密联系在一起的权力才符合于平衡律。这尤其适用于权利基础与权力建筑之间。如果某个权力建筑在享有权力的同时没有担负起某种相应的义务，那么权力建筑就会享有了特权，就会干出损害权利基础的事情。

　　同时，由于权力转赋的原因，授权者在一般情况下很难使享有权力的受权者尽全义务，甚至在享有权力的受权者干了坏事的时候，也无法与之抗衡。因此，为了维护权的平衡，授权者通常在权力转赋的过程当中，有意地把权力分散地赋予给不同的人或不同的部门，以此来达到让某个权力建筑制约某个权力建筑的目的，从而达到权的平衡。"三权分立"深层次的理论依据就是权的平衡律。就好像是这样，如果我们把装满钱柜库房的钥匙完全交给一个人看管，不如按上三把锁由三个人分别看管更能防范弊端，因为他们其中不论哪个人，都不能独自打开那装着钱柜的库房，使我们的财产更安全。同时，这看管钱柜库房的三个人都必须由我们自己亲自直接挑选，最好不要让我们选出"代表"去挑选。"代表"选出的"代表"，也许恰恰是我们所不愿意接受的，假若这个"代表"有了歹心，他出于个人的利益，在违反我们的意愿的前提下，所挑选的三个看钱柜的人出现了问题，他们倘若合伙贪赃的话，我们能有什么办法制约他们呢？这就是我将在后面谈到的"三权归一"的思想基础。

从人的权力能力内容上看，人的素质的提高也体现出权的平衡性。不识字的，现在都识字了；会开汽车的人越来越多了；一个人的发明创造，被整个社会掌握运用了；等等。

同大自然的生态平衡一样，人类社会中的一切事物都是需要平衡的。只要失去平衡，就会出现矛盾，就会引起争斗。社会进步和文明的标志之一，就是看这个社会的制度能否使所有的社会成员之间的权力关系保持一种平衡。

○ 权的扩展律

从北京周口店的洞穴，到现今林立的高楼大厦和众多交叉的立交桥；从棍棒石块，到机器人、计算机；从耕地耘田、插秧拔麦，到乘着航天飞机遨游太空，处处都可以看到人的权力能力一直在不断地扩展着。从平权社会、暴权社会、君权社会、强权社会、到集权社会、民权社会和共权社会的雏形，时时也都可以看到社会的感觉同样在扩展着。这种扩展是无限的、永无止境的。

在过去，一条信息的传递恐怕需要很长一段时间，而现在，一封电报，一个电话，很快就可以传遍天下，并且省力，这就是扩展律的体现。不仅如此，每一项新的发明创造，每一次创新改革，都是一种扩展。细心观看一下我们周围的一切，样样都是由扩展而来。没有扩展，人类社会就要停止发展，就会蜕化，社会就会倒退。因此，不论建立什么样的社会制度，都不能违背权的扩展律，不能限制了人的正常发展的权力意志和权力能力，如人的思想、人的才能等。应该给人以自由，使其充分地发挥出智慧和才干，对于一个社会的发展来说，这才是必备的条件。

再笨拙的人，今天都是昨天的老师，明天都会比今天更聪明。

权的扩展律，对于科学技术的发展也好，对于教育体制问题也好，在很多现实问题上均具有相当重要的实践意义。

例如教育问题。除了"数理化"，难道就没有别的什么可学可教的了吗？除了"马列著作"，难道就没有别人的什么书可读可念的了吗？

又例如就业问题。打破旧的计划经济体制时期遗留下来的人事制度乃是当务之急。应该使就业者摆脱任何形式的人身束缚，使其不是一生一世地局限于一种工作上，而是使其能够有机会多一些接触社会的不同行业，对于人的能力的扩展是非常有益的。

再例如军训问题。在"自卫反击战"中，越南的几个女兵在某个高地上，轮换地使用迫击炮、冲锋枪、火箭筒、高射机枪、自动步枪等武器，阻挡住我军几个排的进攻。我们的士兵，只会使用"半自动"（打不着目标）和扔手榴弹（扔不了多远），简直把脸丢尽了。军训、军训，不是天天光练"俯卧撑"，而是要训练学习多种武器的使用，且能熟练掌握的武器及其它设备越多越好。

总之，权的扩展律的要求是：人的能力越强越好，越全面越好。记住了，所有最优秀的"特工"，那肯定是一个熟练掌握多种高科技能且样样都能高人一头或具有超凡的特殊才能的。

○ 权的循环律

不知人们是否发现，我们对一些事物的追求，总是有一种循环往复的过程，就拿穿戴来说吧：上个世纪70年代初时兴瘦腿裤的时候，人们一窝蜂地"蹦鸡腿"，后来不兴了，改成"喇叭口"的裤子，不定哪天，瘦腿裤又会盛兴起来。时兴穿军装的时候，人们一窝蜂地清一色，后来改兴穿花装了，经常将大小伙子错看成是花姑娘；后来不知什么时候，军大衣又卖火了，经营军装的商店老板乐得合不上嘴儿。总之，从宽松的，到紧身的，再又开始宽松的；从单一色，到五颜六色，再又重视单一色的，这就是循环律起的作用。

人们就是这样，一样东西过时了，就会产生排斥心理而遗弃。过了一段时间以后，这样东西很有可能又会为稀罕之物成了人们求异追捧的对象。这千奇百怪的事情，让人觉得其妙无穷。

社会历史的发展也是如此。从平权社会到共权社会，早已逝去的历史又会重复，"否定之否定"地再现历史古迹。就如同我们所处的宇宙一样，膨胀的宇宙是由原始的"火球"大爆炸形成的，而宇宙不知在什么时候最终又会收缩成另一个"火球"。大自然同人类社会一样，说不上什么时候，就会倒腾起什么"古玩艺"来，重复一遍那早已过去了的历史。但愿中国的"文化大革命"不在循环之列。

权的循环具有周期性。依据具体事物的不同，各有所长，各有所短，这是不能预先确定的。总之，消失了的东西或现象必然会重现，只是时间或长或短罢了。

权的循环律是与人的需求和人的求异特性密切相关的，因而对于国家的经济建设来说，它是一个值得关注的问题。譬如，生产何种产品，生产的数量是多少，哪些东西应该大量生产，哪些东西暂时少生产而加以控制，这都能从权的循环律中得出一定的判断和预见。

◯ 权的补偿律

权的补偿律是权的平衡律的一种具体体现，是社会横向关系问题的一种基本规律，是使之失衡的现象恢复平衡的一种具体有效的手段。

如果说，当你的脚被他人狠狠地踩了一下，而对方却满不在乎地毫无表示的话，你一般情况下是不会忍气吞生的。如果说，当你被他人无故打伤，而对方却不承担诸如医药费、误工费等某些损失的话，你也不会善罢甘休。总之，失衡的现象不排除，不能得到补偿，从而使受害者得到安慰，那么，矛盾就不会自动化解，甚至会演化成大的冲突。

因为一些小的失衡摩擦没有及时地得到应得的补偿，导致国家之间发生战争的事例数不胜数。

1839年，法国与墨西哥之间发生的战争，就是因为一帮喝醉了酒、吃了糕点的墨西哥军官，不但不付钱，还捣毁了一法国老板经营的餐馆，后因得不到补偿而引发的。

1704年，一场几乎遍及整个欧洲的战争，就是因为英国妇女马肖尔夫人把一杯水洒到了法国侯爵德托雷伊的身上这件小事而引发的。

凡是"小题大作"的战争，除了有预谋的以外，就是因为没有及时地用补偿律来恢复失衡的现象。补偿，就是使受到损失的一方能够得到补偿，使其在心理上保持和恢复平衡。只有及时地得到补偿，矛盾或冲突才能及时地得到解决，使矛盾大事化小，小事化了。

当然，补偿不是金钱的代名词，它具有多种形式。往往是这样，一句"对不起"、"清原谅"，就能使怒气冲冲的人顿时缓和下来，就会使人心满意足而去。由于这些文明用语符合补偿律，因而能够达到出人意料的结果。而对于有些事情，金钱补偿不但不能解决矛盾，甚至还会起反作用。

譬如，你被人踩了一脚，对方说给1元钱作为补偿，这样一来，你也许会赌气地拿出2元钱，要求踩对方两脚。

因此，采用何种补偿形式应视具体问题、具体矛盾的性质而定，哪一种形式双方都认何，那么哪一种形式就是有效的。

○ 权的赋权律

权的赋权律也是权的平衡律的一种具体体现，是社会纵向关系（即产生上下级关系）问题的一种基本规律。

所谓赋权律，就是指非经授权，任何人都不应享有权力。如果不经授权就享有了权力，那么，这权力的来源就不公正了。而且，来源不明的权力，最容易演变成特权。

在个人与个人之间，赋权活动虽然能够产生权力，但它上升不到权力建筑的层次，因而个人权力不具有"义务性"，而是遵守赋权活动的"双向性"（即在权力交换当中使参与赋权活动的双方均能获得好处。不平等的权力交换不是正常的赋权活动，而是侵权行为）。

如果说个人权力有义务，那也是说参与赋权活动的双方在各自获取不同内容权力的时候，同时都各自担负有不同内容的义务。

与个人权力不同，集体权力、集团权力和国家权力则都属于权力建筑范畴。在这三级权力建筑中，不论享有了哪一种级别的权力，都毫无例外地要背负起相应的义务，而且权力越大，义务就越多。在权利基础构筑权力建筑的过程中，参与赋权活动的授权者，无法与受权者从事"双向性"的权力交换活动（授权者与受权者不等量；授权者多，受权者少；受权者所享的权力越大，那么授权者的人数就越多），因而权利基础中的任何一个授权者相对那个受权者而言，没有任何义务可言，故而，权利基础被压迫、被统治的义务从来就是不存在的。如果说权利基础中的授权者有义务的话，那也不是相对权力建筑中的受权者而言的，授权者的义务是服从最终由全体权利基础共同参与决定的、由权力建筑依据整个社会权力意志而制定的法律。

所以，权的赋权律就是要用单向的义务使统治者手中的权力趋向平衡，使享有权力的"公仆"背负起单向的义务："为人民服务"！

就权力建筑中享有权力的受权者而言，若要享有集体权力建筑中的权力，必须经由个体权利基础的授权；若要享有集团权力建筑中的权力，必须经由集体权利基础的授权；若要享有国家权力建筑中的权力，必须经由集团权利基础（即全民）的授权。

就权利基础中参与赋权活动的授权者而言，不管是在构筑集体权力建筑的过程中，还是在构筑集团权建筑或国家权力建筑的过程中，授权者均享有三级直接赋权权，这就是我们在后面将要论述的"三权归一"定律。

权的赋权律对于中国正在进行的政治体制改革的问题，将具有非常重大的指导意义，很多的具体分析，我们都放到后面去深入探讨。

第4卷

"冶炼"篇

　　经济和政治这两个难以琢磨的"调皮鬼"，是联体的"双胞胎"，它们既可以同甘共苦、利国利民，又可以狼狈为奸、伤天害理。

4-1 对社会经济阶层的重新划分

○ 人们为什么为金钱而玩命？

在人的需求的权内容中，经济权是非常重要的一项。这是因为，经济权是人的生存权的保障，而且又是追求其它高层次权内容的阶梯，故而它总是被人们举足轻重地设置于首要的追求目标的位置上。这也就是人们为什么都为金钱而玩命的原因。

但是，必须指出的是，经济权不是人的基础性的需求，而是为基础性需求服务的。所有经济上的欲望无不是产生于人的生存需求的欲望。只是当经济权确确实实地足以满足一切生存需求的时候，经济上的欲望才会真正开始转化为其它权欲的升华。譬如，它开始向政治权的所求方面转移等。

明末清初，有一本书叫《解人颐》，其中的一段诗，对人的权欲作了入木三分的描述：

终日奔波只为饥，方才一饱便思衣。

衣食两般皆俱足，又想娇容美貌妻。

娶得美妻生下子，恨无田地少根基。

买到田园多广阔，出入无船少马骑。

槽头扣了骡和马，叹无官职被人欺。

当了县丞嫌官小，又要朝中挂紫衣。

若要世人心里足，除是南柯一梦西。

用经济权来划定一个人的生活状况，以此来区别出人们之间的不同，大都是以"产"的多少为标准的。传统的理论遵循了以"产"划线的方法，但却简单地把人们分成了两大集团，一个是"无产阶级"，另一个是"资产阶级"。这种简单的划分往往使很多人都感到无所适从，不知道自己究竟该站在哪一边，处于一种模糊不清，不伦不类的窘况中。

比如那些"当代知识分子"，那些"白领"工人，"城市个体户"，还有"当代'买办者'"[1]，他们是"资产阶级"分子，还是"无产阶级"分子？可真是"姥姥不疼、舅舅不爱"。如果说，那些腰缠万贯的大"资本家"是"资产阶级"的话，连这些大"资本家"本人都不会狡辩什么。但把那些小本经营的小店主、小商人、小摊贩等等之类的人甚至包括知识分子和有专长的技术人员都说成是"资产阶级"，以此来没收他们的财产、剥夺他们的自由，这恐怕会遭到这些人的反对。可见，"资产阶级"的范围和界限是含混不清的。

再来看看"无产阶级"——有在马路上要饭乞讨的；有多劳多得发家致富的；有糊里糊涂当啷入狱的；还有不用自己花一分钱坐着公家的豪华轿车挎着"小秘"的……这五花八门的各种货色都装在一个"无产阶级"麻袋里，岂不是"齐不齐一把泥"？

对于上述分析，我有不同的看法。一般地说，人人都是光着屁股来世的"无产者"，一个人的人生在经济权上的体现，都是从"无产"到"有产"的过程。就是说，无论哪个人出生之时，都是纯粹的"无产者"，都是真真正正一无所有地光着屁股来世的。只是因为他们所处的社会背景不同，才使他们"天生"就出现了差别：有的仍一无所有，有的则享有荣华富贵。社会的很多不公平的现象，与其说是源于人们的权力意志和权力能力的差异，倒不如说首先是源于血缘上的差异——某些人出生在富贵或有权势的家庭中，好像理所应当地就享有了财富或某种社会地位。这种差异一开始就被注定在血缘关系上，使我们不得不得出这样一个结论："血缘关系"是人类社会不平等起源的因素之一。

人与"产"的关系，不管社会存在着多少不公平，但总的规律都在体现着这样一个从无到有的过程：从无产者到贫产者，从贫产者到微产者，从微产者到中产者，从中产者到资产者，从资产者到富产者。社会历史的发展，似乎也是在遵循着这一规律，使人们在"产"的积累中不同步地上升，使越来越多的人有先有后地从无产者逐渐

---

(1) 参阅梁晓声：中国社会各阶层分析. 经济日报出版社. 1997。

地转变成贫产者,再由贫产者转变成微产者,逐步发展成为中产者、资产者、富产者。

一个先进的社会制度之所以先进,就在于它能够使更多的人在不侵害别人、又不受别人侵害的前提下,用更快的速度完成这一经济权上升性的转变和发展。一个落后的社会制度之所以落后,是因为它只能使极少数的人在侵害别人的前提下用极其快的速度完成了这个上升的过程,而大多数的人们却在被侵害的状态下静止不动或是在上升的道路上慢慢吞吞地拉着老牛车。

◯ 阶层的分类

一、"无产者"不是社会的先进者

"无产者",顾名思义,就是无产的人。只要这个人有产,哪怕有一点产,那他就不是无产者。可以这么说,每个人都曾经是无产者,从他刚出生时,到他长大成人可以独立享有财产权之前这一段时间,他们都可以说是无产者。什么时候他们通过自己的劳动取得了收益,并在经济权上积累出了财产——哪怕是一点点归属于自己的财产,这时,他们才摆脱了无产者的状况。有了财产成为有产者之后,还有可能重新沦落为无产者,只要他的财产丧失了,又处于一无所有的状况中,那他就又是无产者了。

无产者不是社会的先进者,而是一个需要管制、教育、培养的阶层。管制、教育、培养的目的,不是为了让无产者总是无产者,也不是为了让有产者也变成无产者,而是为了让所有的无产者都转变成有产者。尽管每天都会有新的无产者诞生,但社会的责任就是要逐个地"消灭"无产者,使无产者通过教育和培养,改变盲权、愚权的状态,以增强其权力意志和权力能力,从而为产的争有奠定基础。这就是每个家庭都对子女的教育进行投入的原因。另有一些原因脱离开了这个宗旨,例如给乞丐的施舍,或是出于同情,或是出于大方。但是,如果此举之后果能使乞丐们乐于乞讨而厌恶劳动,则那些施舍实际上是在害人。尽管乞讨这一行当幸许确实可以使一些乞丐变无产为有产，总会给社会留下一个不真实的印象，好像无产的人并没有减少。

二、贫产者在有产者队伍中属最下层

刚刚摆脱了无产的人是贫产者。贫产者已进入了有产者的行列，但是其有产有得太少了，少到只比无产者的生活状况好一点。贫产者之所以紧挨着无产者，就是因为贫产者最容易、最频繁地与无产者联起手来。每每无产者队伍壮大之时，那大都是从贫产者队伍中掉队过来的。衡量贫产者的标准，就是他们的劳动所得除了维持生存以外，剩下的很少，只能购置一些为生存所必需的相当简陋、相当一般的生活用具和劳动工具。不能因为他们骑上了自行车，或是家里买了电视机就说他们都富有了。同时，他们虽然有了非常一般的家当，它也是"产"的一部分，谁也不能装着看不见说这些不是产，而说他们还是无产者。只是产太少，故称其为贫产者。

三、善于迎逢时尚的是微产者

微产者比贫产者富裕一些，是贫产者与中产者之间的那一部分人。贫产者与微产者之间的区别除了财产的量不同以外，还有一个较明显的地方，那就是：贫产者的劳动工作往往是没有保障的：一会儿打工，一会儿"待业"；一会儿上班，一会儿"下岗"。而微产者的工作是较稳定的。有了工作保障，才有了积"产"的条件。除了天灾人祸之外，微产者是不用担心生存所需的。

处于微产阶层的人，是最富于两面性的人。他们比较保守，安于现状，不会像无产者和贫产者们那样敢于铤而走险。但同时他们又是最不满足于现状的人，善于逢迎时尚，而不会像无产者和贫产者们那样缺乏理性和智慧。对经济权欲的渴求其愿望最迫切的人，正是这些微产者。无产者与贫产者也都是"向钱看"的，但其动机的质量和数量，总是那样的低水平。

四、中产者住的是社会"大杂院"

中产者比微产者更富有了。衡量一个中产者的标准不见得是看

他有否私产住房或有否私人轿车,一些住公产房坐公家轿车的人也不见得不是中产者。有些中产者衣着简朴,但他家中有的是钱财物品,且不管它们是哪来的。

划定中产者的范围是最混乱的。这是因为在中产者的队伍中,不但有知识分子中产者,还有农民中产者;不但有工人中产者,还有"资本家"式的中产者;不但有"公仆"中产者,还有刑满释放的中产者;不但有为国争光的中产者,还有为民取乐的中产者;等等,可谓五花八门。很多传统意识的阶层概念被打乱了,出现了有史以来最大规模的社会"重组"和社会"兼并"。在各个相对对立的阶层中涌现出来的人们被杂乱无章地撮合在一起,把所有搞理论研究的人都搞糊涂了。

我可不费那个事,管它是干什么的。只要他比微产者富,比资产者穷,那么他们就是中产者。

撇开无产者不提,在有产者的排列中,中产者正好是处于中间阶层的。中产者是最累的人,不但肉体累,精神上也累。因为他们面前只有两条路,只有两种选择:一个是上升为资产者或富产者;另一个是下降为微产者或贫产者。想长久保持不变那是不可能的。

五、资产者和富产者都是富有的人

资产者比中产者更富有。我这里所说的资产者可不是单纯机械地指"资本家",只要你的财产积累到一定的规模,而且这规模远远地超过了中产者的水平,那么你就是资产者。

贫产也好,微产也好,中产也好,资产也好,它们说的都是产的量,它们之间说的都是这个产"量"的关系。所以,资产者说的就是财产非常多、非常充足的人。

当然,这里所说的资产者不是最富有的那些人。比资产者更富有的是富产者。

从无产者到资产者;从微产者到中产者;从资产者到富产者;每个人都是按照这一规律循序渐进地从无产到有产、从少产到多产地发展而来的。但是，不是每个人都能走完这全过程，也不是每个人都能保证向上发展。有的人一生也没有走到中产者的行列中，尽管它并不是一个可望而不可及的目标，无可奈何地一直停留在贫产者的层次上；也有的人好不容易熬了上去，却一不留神儿从资产者的层次上又跌回到了无产者的层次上。所有的人都不是静止不动的，而是在不同的层次上游动着。谁也不甘拜下风，都是企盼向上的，但社会的竞争又不可能使所有的人都成为资产者或富产者，总是有上有下的。所以，所有的人不管愿意也好不愿意也好，都不得不参与到争"产"的竞争中。

◯ 划分经济阶层的依据

划分出经济阶层看似容易，其实并不简单，因为各式各样的人混乱地融于社会之中，并不容易将他们分出类区分开来。但大的原则基本可以确定，划分出经济阶层所依据的标准，无非是考察人们的生活水平及人们的财富积累状况。

人们的生活水平可以用恩格尔系数来衡量，即是以居民（家庭）食品消费开支与全部产品消费支出总额之比来大体体现出生活水平。恩格尔系数越高，即用于食品消费以维持生存的支出越多，则它体现出生活水平越低；如果反之，家庭消费的全部产品中用于食品消费的开支相对越少，则它体现出生活水平越高。尽管人们富裕的程度与生活水平确实有关联，但它只是局限在消费方面，体现不出财富积累的状况。譬如，用恩格尔系数如何衡量无产者？因此，划分经济阶层只使用恩格尔系数明显不够，还必须确立其它衡量系数作为补充。

其一，可以以居民（家庭）的产品储蓄总额对社会最低生活标准的倍数来作为衡量经济阶层的系数。在这里，首先应该确定社会最低生活标准，因为不同的国家，或是在一个国家内的不同的地区，尽管横向对比可能会出现较悬殊的收入差距，但他们的不同的收入并不预示着他们之间存在着生活水平的太大差距，因为他们的收入恰好与他们所处的国家或地区的消费水平是相称的。由此，不同的国家或不同的地区，社会最低生活标准是不会相同的。

社会最低生活标准的核算不能仅仅将食品的消费作为内容，为维持最基本的生存所必需的生活消费都应该算在其中。吃饱肚子当然重要，但几件衣服也该不可或缺，总不能光着屁股上街吧。睡觉的地方也该考虑，哪怕是住在集体宿舍里交点象征性的费用。现今民政部门所制订的"最低生活保障"应该就是我所说的社会最低生活标准吧。

我所说的产品储蓄总额，不但包括存在银行里的货币，还包括其它的非货币产品。有些非货币产品，例如家具、家用电器等，随着它的使用年限增多，其折旧后的价值要按比例逐年递减。还有一些非货币产品，例如古玩字画等文物产品，随着时间的推移，其评价后的价值要按比例逐年递增。

其二，可以以居民（家庭）消费支出总额对社会最低生活标准的倍数来作为衡量经济阶层的系数。通过统计，如果某个家庭消费支出总额比社会最低生活标准多出的倍数越大，那么这个家庭的生活水平越高；反之则反。

总之，我所设立的衡量人们生活水准的参数，一个是产品储蓄总额，一个是消费支出总额，它们对比的"测量点位"，都瞄准了"社会最低生活标准"。将这两个对比系数核算清楚，就可以较准确地使每一个人找到自己的经济地位或所处的经济阶层。

一、无产者及无产者阶层

无产者几乎没有归属于自己的产品储蓄，他们也许有一点货币几百元，可能会拥有几件遮丑的旧衣服和家当，还有讨饭的碗和盆儿以及"打狗棍"什么的，甚至偶尔能拾块旧手表戴在手腕上，但显而易见，无产者的产品储蓄总额虽可超过社会最低生活标准，但它的倍数应为5倍以下。由于他们没有固定的收入来源，这点储蓄不知何时就贴补进去，有与没有区别不大。

无产者有时能够讨得到一些零钱，有时一个月能几角几分的积累到百元上下，也可偶尔同富人一块肩并肩地站在烟熏火燎的木炭烤箱前吃上几串羊肉串儿，但他们的整体消费水平远未超过社会最低生活标准，它的倍数是1以下，即：不超过社会最低生活标准。

就是说，当一个人产品储蓄总额和平均月消费支出总额对社会最低生活标准的倍数分别为5倍以下和1倍以下时，他就是无产者。这样的无产者所组成的人群，就是无产者阶层。

二、资产者及资产者阶层

资产者的产品储蓄总额应是社会最低生活标准的5倍至30倍。如果社会最低生活标准我们将它确定为300元的话，那么资产者的产品储蓄总额就是在1500～9000元之间。

资产者的平均月消费支出总额应是社会最低生活标准的1～2倍。如果社会最低生活标准我们将它确定为300元的话，那么就相当于每个月300～600元。资产者的劳动工资收入只有300～600元才能保持资产者的地位，才能将超出的部分变成储蓄不断积累。如果他的收入达不到这一标准，他就有可能在老本儿吃得差不多的时候沦落为无产者。当然，如若社会最低生活的标准不是300元，那么这里我们所估算的300～600元就得重新推测。

由这样的资产者所组成的人群，就是资产者阶层。

三、微产者及微产者阶层

微产者的产品储蓄总额应是社会最低生活标准的30倍至300倍之间。微产者的平均月消费支出总额是社会最低生活标准的2～5倍。假如此时的社会最低生活标准是每月300元的话，那么微产者的产品储蓄总额就是在9000～90000元之间；平均每个月的消费支出总额相当于600～1500元。

由这样的微产者所组成的人群，就是微产者阶层。

四、中产者及中产者阶层

中产者的产品储蓄总额应是社会最低生活标准的300倍至3000倍之间。中产者的平均月消费支出总额是社会最低生活标准的5～10

倍。假如此时的社会最低生活标准是每月300元的话，那么中产者的产品储蓄总额就是在90000～900000元之间；平均月消费支出总额相当于1500～3000元。

由这样的中产者所组成的人群，就是中产者阶层。

五、资产者及资产者阶层

资产者的产品储蓄总额应是社会最低生活标准的3000倍至30000倍之间。资产者的平均月消费支出总额是社会最低生活标准的10～30倍。假如此时的社会最低生活标准是每月300元的话，那么资产者的产品储蓄总额就是在90万～900万元之间；平均月消费支出总额相当于3000～9000元之间。

由这样的资产者所组成的人群，就是资产者阶层。

六、富产者及富产者阶层

富产者的产品储蓄总额应是社会最低生活标准的30000倍以上。富产者的平均月消费支出总额是社会最低生活标准的30倍以上。假如现在的社会最低生活标准是300元的话，那么富产者的产品储蓄总额就是在900万元以上；平均月消费支出总额在9000元以上。

由这样的富产者所组成的人群，就是富产者阶层。

根据以上我所列出的系数，每个人都可以一目了然地对照自己的经济地位及所处的经济阶层。我作的只是经济阶层的分析，仅仅以经济的状况为依据，至于政治阶层以及由政治阶层与经济阶层交织在一起后所形成的政治经济阶层的综合分析，我在后面再详细地阐述。

需要指出的是，将社会最低生活标准如何来确定的问题搞清楚，这一点是非常必要的。

每个国家都有自己的社会最低生活标准，国与国之间一般情况下是不会相同的。一个国家的社会最低生活标准是如何确定的呢？它应是这个国家中各个省（或"省"、"直辖市"、"自治区"等）地方社会最低生活标准的一个平均值。某个省的地方社会最低生活标准则来自它的辖区内各个城市、乡镇的社会最低生活标准的平均值。某个乡镇的社会最低生活标准则来自它的辖区内各个村的社会最低生活标准的平均值。如果某个城市算出了社会最低生活标准，可在它的辖区内某个郊县却不知当地的社会最低生活标准是多少，那么这个城市算出的社会最低生活标准就是虚假的、不准确的。

每个城市、乡镇都应该较准确地核算出社会最低生活标准，有了这一标准，人们也就有了依据，就可以较准确地评估出自己的经济地位。

我所提倡的推算方法，可以说是非常符合实际的。当一个生活在中国的资产者移居到美国或英国去的时候，他也许会发现，他已够不上资产者了，可能会下降至中产者甚至是微产者；当一个生活在中国深圳的微产者迁至中国西部的贫困地区后，他可能摇身一变成了当地的中产者甚至是资产者。不管人们多么穷或多么富，他们都得与他们所在的当地的社会最低生活标准去对比，这才是一个实事求是的对比系数。

我所进行的经济分析，是严格地按"产"的多少来划分的。产的多少也许同政治权有关，但经济分析就是经济分析，绝不把茄子放进水果里面去比较。过去有人把很多名词放在一起去对比，去参照，这不是不行，而是会出现不准确的结局。比如，把"资产者"与"平民"两个概念放在一起去对比，把"买办"者与知识分子放在一起去对比，甚至去划分阶层，这就很容易造成混乱。平民，官吏，君王，这三个概念放在一起对比，似乎更合适一些。因为它们体现出来的含义都是涉及到政治地位的，怎么能同"产"相提并论呢？"买办"这个概念好像是与"汉奸"这个词相对应相区别的，前者虽然也是帮助外国人干事，但与后者的卖国贼面孔绝对是不同的。把"买办"与知识分子隔离成两个阶层去对比则更欠妥当，因为"买办"者不见得不是知识分子，而知识分子也不见得不干"买办"的活儿。在我看来，所有的"买办"之所以能成为买办者，都是把知识作为前提的，都是在某个知识或行业领域中的"出类拔萃"的知识分子。

另外,人们还习惯地把"工人"和"农民"这两个概念按照某个经济阶层的概念去比较,这也是落伍的差事。因为在工人中,有无产者工人,有贫产者工人,有微产者工人,还有个别的中产者呢。随着社会的发展和进步,中产者工人会越来越多。农民中的贫富也出现了相当悬殊的情况,有的农民去城市打工成了流浪者,有的农民成了"企业家",成了享有很多财产的中产者或资产者。这样一来,"工人"和"农民"这两个概念在人的经济分析中还能充当什么角色呢?

依我看,"工人"和"农民",它们只不过是两个表示"工种"性的概念,是指社会分工后出现的两种不同工种的群体,它体现的仅仅是他原先从事什么样的工作,而无法具体地、确切地体现出他们的经济状况。太平天国的洪秀全就是农民出身,明朝的朱元璋也是农民出身,他们后来都坐在金殿之上,这时再确定他们是农民,这能说明什么问题呢?

按说,人初始都是无产的,如果后来通过劳动而获得了财产,这本无可非议。社会应该鼓励人们都通过劳动而获得财产,且谁获得的财产越多,则谁对社会的贡献就越大。然而,人类社会的不公平就在于:一些人获得财产的途径并不是靠劳动,靠对社会作出的贡献,而是靠血缘关系上的继承,靠侵害社会的公益,靠侵犯、剥夺他人的财产。这样一来,这些侵权者在他们致富的同时,却使其他人沦落为贫产者和无产者,这怎么能不引发斗争呢?但是,至今人们还存在争议的问题是,人们致富的手段哪些是公平合理的?哪些是侵权的?站在不同的角度处于不同社会地位的人们,公说公有理,婆说婆有理,这就不得不涉及到政治问题。这是我将在后面要作的分析。

○ 一切"均贫富"的运动都将是徒劳的

说到这里,有一点是可以肯定的,假如在人们之间没有任何侵权的事件发生,每个人都是按照公平合理的原则去工作,去劳动,去致富的,那么即使这样,也不可能使所有的人都能富得一样富,总是有所区别的,甚至这种区别非常的悬殊也在情理之中。就是说,照样有无产的，有贫产的，有资产的，有富产的。这是由权的差异性决定的。故而我们现在又可以得出这样一个结论：不管怎样革命，也不管怎样改革，历史上的一切"均贫富"的运动肯定都是徒劳的。它只不过是一句鼓舞人心的口号，哄着你去为它流血流汗。到头来，任何一个新建立的政府都不能把人们"一刀切"了，都会有无产者和贫产者，也会有微产者和中产者，同时还必定存在资产者和富产者。人们不可能在各个方面都均等，意志上不可能均等，能力上不可能均等，技能上不可能均等，智力上不可能均等，总之任何一个方面都是有差异的。所以，在社会中必定会有一少部分人先富起来，另一少部分人较贫困，大多数人则处于中下游的状况。

谁有能力，有本事，应该允许人家富起来。只要他不侵害别人和社会的利益，谁也没有理由硬要把人家的财产"均"过来、"公"过来。同时，总是有些人恶劳好逸，不求进取，这样的人如果贫穷了又有什么不好呢？他们是人们的反面教材，警告人们懒惰、消极、沉痼的下场将会是怎样的。

一个人追求经济权的过程是从无产到有产的积累，一个社会的发展也是这一过程的全面体现：

平权主义社会时期，占这个社会的大多数人都是处于无产者状况的；

暴权主义社会后期，占这个社会的大多数人都是处于贫产者状况的；

君权主义社会后期，占这个社会的大多数人都是处于微产者状况的；

强权主义社会后期，占这个社会的大多数人都是处于中产者状况的；

集权主义社会后期，占这个社会的大多数人都是处于资产者状况的；

民权主义社会时期，占这个社会的大多数人都是处于富产者状况的；

共权主义社会时期，占这个社会的大多数人，又都处于无产者状况，个人用不着占有什么，与平权主义社会相类似。

社会的进步与发展，它与人的有产状况是相联系的。社会越进步，富产者就越多，无产者就越少；社会越落后，无产者就越多，富产者就越少。这是一个非常简单的道理。

○ 如何量化"共同富裕"？

我在《剩余价值与价值剩余——资本论批判》[2]一书中写了这样一段话：

人们在消费产品、储存产品和增生产品之间，怎样在产品支配的形式和内容上进行明智的选择，这是一项非常重要的事情。假如我们今天把世界上的一切财富都平均地分配给所有的人，使任何一个人所享有的财富都不比别人多也不比别人少，那么这种局面只能在"暂停"的状态下维持。只要历史的时钟起动，"平等"的局面很快就会被打破。因为社会中每个人在产品支配的形式和内容上所作出的选择都是不同的：有的人喜欢消费，大吃大喝，挥霍无度；有的人偏爱储存，缩衣减食，勤俭朴素；有的人注重增生，投资经营，创利创收……由此一来，贫富的差距又会出现。要知道，再先进的社会制度，也不能使人们对产品支配的选择权同一起来，选择的差异就必然导致财富的增减。因此，世界上出现的一切"均贫富"的运动都肯定是徒劳的，且不管它是出于一种美好理想还是出于一种什么不可告人的目的。撇开社会制度的优劣问题不说，撇开人的能力、意志的差异不说，仅就对产品支配的形式和内容的选择而言，就可以使穷人变成富人，使富人变成穷人。

如果现今人们所说的"共同富裕"，指的就是"使任何一个人所享有的财富都不比别人多也不比别人少"的话，即把它看成是"绝对的共同"，即使我们也许有能力做到这一点，那它也绝对无法维持长久，只要有人"私心杂念"一出，做出了不同的选择，那么，"共同"

---

(2)兰台出版社，2013，页327～328。

的局面很快就会被打破。也就是说，如果我们把"共同富裕"看成是"绝对的共同"，那么这个目标永远也达不到。

既然达不到，那我们还说它干什么？是为了哄着大伙玩儿，让大伙都抱着希望去奉献、去牺牲，别在抱怨，把不满消解一下，还是另有什么解释？显而易见，我们现在所强调的"共同富裕"，是一个缺乏确定性的、容易让人突发"想象力"的词汇。贫穷的人可以认为，"共同富裕"就是"一块吃肉"：你有轿车，我也得有轿车；你有别墅，我也得有别墅；你去国外旅游，我也得去国外旅游。否则的话，咱们谁也别想好过！富裕的人可以认为，"共同富裕"是不是又要均贫富了，看我们富裕了眼红，惦着把我们当成阶级斗争的靶子，找茬把我们的财富弄到你们的手里去。为了保住"胜利成果"，要么赶紧逃，要么不惜血本把政府官员伺候好，用权力来作为后盾。看看，这"共同富裕"成了什么了？

一、"共同富裕"与"趋势原则"

在我看来，所谓的"共同富裕"，说的应该是"相对的共同"，它只是一种"趋势性"的定义，而不是确切的"同步"、"一致"或"平均"。就好比布什是全体美国人民"共同"的总统，但这并不意味着所有的美国人都投过赞成票：有些人是弃权的，没有参加投票；有些人当初是不同意他当总统的；但没办法，少数服从多数，你虽然不乐意，但你也得承认他是总统。"趋势原则"使布什成了美国人民的总统，而不是成了只是那些投赞成票的美国人民的总统。就是说，布什当总统，他本不是"共同"的产物，但结果是他成了"共同"的杰作。

怎样才能使"非共同的产物"成为"共同的杰作"？如何来评定它？这就需要有一个规则，一个能够符合"趋势原则"的规则。那如何来理解"趋势原则"呢？

在2006年中国国际女排精英赛上，中国女排获得了冠军，它是全体女排队员共同取得的胜利。而实际上你要是看了全场的比赛，你就会发现，有的队员是专门扣别人的，让人家东倒西歪的；而另有队员是专门挨扣的，拼死拼活、人仰马翻也要把球救起来。很多事情没有办法"共同"去做，有人去挨摔，有人去"架高"，有人去够那"胜利果实"，可能还有没有上场坐板凳的呢。这就好比有人当老板，有人当工人，还有失业下岗的呢。只要把国家建设富强了，这就是所有人共同的胜利，但它并不意味着所有人生活得一样幸福。女排获得冠军后不知发不发奖金？要是发的话，我估计也不会按平均主义的原则让队员们"共同富裕"，出现一点差异甚至会有些悬殊都在情理之中。

如果无法实现"绝对的共同"，那么所谓的"共同富裕"只是体现出一种"趋势"，一种"指导原则"，一种追求和谐社会的"理想目标"。可千万别指望它真的能让所有人共同富裕。

可是，既然我们提出了"共同富裕"，哪怕它是一种"趋势"，一种"指导原则"，一种追求和谐社会的"理想目标"，它也应该有一个量化的标准，让大家能够对照得上，能让人们明明白白。我写这篇文章，目的就在于此。

二、"共同富裕" 与 "黄金分割"

所谓的黄金分割，它是一种数学上的比例关系，具有严格的比例性、艺术性、和谐性，蕴藏着丰富的美学价值。应用时一般取1.618，就像圆周率在应用时取3.14一样。

早在2000多年前，古希腊雅典学派的第三大算学家欧道克萨斯首先提出黄金分割。它是把一条线段分割为两部分，使其中一部分与全长之比等于另一部分与这部分之比。其比值是一个无理数，取其前三位数字的近似值是0.618。由于按此比例设计的造型十分美丽，因此称为黄金分割。

有关"黄金分割"，听说我国也有记载。虽然记载显示的时间没有古希腊的早，但它并不代表着比古希腊晚，只不过可能是更早记载的史料失传了。经考证，据称黄金分割是我国古代数学家独立创造的，后来传入印度，只不过那时不是直接叫"黄金分割"。因此有人说，欧洲的比例算法是源于我国而经过印度，再由阿拉伯传入欧洲的，而不是直接从古希腊传入的。黄金分割在文艺复兴前后经阿拉伯传入欧洲后，受到了欧洲人的欢迎，他们称之为"金法"。17世纪欧洲的一位数学家，甚至称它为"各种算法中最可宝贵的算法"。这种算法在印度称之为"三率法"或"三数法则"，也就是我们现在常说的比例方法。

到了19世纪，"黄金分割"这一名称才逐渐通行。黄金分割有许多有趣的性质，人类对它的实际应用也很广泛。最著名的例子是优选学中的黄金分割法或0.618法，是由美国数学家基弗于1953年首先提出的，20世纪70年代才在中国推广。从这一点上人们不难看出，很多本来出自我们中国自己的东西，要是不经过外国"发扬光大"，中国人自己就不认——什么毛病！

传说的"菲波那契数列"就与黄金分割有着密切的关系。该数列是：1、1、2、3、5、8、13、21、34、55、89、144……这个数列的名字叫做"菲波那契数列"。这些数的特点是：除了最前面的两个数（数值为1）之外，后面的所有数都是它前面两个数之和。"菲波那契数列"与黄金分割有什么关系呢？经研究发现，相邻两个菲波那契数的比值是随序号的增加而逐渐趋于黄金分割比的。由于菲波那契数都是整数，两个整数相除之商是有理数，所以只是逐渐逼近黄金分割比这个无理数。但是当我们继续计算出后面更大的菲波那契数时，就会发现相邻两数之比确实是非常接近黄金分割比的。

据说，另一个很能说明问题的例子是五角星（包括正五边形）。在五角星中，可以找到的所有线段之间的长度关系都符合黄金分割比，也就体现出美感。正五边形对角线连满后出现的所有三角形，都是黄金分割三角形。由于五角星的顶角是36度，这样也可以得出黄金分割的数值为2Sin18°。黄金分割点约等于0.618：1。

有人也许会问，"共同富裕"与"黄金分割"有什么关系？

当然有关系，否则就不会放到一块说了。"趋势原则"怎样来确定最科学、最准确？一个社会假如由100人所组成，那么，多少人富裕了就符合"共同富裕"所规定的最低限度？富裕到哪一种程度才能称得上符合"趋势原则"？对此问题的探讨，应该说是一个具有现实意义的事情。

三、"共同"的概念太模糊

从中国共产党十六届三中全会首次提出以人为本的科学发展观，到十届全国人大二次会议上《政府工作报告》中所体现出的内涵，有人评价说，这是中国改革开放发展思路中的一个重要命题——"先富论"，开始拓展为"共同富裕论"。

清华大学国情研究中心主任胡鞍钢先生对此评议称，它标志着中国已故领导人邓小平20多年前提倡的"先富论"，在全面建设小康社会进而实现现代化的新阶段，开始正式转为倡导和谋求"共同富裕"。但胡鞍钢指出："共同富裕"不是"平均富裕"，也不是让已先富起来的部分地区和人群停滞发展或倒退。它的核心是"共同"，是使十几亿人能够共同参与发展的机会，共同提高发展的能力，共同促进发展的水平，共同分享发展的成果，这是中国社会稳定、长治久安的政治保障。

问题是，"共同参与"、"共同提高"、"共同促进"、"共同分享"，这都是一些不好非常准确确定的指标，也就不好去量化和衡量，不好来评定。这是因为，"参与"到多少才算作是"共同"？"提高"到多少才叫"共同"？"促进"到哪种程度可视作"共同"？"分享"到什么，"分享"了多少才轮得上是"共同"？如果没有将这些笼统的说法进行细化，无法用量化的方法来进行考量，没有一个可直接、明确的参照标准，这"共同"二字岂不是又成了一个无法确切的"基本原则"？别的先不说，什么叫"共同"？谁要是能把这两个字解释清楚，他立刻就会成为"共产主义战士"。

有人说，深刻领会"共同富裕"思想，应着重把握以下要点：

其一，认清共同富裕是社会主义的本质规定和奋斗目标。什么是共同富裕？在共同富裕这个概念中，"富裕"反映了社会对财富的拥有，是社会生产力发展水平的集中体现；"共同"则反映了社会成员对财富的占有方式，是社会生产关系性质的集中体现。共同富裕包含着生产力与生产关系两方面的特质，从质的规定性上确定了共同富裕的社会理想地位，使之成为社会主义的本质规定和奋斗目标。

其二，明确共同富裕的实现前提。我们既不能离开共同富裕讲发展生产力，离开了就会导致两极分化；也不能离开发展生产力讲共同富裕，离开了就会导致共同贫困。可见，共同富裕的实现前提是：解放和发展生产力，为实现共同富裕创造雄厚的物质基础；坚持社会主义，防止两极分化，为实现共同富裕提供牢固的政治保障。

其三，把握实现共同富裕的途径。允许一部分地区和一部分人先富起来，以带动多数地区和多数人最终达到共同富裕。这个先富带后富、实现共同富裕的战略构想，是邓小平同志在新的历史时期的创新，是共同富裕思想的主要内容，是实现社会主义现代化战略目标的一项大政策。

上面这几个要点，看起来挺"过瘾"，仔细一琢磨就糊涂了。它说了半天，你也闹不清到底什么叫做"共同富裕"，它所说的要点，没有一个能通过用量化的方法让你确切地知道它的标准是什么，也就等于说了白说。

四、"共同富裕"的标准如何确定

我在这里是要给"共同富裕"确定出一个可量化的参照标准，供学者们参考。

如果我们把一个社会分成六个经济阶层——即无产者、贫产者、微产者、中产者、资产者和富产者的话，那么我们可以发现，除了无产者之外，其他人都是有产者（且不分产的多少）。当有产者作为大多数人能够占到这个社会总人口的61.8%时，它就是"共同富裕"的初级阶段。也就是说，达到这个阶段，无产者在这个社会中的人数不能超过38.2%。我们把它称作"小康社会"，它是我们追求的第一个阶段“共同富裕”的量化指标。

假如一个社会由100人所组成，那么，当无产者不超过38人，其他人都是有产者时，这就是“小康社会”。“小康社会”作为一个整体的发展阶段，它也可以划分出更为具体的三个时期：初期、中期和后期。初期的量化标准是：在有产者中，贫产者的人数多于38.2%；中期的量化标准是：在有产者中，贫产者的人数不超过38.2%；后期的量化标准是：在有产者中，贫产者和微产者加在一起的人数接近于38.2%。

那么是不是还有第二个“共同富裕”的量化指标？是的，应该有。第二级的量化指标是：在有产者之中，除了贫产者之外，剩余的有产者作为大多数人能够占到这个社会总人口的61.8%时，它就是“共同富裕”的中级阶段。也就是说，无产者和贫产者加在一起在这个社会中的总人数不超过38.2%时，我们把它称作“中福社会”，它是我们追求的第二个阶段“共同富裕”的量化指标。

假如一个社会由100人所组成，那么，当无产者和贫产者的总人数不超过38人，其他人都是微产者、中产者、资产者和富产者时，这就是“中福社会”。“中福社会”作为一个整体的发展阶段，它也可以划分出更为具体的三个时期：初期、中期和后期。初期的量化标准是：在有产者中（除了贫产者外），微产者的人数多于38.2%；中期的量化标准是：微产者的人数不超过38.2%；后期的量化标准是：微产者和中产者加在一起的人数接近于38.2%。

第三个阶段“共同富裕”的量化指标是：在有产者之中，除了贫产者和微产者之外，剩余的有产者作为大多数人能够占到这个社会总人口的61.8%时，它就是“共同富裕”的高级阶段。也就是说，无产者、贫产者和微产者加在一起在这个社会中的总人数不超过38.2%时，我们把它称作“大同社会”。

“大同社会”就是我所总结的社会发展规律中提到的“民权主义社会”。但你可要看清楚，此时仍会有无产者（譬如未成年人、吃

"低保"的人)、贫产者（低收入者、下岗失业者）和微产者，只不过他们的人数合在一起也只是这个社会的少数。谁要是把"共同富裕"看成是"均贫富"，你就白日做梦吧！也就是说，即使到了"大同社会"，也不敢保证让所有人都一样富裕，那么"中福社会"、"小康社会"就更别指望着大伙能"一块吃肉"了。看见几个讨饭的别见怪，但我们应该让这样的人越少越好。

假如一个社会由100人所组成，那么，当无产者、贫产者和微产者的总人数不超过38人，其他人都是中产者、资产者和富产者时，这就是"大同社会"。"大同社会"作为一个整体的发展阶段，它也可以划分出更为具体的三个时期：初期、中期和后期。初期的量化标准是：在有产者中（除了贫产者、微产者外），中产者的人数多于38.2%；中期的量化标准是：中产者的人数不超过38.2%；后期的量化标准是：中产者和资产者加在一起的人数接近于38.2%。

综上所述，所谓的"共同富裕"，有三个大的量化指标；每一个大的量化指标之中，还有三个小的量化指标。我们搞经济建设搞得怎样，可以用这些量化指标来加以对照，从中找出差距，并且能够精确地计算出差距有多大。

4-2对所有制问题的再剖析

○ "私有制"是旧制度的罪魁祸首吗？

在有关经济问题的急论中，最突出的问题是"私有制"。

英国的托马斯·霍布斯早在几个世纪前就注意到了"私有制"问题。他认为，原始社会时期人类处于"自然状态"，那时还没有"私有制"，人类对自然界的一切物品都享有自由支配的天赋的权利。也就是说，所有的权利主体对自然界的一切物品均享有所有权：你可以得到我也可得到。造成这一情况的主要原因是没有出现劳动剩余产品，每个权利主体无法在大家共同满足了最基本的生存需求以后再能得到什么。只有当出现了劳动剩余产品的时候,"私有制"便产生了。

法国的让·雅克·卢梭认为,"私有制"的产生不仅标志着文明社会的开端,而且也是人类社会不平等的根源和基础。他认为,由"私有制"所产生的不平等包括政治上的不平等和精神上的不平等,这种不平等在于某些人享有种种损害他人的权力——即特权。

马克思则进一步地揭示了这种不平等的阶级实质,指出生产资料"私有制"把人分为有产者与无产者、剥削者与被剥削者,而在社会政治地位上,又把人分为统治者与被统治者、压迫者与被压迫者,这样便产生了人们之间的经济地位、政治地位、社会地位的不平等和随之而来的各种权利的不平等。

看得出,"私有制"成了罪恶之源,所以马克思在《共产党宣言》中曾明确简练地指出:"共产党人可以用一句话把自己的理论概括起来:消灭私有制。"

此后,马克思主义革命便围绕着消灭"私有制"这一中心任务而展开。斯大林的革命,毛泽东的革命,金日成的革命,波尔布特的革命,本质上都是忠诚的马克思主义革命,都是坚定地、不折不扣地围绕着消灭"私有制"这一历史使命而进行的。可喜的是,这些革命都使暴力手段获得了成功,赢得了战争的胜利;但遗憾的是,在夺取了国家政权以后,在采取很多消灭"私有制"的具体措施后,经济建设上却莫明其妙地遇到了想像不到的困难和阻力,甚至在经济建设上遭受到极大的损失。

就经济发展的速度和水平来看,当时的苏联远比不上美国;大陆远比不上台湾;北朝鲜远比不上南朝鲜;越南和柬埔寨远比不上泰国和新加坡。尽管有很多客观上的原因,但对"私有制"大面积的扫荡不能不说也是很重要的原因之一。

苏联的解体,波尔布特的倒台,朝鲜的饥荒,都将逼迫这些曾经燃遍革命火种的国家不得不变换方法,在不同的程度上,以不同的方法,或早或晚地把"私有"的稻种重新撒到田地里。中国的改革也在大力提倡个体经济、私营经济、股份制经济等非公有制经济的发展，这一切都是从农村的"三自一包"开始的。也正是在这个时候，国家的经济建设得到了飞速的发展。相信随着改革的深入，非公有制经济成分在国家经济结构中所占的比例将会越来越大。

说到这人们也许被搞糊涂了，当人们对"私有制"还耿耿于怀的时候，社会经济建设的进步与发展的事实又不得不归功于我们没有对"私有制"进行"革命扫荡"，这"私有制"到底是个什么家伙？

我总觉得，解决"所有制"的问题，用"私有制"这一概念，其确立的本身就是模糊不清的。

以往，我们总是把所有制形态的公有和私有，看成是两个绝对对立的东西，认为随着革命的胜利，"私有制"必将被"公有制"所代替即"公有制"胜利的前提是完全消灭"私有制"。由这点可看出，在我们的正统理论中，公与私是水火不相容的，这符合过去的"阶级斗争"的理论需要。但这时我们回过头来就会惊奇地发现，马克思主义的"对立统一"规律被我们的感情破坏了。我们夸大了对立的一面，却忘记了统一的一面，在公与私的问题上斗来斗去，斗得我们自己精疲力尽，焦头烂额。

事实上，公有与私有之分是可以的，这种划分没什么错误。但把公有与私有完全对立起来则是错误的，就如同把社会与个人完全对立起来一样。社会是由个人所组成的社会，个人是生活在社会中的人；个人是社会发展的基础，社会是个人发展条件，二者密切联系不可分割。公有就是指由个人所有组成的群体所有，而私有则定作群体中的个人所有，公有是集于私有的公有，而不是脱离了私有的公有，而私有是公有之中的私有。私有是公有发展的基础，公有则是私有发展的条件，因此公有根本不可能消灭私有，私有也不能脱离公有。盲目地肯定公有否定私有，或肯定私有否定公有，都是片面的、错误的。

譬如说，大家都一无所有，穷的要死，可大家却都生活在"公有制"的社会中，他们"公有"的是什么呢？原始平权社会时期不是"私有制",那肯定应该是"公有制",这不就是大家都一无所有地生活在"公有制"的社会中吗?这种"公有制"——脱离了"私有制"的"公有制"究竟有何意义?我们现在又要实现这种"公有制",这岂不是要把社会拉回到大家都一无所有的原始状态中群居去吗?

什么是私有?什么是公有?

个人获得并占有财产就是私有,很多个人私有财产出于某种需要和目的而集结起来,就是这些人们的公有财产。这种公有绝没有剥夺每个所有者的私有的权利,即私有的所有权是应该首先得到确认并受到保护的,而不是把每人人的私有财产集结到一起,被"共产"后形成了"公有制"的时候,人们的私有财产的所有权便丧失了,这是最最反动的理论。

人们的私有财产出于某种需要和目的而集权在一起,决不是以强迫为前提的,而是百分之百地出于自愿。在这种"公有制"中,个人可以服从集体,少数可以服从多数,但集体不能剥夺或侵害个人的利益,多数人也不能侵害少数人的权益。否则,集体中的个人或少数人就有权索回属于自己的那一部分财产,脱离开这个集体,去寻找对维护自身权益更有利的新的集体。

说到底,私与公的关系,就是个人与社会的关系。私有是个人所有,公有就是社会(集体、集团、国家)所有。"私有制"就是个人所有制,"公有制"就是社会(集体、集团、国家)所有制。

在这里,关键的问题是"私有制"这个概念。过去我们总是习惯地把"私有制"与剥削和压迫连在一起相等同,这是不正确的。因为在阶级社会中,人民中的每个人,都不能充分地享有私有的权力,甚至完全丧失了私有的权力,一切剥削和压迫都是从人民的私有权被侵犯开始的,"无产阶级"正是由于这个阶级私有的权利被剥夺、被侵犯才沦为"无产阶级"的。在这个代表着这个社会的大部分人根本没有私有权的社会中,在这个广大人民的私有权被侵犯的制度下,我们怎么能说这个社会是"私有制"呢?

所以，"私有制"、"公有制"这样一些概念体现不出社会制度优劣的问题，它只能体现出人们是以个人名义直接占有财产还是大家以社会(集体、集团、国家)的名义间接(转赋)地占有财产的问题。

其次，"私有制"、"公有制"说明的都是人与物的关系，它无法说清人与人之间的社会权力关系或社会感觉问题。

○ 没有一种社会形态是"私有制"

剩余产品的出现使每个人都想更多地得到私有权，不是你得到，就是我得到。为了得到私有财产，人们之间就会出现竞争，竞争的方法又是多种多样的。有公平的竞争，有不公平的竞争；有文明的竞争，还有野蛮的竞争；有盲目的竞争，也有理性的竞争。

总之，它必定是经过人与人之间进行的权力关系较量的结果。"所有制"所要解决的问题，不是这些财产由谁占有的问题，或是这些财产是如何组成起来的问题，而是要弄清这些财产在各方的竞争中是以什么样的权力关系或社会感觉形式被占有的问题。

通过分析，我发现从原始社会、奴隶社会、封建主义社会到资本主义社会，哪一种社会形态都不是"私有制"，或者它们都没有资格把自身的社会形态称作"私有制"，因为"私有制"这一概念根本就解决不了"所有制"的问题。

一、平权社会的所有制是"同有制"

平权主义社会时期，人们时常受到大自然的威胁，生存难保。社会权力关系趋向于"热聚"，每个人对他人和集体的依赖性是非常大的。在这种情况下，人们之间还发展不到为了"有"而拼个你死我活的程度。要有，大家都有，要没有，大家都没有。因此，原始社会的所有制不是"私有制"，也不是"公有制"，而是"同有制"。

二、暴权社会的所有制是"战有制"

暴权主义社会时期，广大的奴隶连人身自由都没有，根本谈不上私有什么财产，只能充当奴隶主的工具。而奴隶主的私有也时常处在风雨飘摇之中，眨眼间就会被杀得片甲不留。因此，奴隶社会的所有制不是"私有制"，也不是"公有制"，而是"战有制"。

三、君权社会的所有制是"官有制"

君权主义社会，广大农民及一些工人虽然有了一点点人身自由，也可以获取到一点点私有财产，但他们本应享有的更多的私有，却被封建君主和官吏们以国家的名义剥夺殆尽。为官者以及他们的王子王孙们，不管他们才能高低，贡献大小，都能围绕着官权凭借血缘关系或亲朋裙带关系而取得很多的财富。因此，封建主义社会的所有制不是"私有制"，也不是"公有制"，而是"官有制"，或者称"等级所有制"。

四、强权社会的所有制是"争有制"

强权主义社会时期，生活在下层的广大劳动人民仍没有充分享有私有的权力。但从这个时候起，人们已不甘心自己的私有被剥夺和侵害，越来越不惜一切代价联合起来合法斗争，以使自身获得更多的私有权。同时，在有产的人之间，他们也为占有更多的"剩余价值"而竞争，甚至不择手段，尔虞我诈，弱肉强食。可见，无产者与资产者在争有；贫产者与中产者在争有，微产者与富产者在争有；中产者与中产者、微产者与微产者、富产者与富产者、贫产者与贫产者，在所有的人之间都在竞争，都在争有。因此，资本主义社会的所有制不是"私有制"，也不是"公有制"，而是"争有制"。

五、集权社会的所有制是"保有制"

集权主义社会时期，物质极大地丰富了，经济上的集权使每个人的私有权都能得到有效的保障。只要你为社会做出了贡献，你就必定可以得到理应得到的私有财产，而且每个人的私有都绝对受到国家的有效保护，不会受到任何非法的剥夺和侵害。马克思所说的社会主义社会，那应是使每个人都实实在在地占有社会中的一份财产，而且最终达到使每个人都能直接或间接(转赋)地占有生产资料的阶段。集权主义社会的所有制，仍不能用"私有制"或"公有制"来说明，它的社会权力关系或社会感觉形式体现出的所有制形态是"保有制"，是得益于法治健全和社会保险体系完善的保障。

即使历史发展到民权主义社会时期，其所有制形态还是不能用"私有制"或"公有制"这一概念来确定，这是一个民生、民享、人人实实在在都有的时代。

所有制、所有制，说的就是因什么所以有的社会制度。是靠"战"所以有，还是靠"官"所以有；是靠"争"所以有，还是靠"保"所以有。它体现出人们为了获得"有"所表现出来的社会权力关系特征或形成的某种社会感觉，这才是"所有制"所要说明并解决的问题。而从"战"到"官"，从"争"到"保"，社会权力关系及其社会感觉是越来越趋向于文明和进步的，它与社会历史的进步和发展是相辅相成的。故此，"私有制"和"公有制"之说，与社会所有制问题是风马牛不相及的两码事。

说到底，暴权主义社会、君权主义社会和强权主义社会，在这些历史时期中，人民中的每一个人，都不能充分享有私有的权利，甚至完全丧失了私有的权利。一切剥削和压迫都是从人民的私有权被侵犯开始的，"无产阶级"正是由于这个阶级有产的权利被剥夺、被侵犯才沦为"无产阶级"的，任何一个"无产阶级战士"都不会甘心成为无产者，他们都是盼望过富裕生活的。在这个代表这个社会的大部分人民根本没有私有权利的社会中，在这个广大人民的私有被侵犯的制度下，我们怎么能给它画脂抹粉地说它是私有制呢？

◯ "公有制"的误区

"公有制"是什么？就是全体国民只是在名义上"所有"，而那些真正享有权力的人则可以实际上"占有"。权力大"占有"多，权力小"占有"少，没有权的什么也没有。

例如，湖南省耒阳市矿产品税费征收管理办公室，就一个国家的权力建筑而言，它仅仅算是一个小权力单位，但其"占有"的数额，却让全体国民汗颜。

这个小小的科级事业单位，770多名干部职工中，竟有超过百人涉嫌贪污受贿，55人被立案调查。从主任到8名副主任、党组成员，以及下属各站点站长、班长，高、中层干部，几乎"全军覆没"。

仅仅是这个"矿征办"的一个小下属的收费站，在2008年端午节前的短短20多天内，通过私放煤车，大肆向运煤车辆收取"红包"，并将"红包"扔到站长办公室内的一个大纸箱里。到了端午节前3天，站里几个领导商量如何分钱，打开纸箱，才发现赃款竟达118万元。

可想而知，他们究竟实际"占有"了多少，恐怕想查得清清楚楚都不是一件容易的事。

我们应该必须弄清楚，与"所有制"相联系的"所有权"问题，它们归根结底只是一种权利形式，属于"应然权利"范畴。"所有制"不但要解决"所有权"问题，还应该解决"管理权"、"占有权"、"使用权"和"处分权"等问题。因为管理权、占有权、使用权和处分权才是实实在在的现实意义上的权力内容，属于"实然权力"范畴。

"所有权"只不过是一种权利性的概念。说某一样东西应该归谁所有并确认其所有权，只是为某个人占有和使用它作了基础性的规定。这种规定不是排他性的，即：享有所有权并不代表你准能占有和使用到它。

从古至今，明明本应是归大众所有的东西，事实上却被一些享有管理权的人占有和使用，这样的事例举不胜举。因此，"国有化"只不过是又一次以权利概念的形式，将财产定义为全民所有，而真正能以较悬殊的比例更多地占有、使用和处分这些财产的人，只是那全民集体中的极少数有政治权力的人。由此，财富被少数人过多地占有这一事实并没有因为什么所有权的归属问题而得到改变。甚而至于，它"无意中建立起一种新的专制，它同时是经济的和政治的，而且比以往所知的专制更严酷、更可怕"[3]。这种专制往往以"所有权"为晃子，让人们误以为都是那财富的主人，而产际上只有个别享有特权的人才能尽情地享受到那些财富，大多数人只是坐在主人的席位上

---

(3) 罗素：权力论. 商务印书馆. 页230。

充当配角。

正如罗素所说的："重要人物是那个拥有经济管理权的人，而不是那个享有部分名义所有权的人"，"那些拥有经济管理权的人，自己虽然'一无所有'，却可以住进富丽堂皇的官邸，乘坐最豪华的汽车，领取奢侈应酬的津贴，在官办的假日游乐地用公款度假，凡此种种，不胜枚举……"。

类似这样的享有，尽管没有以"所有权"作为先决条件，但只要确实享有了，就这个享有的事实而言已经把所有权抢到了手里。即：他用权力的获得已经无可辩驳地把权利体现了出来，且不管他在名义上有没有这个权利。

看得出，"所有权"是权利性的问题，而不是权力性的问题。权力所体现出的管理权、占有权、使用权和处分权比所有权更重要。权利只在名义上得到确认，而权力却能够实实在在地带来很多好处。起初虽然是政治性的，但却可以无限度地造成财源，并且还可以达到这样一种境况：本来属于民众所有的权利，可以通过剥夺民众的权力使权利成为一句空话；本来不属于当权者所有的权利，又可以通过篡夺权力而使权利成为现实的存在，这是一种多么高明的政治魔术把戏！

可见，所有权一旦遇上了权力，就会乖乖地俯首称臣，听任摆布。所有权变成了权力门口的招牌，总是干着"挂着羊头卖狗肉"的行当。甚而至于，所有权还可以变成权力门口的走狗，权力让它去舔谁，它就去舔谁，权力的让它去咬谁，它就去咬谁。

因此，社会制度优劣的根本问题并不单单是所有权的权利性的问题，更重要的还是权力性的问题，即管理权、占有权、使用权和处分权的问题。我们的正统理论总是乐于解决一些权利性的问题，把工作的核心全部集中在"国有化"或"公有制"的权利性的形式上，却忽视了在这所谓的"国有"和"公有制"之中，还存在着管理权、占用权、使用权和处分权等权力性的内容。譬如，过去的一些享有管理权的领导者，可以无偿地分配到比一般人多得多的公产住房，尽管这些房产的所有权他并没有名义上享有，甚至可以说这些公产房的所有权是归国家或全民所有的，但是，只有他一个人成了这公产住房的占有者和使用者，只要他乐意，他就可以一直这样住下去。就这些住房而言，再提什么它的所有权是归全民所有的，这不明摆着睁着眼说瞎话吗？

　　我们再以土地问题为例。任何一个土地的私有者所享有的最现实的东西是以权力内容为依据的，即他可以对自己的土地享有管理权、占有权、使用权和处分权，以此来体现出其权利实在的意义。而作为权利形式，他即使权利再多，他也无论如何拿不走这土地，决不可能出现这种情况：他认为对这块土地享有所有权，他有权利做什么或不做什么，因此他有权将这土地从中国搬到美国去，他搬得走吗？莫说他休想搬走一寸土地，就是他死了，土地也不会少了半点。反过来看，如果将这块土地"国有化"，结果也是如此，人们不可能全都能对这块土地行使管理权、占有权、使用权和处分权，总是在事实上使某个人得到这些权利，而得到的这些权力绝对是具有排他性的，即别的人得不到这权力。这样一来，"国有"也好，"公有"也好，它们惟一能够做到的是把权利的形式与权力的内容割离开，把权利大大方方地给了所有的人，而把权力偷偷摸摸、不明不白地给了一少部分人。由此，对于土地来说，全民的"所有权"就如同空纸一张。

　　就像这土地的"国有"的形式一样，一切仅以权利名义虚构的、"应然"的"公有"，都是在玩弄魔术，都是在名义上把权利抛到了你的怀里，让人们以为一切财富都是归我们所有的，但只要打开权利的包装一看，里面什么也没有。由此，抱着这无限美好的"权利"的人们所能得到的只是精神上的安慰。

　　经济上的"国有"或"公有"这样一些概念，不应该以权利为基础，而是应以权力为依据。于是，一切"国有"或"公有"，都应是可以量化到每个具体权力内容上的。也就是说，"国有"或"公有"的所有财产，都可以确确实实地找到每个所有享有它的人，并且可以准确地划分出每个人所享有的份额或数量。

这就好比一个储蓄所，它从社会上共揽存了100万元钱，使这100万元钱改变了原来的个人所有的状态，变成了"公有"的状态。但是，如果我们寻及这100万元"公有"资产的来源的话，我们就会找到所有曾在这个储蓄所存过钱的人，并且能够准确地查出每个人存钱的数额。这些数额加在一起，正好是那一百万元的总额。不会多，也不会少。如果多了，那多出来的钱是谁存的呢？是属于谁的呢？如果少了，那少的那一部分钱哪去了呢？

真正的"国有"或"公有"应该是这样的：即在这个国家中，每个人的个人所有全部加在一起，正好等于国有资产的总额。不管是多了还是少了，那肯定是出了问题了。社会革命的任务之一，就是要把多的那部分找到它的所有者，把少的那一部分查出其原因所在并挖出那些贪赃的家伙。当然，现在好像都没有做到这一点，这是历史造成的。但社会前进的方向是不容改变的，社会历史的每一次发展，每一次进步，都是在理顺这一"资产关系"，都是使这一"资产关系"越来越趋向于明确和公平。

综上所述，过去传统的有关"所有制"的理论极容易把人们带入一个认识上的误区，即它把人的"应然权利"与"实然权力"割裂开来，以"应然权利"来冒充"实然权力"，使大多数的人民在"应然"的范围内享有这个权利，享有那个权利，并且总是停留在"应然"的水平上，使这种种名义上的享有，根本无法兑现成"实然权力"，即根本无法得到实实在在的占有和享受。民权主义社会的初级阶段集权主义社会按说一个已经将   "所有制"的问题造就解决了，但是，在特殊的国情下，如果需要"补课"的话，就首先要把那些被分割开的"应然权利"和"实然权力"重新科学、公平、具体地统一在一起。这是一项非常艰巨的工作。

○ **经济渐变与 "悄悄地流失"**

　　中国的很多专家学者发表意见，一致赞颂中国的渐变式改革所取得的伟大成就，总结出来的基本经验一套又一套。而在有关所有制的问题中，国有资产的处置问题是最突出的。时下的一个热门话题，是国有资产流失的问题。这些专家学者说来道去，他们几乎都是反对国有资产流失，看似挺正义，其实挺奇怪。国有资产是谁的资产？是国家的资产还是国民的资产？如果说中国的政治体制改革采取渐变式是为了大局稳定的话，还确实说得过去，但如果说中国的经济体制改革采取的渐变式也是完全成功的话，那就太自欺欺人了。中国的 "渐变式改革" 使多少国有财产被 "悄悄地流失" 到一少部分人——享有权力的人手里，大家看看中国有多少贪官就知道了。

　　如果国民财富全都是国家的资产，它就没有了明晰的资产归属，找不到它的个体所有者，最终使其成为以国家名义享有支配、使用和处分权力的官员的手中玩物；或是偶发慈善施恩于民地将国家的资产赐赠，或是出于本能多贪不厌地将国家的资产倾吞，或是出于其它原因将国家的资产作为国家资本进行周转。总之，它成了本不该与民有关的财富，偶然有民沾了它的光，那也是靠获得施舍得来的。

　　如果是国民的资产，使所有国民均平等地分享一份国有资产所有权，应该说来得公道，且资产明晰。所有国民人人都清楚自己到底享有多少财富，未经本人同意，他人无权剥夺。政府官员高兴的时候，国民享有这份资产，政府官员不高兴的时候，国民也享有这份资产。让国民当家作主，首先应该在国有资产上让国民享有当家作主的经济资格。属于我的资产我当然就能当家作主，如果不属于我的资产，我怎么能去当它的家、做它的主？

　　资产的构成由不明晰阶段向明晰阶段过渡，这是社会经济发展的一个大趋势，是不可抗拒的总规律。将大锅饭中混沌状的国有资产分发 "流失" 到每个国民的饭碗中，当然会使国有 "流失" 成民有。反过来，将民有的财富再聚合到一起，不是又变成了 "国有"？但这种国有是以民有作为基础的国有，而不是脱离了民有的国有。

将脱离了民有的国有，转变成以民有为基础的国有，这就必然促使我们不得不搞一次"流失"活动。实际上，这种"流失"活动我们已经首先在农村搞成功了。

按说，土地是国有的，不是农民所有的，既然没有所有权，也就没有处分权和受益权。但是，当国家把土地"流失"承包给农民后，尤其是现在，农民又享有了转租权后，土地，作为准国有资产，表面上所有权仍在国家手里，而实际上，最终应由所有权所决定的支配、使用和处分、收益等权力，已经"流失"到了农民手中。本应全部由国家收取的地租，现在几乎全都成了农民的权益。当农民将土地转租给承租者旱涝保收地获取到收益之后，农民又可抽身成为打工者，另外又增加了一份收入。

这样的一种"流失"，表面上看，是国家暂时丧失了一些权益，但最终的受益者仍然是国家。首先，农民由此得到了生存保障，使他们安居乐业，排除了很多不稳定的因素。倘若他们生存难保，再来一次"农村包围城市"，那么无形亏损就立即会变成有形亏损，使国家遭受动乱之苦。其次，农民出于自我权（即自私权）的本能，生产的积极性肯定提高，这种潜力的挖掘，使粮食的供给成为一种保障。增加粮食产量，国家不会为此而心慌，相反会有稳定感。最后，农民的富裕，到头来还不是国家的富裕？民富国才强嘛。

因此，就土地而言，国有资产的"流失"，"流失"得非常伟大，非常英明。问题的关键是：怎样"流失"才最科学最合理，对民富国强最有利？

与国有土地的使用权"流失"到农民手中正好相反，城市里的广大工人却没有从企业中得到一点"流失"的财产。虽然依据有关精神，使作为一般竞争性行业的企业逐步实现国有资产从企业中退出，建立规范的现代企业制度，完善企业法人治理机构，真正实现企业自主经营、自负盈亏、自我约束和自我发展，但在很多企业的改制过程中，广大的工人同志们究竟能从这种改制中得到什么好处？究竟有什么东西"流失"到他们手中？

某国营服装厂，由于自身经营失误等原因，拖欠职工工资8个月，连续18个月欠缴社会保险，严重地侵害了职工的利益。然而，该厂在改制中，以评估后的服装厂生产设备折价出资约70万元、以该厂原厂长等人以现金方式出资约90万元，重组成股份制企业。且不说后者这约90万投资是真是假，单就前者的评估项目就让人生疑。职工们问：该厂的房产和土地使用权算不算资产？该厂发货出去但尚未收回的货款算不算资产？原拖欠的工资及社会保险由谁负责清欠和补缴？我们还要替广大职工问一句：从这次企业改制中，职工们得到了什么？

试问：假如当今国家不是将土地的承包权按人口逐户地"流失"给所有的农民，而是将土地改制给村长或村支部书记，想象一下，农民们能干吗？农民能有生产的积极性吗？农民能有今天的富裕生活吗？

现在可好，所谓的改制，最终使国有资产流失到一少部分人的手中，而广大的职工却未得丝毫，让他们拿什么、凭什么当家作主？

如果说，将该服装厂的全部资产（含土地使用权收益）折成股份，按员工的具体贡献分配给所有员工（包括企业的领导），然后集体决定重组事宜，将该服装厂的国有资产首先较科学合理地"流失"给所有的员工，这样一种"流失"，应该说比流失给少数人来得合理。问题的关键是：该"流失"的不"流失"，不该流失的却流失了。如果人人都能较合理地得到"流失"的一份，职工们怎么会去上访闹事呢？

借改制之名，将职工的权益倾吞，让国有资产流失到少数人的手里，将职工推向社会，使社会处于不稳定状态，这绝对是企业改革的误区。

与其悄悄地流失，不如公开地"流失"。公开地"流失"，对"流失"的方法、措施以及合理性方面都会提出较高的要求，大家心明眼亮，减少了很多弊端。尤其是当"流失"使大多数人受益之后，大多数人就都成了股东，出于全体股东整体的利益的考虑，他们应该乐于合作，不管是管理者还是被管理者。即使出现了争议，也会按照股份制企业章程办事。

就"流失"所得到的经济权益而言，与农民相比，工人们所得到的恩惠实在是有限的，它不像土地那样可年年基本较稳定地产生地租出来，而是时时刻刻承担着风险。企业经营好了，所得到的股权就会有收益；企业经营坏了，所得到的股权不但不会有收益，甚至还会造成损失。鉴于此，工人们所得到的恩惠，考虑到它的风险性太大，就应该适当地偏重。给工人多"流失"一点，无论如何也比不上农民来得稳定，因为土地这样一种特殊的产品，本身的利用价值几乎总是能够滋生出新价值，尤其是当土地被转租出去后，在已获取了新价值的前提下，已经把风险推给了新的承租人。

建立在城市中的企业，无不是占据着多少不等的土地，能不能将企业使用的土地直接像农民承包土地那样"承包"给工人，也让他们人手一份？虽然不会多到按亩分配，但寸土寸金的地价折成股份也可通过地租常年不断地有所收益。问题是，很多企业在出让或出租了土地使用权后，所得到的收益不能使这个企业的所有员工都能受益，而是一些资金被莫名其妙地玩没了踪影，谁得了便宜谁知道，但工人们什么也没得到。这样一来，国有资产表面上没有流失，实际上它被悄悄地流失了，流失到了少数人的手里。与其这般，何不让它公开地"流失"，"流失"到大多数人的手里，"流失"得让大家心服口服。

当然，在一定的历史时期中，国有资产不可能全部消失，它必然会存在，保留它独特的、必不可少的作用。但是，对它的认识必须要更新：第一，它是全体国民的未分配利润，而不是与民无关的"国有"财产。因此所谓的"国有资产"乃是国民资产，是暂未做出分配的利润，是归全体国民所有的。第二，它是全体国民的资本，对它的使用应该是能够在为社会服务的同时还能保值增殖，用资本创造新的利润，使国民的未分配利润越来越多，而不是越来越少。第三，它应该是能够使国民不断得到实际利益的"国有"财产。

然而在一定的时期内，国民的未分配利润却在很长的一段时期中连连亏损，越来越少；很多国民未能公平地从这未分配的利润中得到什么回报，甚而至于连边都沾不上；这些本应属全体国民所有的未分配利润正在悄悄地流失到一少部分握有权力的人或是与当权者有这样或那样密切关系的人手中，让大多数国民望天兴叹。如此下去，分配不公的问题会越来越严重，必然会引起一部分人的不满，社会矛盾将会被激化，这该引起我们的警觉，采取有效措施加以避免，别等矛盾激化到不可调和的地步。

4-3 对社会政治阶层的重新划分

○ 人们都在统治与被统治之间游荡

列宁在《论国家》一书中指出："国家一直是从社会中分化出来的一种机构，一直是由一批专门从事管理，几乎专门从事管理或主要从事管理的人组成。人分为被管理者和专门的管理者，后者居于社会之上，称为统治者，称为国家代表。这个机构，这个管理别人的集团，总是把持着一定的强制机构、实力机构，不管这种加之于人的暴力表现为原始时代的棍棒，或是奴隶制时代较为完善的武器，或是中世纪出现的火器，或是完全根据现代最新技术造成的20世纪的奇妙武器，反正都是一样。使用暴力手段可以改变，但是只要国家存在，每个社会就总有一个集团进行管理，发号施令，实行统治，并且为了维持政权而把产力强制机构、暴力机构、适合于每个时代的技术水平的武器把持在自己手中。"

是的，一切政治权力乃应是从赋权活动中产生的，而赋权活动在以往的国家中总是找不到一个公平合理的规则。于是，在那些参与赋权活动的人们之间，所剩下来的唯一的"游戏规则"，就是看谁能把那些实力机构、强制机构和暴力工具把持在自己手里，那可怜的政治权力便成了暴权者的走狗。在这样一种情况下，分不出正确与错误的界线，谁享有暴力工具，谁就享有政治政力。谁享有政治权力，谁就享有一切。不是你享有，就是我享有。享有者就成主人，不享有者就成为奴隶。结果，天下所有人都仰慕暴力，仰慕政治权力，谁还管赋权活动的规则是什么。失去了赋权活动的规则，那么，在取得政治权力的方法、手段问题上是论不出是与非来的。也就是说，不管是哪个人或哪个集团统治这个国家，对于被统治者或被统治的集团来说，都分不出是善还是恶，也看不清是美还是丑。原因很简单，成为统治者是迫不得已的。

成为被统治者也是迫不得已的。不是成为统治者就成为被统治者，除此之外没有别的选择。这，就是历史。

然而，另有一些问题使我搞不明白，天底下有这么多的人，为什么偏偏让他成为统治者？为什么偏偏让那几个可恨的家伙成为专门的管理者？为什么又偏偏让这么多忠诚老实的人成为被统治者？还有更令人糊涂的事：那些在人数上少得可怜的统治集团，是如何能够有效地统治那么多的人？要知道，统治集团与被统治集团的力量对比关系，明明是后者占优势啊，怎么反倒处在被统治的地位呢？

想来想去，思来思去，我发现仅仅把社会分成丙个对立的集团或分成两个对立的阶级，都是把权的政治问题简单化了。实际上，在两大不同政治地位的集团或阶级中，有很多人充当着"中间人"的角色。他们经常穿梭于两个集团或两个阶级之间，既是统治集团的掘墓者，又是给被统治集团落井下石者；翻手为云，覆手为雨，个个都是"变脸"的高手。

对待这样一些问题，用经济分析的方法是无效的，只有在权的政治分析中，才能得到准确的答案。我坚信，人在经济上的解放，应该建立在人在政治上的解放这一前提之下才能得到最有效的保障。

否则，经济的东西始终是不稳定的，是不牢靠的，永远处在动荡之中。

○ 过去习惯谈阶级，现在喜欢谈阶层

权的政治分析从哪着手呢？过去的人们喜欢谈阶级，一谈就出名，而且成为伟人。马克思、恩格斯，列宁、斯大林、毛泽东等等，都是谈阶级出身的，这在当时的历史条件下，确实是摸到了历史的脉博。现在的人们不大谈阶级了，改成了谈阶层，有关这方面内容的书籍出版了好多，看得我头痛。搞不清对阶层的分析，是经济内容的分析还是政治内容的分析，搞不清那些被划分出来的阶层之间所依据的到底是个什么标准。

我对人的分析与别人不同。我先把经济分析与政治分析分开来进行，给每个人先找出经济的位置，然后再找出政治的位置，最后再综合起来，而不是像一些人那样一上来就"大锅烩"。

在权的经济分析中，我把人分为六种不同的阶层：无产者阶层，贫产者阶层，微产者阶层，中产者阶层，资产者阶层和富产者阶层。

在权的政治分析中，我把人也分为六种不同的阶层：无权者阶层，寡权者阶层，近权者阶层，亲权者阶层，执权者阶层和当权者阶层。在这里，正因为这六种人所享有的权力状态不一样，所以导致他们的社会地位也是不一样的。

一、可悲的无权者还不是少数

无权者，顾名思义，就是没有权力完完全全被别人统治、管理的人；一切一切，无权者都得听命于他人，按照别人的指令去活动，而不能有所违背。天下所有的人，当他光着屁股来世的时候都是无权者，他后来有权力了，要么是他后来争来的，要么是后来别人赋予给他的，总之，权力都不是人天生就具有的。如果说，一个人处在无行为能力阶级时是个无权者的话，这似乎合情合理、顺理成章，例如婴儿，危重病人等。但是，如果一个人处在完全行为能力阶段时还是个无权者的话，那绝对是一件可悲的事情。例如那些受压迫的奴隶、受欺辱的农民和受剥削的工人等。然而遗憾的是，可悲的人至今还不是

少数。

二、寡权者最喜欢朝别人吆喝

寡权者比无权者的社会地位高一些，日子要好过一点。寡权者虽然所享有的权力很少很少、很小很小，但毕竟还有点权：虽然都是士兵，但可以当个小班长什么的；虽然都是工人，但可以当个小组长什么的；虽然都是农民，但可以当个小文书什么的。或多或少都可以朝别人吆喝几嗓子，有时偶尔有人会主动给他递上一支香烟什么的，这总比听别的吆喝要舒服得多。所以，别看是寡权者，从无权到寡权就这一步之差，就如同改了出身一步登上天似的。尤其是当尝到了一点权力的甜头之后，权力的欲望便更加强烈，一发而不可收拾。当然，有权不会用的也大都是这号人。

三、近权者的座右铭："近水楼台先得月"

近权者又比寡权者的地位高多了。仕途之上，凡是能被提拔的，凡是提拔得快的，都是那些与亲权者、执权者或当权者较接近的人。通常是这样，那些给领导打小报告的，给领导开车的，给领导擦皮鞋、倒尿桶的，别看他们职位不高，但却比一般干部要高贵，吃香的、喝辣的。凭什么？"近水楼台先得月"，就凭他们是近权者。因此，给局长开车的司机，厂长经理们见了都得点头哈腰，这就见怪不怪了。一旦司机由近权者上升为亲权者，那更是不得了。

最大的近权者群体，就是公务员。

按说，最高政治权力的来源应是全体国民授予的，政府及其公务员只不过是国民聘用的"员工"，他们本来没有特权搞特殊。但是，由于民主监督的匮乏，加之公务员内部腐化和约束自己制度的缺乏，公务员已成一个特殊的高工资、高福利的群体，已成最稳定、最安逸的职业。其原因，就是他们都是近权者。

可以这么说，凡是遇上"伯乐"的，都是近权者莫属，因为千里马再能跑，它得能先认识"伯乐"、接近"伯乐"才能被相中。否则，再有本事，当官的不认识你，怎知你能如何如何？就好像韩信如果不认识张良，刘备不认识诸葛亮，你纵然有天大的本事，当官的就是不用你，你又奈他如何？如今很多有才有学的人都做冷板凳，而无才无能的人却能节节攀升，原因就在于此。

四、与领导攀亲的能手是亲权者

在近权者之上的是亲权者。凡是想投机取巧过好日子的，不与执权者或当权者攀亲，那是绝对办不到的事情。不管是商场，还是官场，想顺利过关，想步步高升，想财源滚滚，首要的事情就是与执权者或当权者套近乎，找靠山。有发誓效忠的，有用钱开路的，还有脱裤子撒娇的，形形色色，五花八门。也别说，自古以来凡与当官亲近的人，不管办什么事情都容易得多，而且为当官者最喜爱的，都是这些亲权者。所以只要逢年过节，就可以看到很多的人，除了提着糕点去拜望老爹老娘应付差事以外，就是扛着高级烟酒、大包小包地去那些当官的家里表孝顺、套亲近。底层套下层，下层套中层，中层套上层，一环套一环；罗织网络，拉帮结派，一人得道，鸡犬升天。

什么"统治集团"？纯属是"套"出来的！中国4500年的封建官吏历史，简单地说，就是这么一个"套"的历史。

为什么领导干部"家里人"、"身边人"参与作案的特别多？这已经成为发生在中国的腐败犯罪的一个突出特点。除了"夫人腐败"、"子女腐败"、"秘书腐败"外，一些领导干部的司机也参与腐败犯罪，这一现象格外引人注目。《半月谈》的记者对此问题就进行过专门的调查，发现一些专车司机凭借其为领导服务的特殊身份，逐渐分享部分权力资源，开始参与甚至主导某些腐败犯罪，一种新的腐败群体正在滋生[4]。

例如，湖南省郴州市国土资源局原党组书记、副局长杨秀善，利用职务之便单独或伙同另一被告人吴军共同收受他人人民币155.4万元、美元1.56万元、港币18万元、澳元8000元，折合人民币共计191.55

---

(4) 蔡玉高、梁娟、方列："司机腐败"：寄生于权力下的"黑洞".载于《半月谈》，2010.第7期，页30～32。

万元。而吴军就是杨秀善的司机，他收受人民币36.8万元，并为杨秀善窝藏赃款10万元。

其实早就有专家指出，从某种意义上说，对于一些领导干部而言，司机的身份就是私人秘书，领导要依赖司机做很多事情，领导的家事自然不必说，还有一些关系需要司机帮他打点，司机也可以帮助领导实现权力的延伸。部分领导干部将司机当作桥梁，进行权力寻租。而司机本人也可以利用自己的特殊身份，将领导的权力转为自己的权力，从中牟取利益。

2010年11月12日，山西省洪洞县一对警察夫妇在家中遇害。这原本是一起刑事案件，但媒体记者在洪洞县采访中了解到，被害者非常有钱，有的说其身价足有上亿元，在洪洞县有3个煤矿，开着宝马车上下班。被害人虽然拥有巨额财产，而双方合法月收入均不足2000元，且二女一子均在美国上学。新华社发文呼吁当地答疑，而当地相关部门却迟迟不予回应。对此，这对警察夫妇是不是属于亲权者，即他们的亲属中是否有高官，人们不得而知。

五、"一人之下，万人之上"的执权者

执权者的地位虽然在当权者之下，但仍是地位显赫把持一定规模管理权力的人。他们除了要听命于当权者之外，可谓"一人之下，万人之上。"一个国家内的很多具体工作，并非是当权者事必恭亲，而都是由这些执权者来完成的。因此，对于下层的人们来说，生杀大权实际上都掌握在执权者手里。执权者的权力大都是由当权者赋予的，因此执权者必须时时处处维护当权者的利益，至少是表面上必须做的非常好。然而，有些执权者总是企盼成为当权者的，骨子里恨不能将当权者一脚踹下马，总是暗地里烧香祈祷着当权者早点死，或是早点让位于他。当然，一旦有机会，"该出手时就出手"。所以，所有发动政变的人都是这样的执权者。

六、大权独揽的是当权者

当权者是权力建筑的最高层，最大权在握的人。这大权也许是

一县之权，也许是一省之权，也许是一国之权。总之，他们都是在某个特定的区域内"权倾一方"的人。在这个区域内，当权者的权力具有极权性，即他的权力是至高无上的。任何人都不能与他相违背，谁违背了，谁就要遭殃了。

从当权者到执权得，从亲权者到近权者，从寡权者到无权者，由上至下贯穿起来正好形成一个"金字塔"。即：无权者是在最下面，是人数最多的一层；当权者是在最上面，是人数相对最少的一层。层次越低，人数越多，层次越高，人数越少。

当然，一切都是相对而言的。在当权者当中，并不都身居最顶端，而是相对地居于某个局部顶端的。例如，一个享有一县之权的当权者，在这一个县的区域内享有最高权力，是个名副其实的当权者。但在一省之内，他就不再敢摆出当权者的架势来，在省级的当权者眼前，只是一个执权者而已。其他类型的人也是如此，其政治地位的高低都是相对而言的，而不是绝对的。

任何一个明白人都可以看出，当权者阶层不是一个孤立的集团，好像在这个集团以外的人都是与它对立似的。统治集团是一张硕大无比的网，当权者阶层是这网上的纲，而执权者阶层、亲权者阶层、近权者阶层、甚至包括寡权者阶层都是这网上的目，他们由上至下地一环套一环，是有着密切关系的。"纲举目张"，这才使广大的无权者阶层成了这网中的鱼儿。否则的话，当权者手里的一根鱼线、一颗鱼勾哪里降得住这么多的鱼儿。

无可非议，这种政治权力建筑结构是反动的，是反人民的。但是，它又是客观的，是社会历史发展不可逾越的必然阶段。因此，在一定的历史时期内，这种权力建筑结构还要存在下去，甚至有时不得不有意地将它保留下来。

我划分出来的阶层，是严格地按照经济和政治两大类别分别进行的。经济分析就以他们不同的经济状态为依据，纯粹用经济的方法来划分出他们的经济阶层；政治分析就以他们不同的政治状态为依据，纯粹用政治的方法来划分出他们的政治阶层。各是各码，不掺混在一块。于是，在政治阶层的划分中，管他们是工人，是农民，还是知识分子，他只要掌权了，当上皇帝上，如洪秀全那样，那么他就是当权者阶层。在经济阶层的划分中，管他们是"公仆"，是"买办"，还是黑社会，他只要家里掖着成箱的人民币和成捆的美元（且不管它们是哪来的），像一些贪官那样，那么他就是富产者阶层。我所进行的阶层分析，不管什么出身和成分，也不管什么工种和职业，我就看他们现在的经济状况和政治地位，没有比这种分析再好懂、再清楚不过的了。

○ 经济阶层与政治阶层之间有联系

如果我们将经济分析的标准与政治分析的标准合并在一起去搞阶层的划分，难度就太大了。这是因为，经济分析划分出来的六个阶层与政治分析划分出来的六个阶层之间不是正好对等的。

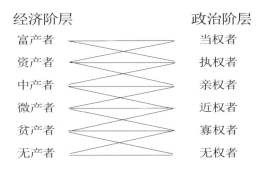

图4-3-1 经济阶层与政治阶层对照表

如图4-3-1所示：富产者不完全等同于当权者；资产者不完全等同于执权者；中产者不完全等同于亲权者；微产者不完全等同于近权者；贫产者不完全等同于寡权者；无产者不完全等同于无权者。尽管在它们之间确实有相等同的，但还有更多的人不相等同。譬如，在贫产者经济阶层中，有近权者政治状况的人，有寡权者政治状况的人，还有无权者政治状况的人；在执权者政治阶层中，有中产者经济状况的人，有资产者经济状况的人，还有富产者经济状况的人。因此，在每一个经济与政治相混合的阶层中，都有"左派"、"右派"和"中间派"。这样一来，使我们对阶层的划分就很难做到具体而准确。不过，总的规律和总体上的趋势还是有的。如果有哪个当权的统治者欺骗我们说他穷得一分钱也没有，是个无产者，恐怕谁都不会相信他；同样，如果有哪个资产者欺骗我们，说他百分之百地远离政治，没有巴结一个当官的，没有与一个有权的人套近乎，我们也不会相信他。

事实上，凡是处在一定经济阶层的人，其政治地位的状况肯定会相应地有所反映，经济阶层上升，政治地位也会随之上升，经济阶层下降，政治地位也会随之下降。同样，政治阶层上升，经济状况也会随之上升，政治阶层下降，经济状况也会随之下降。虽然在经济阶层与政治阶层之间有时不是绝对对等的，但那也肯定是比较接近的。

因此，经济与政治虽然归属于不同的两个范畴，但它们之间的联系太密切了。它们是相互影响、相互促进、相互制约的。

事实胜于雄辩。所有的人都可以来对照自己，找到自己的位置。

然而，我不能不说，经济阶层与政治阶层之间的这种密切的关系，是最有碍社会发展的。一个先进的社会制度之所以先进，就在于这个社会制度能够有效地切断经济阶层与政治阶层之间不正常的暧昧关系，不让它们"狼狈为奸"。当它们被分割开来的时候，它们都会起积极的作用，对人的素质的提高，对社会的发展，都会起到促进的作用。只要它们无耻地纠缠在一起，就意味着社会将会面临各种各样的灾难。

一个先进的社会制度应该尽可能地使人的权力能力的分类与经济阶层的分类建立起一种密切的联系。同时，使人的权力意志的分类与政治阶层的分类建立起一种密切的联系。这样一来，只有当一个人在权力能力和权力意志之间发生密切联系的时候，才能间接地反映出这个人在经济阶层与政治阶层之间的联系。这样的联系，相比较而言, 才是较公道的。

经济阶层		政治阶层
无产者——无知无能者	·········	完全屈服者——无权者
贫产者——略知略能者	·········	盲目服从者——寡权者
微产者——少知少能者	·········	势力归顺者——近权者
中产者——多知多能者	·········	理智权衡者——亲权者
资产者——广知广能者	·········	自有主张者——执权者
富产者——全知全能者	·········	固执不屈者——当权者

图4-3-2 意志和能力分类与阶层对照表

对照之后, 我不幸地看到, 当今很多国家的社会制度与之相背, 把人的能力和意志丢有角落里, 而总是在经济权力和政治权力之间做着各种各样见不得人的交易。这是历史的悲哀!

4-4 有关阶级的新观点

○ 对阶级的划分向来就有不同的观点

在一个社会中, 只要出现了不同的阶层, 那么人们之间的经济状况和社会地位就肯定会出现差别。不同的利益, 不同的要求就必然导致各个阶层之间的矛盾出现, 也就必然在矛盾不可调和的时候引发斗争。在一些规模比较大的社会斗争中, 出于全局的考虑和某些共同的利益, 一些较接近的阶层会联合起来形成一个较大规模的集团, 用以对抗另一个联合起来的集团的攻击, 于是使阶层之间的斗争上升为阶级斗争。

在阶级斗争的问题上, 站在不同立场的人, 观点当然有所不同。

马克思认为, 阶级是随着私有制的出现而产生的, 阶级划分首先是根据它们占有生产资料与否、如何占有决定的。

俄国的经济学家和哲学家波格丹诺夫则反对以对生产资料占有

的不同来划分阶段，反对通过"无产阶级"革命来实现社会主义。他认为消除"资产阶级"与"无产阶级"的对立，不在于夺取政权，把生产资料转入"无产阶级"手中，并建立"无产阶级专政"，而是应建立"无产阶级文化"来提高"无产阶级"的文化水平，使"科学社会化"，特别是让"无产阶级"掌握"组织科学"。

法国的哲学家萨特也有同波格丹诺夫类似的看法。他认为，阶级并不是由于它们在一定生产方式中所处的地位不同、对生产资料占有的方式和分配的方式不同决定的，而是一个"群众性的集团"，是由人们"自由选择"结合而成的。"无产阶级"也是这样一些集团，只不过它是以誓言和恐怖为特征而区别于其他集团罢了。他还认为，"无产阶级专政"这一概念，表示着一个活跃和有权力的集团同一个消极的群众集团乱凑在一起，其本身就是荒谬的。

可见，对于阶级划分的标准，不同的人便会有不同的答案。那么应不应该有一个共同的标准呢？随着人类对自身的认识不断提高，随着社会科学的不断发展，人们终究会达成共识的。

用历史的眼光看，出于斗争的需要，以对生产资料占有的不同来划分阶级，这在一定的历史时期是完全必要的、正确的。这是因为，人们对生产资料占有的不同必然导致出现贫富不同的阶层，利益的不同就必然产生矛盾，在经济上和政治上处于劣势的一方若想获得胜利，就必须壮大队伍、扩大联盟。于是，不管是老实巴交守法的，还是偷鸡摸狗耍滑儿的，也不管是流血流汗实干的，还是看风使舵玩巧儿的，只要他们都穷，都无产，都没有占有生产资料，那么就都可以拉入到这个集团中，且不问他们加入到这个集团来的真实目的是什么，统统被称为"无产阶级"，并与"资产阶级"展开斗争。一旦"无产阶级"胜利了，统治权并没落到每个无产者的手里，而是落到了新的当权者手中。政治地位的不同制约着人们在经济上又出现了贫富不均的现象，丝毫没有因为什么"生产资料公有制"而改变贫穷的状况。在这公有制的政治制度中，那些处于无权者或寡权者社会地位的广大人民，经济上仍处于无产者或贫产者的状况，而那些处于当权者或执权者社会地位的少数"公仆们"，却享受得比过去的那些"资产阶级"还舒适、还轻松、还自在的生活。于是，新的阶层——甚至是更具有对立性的阶层又形成了。到了这个时候人们才恍然大悟，划分阶级只不过是一些人夺权的政治手段和策略，或者不幸变成了一些人夺权的政治手段和策略。这绝对不是马克思的初衷！

任何阶级中的任何人，对生产资料的占有都不会是同时的。出于各种各样的原因，在任何情况下，生产资料总是被一部分人以占有、使用或处分等形式实际上占有着。

"公有制"唯一做到的只是明确地告诉人们这生产资料是归大家所有的。怎么样来体现所有人的利益呢？是生产资料分红了，还是生产资料送股了？全没有！这样一来，生产资料只不过是在权利上、名义上让人民享有所有权，而在权力上、现实中却无法使人民实际有所得。由此，生产资料实质上还是使一部分人受益：谁实际上占有、使用或处分谁就受益。而远离生产资料的人，尽管名义上也是它的主人，却只能享受精神上的安慰。

任何阶级中的任何人，对生产资料的占有都不会是独自长久的。人的生命是有限的，人的需求也是有限的，同生产资料相比，生命往往是短暂的，需求也往往是多变的。今天你占有，也许明天就换成我占有，谁也无法将他占有的生产资料全部带到棺材里去，甚至一个人生前占有的越多，那么他就越为后人、为他人、为社会占有的越多创造了条件。

任何阶级中的任何人，对生产资料占有的不同只能导致他们的经济阶层不同，经济阶层的不同才在一定程度上发展为政治阶层的不同。对生产资料的共同占有从根本上解决不了政治阶层不同的问题。政治阶层的不同除了经济的因素之外，还牵扯到文化、道德、意志、能力以及权术、权威等方面的问题，而这些问题不是生产资料占有的形式所能解决的。

因此，生产资料的占有形式无法完全决定政治阶层的形成，而事实上形成的不同的政治阶层必定会反过来影响、促进和制约着人们的经济状况。因此，在所谓的"公有制"的情况下，照样会形成不同的经济阶层。到头来，在我们费了半天劲把"私有制"赶跑了之后，新的"无产阶级"还会存在，新的"资产阶级"还会出现。

◯ "无产阶级"与"资产阶级"

把社会划分为"无产阶级"与"资产阶级"，这在当时的特定的历史时期内是有一定意义的。但随着社会历史的发展，这种划分就越来越不确切、越来越不适用了。

"无产阶级"是革命的阶级。那么，既然是"无产阶级"，就不得有产，只要人们生活好了，富裕了，有钱了，有产了，就不再是革命的了，甚至可以说就变成了反革命。难怪一些人极力反对改革开放，只有贫困才是"无产阶级"的本色，这就是他们的理论根据。

"无产阶级"革命的目的是什么？难道他们的目的是为了使全人类都"无产化"吗？他们必须消灭一切有产的阶级，这当然要首先消灭一切有产的人。于是，使全世界的人民都"无产"了，革命也就成功了。否则的话，怎么能说明"无产阶级"是先进的阶级呢？

"无产阶级"这个概念，是非常模糊、含混不清的。它是历史的产物，是在一个特定的历史时期内，为了反抗"资产阶级"集团的统治，为了号召民众扩大联盟、壮大队伍而临时拼凑起来的一句广告词。

实际上，凡是聪明人一眼就能看出来，在两个对立阶级的武装对抗中，双方阵营中死的最多的都是无产者和无权者。也就是说，两个对立的阶级阵营中，死的最多的，都是"无产阶级"。这与"两个对立阶级"岂不是矛盾么？

正因为"无产阶级"这个概念极不确切，所以"无产阶级"的历史使命非常短暂，而且非常的简单，那就是如何使人们摆脱被剥削的地位而脱贫，一旦脱贫，就有产了。当人们的生活水平都提高了，都富裕了，都有了冰箱、彩电、洗衣机……甚至有了私有住房、私人轿车的时候，人们也就不再是严格意义上的"无产阶级"了。因为人们不但已经有产了，而且档次还不低呢。过去的"资产阶级"一辈子只坐过马车，从没享受过坐汽车的滋味，而到了今天，是个人就可以"打的"，好不风光。到了这个时候，谁还是"无产者"？谁还是"无产阶级"呢？

"无产阶级专政"这个概念就更让我困惑了。是多数人统治少数人好，还是少数人统治多数人好？这往往不好区分。它取决于统治的手段。如果是民主政治，文明统治，统治者的人数多也好、少也好都无关紧要。如果说是实行暴政统治，统治者的人数多也好、少也好都是要命的。不过，人们如果真的遇上了暴政统治，那么还是最好让少数人统治多数人。这是因为，少数人对多数人的统治总是要有所顾忌的，既要实行专政，又要尽量温和一些以免激化矛盾引发反抗和斗争。多数人反抗少数人，胜利的机会总是多一些。反之，如果多数人对少数人实行一种十分残酷且毫无人性的专政，则是毫无顾忌的，自始至终可以赤裸裸地进行，根本用不着担心少数人会反抗，反抗就等于死路一条。当一群群"红卫兵"将所谓的"走资派"批斗游街时，就是这样一种"无产阶级专政"。甚而至于，一个国家主席在这种专政面前也只能束手待毙、听任宰割。

因此，反对少数人对多数人的专政是公允的，而反对多数人对少数人的专政则更公允。同此道理，反对少数人对多数人的剥削是正确的，而反对多数人对少数人的剥削则更正确。然而说的容易做起来难，我常常看到某个人侵犯了集体财产权的时候，法律是多么的公正和无情。而当集体甚至是国家侵犯了某个公民的财产权的时候，法律是多么的狡诈和缺德！

现时代，韩国总统金大中的儿子犯了法照样被逮捕法办，一国之总统享受不了袒护亲属的特权；美国的总统尼克松因为"水门事件"相当于被罢免；克林顿总统因为男女关系问题必须接受司法部门的调查取证；很多国家的领导人都是直接经过民选产生的……这一切都说明，社会政治体制的文明和进步，已经朝着权力制衡的方向发展。国与国之间的合作与友好关系，尤其是国际贸易往来已将国门突破，敌对势头已经越来越削弱了，这个时候，在国内遵循法治、国际通行规则的情况下，几乎所有矛盾都可以依法律法规（或国际条约）来解决，而不再需要组成什么阶级去动刀动枪。当法治无能为力的时候，发生矛盾的双方无法可依，只好去搞阶级斗争，一抓就灵；当法治树立起公正权威的时候，谁再想搞什么阶级斗争，搞打、砸、抢，这无异于搞恐怖活动。因此，一个国家为了避免发生新的阶级斗争，重要的一项工作就是如何使法治深入人心，如何让司法来得更公正、更公平，如何防止腐败的发生。否则的话，不定哪一天，阶级斗争又会冒出来，杀个天昏地暗，打个人仰马翻……随之而来的，是大量的财富被毁灭，人民的生活水平会大幅度地下降。

○ 特权阶级与无权阶级

纵观历史上各个社会阶段出现的阶级斗争，我们可以发现这样一个具有规律性的事实："奴隶主阶级"、"封建地主阶级"、"资产阶级"、"官僚阶级"等等一切反动阶级，他们有一个共同的本质，那就是"特权者不但看不出政治等级是降低人格的阶梯，却反而认为它是飞黄腾达的途径"[5]，他们的一切行为，归根到底，都是为最终攫取各种各样超越于人民之上的特殊的权力和利益，从而享有凌驾于人民之上的政治上的特权和经济上的特权。而"奴隶阶级"、"农民阶级"、"无产阶级"、"平民阶级"等等广大的劳动人民，则由于经济上受剥削、政治上受压迫而丧失掉各种本应享有的权利和权力，处于无权状态。不难看出，整个历史的阶级斗争"就是一部分人反对另一部分人的斗争，无权的、被压迫的和劳动的群众反对特权的压迫者和寄生虫的斗争"[6]。就是说，整个阶级社会的历史，归根

---

(5)马克思恩格斯选集.第1卷.页182～184。

(6)列宁选集.第1卷.页443。

到底都是特权阶级与无权阶级斗争的历史。

划分阶级的统一的历史标准是什么？就是看在任何一个阶段的社会历史时期中，哪个集团不经人民赋权便高高在上享有至高无上的权力，享有各种侵害他人且不受制裁的特权。这个特权不仅只是在经济上剥削他人的特权，而且还是在政治上可以压迫他人的特权。由这样一些特权的阶层组成的集团就是特权阶级。相反，那些低低在下没有经济权，没有选举、监督、罢免等政治权，甚至连自身的生存权都不能完整地享有的这样一些阶层组成的集团就是无权阶级。

由此我们可以看出，整个社会历史阶级斗争的过程，就是一部分人为了享受到更多的权利和权力而想方设法、不择手段地去剥削和侵害他人的权利和权力，而被剥夺和被侵害了权利和权力的人，为了取得本来就应该属于自己的权利和权力，所进行的一场旷日持久的争权的战斗。也就是说，这样一场在权上的剥夺与反剥夺、侵害与反侵害的持续不断的斗争，构成了整个社会阶级斗争的历史。在特权阶级与无权阶级之间的这种阶级斗争，其斗争发展的必然趋势，是无权阶级逐渐争得权利和权力，特权阶级在不丧失基本权利的前提下其享有的特殊的权力逐渐地被限制、被取消，使不平衡的权力关系最终走向平衡化。

在已有的社会历史中，特权阶级总是掌握着国家的政权，而无权阶级总是处于被统治的地位。掌握政权的特权阶级不是一个简单孤立的"动物群"，而是一个非常复杂的集团。在这个集团中，存在着三个大的阶群：极权阶群、保权阶群和靠权阶群。

一、最腐败、最顽固不化的是极权阶群

在一切落后的社会制度中，特权阶级中的极权阶群，是最腐败、最顽固不化、最残酷无比、最反人民的各级反动首领。他们为了维护自身的利益，为了确保统治权牢牢地控制在自己的手里，总是不择手段地对无权阶级施暴，甚至连本阶级中的保权阶群和靠权阶群里面的一部分"开明人士"也不放过。只要谁阻碍或威胁了他们的极权统

治，那么他们就会毫不客气地对本阶级中的"同胞"开刀。清朝末期的"戊戌六君子"事件就是如此。

在特权阶级中，极权阶群并不总是处在一个政权阵营中，他们出于各自的利益，为了更进一步地巩固自己的极权统治的权威，更进一步地扩大自己的权势，往往会分裂成不同的甚至是相互对立的政权阵营。例如三国时期，以曹操为代表的极权阶群，以刘备为代表的极权阶群，以孙权为代表的极权阶群，他们统统都属于特权阶级，但却处在不同的阵营中，有各自不同的政权组织机构，而且相互之间争斗不断。因此，特权阶级中的极权阶群可以分别出现在不同的政权组织机构中。尽管在他们之间也会有矛盾发生，但这种矛盾不管如何发生、发展以至解决，都不会给无权阶级带来任何根本的好处。每每极权阶群之间斗争的结果，无非也就是使一个大的、强的极权阶群取代一个小的、弱的极权阶群，或是使一个新的、开明的极权阶群取代一个旧的、保守的极权阶群。例如秦朝末期，如果项羽侥幸取胜，他也同刘邦一样，是决不会把宝座让给老百姓坐的。所以，不管怎样改朝换代，都是特权阶级中的极权阶群掌握统治权。

二、保权阶群总是以为极权阶群服务为己任

特权阶级中的保权阶群是为极权阶群服务的。一方面，保权阶群为了安于已到手的一定权力和利益，就必须时时刻刻为极权阶群着想，表现出忠诚和服贴，以讨得上面的宠信，于是权力便得以牢固。另一方面，极权阶群也非常需要有一个庞大的保权阶群替他们从事很多具体的工作。如果说，极权阶群的顽固、自私和残酷仅需体现在他们的思想和意志中的话，那么，保权阶群的顽固、自私和残酷则实实在在地体现在他们的行动中。

保权阶群与极权阶群之间的很多微妙关系，用一句成语"狼狈为奸"便全部概括。

三、具有两面性的靠权阶群最势利

特权阶级中的靠权阶群，是阎王殿里鼓旗呐喊的小鬼儿们。他们之所以如此卖力，是因为骨头里都是媚权的细胞。他们总是企盼着得到权贵的赏识，睡梦中都渴望混个一官半职。由于他们经常在极权阶群或保权阶群的翅膀底下前跑后跳，因此总是能沾上一点特权的光，享受到一些特殊的利益。

靠权阶群中的很多人都是具有两面性的：一方面，他们的一言一行、一举一动，都不敢违背极权阶群和保权阶群的权力意志，凡事都要经上面点头后才敢实施。干得好，成绩是上面的；干不好，还要在领导们把责任推得一干二净的情况下"委曲求全"地承担责任，当"替罪羊"，因此稍有不慎，便会祸及自身。自己的意志越是被迫地服从别人的意志就越痛苦，故而靠权阶群的一些人在很多事情上，对极权阶群和保权阶群是有反感心理的。另一方面，靠权阶群虽然官不大，脾气可不小，把平常受上面气憋的火，全都撒到了无权阶级的头上。如果极权阶群和保权阶群的某些人，对待下层民众其心胸还有时大度一些的话，那么这些靠权阶群的人对待下层民众，则是不肯轻易饶人的。不过，由于靠权阶群干的都是非常具体的日常性的工作，常有机会接触一些现实问题，自觉不自觉地较多接触下层群众，在专横的背后，有时还有一些同情心。尤其是一些"开明人士"更具矛盾心理：既不想得罪上司，又不愿充当"走狗"或"刽子手"的角色。那些聪明的且现实的人，更多地充当着"调和人"的角色。当然，这种调和的目的只是为了自身的利益或者是自保，因此调和的方法不是"欺上瞒下"，就是"吃完了原告吃被告"。

保权阶群和靠权阶群，同极权阶群一样，往往都不一定在一个政权的阵营中，虽然同属于某一个阶群，却在不同的政权组织机构中为不同的主子卖命。

四、争权阶群最有朝气

无权阶级作为整个阶级，虽然处于被统治的地位上，但它内部不同的阶群之间，被统治的形式，被统治的程度，都是有区别的。

无权阶级中的争权阶群，是一个具有文化知识或特别技能，总是能体现出智慧和才干的阶群。他们为维护自身的权利和所应享有的权力，其信心最坚定，其斗志最勇敢，其目标最高远，因而使这个阶群成为无权阶级的先锋队，是"革命军"中的领导群体。对于特权阶级来说，无权阶级中的争权阶群是最不听话、最难摆弄、最不安分、最难妥协的人，因而也就是最最危险的敌人。

争权阶群虽然相对特权阶级来说仍处在无权阶级的地位中，但他们大都已开始形成一定的社会地位，而且已完全具备一定的经济能力。他们本应享有更多的权利和权力，却因受特权阶级的压制而"怀才不遇"、"心有不甘"。正是这样一些人，为了追求自己的人生价值，为了寻求社会公道，往往献出生命也在所不惜。也正因为此，最让特权阶级担心的，扰得特权阶级日夜不得安宁的，就是这个争权阶群。所以，为了缓和阶级间的矛盾，特权阶级首先拉拢、软化、讨好的人，就是争权阶群中那些有影响的"变节候选者"，或施以金钱诱惑，或赐以政治权力，或捧以名誉虚荣，其最终目的，就是要瓦解对方的组织和阵营。当然，对那些"死不悔改"、难以降服的争权阶群，必先成为特权阶级开刀问斩的对象。例如解放前国民党镇压爱国学生的"一二·九惨案"等等就是如此。

无可置疑，争权阶群是无权阶级队伍中的领导阶群，没有他们的宣传、号召、鼓动和组织，无权阶级就会处于"沉默"状态而失去斗争的方向。但是，这个争权阶群也有两面性：一方面，他们斗争最坚决，最勇敢，总是具有较强的革命性；另一方面，在他们得到一些权力享受的时候，他们又会中途息鼓，摇身一变成为特权阶级中的靠权阶群或保权阶群。即使革命彻底者，随着斗争形势的转化，争权阶群当中的一些人也会蜕变成新的极权阶群，最终走向无权阶级的反面。例如刘邦、朱元璋、洪秀全等均是此辈。因此，无权阶级的革命——进行了上千次、上万次的革命，为什么总是不成功，总是达不到革命的目的，就是因为当初曾是无权阶级队伍中的先进分子争权阶群，往往在争得本阶群的政治地位和经济利益的情况下，不顾本阶级中其他阶群的政治地位和经济利益是否得到了真正的解放，为一己之私权，蜕变成新的特权阶级，将革命出卖了。

往往最终出卖革命的，而且出卖革命最成功的，恰恰正是革命一开始折腾得最起劲的革命者。

五、逆来顺受、任人摆布的守权阶群

无权阶级中的守权阶群，是以"忍耐"、"忠厚"、"谦让"和"与世无争"过活的。他们养成了逆来顺受、任人摆布的习惯，总是满足于有食吃、饿不死的现状，以"无为"和保守的人生态度处世，很少有反抗精神。只有断了他们的口粮，使他们到了无法再生存下去的时候，他们才有可能为了生存而革命。所以往往肯愿当兵打仗的人，并不是喜欢打仗，而是因为在军队里有吃有穿罢了。

守权阶群同盲权阶群都是弱者阶群，但他们之间又是有所区别的。总体上说，盲权阶群弱在素质能力上，而守权阶群则是弱在意志上。素质能力上弱导致的弱，并不是弱者甘心服弱，而是由于自身的愚昧无知、盲权无能的客观因素造成的。而意志上弱导致的弱，则是甘心服弱，不想争强，把一切都认定是命中注定，而不敢越雷池一步。在这样的弱者身上，不管你花费多少力量，告诉他们都应该享有哪些权利和权力，这都无济于事。更糟糕的是，在权利上无力反应，在权力上无动于衷，这就是软弱带来的致命绝症！因此，对于特权阶级来说，最容易统治，最听话的人就是守权阶群。

六、战争中死的最多的都是盲权阶群

无权阶级中的盲权阶群处在社会的最下层。这个阶群由于大都是文盲、法盲加权盲，故而他们不清楚人的生命价值是什么，没有追求的方向，总是听任别人摆布，也就最容易受骗上当。历史上出现过的所有战争，不管是哪一个阵营，被杀戮受害最多的都是盲权阶群。可以这样说，任何一种"阶级斗争"，都变成了盲权阶群自相残杀、两败俱伤的争斗，到头来都只不过是特权阶级内部之间斗争的牺牲品。这铁一般的事实，至今也没有使盲权阶群清醒，甚至还在干着很

多愚蠢的事情。

　　盲权阶群比守权阶群更勇敢，有道是"光脚不怕穿鞋的"，越穷越敢闹革命，甚至可以"人为财死，鸟为食亡"。但是，他们的革命目的往往是低层次的，革命的形式是成群结队起哄性的，革命的行动是粗暴残酷、蛮横不讲理的。因此，多亏了盲权阶群没有掌握政权，如果让他们掌权，人们的日子会更不好过。然而，有些人把盲权阶群看作为"无产阶级的先锋队"，把他们看作是进步、先进的力量，这是万万要不得的。中国的"无产阶级文化大革命"其教训是惨痛的。没有文化，没有智慧，没有理性，不知权利是什么，不明权力为何物，这样的一个"革命阶群"成为无权阶级的主力军，其结果定是最糟糕的。可以这样说，在盲权阶群还没有从愚昧盲权的状态下解放出来的前提下，革命的质量永远是低劣的。

　　说到这也许有人会问：为什么将阶级划分为不同的阶群，而不是阶层？

　　是的，阶群与阶层是不同的。我们说阶层，既然是阶层，那么它就是指在某个阶级中处于同一个或基本上处于同一个经济水平和政治状态的人。他们或是经济上的层次基本相同，或是政治上的层次基本相同，而不以他们的身份、职业和工种来划分。因此，在同一个阶层中，有工人，有农民，有知识分子等等，只要他们在经济水平上基本相同，或在政治状态上基本相同，那么他们就同属于一个阶层。

　　阶群就不同了，它比一个阶层的人数要多很多，它所概括的范围也比阶层要广阔。在一个阶群中，不见得人们的经济水平和政治状态都同属于一个层次，而大多是由社会文化、社会传统习惯以及社会大分工所决定的。例如农民阶群，工人阶群，知识分子阶群等等。过去把阶群当成阶层说，这是不准确的。譬如，农民阶群被当成农民阶层就是这样。在这些农民中，有无产者，有贫产者，有中产者，还有资产者，哪里谈得上同属于一个阶层？明明是不同的嘛。但是，在这个大分工中，在社会文化和传统习惯上，他们又都具有某一种共同的属性，这样一个很大很大的社会群体，我把它称为阶群。

因此，阶级是由不同的阶群组成的，阶群是由不同的阶层组成的。

在有关阶级的问题上，有人说，"任何国家都是一定阶级的专政"。

是这样吗？

我不太喜欢"专政"这个词。因为"专政"的意思不仅仅是指一部分人专门独自掌握统治的政权，而且还是要把被统治者牢牢束缚住随时进行惩治甚至消灭。政权不可能由一个阶级来掌握，也不可能由一个阶群来掌握，只能由一个阶层来掌握。如果允许某一个阶层专门从事统治别人的工作，而且这个统治权不得让其他阶层分享的话，那么可想而知，这样一种专政将是怎样的为所欲为。

希特勒就这样专政过，斯大林也这样专政过，且不管它被装扮成"社会主义专政"，还是被装扮成"无产阶级专政"。

在我看来，"专政"就是法西斯，只不过前者好听一些罢了。只要有专政，那就预示着有特权存在，即实施专政的统治者肯定会变成事实上的特权者，而被专政的被统治者肯定会沦为事实上的无权者。由此，专政者就会肆无忌惮、为非作歹；被专政者的权利就会被侵害，所有权力就会被剥夺，这也就预示着经济上被剥削、政治上被压迫的开始。

当然，专政有时是不得已的，它是特殊的历史时期，一种特殊的手段，是以暴对暴、暴权斗争的产物。一个国家的安定和发展，不能指望专政来获得，相反，凡是"专政"上台的时候，都是国家和人民遭受苦难最深的时候。因此，为了创建一个理想的国家或在一个国家建立的初期，实行一定时期的"专政"可能是必不可少的。但是，只要这个国家不尽快地从这个"专政"的魔圈里走出来，让法治来取代"专政"的话，那么国家的发展就会停滞不前，甚至会引发新的"革命"。

在特权阶级与无权阶级的斗争中，无权阶级不能把矛头仅指向上面的特权者，还要注意到下层的特权者。往往是这些下层的特权者比上面的特权者还专横，还霸道，还残忍，还狡诈。他们一边疯狂地欺压百姓，一边还鼓动百姓，说这一切都是上面的罪过，说该反对的是皇上，使人们感觉反抗无望而放弃反抗，或是把怨恨记在了皇上身上。在现实斗争中，下层的特权者常常是被忽视的。

非常滑稽的是，毛泽东在分析辛亥革命时曾注意到了这一问题，认识到孙中山仅仅把斗争的矛头指向封建帝制，而未能把斗争的锋芒进一步转向封建帝制的社会基础。

这个社会基础，就是由一些下层特权者构成的，没有这样一些保权、靠权的特权者围拢在极权特权者的周围，任何一个统治集团都是难以巩固长久的。

在特权阶级与无权阶级的斗争中，无权阶级不要把自己看成是先进的阶级，而仅仅把自己看成是被剥削、被压迫的阶级。由此，无权阶级的革命目的是消灭剥削和压迫，使任何人，任何阶层、任何阶群，都不享有特权。

同时，无权阶级还要看到自身的不足，普及文化教育，积极参加劳动，提高科技技能，增强权力意志，使愚权、盲权、滥权等现象逐渐地被消除，变成知权、享权、善权。所以，与外部的特权阶级作斗争，还要同自身的愚昧无知、无动于衷和贫困落后作斗争。

○ 阶级斗争的基本形式

特权阶级与无权阶级的斗争，主要有三种基本形式：经济斗争、政治斗争和思想斗争。三种斗争形式是相互联系不可分割的。但反映在不同的历史时期，阶级斗争所采取的主要斗争形式是随着阶级之间力量对比关系的变化而各有侧重不尽相同的。

在特权阶级统治比较牢固，阶级敌人力量比较强大的时期，阶级斗争的形式一般侧重于经济斗争，是阶级斗争的初级阶段。如农民抗租、工人要求提高工资和福利待遇而进行的罢工等。

在这一时期，无权阶级的斗争不能盲目出击，草率行事，否则不但取得不了好的斗争效果，甚至还会使无权阶级中的骨干力量遭受严重打击,使无权阶级士气低落。因为在这个时候,阶级敌人不但非常强大,而且更重要的是,无权阶级中的各个阶群、各个阶层力量分散、各有所图。有的素质低下,有的要求模糊,没有一个统一的目的和方向,更缺乏组织性而团结不到一起来。甚至有的斗争勇气不够充足,斗争的立场不够坚定。在这种情况下盲目地进行大规模的政治斗争向来是不会取胜的。因此,无权阶级首先应该以经济斗争为手段,改善自己的生活状况,加大教育投入,学习科学文化知识,宣传科学文化知识,使自身的各种素质不断提高,等待着斗争局势的转化。如果局势朝着有利于无权阶级的经济利益和政治权益方向转化,那么就没有必要急渴渴地搞什么武装起义去夺权,逼迫特权阶级对无权阶级下家伙。而是应该继续开展经济斗争,以提高自身的社会经济地位和社会政治地位。

在特权阶级统治较不稳定、无权阶级力量不断壮大的时期,阶级斗争的形式一般以政治斗争为主,是阶级斗争的高级阶段。如示威游行、议会斗争、武装起义等。

在这一时期,无权阶级应迅速有效地组织起来,有计划、有步骤、并且尽可能用和平的即非暴力的方式向特权阶级展开政治进攻。这种进攻不是以消灭特权者的肉体和其所应享有的人的最基本的权利为目的,而仅仅是为了剥夺特权者的特权。同时它也不是将这特权从别人身上夺过来而成为剥夺者的饰品,而是要取消任何人的特权,以大家制订的能有效地限制特权滋生出来的法律为治理国家的准绳。当然,如果少数特权者不肯放弃手中的特权,顽固不化、一意孤行,甚至对人民施暴,那么,无权阶级也就不排除武装斗争的可能。特权阶级对人民施暴,主要是通过国家暴力工具——警察和军队来进行的。由于特权阶级统治处于较不稳定时期,国家机器中的"开明人士"及大部分政治上成熟起来的警察和士兵,他们不再愿意充当特权阶级中极极阶群的刽子手,甚至会站到无权阶级队伍中来。所以随着社会斗争的发展,特权阶级中的特权者是终究要失败的。

当特权阶级作为阶级被消灭,民主意识和民主力量空前强大的一定时期内,阶级斗争作为一项历史性的任务,其斗争的主要形式便会转移为思想斗争,是阶级斗争的历史延续阶段,是历史特殊形式的遗留。

过去,人们一提阶级斗争就以为要"刺刀见红",这种认识是片面的。思想上、文化上的阶级斗争有时是看不到对垒着的两营,却仿佛有魔刀鬼剑来回飞舞;思想上、文化上的阶级斗争有时听不到炮声隆隆,却有人在流血和哀嚎。思想斗争不同于经济斗争和政治斗争。它不是疾风暴雨式的暴权斗争,而是宛转、漫长的社会文化的较量。它不是一方消灭另一方肉体的斗争,而是一场灵魂深处的革命。

阶级斗争发展到思想斗争阶段,其斗争的内容主要有两个:

一、与强权社会感觉(即"资本主义")的经济特权思想作斗争。现实中的追求物质享受、金钱至上、拜金主义、极端个人主义、挥霍浪费、贪污腐化等等,都是经济特权的表现。这种特权思想的共同特点,主要是通过经济上所享有的特权,进而换得或谋取政治上的特权。

二、与君权社会感觉(即"封建主义")的政治特权思想作斗争。现实中的"走后门"、"裙带风"、"等级制"、"世袭制",以及畏官、讨官、靠官和官僚主义等等,都是政治特权思想的表现。这种特权思想的共同持点,就是通过政治上所享有的特权,进而换得或谋取经济上的特权。

总之,"封建专制主义"的政治特权思想也罢,"资产阶级"的经济特权思想也罢,它们都是特权阶级不同的特权思想表现形式。因此,反对"资本主义"经济特权思想,不能忘了反对"封建专制主义"政治特权思想;反对"封建专制主义"政治特权思想,也不能忘了反对"资本主义"经济特权思想。

○ 不消灭特权,矛盾就会转化

特权阶级作为阶级被消灭以后,特权阶群和特权阶层并没有随着特权阶级的消失而消失,而是仍然会存在着。由此阶级斗争就会演化成阶群斗争和阶层斗争。如果特权思想不铲除，国家的法治对特权现象束手无策，那么特权阶群和特权阶层就必然会形成，也就必然会导致另一部分人成为无权阶群和无权阶层。这样一来，在矛盾激化的时候，新的特权阶级就会在这些特权阶群和特权阶层的基础上形成。于是，一场新的、更加激烈的阶级斗争又将重新开始。

特权思想，时不时人人会有，或早或晚，或你或他。要想消灭特权阶级，并且要确保不再形成新的特权者，首要的就是要铲除人们头脑中的特权思想。铲除不了，就要以法律限制它，完善监督机制，让任何一个人的权力都受到制约，"把权力关进制度的笼子"[7]。

全世界人民几千年的斗争，血流成河，尸骨如山，到头来还是处于无权状态，还是备受特权者的欺压。究其原因，就是因为没有完全彻底地消灭特权，没有限制特权，没有向特权开刀。任何一个国家，任何一个民族，忽视了这一点，革命就不会真正成功，悲剧就会重演。这是无法改变的客观规律。

在斯大林统治的苏联，人们认为生产资料公有制的建立就真的使革命成功了，成千上万的群众完全听命于一个拥有至高无上权力的国家官僚机构。不能监督，不能罢免，不能批评，甚至连不同的意见也不能提出。他们只是在应然的权利上享有名义上的平等地位，而在实然的权力上却根本无法实际享有属于人的最基本的自由。这些在生存方面得到一定的保障、得到一定满足的"个人"，失去了追求高层次权内容的个性，而成了饲养场里成千上万同一规格的"小鸡"。而饲养他们、"服务"于他们的，则是一小撮最爱吃鸡蛋并享有特权的人。

这样的革命与其进行还不如不进行。

前苏联的解体说明了什么？特权者的日子越来越不好过。尤其

---

(7)2013年1月22日，习近平在中共十八届中央纪委第二次全会上的讲话。参阅林喆、刘春、李良等：把权力关进制度的笼子里. 中共中央党校音像出版社. 2013。

是当"人权"这样一些概念被提出来后，就等于开始为特权吹响了葬歌。其实，任何一个特权者，在他的特权欲望得到最大满足的时候，他也同时承受着巨大的痛苦和折磨——尽管大都表现在精神上——他要时刻崩紧心弦，紧张地防备别人有可能发动的政变或其它形式的侵袭，还要绞尽脑汁地思考、揣摩、策划并决定一切大大小小的事情。就连一些国家还存在着的皇室成员，虽然他们在国家中享有一般民众所享受不到的特权，但他们的一言一行、一举一动，甚至连他们的个人生活自由，都要受到极大的限制，都能成为人们关注的焦点，稍有不慎，便会给自身和国家荣誉带来祸端，成为全国乃至全世界议论的中心。这是任何一个特权者都会感到烦恼的事情。在此我又不得不假装同情地道一声："特权者们辛苦了！"

另外，正如同马克思所说的，如果人民像美好和旧时代的各国人民那样只让宫廷丑角享有思想和述说真理的特权，这样的人民就只能是依赖他人、不能独立的人民[8]。不能独立的人民当然就不得不听从特权者的统治，这是人民的悲哀，这是人民的不幸，这也正是人民之所以成为"人民"的原因。由此我不得不真诚痛苦地说一句："求求你们」，争口气行么？"

4-5 三权定律

◯ 分权的根本是还权于民

一切社会矛盾，归根到底，都体现在争权上。有的争政权，有的争商权，有的争生权，有的争名权，有的争强权，有的争霸权。个体之间在争权，集体之间在争权，集团之间在争权，国家之间在争权。争所有权，争占有权，争控制权，争民主权，争统治权，争自由权。无权的要争权，有权的要保权。未争到权时痛恨特权；一旦争权到手的

（8）马克思恩格斯全集．第1卷．页41。

时候，又对特权爱不释手。人人都痛恨特权，但人人又都崇拜特权。说穿了，痛恨特权时是痛恨别人享有的特权；喜欢特权是喜欢自己享有特权。正因为人们对权的追求是永无满足的，所以社会矛盾便层出不穷。

如何来限制特权？尤其是有什么办法来限制权力建筑的特权？只有一个办法，那就是分权。这是一项历史的重任。

从柏拉图的"理想国"，到马基雅维利所主张的不受任何道德准则束缚、集"暴力与欺骗"、"狮子与狐狸"特性于一身的高明的君主制政体；从洛克主张的立法权为人民所委托的权力、君主只有执行立法所通过的法律的权力的君主立宪制，到孟德斯鸠的必须使国家的立法、行政、司法分开，以权力制约权力，以此防止权力滥用和政权腐败的三权分立学说；从卢梭的以社会契约理论为基础的人民主权学说，到杰佛逊主张的实行人民直接参政的代议制民主共和国等等，政治思想领域上千年发展演变的历史，就是想方设法限制乃至消灭权力建筑所享有的特权的历史。社会的每一次进步，都首先源于思想意志上的进步。而思想意志上的每一次进步，又有赖于政治自由、言论自由的进步。正是在权力意志的不断解放下，权力能力也随之不断地获得解放，由此使政治权力越来越为更多的人所享有：从一个君主手里，发展到一个阶层手里；从一个阶层手里，发展到一个阶群手里；从一个阶群手里，发展到全民都来参与。政治权力领域中的赋权活动越来越走向分权，起来越还权于民。

事实证明，只有在正确的、进步的、理性的思想指导下，才能有正确的、进步的、理性的行动。谁的分权思想越彻底，谁就会越稳固地占领未来的思想高地，就越有存在的价值。法国的《人权宣言》也罢，美国的《独立宣言》也罢，归根到底，都可以说是不折不扣的"分权宣言"。

回顾中国的君权社会历史，多少次的起义暴动，不管是胜利也好，还是失败也好，都没有完成分权的历史使命。也正因为没有实现分权，所以哪一代的政权都是短命的。侥幸长命的，也是在风雨飘摇之中度过的，最终还是一命呜呼。

世界上经历过两次世界大战。为什么侵略者不管多么强大最终总是失败？就是因为侵略的目的不是分权，而正好走向分权的对立面——极权。所以侵略者们都落得个可悲的下场。

事实上，极权专制者也知道分权的作用，只不过是让分权为极权服务而已。中国早在秦朝时期，就有了分权的雏形，除设立了上至中央廷尉，下至郡守、县令的一般行政兼司法机关以外，还设立了御史台，辅佐并监察地方事宜。到了北宋时期，这种为极权服务的分权制度发展到了比较完备的形态。所谓的"分化事权"乃分权为君权所利用的最完备的典范，而后的每朝每代都照抄照搬，没有什么实破性的发展变化。由于这种分权是君权主义极权之下的分权，是不彻底的分权，是假分权，故而它解决不了权利基础与权力建筑之间的根本矛盾，反倒更增加了以暴权争权的事端。所以在中国的历史上，起义、暴动、政变此起彼伏，这个"事件"、那个"事变"，多如牛毛，这个"惨案"，那个"运动"，层出不穷。

西方与中国不同，他们的分权思想恰恰是针对着君权、极权的。从洛克到孟德斯鸠，很多的政治思想家都一致地认为，权力掌握在一人手中，无法避免暴权、滥权现象的出现，只有把国家权力分成立法权、司法权和行政权，使三权分立，让它们相互制约，才能防患极权、限制特权。这些先进的思想产生于欧洲，却很难在当时的欧洲实现。因为即使特权者们理性地理解了这一学说，也很难让特权者们主动地放弃特权。最终把这一学说首先比较彻底地运用于实践中的却是美国。

起初我总觉得奇怪：当时英国是世界上的强国之一，尤其是工业科技革命的"经济体制改革"，使英国成为富裕的"小康"国，比起当时落后的美国殖民地，那不知要强多少倍。但为什么"三权分立"的"政治体制改革"会首先在美国实现？美国为何未走君权主义的道路？这真是一个非常奇妙的问题。

第一，从历史上看，17世纪至18世纪，英国殖民者入侵北美，建立了13个殖民地。此后，随着殖民地经济的发展，新兴的争权阶群不断成长，各殖民地都先后建立起自己的具有一定独立性的立法议会。正是这种"独立性"，使过去的13个殖民地在1776年宣布独立后，实际上成了13个"主权国家"。由此，面对极力反对美国独立的强大的英国，13个州既相互联系又相互制约，形成一种社会权力的平衡，使哪个州也无法居于统治的霸主地位，使每一个州都不愿意完全独立而被孤立。也正是在此前提下，13个州的55名代表才有可能平等自愿地出现在制宪会议上。在这些代表之间，没有任何一个享有至高无上特权的人。

第二，从经济上看，1777年制定的"邦联条款"，使一些有势力的经济集团处于不利地位。他们急切地希望通过加强中央政府的权力来保护私有财产。但是，他们又怕中央权力过大而导致暴政，并鉴于州宪法所确定的议会权力至上容易造成"过度民主"而对上层有产集团不利的局面，便愿意在宪法中确立三权分立的原则。这样，既可以防止独裁极权专制，又可以消弭权利基础对权力建筑发生的影响。以此来保护他们的制造业、航运业以及对西部土地投资的利益不受损害。

第三，从政治上看，在国外，当时英国虽正式承认了美国的独立，但并不甘心失败。只要有空可钻，它决不会就这么轻易地放弃殖民地，放弃重做宗主国的梦想。这种来自国外的威胁对于一个刚刚建立还很"年轻"的新政权来说，当然让他们或多或少具有恐惧感。在国内，阶层间的差距在拉大，地位悬殊的不同的阶群已经形成，阶群间的暴力对抗日益严重，很有可能会上升为大规模的阶级间的暴力冲突。在这种情况下，如果不适当地还权于民，社会矛盾就会激化，外国列强便会乘虚而入，必将给刚刚独立的美国以及统治阶层自己带来灾难。

第四，从思想意志上看，早期大批移民到美国包括那些地主贵族、官僚商人和少数资产者，他们多是同情体现克伦威尔共和国思想的"不同政见者"，多是为了逃避封建君权暴政和宗教极权迫害。他们都或多或少地经历过被专政的痛苦，从而在意志中打上了"独裁极权和君权暴政是最危险的敌人"这样一种思想烙印。同时，在启蒙思想影响下，使他们意识到"靠一个人或一组人的意志生活，会造成一切人的灾难"的简单道理，接受了"三权分立"和"人民主权"学说，为了从国家的繁荣昌盛、社会安定、国家长治久安以及整个美利坚民族的命运中得到与此密切相关的统治阶级他们自己的好处，就不得不向民众作一些让步，把某些权力归还给民众。他们这种既要用和缓的手段瓦解民众的反抗情绪，又怕由此使民众掌有主动权而威胁他们的利益的矛盾心理，致使"资产阶级"和奴隶主们乐于制定一部宪法———一部以"三权分立"为原则的宪法。

综上所述，"三权分立"政体制度在美国确立的原因，不但有自然客观环境的因素，还有社会客观环境和思想意志的因素；不但有权利基础争权的因素，还有权力建筑保权的因素，是社会感觉发展到一个特殊阶段的必然产物。虽然美国的"三权分立"并不彻底，相对封建君权主义制度而言只是朝着分权的方向前进了一步，远未达到分权的最终要求，但不可否认的是，美国独立战争后的权力建筑能够吸取欧洲封建君权专制总是动荡不安的教训，接受了一些"天赋人权"和分权的进步思想，在国际上封建极权主义势力还很猖狂的历史时期，独树一帜地建立了与封建君权专制相对立的"三权分立"的政体制度，在当时的历史条件下成为一面民主的旗帜。尽管权力建筑"反灌"民主的初愿也许是不可告人的，但它所造成的事实是，在一定程度上成了民主道路上遵循"三权定律"的跳板，顺应了分权的规律，拉开了"三权归一"的序幕。

"三权分立"的初步实现，从根本上结束了封建君权专制制度，杜绝了君权主义复辟的可能性，有效地防止了历史的倒退和反复。这是分权规律在社会民主发展过程中所取得的最根本性的胜利。

这种分权的初步实现，为真正的民主共和开辟了道路。它实行了体现民众直接参政的总统、议员选举制，公开竞争"上岗"，有效地杜绝了用暴力或权术争权夺势的现象，使美国建国200多年以来，没有发生过一次军事政变。

这种分权的初步实现，使民众破天荒第一次享有决定权力建筑的赋权自决权，使权利基础可以自由地表达自身的意志，削弱了发生大规模社会暴力的恶源，为限制权力上的特权创造了条件。

这种分权的初步实现，促进了美国的文化教育，增强了民众的权力意志和权力能力，刺激了市场商品经济的发展，使美国逐渐由一个在当时比较落后的国家，一跃成为世界上的经济、政治和军事强国。

因此，"三权分立"制度的确立是一次伟大的分权革命。

不过，正如我已经说过的，美国的"三权分立"政体制度是有缺陷的。与我所主张的"三权定律"其内容和原则都是有区别的。

○ 三权定律的原则

我所主张的"三权定律"的原则是：

一、构筑三个权力建筑群

每一个具备法定条件的权利主体，在同一个级别的权力建筑的构筑"施工"中，都要同时分别构筑三个各自具有独立职能的权力建筑群，并且都应该享有直接赋权权，而不是转赋权，使各个同一级别的权力建筑之间相互制约、相互监督、相互促进。

二、直接参与三种赋权活动

每一个具备法定条件的权利主体，在三个（集体、集团、国家）不同级别的权力建筑的构筑"施工"中，都不能偏废，都应该直接参与赋权活动，而不是参与转赋权活动。

三、享有三权：监督权、复决权、罢免权

在赋权活动中，每一个具备法定条件的权利主体，不仅享有自决权，而且还应享有监督权、复决权和罢免权。

上述原则合并在一起，我把它称为"三权归一"或赋权"三三制"。

三权定律与美国的"三权分立"有很多不同之处。

首先，美国的"三权分立"，只是总统获得了民众的直接授权，其它两权都是层层代议转赋的。这样一来，三权是分立了，但是在赋权自决权上，并没有做到全部"归一"，即有些涉及权力建筑构筑的自决权并没有归民众所直接享有。于是，立法权和司法权的政治赋权并没有直接为民众所享有。"三权归一"则要求所有的国家权力建筑，都应尊重民众的意愿，由民众直接参与赋权活动。

其次，美国的"三权分立"，仅仅适用于国家权力建筑或集团权力建筑（州长选举）的构筑，而在下层，对于很多集体的权力建筑的构筑过程，往往与民众无关。"三权归一"则要求所有的权力建筑，包括下层的权力建筑，不应将民众的直接赋权活动排除在外。

最后，美国的"三权分立"，在民众行使了选举的自决权之后，民众就基本无权了。就是说，权力转赋之后，一切事情都任由享权的政府首脑想怎么干就怎么干，民众没有监督权、复决权和罢免权。而"三权归一"则规定，即使在民众直接参与赋权活动之后，民众的复决权、监督权和罢免权仍然可以行使，尤其是在一些较特殊、较重大的事情上，权力建筑必须接受舆论监督和舆论限制。当然，复决权只能行使否决权，即对权力建筑所作出的某项决定进行否决，使之不能实行。

现今美国的"三权分立"根本做不到"三权归一"。美国公民享有选举总统的权力，但却没有享有复决总统所作出的关系重大的决定的权力。也就是说，选举之前公民的权力大，但选举之后，公民就没权了，那怕是总统作出了不利于国家的决定，公民也无法去收回赋权，使公民丧失了复决的权力。虽然某些新闻单位通过民意调查显示对某一项决定持反对意见的人已达到50%以上，但舆论监督和舆论限制的至高无上的地位没有得到立法的认可，它们都无力抗拒总统或国会的决定。这样一来问题就严重了，当大多数公民都反对某一项决定的时候，权力建筑照样可以毫无顾忌地为所欲为，公民对此却无可奈何。如此这般，美国公民只是在投票时的几分钟时间里享有人权，而一旦投了票之后，在漫长的4年中，公民的人权随着选票一同被攥在了权力建筑的手中。当然，能享有4分钟的人权，比那些连1秒钟人权也享受不到的人要得意一些，要"公道"得多，这无可置疑。

不过，美国的"三权分立"还处在一个历史的过渡阶段，用历史的眼光看，在这发展的过程中会出现很多的曲折和反复，这应在情理之中，其大方向应是逐渐朝着"三权归一"方向发展的。

○ "三权归一"的内容

我所主张的"三权归一"的主要内容之一是：司议权、司务权和司理权这三个国家管理机构的最高长官，他们的权力，都应是民众直接赋权（间接赋权是过渡性的，但绝对不彻底）的产物。算是一种国家管理制度的"顶层设计"。

司议权 司议权是指，在权力建筑群之中应成立司议机构，专门从事重大事项的审议和决断。凡重大的事宜，或遇有重大的事件，都应由司议机构事理。例如立法、检察、国防以及关于民生的重大政治、经济举措，都应由司议机构主持操作。其负责人是"总督"（可以改成其它名称），他应由民众直接赋权产生。

司务权 司务权是指，在权力建筑群之中应成立司务机构，专门从事各种行政工作的规划组织和安排。凡一般管理性事务均由司务机构务实、务正。其负责人是"总统"（可以改成其它名称），他应由民众直接赋权产生。

司理权 司理权是指，在权力建筑群之中应设立司理机构，专门从事各种评判、奖励和惩罚以及"司法"工作。例如考核与选举、法院、公证、监狱等部门均应由司理机构统辖。其负责人是"总裁"（可以改成其它名称），他应由民众直接赋权产生。

"总督"、"总统"、"总裁"的选举，根据一个国家社会形态的不同（尤其是参考人口数量和素质情况），参与选举的民众，一上来不一定是全体民众，一开始可以设定一定的限制，例如依据民众权力能力的不同，可按照学历来确定资格，譬如先确定具有硕士学历（或相当于硕士学历）的人享有选举权。随着选举制度的逐步完善，可将学历下降为学士（或相当于学士学历），扩大了可参加选举的人员范围，最后逐步发展到全民参与。

虽然司议权、司务权和司理权类同于立法权、行政权和司法权的"三权分立"，但前者与后者有很多不同之处：

首先，三权的首领都是民众（或部分民众）直接赋权产生的，都直接对选民们负责，只不过各司其职。

其次，它不但使立法、行政和司法被赋于三个不同的职能机构，而且在执行公务和执法上也实行分权的原则。例如：检察院隶属于司议机构，公安隶属于司务机构，法院隶属于司理机构。又如：税收隶属于司务机构，税付隶属于司理机构，税监隶属于司议机构。其它一些类似的部门等也是如此。而三个机构都设有监察部门，不但可对自己内部进行监察，而且还可以在其它部门之间相互监察。这样一来，将权力建筑的很多管理行为都分解成三大部分使之相互制约，就如同民众将装满金银财宝的库房按上三把锁，把三把钥匙分别交给不同职能的三个人保管，使任何一个人都无法作弊而欺骗民众。这就是我所提倡的"库管法则"。

最后，为使三权之间相互平等地行使监督权，各司均设有自己的新闻机构。如电视广播、报刊杂志及出版社，既创造出言论自由的客观环境、避免舆论工具被把持在某一个政党或机构手中，又杜绝了"言论自由"的滥用，尤其是不能让私人财团出于经济利益，以盈利为目的地操纵。同时，那些关系到国家经济命脉的"国有企业"按照不同的类别将被一分为三，隶属于不同的机构，共同参与市场的竞争。其盈利部分除大部分上缴国库外，其余可充作办公经费，还可以扩大投资或兴办福利事业等，在为民造福的竞赛中，看看哪一个权力建筑功劳最大。

不光要达到以权力制约权力的目的，还得在"为人民服务"上，让权力建筑与权力建筑之间展开公开、平等的竞争。谁都可以去揭对方的短儿，由此谁都会尽力做得完美无缺。

分权不是搞分裂，更不是闹独立。凡是以反对"集权"为晃子搞分裂、闹独立甚至包括那些搞地方保护主义的，都是为了达到他们搞地方极权的目的的。他们只不过是想借国家的"分权"之际，来达到毫无顾忌地享有特权的目的。对于那些想独霸一方的特权者来说，尤其是对于那些自认为有能力独霸一方的特权者，只有国家分裂了，只有闹独立成功了，他们才能摆脱其它权力的限制，才能为所欲为地享有各种至高无上的特权。因此，表面上反"集权"，实质上是反分权；表面上是为民请愿，实质上是想大权独揽。那些明里暗里与中央政府对着干的流亡政客或地方官员，无不是嫌"集权"碍了手脚，挡住了他们极权——君权——特权的梦中道路。所以，民众不能被那样一些人叫喊而蒙蔽，请先看看他们手中的权力是哪来的？他们急于"分权"、"独立"的目的是什么？是为了"三权归一"，使民众享权，还是为了使某些人享极权、享君权、享特权？

○ 最彻底的分权只能靠统治阶层来完成

对于国家权力建筑来说，使国家权力建筑符合"三权定律"，只有靠国家权力建筑本身的自我改革来完成，即走"反灌"的民主道路。既然是"反灌"，既然是一种自我改革，既然是实行自我限权、自我分权，一切就都有赖于国家权力建筑的思想觉悟和远大的报负，这就使得国家权力建筑的分权变得最难以进行。国家权力建筑对集团权力建筑和集体权力建筑的分权是较易进行的，它不但可以命令，还有强制机构、暴力机构和监督机构作为威慑力量，使下层不敢不执行。但国家权力建筑的自我分权、自我改革，则完全靠自愿了。它不用担心有什么强制机构来对它进行压制，也不用担心有什么舆论工具来对它进行监督。一切都控制在它自己的手中，因而国家权力建筑的分权是最难做到的。

这里还有一个至关重要的问题，那就是：如果国家权力建筑不分权，那么，集团权力建筑和集体权力建筑的分权都将是有限的、不彻底的，甚至都是"说分实不分"的。因此，我不得不遗憾地告诉大家，实现民主，就不得不走"反灌"的道路，也就不得不依赖于一个具有民主思想、高尚道德和科学理性的国家权力建筑，作出举世震惊的、为民众所拥护的分权的英明决定。

当然，权利基础并非毫无作用，它的每一次反抗和斗争，都会推动着历史车轮向前发展。但是，它无力向权力建筑发号施令，只是通过各种各样的斗争，促使权力建筑最终逐步地作出分权的决定。权利基础之所以无力来代替权力建筑作出分权的决定，就是因为国家的暴力工具、强制机构没有控制在权利基础的手中。一旦这些暴力工具、强制机构"控制"在权利基础手中了，实际上那也是控制在权利基础中的一些新的当权者手中。于是，权利基础的"胜利"实际上变成了新的当权阶层的胜利，这些新的当权阶层又会蜕化为新的权力建筑。最终，权利基础的"决定作用"或是权利基础的"胜利"，都只不过是"协助"一个新的权力建筑推翻了一个旧的权力建筑。最终，"基础"还是"基础"，"建筑"还是"建筑"。无权的还是无权，特权的还是特权，并没有因为权利基础参与了革命，就能使权利基础获得权力，获得民主和自由。因此，只有按照三权定律的要求，逐步实现"三权归一"，使民众获得主权，使政府的特权被限制，才能使权利基础获得真正的民主和自由。而国家权力建筑的自我分权、自我改革——即"反灌"的民主，是通往国家民主和自由的快速而捷径的道路。

我清楚地看到，18世纪的美国走的是这条道路，现在的俄罗斯走的也是这条路。大方向是正确的，只是美中不足。因为它们起步之初都缺少一部"总体工程规划蓝图"，都是在看不准大方向的前提下"摸着石头过河"，也就由此增添了一份风险性、曲折性。美国所走过的这200多年的历史道路，为现今的各个国家留下了一条弯弯曲曲、忽深忽浅、有窄有宽的明显的历史"车辙"。它肯定不适用于各个国家不同的"车型"、不同的"车轴"、不同的"车轮"去前车覆辙，但前车之鉴总该具有一些参考价值吧。我们谁也不能无视这样一个事实：美国的富强，这不是偶然的。

分权并不意味着就是在中国搞多党竞争、联邦制。在目前国民素质的状况下，如果在分权的道路上走得太急，就很有可能使中国出现混乱。看看如今一些国家照搬西方的民主模式所造成的社会乱象，很难想象在中国这片政治土壤里会结出怎样的恶果。总之，如果照搬西方那一套，在失去了坚强的领导核心后，必定会使中国人失去共同奋斗的思想基础，国家也就很快会变成一盘散沙，民族复兴的伟大事业就可能成为水中月、镜中花。

但是，不分权则必是一条死胡同，只是时间或早或晚。这就需要一个具有远大理想和科学思维能力的权力建筑，高瞻远瞩、未雨绸缪地提前周密研究、大胆策划、反复论证分权的途径和办法，并由上至下地逐步推行，顺利地完成政治体制改革的重任。

需要说明的是，"库管法则"比较适合一国国内的"顶层设计"，是有利于一国国内科学管理的举措，尤其是针对君权社会历史比较长的国家，"库管法则"对削弱君权感觉、强化民权感觉是非常必要的。不过，一旦扩大到国与国之间的竞争时，"库管法则"却极有可能成了管理高效的绊脚石，难免误事低效。因此涉外的事宜，不得不另有一套办法来弥补。

4-6 限权与分权

◌ 限权究竟该谁限谁的权？

分权的目的是限权，这是特权者和无权者所共识的。但是，限权，是谁限谁的权？是无权阶级限特权阶级的权，还是特权阶级限无权阶级的权？是权利基础限权力建筑的权，还是权力建筑限权利基础的权？不弄清限权的根本性质和任务是什么，即使"分权"了，也达不到分权的目的。

从古至今，我从历史中所看到的各种各样的"分权"，总是统治者限制被统治者的权，即总是权力建筑限权利基础的权、特权阶级限无权阶级的权。所以，所有出现的"分权"现象，都是为特权服务的，都是对无权者有害的。这样的"分权"不但没有减缓权利基础和权力建筑之间的社会矛盾，反倒使社会权力关系矛盾更尖锐化了，这种矛盾达到一定的极限后，就必然导致暴力革命。

什么是限权？限权即限制特权，以确保人人权利的平等享有，以求达到社会公平，以求显示出社会公正。不限制特权，就肯定会破坏人人平等的原则，就肯定会出现高低贵贱等级，就肯定会破坏社会的公平和公正。

限谁的权？当然是限统治者的权，限权力建筑的权，限特权阶级的权，因为只有统治者、权力建筑和特权阶级享有特权。不限它们的权限谁的权？限权就是限制特权！

限权的方法主要是通过制定法律来达到目的。然而遗憾的是，法律从产生一开始就步入歧途，成了统治者、权力建筑和特权阶级的统治工具，成了保护特权、限制被统治者、权利基础和无权阶级正当权益的限权手段，使法律成了统治阶级意志的体现。由被统治者所组成的权利基础和无权阶级，为了享有平等的权利和权力，就不得不以暴力手段冲破"法网"，消灭旧法律的制定者和维护者，除此之外没有别的选择。可是，一旦法律的制定者和维护者们被赶下了权力建筑的政治舞台，那么，代表着一个新权力建筑的统治者们，便会又制定出限制被统治者正当权益的法律来。这个法律照样保护统治者所享有的特权，使权利基础、无权阶级并没有从这样的法律中得到根本的好处。于是，在特权者与无权者之间，根本的矛盾并没有得到解决，新的冲突就必然要发生。

随着斗争的不断深入，新的统治者都或多或少地要吸取旧的统治者被消灭的历史经验教训，在法律的制定上，逐渐地、不同程度地、有条件地放弃对特权的保护，逐渐地还权于民。这也许是一个非常漫长且曲曲折折的历史演变过程，但它发展的总趋势是不会改变的。这样一来，我们就可以看到，参与法律制定工作的人越来越多，最后必然发展到全民共同参与的阶段，使法律从"统治阶级意志的体现"，上升为"全民意志的体现"。

国家宪法的诞生，就意味着这一转变的开始。

什么是宪法？说穿了，它就是一个国家的全民公约，是全民参与法律制定工作的产物，是全民意志的体现。既然它体现为全民的意志，那么，宪法的最根本的任务就是要确保全民能够享有人人平等的权利和权力，就是要确保任何一个人、任何一个阶层、任何一个阶群、任何一个统治集团，都不能享有任何形式和内容的特权。如果它有意或无意间，使任何一个人、任何一个阶层、任何一个阶群、任何一个统治集团，享有了某种形式和内容的特权，那这个宪法就有问题了。所以，可以这样说，宪法是国家限制特权的根本大法。

为了限制特权就要实行分权。

宪法之所以称其为宪法，是因为它从根本上确立出国家实行分权管理的基本原则，制定出国家实行分权管理的基本制度，以保证在统治者与被统治者之间、权利基础与权力建筑之间都不出现特权享有者，使全民人人都享权而真正处于平等的地位。宪法不应该是某个权力建筑的单方的治国方针和政策，也不应该是某个党派的政治纲领，而应是这个国家全民的一种共同约定。这种共同约定肯定是对民众有好处的，而且使民众——至少是大多数的民众都能从中清清楚楚地看到这一好处，否则，民众就不会认同它。这个好处不但在于它明确地规定出限制特权的基本原则，而且还明确地规定出权利基础决定权力建筑的最基本的方法、途径及其保障的具体措施。如果一部宪法没有把限制特权为根本任务的分权问题解决了的话，那么，它就根本没有资格被称为宪法。

宪法既然是国家全民意志的体现，那么，它必须做到：凡是生活在这个国家中、或是享有这个国家公民资格的人，都应参与这个宪法的制定过程。所谓的制定过程，并不是让全民都执笔起草，而是对一个专门的制宪部门所制定出来的宪法草案，人人都可以发表自己的意见和建议。并且，这个宪法草案必须由全民公决，即直接赋权投票，且赞成票数必须达到总投票人数的三分之二以上才能生效。这就是国父孙中山先生曾经提出的人民复决权。国家宪法是不能以转赋权的形成由什么"代表"来投票决定的。这是因为，"代表"有的时候是称职的，有的时候是不称职的，甚至有的个别"代表"，与其说是"代表"，还不如说是强盗，打着民众的旗号，为个人或某个小集团的利益谋私，以出卖民众的利益来换取自己个人的好处。

所以，在国家宪法的制定上，搞转赋权的"代议制"是非常危险的。

○ "法典是人民自由的圣经"

法律，它本不应是统治阶级意志的体现，也本不应是阶级专政的工具，只是它不幸变成了统治阶级意志的体现，更不幸变成了阶级专政的工具。这一不幸的原因，既有权力建筑太残暴的因素，又有权利基础太愚昧的因素。随着历史的发展和社会的进步，尤其是权力建筑的文明民主化和权利基础的知识科学化，将逐渐改变法律的不幸，还法律以本来的面目。

法律是社会权力意志的总和。通常那些享有人的权利但却无法体现出其社会权力意志的人，总是在法律的制定中扮演着无知觉的角色，只有那些站在"权多方"的具有很强的社会权力意志的人，才能在法律的制定中占据着主导的地位。万幸的是，社会越发展，进入"权多方"的人就越多，最终使法律成为国家全体民众的意志体现。

法，不仅仅是阶级斗争的产物，更重要的一点，它是限权的产物。

法，不仅仅是阶级专政的工具，更重要的一点，它是限权的工具。

社会越发展，阶级斗争便会越来越和缓，阶级的统治便会越来越薄弱。这个时候，矛盾与斗争的焦点便会转移到各个阶群之间，继而再转移到各个阶层之间。由此，阶级斗争和阶级专政就不再适应法的要求了，法律便会越来越多地体现出限权——即限制特权的根本性质来。

法律是国家全体民众共同意志的体现，对于这一点，马克思也曾不无向往地指出："法典是人民自由的圣经"。

在特权阶级执掌权力建筑大权的情况下，法律所体现的不是国家全体民众共同的意志，而只是体现了一小撮统治者的意志；法律不是体现限权的原则，而是维护某个统治集团所享有的各种形式、内容的特权，从而限制权利基础即被统治阶级的需求和自由。这样的法律是地地道道的侵权法。

1840年鸦片战争以后，中国签订过很多不平等条约，这是众所周知的，实际上，早在几千年以前，在中国这片领土上，就已经开始有人在签订不平等"条约"了。这类的不平等"条约"不知签订了多少朝、多少代，至今还有许多人没有认识到这一点。现在人们该清醒啦——体现统治阶级意志的法律都是一个个不平等"条约"。

人间法毕竟是由人来制定的。法律由权力建筑在没有得到权力基础授权的前提下被制定出来，肯定对权力建筑及其统治者有利，自然也就会对权利基础不利。即便有些内容是对权利基础有利的，那也是为更有利于权力建筑的统治秩序服务的。这样的法律"条约"，怎么会体现出权力建筑和权利基础之间的平等性呢？美国是一个强权主义社会，比起君权主义社会来说，算是一个"民主"国家 。但是人们可否知晓，在美国南方诸州，至今仍存在着有关歧视黑人的地方法规。对于黑人来说，这样的法律显然是不平等的"条约"。

○ "人民"永远不能成为统治者

在一个国家中会出现很多的社会矛盾，为了避免矛盾的出现，或是为了当出现矛盾的时候迅速有效地解决矛盾，使侵权者受到惩罚，使受害者得到保护，那么国家就必须制定出很多具体法律、法规，如刑法、经济法等。这些具体的法律的制定，不可能每次都兴师动众地让全民来参与，可是又不能把民众的参与权剥夺了，这种两难的境地，就不得不依靠宪法来解决。在全民参与公决的宪法中，明确地规定出各种普通法律制定的权限，使某个权力建筑机构得到授权。同时，它还规定出普通法律复决、修改的权限，使另外某个权力建筑机构得到授权。如此一来，民众对于普通法律的参与权被保留下来，只不过采用的是转赋权的形式。

可见，除了国家的根本大法——宪法，是由权利基础和权力建筑——即全体民众共同直接赋权产生以外，其它的普通法律，都是由宪法中规定的某个权力建筑机构制定产生的，并且由宪法中规定的某个权力建筑机构执行实施的。由此，权利基础不可能成为"统治阶级"，只能成为"统治阶级"权力的来源。那种人民成为统治者、无产阶级成为统治阶级的说法，玩的只不过是文字游戏。

"人民当家作主"体现在哪里？它首先体现在每个人都直接参与到国家宪法的制定中，它其次体现在所有权力建筑所享有的各种各样的权力都来自于宪法中全体民众的授权转赋。这是"人民当家作主"的先决条件。

可能会有人担心，那些愚权者和盲权者都享有宪法制定的表决权，能否保证赋权活动的质量，并以孙中山的"训政"之说、"权能"之说，作为限制民众享有政治参与权的依据？这种担心不仅是非常有害的，而且也是多余的。

"训政说"和"权能说"虽然有一定的客观性，可以根据民众社会权力意志的状况，逐渐地"反灌"给他们参政权，但不能以此为由使民众所有的参政权都受到限制。那些与每个人生存权、需求权和自由权最基本、具有维护人权最根本性的参政权——即国家宪法制定的直接参与权、自决权，是绝对不能被剥夺、被限制的。否则，统治者就会打着"万能政府"的旗号来强化权力建筑的特权，从而导致阶层的专政、专制和独裁。

再愚昧无知的人，他也有自私的人性，他也知道维护自己的利益是好事还是坏事。如果民众（即使是愚权、盲权者）都能从宪法制定的内容中看到对自身的好处，那么不用担心他们不敢投出赞成票。如果民众从这宪法制定的内容中看不到对自身的好处，甚至看到了坏处时，那么也不用担心他们不会投出反对票。他们享有了投票表决权，如果保证他们能自由地表达自身权力意志的话，那么，他们肯定会珍惜自决权。假使他们不珍惜，并且由于他们不珍惜自己手中的自决权而最终导致受到侵害的时候，他们能怨谁呢？

宪法是国家全体民众所签订的合约，是全体民众直接参与的产物。虽然它不能保证使全体民众都一致地赞同，还有一些弃权不表态的和明确反对的，但它定是由于能使大多数的公民满意而获得通过。不使宪法成为国家全体民众的公共意志，就会使宪法成为国家权力建筑的统治手段，就势必会维护权力建筑所享有的各种各样的特权。所以，统治者最希望民众远离宪法的制定事宜，万不得已，也仅是搞一个转赋形式的骗局，让一些"代表"来代表民众。这是因为："所谓特权者的习惯是和法相抵触的习惯……当特权者不满足于法定权利而又呼吁自己的习惯权利时，则他们所要求的不是法的人类内容，而是动物的形式……"[9]

用历史的眼光看问题，使宪法成为国家全体民众的意志，是随着历史的客观发展、随着社会感觉的不断升华而逐渐体现出来的。虽然社会历史已进入到了"宪法阶段"，但这并不意味着所有国家的社会感觉的权力意志都已经上升到"宪法阶段"的层次水平上，甚至有很多国家的社会感觉还基本处在"完全屈服"、"盲目服从"的状况中。在这样一种情况下，即使国家制定了宪法，这也是为了顺应历史的潮流而不得已为之，并不会真正起到宪法所具有的分权和限权的作用。就是说，只有在"权多方"阵营中人数逐渐多起来的时候，宪法的制定才具有实际作用。当这个社会的大多数人还处在"权空方"阵营中的时候，不会出现有实际意义的宪法。

---

(9)马克思恩格斯全集.第1卷.页142。

不管是哪个国家，若想使宪法成为国家全体民众意志的体现，都得先行把民众从"权空方"驱赶到"权多方"。这"驱赶"的方法主要有两种，缺少了哪一个都不行。一个是教育，尤其是权的教育，就是向人的大脑宣战，向人的权力意志宣战。另一个是还权，即把制定宪法的政治参与权归还给民众，使人人享有这一权力。在享权的状态下受教育；在受教育的过程中享用权。相辅相成，两方面都会得到发展。

不管是哪个国家，随着社会的发展和进步，参与政治赋权的人会越来越多，最终必将发展到全民共同享有参与权。这是历史发展的客观规律，是谁也改变不了的客观规律。谁顺应了这一客观规律，谁就会获得大发展；谁违反了这一客观规律，谁就会倒退、落后，就会成为众矢之的。

○ 改革不能违背分权的基本原则

必须弄清楚的问题是，宪法的分权原则只是针对极极而言的，千万不能让分权步入歧途，即不能让分权违背集权的发展规律。就是说，如果分权的结果没有达到防止极权的目的，或是削弱了集权的管理职能，就会使得分权被滥用，或是成为为极权服务的分权，或是成为破坏国家集权、使国家四分五裂的割据性的分权。不管哪一种结果出现，都是对社会进步和发展不利的，而且都是对国家和民众有害的。例如中央政府把很多管理权力放权给地方政府，以为这是实现民主的一种好方法，其实这是非常危险的。这是因为，它削弱了国家集权管理的统一性、公正性，导致对地方管理的失控，助长了地方极权的倾向。于是，地方政府各行其事，大搞地方保护主义，使国家行政管理体制和法治均遭受到极大的损害。

分权是一把"双刃剑"。一个君权社会感觉指数占绝对优势的国家，如果违背了分权的基本原则，实施的分权方法错了，不但不能使社会进步、国家兴旺发达，为步入强权主义社会奠定基础，而且会激化社会矛盾，使国家管理体系失控，甚至会导致分裂，由此点燃暴权社会感觉的火药桶，弄不好还要打内战，让整个社会倒退到暴权社会形态中。因此，非常有必要提醒当今的改革者们，改革不是简单分权、放权、而是要科学地贯彻分权的基本原则，按照分权的基本原则去进行政治体制改革。分权的基本原则是什么？

分权的基本原则其核心内容是：不能使某一个人或某一个权力建筑机构独自把持国家的全部政权。通过分权，使国家的政权分别由几个或几个权力建筑机构来分别掌管司职，并且使之任何一个人或任何一个权力建筑机构所享有之最高权力，都最终来源于民众的直接政治赋权。这才是分权的宗旨。分权可不是把中央政府一级的权力建筑所享有的权力全部下放到地方政府一级的权力建筑手里，没有监督措施，也没有限制地方特权的手段，这样的话，国家和民众就要遭殃了。

有人主张实行地方自治，加大地方的自治权力，目的是防止"中央集权制"。这种说法本身就是错误的。中央政府的集权管理本身，不是落后的管理制度，反倒是先进科学的管理制度。尤其是现代化国家，集权管理的手段和效果更能显示出高效率和统一性。民主共和国要防止的是"极权制"。不但要防止"中央极权制"，更要防止"地方极权制"。加大地方的自治权力不是不可以，而是要看所加大的权力的性质是什么。如果地方所加大的自治权力之性质是极权，这就必然导致"地方极权制"。

客观地说，"中央极权制"同"地方极权制"同样有害，但后者比前者的危害更大。因为"中央极权制"只是一个"皇帝"说了算，全国各地都得统一服从，而"地方极权制"则产生了很多"小皇帝"，谁也不听谁的，谁也不服谁。如此这般，好了，后果显而易见——开战！谁不听话就用武力予以征服。到了这种地步，谁能保证国家不打内战？国家打起了内战谁倒霉？还不是多苦多难的老百姓？

中国历史上为什么有这么多的内战？就是因为当初中国的"地方极权制"在作怪！

　　当然，实行"中央集权制"不是让中央政府在各个方面都控制地方，使地方一点权力也没有。地方在很多方面都享有自治的权力，只不过这自治的权力必须统一遵守国家的宪法和各项法律、法规，必须统一遵守国家的行政管理，必须统一接受中央政府的监督。一旦地方滥用职权，不管它侵害的是国家还是地方民众，中央政府都要对其进行干涉、制裁，以主持公道。因此，在地方享有各种自治权力的同时，中央政府应该在各地方都设置监督机构，并且应该把这样一些监督机构落实在体制上，用制度的方法来确保监督的效果。

　　防止地方自治"极权制"，也要运用分权的原理实行地方的"三权归一"，使地方政府的权力一分为"三司"。

　　综上所述，分权的矛头不是集权，而是极权。其矛头不仅仅是"中央极权制"，同时还有"地方极权制"。千万不要把集权与极权弄混了。千万不要把该保留、该发展的砍掉了，把该消灭的却捧上了台。那样的话，就肯定会出现很多不利于国家集权管理的麻烦。

4-7 对民主问题的深思

◎ 喊"民主"的人不知民主为何物

　　民主，一谈民主，一些人就会激动不已，甚至有些人还会泪流满面。但是何为民主？如何实现民主？很多参加"民主运动"的人都无言以对，不知所措。只可惜许多为了民主而牺牲了性命的人，殊不知他们所追求的民主只不过是一幕海市蜃楼般的幻景。那些声嘶力竭地喊"自由"的人，那些诚惶诚恐地喊"共和"的人，包括那些大义凛然地喊"民主"的人，都不见得清楚民主究竟是什么。民主，喊了几十年、上百年，至今没有一个统一的答案。

　　学生们的"民主"好像就是想学就学、想听就听、不耐烦了就可以上街去游行。工人们的"民主"好像就是想歇就歇、想干就干，不高兴的时候就可以罢工。农民们的"民主"好像就是想耕就耕，想割就割，没吃的就发动起义搞暴乱。知识分子们的"民主"好像就是想哭就哭、想骂就骂，不顺心了就可以绝食或跳河。这"民主"成了什么了？各取所需，各为所用。民主成了表演的道具，成了形式，成了一种手段。

词典上说，民主是指人民在政治上享有的自由发表意见、参与国家政权管理等的权利。未必这么简单吧？谁是"人民"？无产者和无权者是人民，贫产者和寡权者是人民，微产者和近权者是人民，那么中产者和亲权者不是人民中的一人吗？不是人民是什么呢？如果以劳动作为"人民"的基本特征，那么应该说都是人民。因为事实上都在劳动，只不过有的在进行体力劳动，有的在进行脑力劳动。很多的政治概念都是具有历史局限性的，都是服务于当时特定的历史时期的，过了这一历史阶段，某些政治概念就会失去存在的意义。类似"人民"、"无产阶级"、"资产阶级"等等概念就是如此。所以，到了现今这个时代，再喊什么"人民万岁"，就显得虚虚假假了。

如果民主仅仅体现为一种权利，那么这个民主要不要没有什么意义。因为它仅在名义上、资格上让人们享有民主，却根本不提在事实上、现实中怎样让人们享有民主的权力，使民主成了一种诱饵。所以，民主的重要意义就在于权力问题——享有了民主的权力才能真正享有民主的权利。否则，民主就是一句空话。

享有民主的权利，比词典上的注解还简单，喊一句"人民万岁"就可以了。但是，享有民主的权力则太难了，它不取决于说了多少好听的话，而是要体现在现实中。在现实中的权力上体现出来的民主，它必然会削弱和限制某些享有政治权力人的特权，这是任何一个特权者都难以接受的。因此，如果不得不打着民主的旗号的话，那么都是把民主的权利大大方方地赏赐给人们，而民主的权力则是特权者最不愿轻易放手的。这也就等于告诉人们：民主不能等着别人给予，而是要靠自己去争取。你赋予给我，我有；你不赋予给我，我也有。同时，睁大眼睛盯着民主权力，而不要被民主权利所迷惑。

享有民主权利，是个人就可以做到，只要他们自己感觉已经当家作主人了就行。享有民主权力，不是谁想享有就可以享有的。

○ 有民主的愿望不一定有参与民主活动的资格

享有民主权力的首要条件，就是必先具有民主的权力意志和权力能力。没有做主人的权力意志，便不会有做主人的行动。这就要求每个有"民主愿望"的权利主体，首先要克服愚权、盲权的保守思想，下苦功学习文化知识，充实自己的头脑，变盲权为知权，变丧权为护权，成为有知识、懂科学、高素质的全面发展的人。那些处在愚权、盲权状态下的无产者和无权者，根本就没有资格参与民主的活动。即使参与进来了，也是盲目的、被利用的。所以，不消灭盲权、愚权，不使那些权力意志弱、权力能力低的人受教育、受培养而知权、护权，就没有民主的基础。要实现民主政治，就应该先花大力气搞好文化教育，搞好权的教育，使人人知道自己的权利是哪里来的，知道自己都应该享有哪些权力，知道怎样维护和保障自己的权利和权力而不致遭受侵害。做到了这一点，才刚刚具备了民主政治的最基本条件。

当人们都具有了较强的权力意志和较高的权力能力时，是不是肯定就享有了民主权力了呢？这不一定。特权被限制对于特权者来说，是一件难以接受的事情。特权者会千方百计、不择手段地削弱人们的权力意志，通过暴力工具和强制机构压制人们的权力能力，这是无法回避的事实。因此，作为一种社会感觉，民主政治还有赖于统治阶层中的那些具有民主文化高尚道德和科学理性的人，有赖于一个新社会秩序的建立。实际上，人们追求民主的过程，正是寻求公正合理的社会秩序的过程。

任何一个公正合理的社会秩序都不是通过一方消灭另一方、一个阶级消灭另一个阶级所能建立起来的。因为暴权的胜利必然会导致特权的出现，使旧的特权者被消灭以后又产生了新的特权者。再仁慈的特权者也不会放弃手中的特权，所以也就不会有公正合理的社会秩序。

公正合理的社会秩序是一种社会感觉平衡的过程，扔掉"秤砣"或折断"秤杆"，都无法完成这个社会秩序的"计量"工作。仅靠权力建筑来自觉接受民主政治是行不通的，仅靠权利基础来实行什么专政也是行不通的。它应是双方逐渐磨合、逐渐接近、逐渐均衡的社会感觉的过程，缺少了哪一方的努力都是不行的。

民主政治最基本的原则就是：凡生活在受某个权力建筑管治范围内的人，都应该参与这个权力建筑的"施工"过程；凡受到某项法律、法规和政策影响的人，都应该直接或间接地参与这项法律、法规和政策制订的过程。这个原则的依据就是三权定律。

前面我已经说过，社会权利基础是由三大部分组成的，即："个体权利基础"、"集体权利基础"和"集团权利基础"。社会权力建筑也是由三大部分组成的，即："集体权力建筑"、"集团权力建筑"和"国家权力建筑"。按照民主政治的基本原则，个体权利基础中的每个人，虽然他们都受到集体权力建筑的管治，但是他们都应是建筑这个政治权力的主人。尽管他们对建筑何种政治权力存有分歧，但他们都得遵守少数服从多数的原则。也就是说，也许大家公认的某个权力建筑是某个公民所反对的，但少数人的意见必须服从公众的意志。

同上一样，集体权利基础和集团权利基础中的每个人，虽然他们都受到集团权力建筑和国家权力建筑的管治，但他们也都是建筑这些政治权力的主人。这样一来，某个权利主体在三个权力建筑面前，应该享有三个不同层面的自决权：即他应该直接参与集体权力建筑的"施工"过程，也应该直接参与集团权力建筑的"施工"过程，还应该直接参与国家权力建筑的"施工"过程。任何一项参与权都不能被剥夺或放弃。这就是我所主张的三权定律中的"三权归一"法则。

"三权归一"的核心内容就是：每一个权利主体在三级权力建筑的构筑中，享有全部的赋权自决权。权利主体被管治的"义务"越多，那么他们所享有的赋权自决权的内容就越多。

通常下层民众被管理的"义务"是最多最重的：街道管着，派出所管着，工商局管着，税务局管着，地方法规管着，国家法律管着。这些大大小小的管理机构它们的管理权力是哪里来的？这恰恰是由被它们所管理的那些人们赋予给它们的。也就是说，管人的权力都应该由被管人赋予。人们接受管理是因为人们需要管理。所以，街道主任也好，派出所所长也好，工商局长也好，税务局长也好，他们之所以能够上任，除了"上级领导"推荐以外，还必须经过所有被他们管理的人参与赋权活动之后才真正享有管理的权力。我们没有选举你，你却大权独揽地管着我们，我们当然不服。不服也得被强管着，权利基础与权力建筑哪有不矛盾的？您想管着我们吗？那就在你的仕途之上让我们参与，让我们自决。我们参与了、自决了，你再管我们，不服也得服！因为你的权力是经我们大家赋权产生的，是公共意志的产物，如果确确实实选错了人，那也只能愿我们自己当初看走了眼，骂不得别人了。

○ 历史是朝着"三权归一"的方向发展的

地方法规也罢，国家法律也罢，大家都赋权认可了，把法规和法律变成了大家的一种共同约定，那么谁还会不去遵守呢？

然而，现今没有一个国家能够做到这一点，这是历史的罪过。但是，历史又是明智的，它发展的方向恰恰是朝着"三权归一"的目标前进的。前进的速度虽然缓慢，毕竟是逐渐走向进步的。

可以这样说，看哪个国家民主，就看哪个国家中的民众所享有的赋权自决权是多还是少，越多越接近民主，越少越专制。

需要说明的是，"三权归一"不是说权利主体只享有三个赋权自决权，而是说，在集体权力建筑、集团权力建筑和国家权力建筑这三个不同级别的权力建筑层次之间，不管出现了多少有统治管理权的权力建筑，权利主体都享有赋权自决权（即赋权的自主决定权）。这个赋权的自决权是全方位的。有被统治或被管理的"义务"，就享有对统治者或管理者的赋权的自决权。

当然，"三权归一"的赋权活动所产生的三级权力建筑，本应都是直接授权的结果。就是说，集体权力建筑，集团权力建筑和国家权力建筑，都是由组成之的社会最小单位即一个个权利主体直接授权的结果。只不过参与赋权活动的权利主体的数量有多有少，从而决定权力建筑的级别是高还是低。但不管决定哪一级的权力建筑，权利基础中的每个权利主体都享有全部的选择决定权。这个权利主体可以在不同的组织类型和地域范围中同时具有表达自身多种不同意志的机会，不受权力建筑级别的限制。

例如，某一个公民"丁"可以在选举街道主任或村长等集体权力代表人的时候表达自己的意志，同时也可以在选举市长或某个社团领导等集团权力代表人的时候表达自己的意志，还可以在选举国家元首等国家权力代表人的时候表达自己的意志。因为整个社会权力建筑的构成大体就分为这三级，所以某公民"丁"也就享有了全方位的"三权归一"。

社会中所有的权利主体都享有了这全方位的"三权归一"，故民众的利益也就能得到最公平、最合理，最有效的维护和保障。这样一来，不管是哪个阶群的人，也不管是哪个阶层的人，所有人在不同的社会地位上，在不同的社会范围中，都能平等地、全面充分地享有表达自身意志的政治权力，使他们的不同的权益无论在什么时候、在什么地方，都不会因权力建筑所享有的特权而遭受强权压迫和霸权侵害。

哪个国家的公民享有了这"三权归一"的全部自决权，那么哪个国家才是真正的民主和自由的王国。

规律是规律，原则归原则，有些话还得现实地说回来。纵观世界历史，任何一个国家民主政治发展的进程都是从无到有、从低到高具有阶段性的。从暴权社会时期奴隶们根本没有任何权力甚至连权利也所剩无已，到强权社会时期公民们可以自由地参加国家元首的选举活动，这期间经历了多么漫长的历史过程。谁也不可能一下子跨越过历史的空间，都得顺着历史的峡谷形成一条历史的感觉河流，弯弯曲曲，高高低低，时而端急，时而平静，最终朝着一个既定的目标前进，谁也阻拦不住。

所以，"三权归一"是社会感觉发展的必然规律所指定的方向和目标，而不是一下子就可以实现的。人们通常总是先争得其一，既而再争得其它。

在一般的情况下，如果公民的素质好，即权力意志强、权力能力高，那么，争得赋权自决权的次序都是由小至大的。就是说，人们争得赋权自决权的扩展过程是从集体权力建筑这一目标开始的。享有了这一级的赋权自决权后，再去争得集团权力建筑的赋权自决权。与此正好相反，如果公民的素质差，即权力意志弱，权力能力低，那么，公民获得赋权自决权的次序都是由大到小的。就是说，人们获得赋权自决权的扩展过程是从国家权力建筑这一目标开始的。然后再逐渐获得集团权力建筑和集体权力建筑的赋权自决权。两种不同的民主过程，我把前者称为"正攀"的民主过程，把后者称为"反灌"的民主过程，"反灌"的民主过程大都是突变的过程。

我们以美国为例。美国的民主就是"反灌"的。当所有的美国公民都享有了选举国家元首的赋权自决权时，却往往无法抵抗地方势力的强制和压迫。当所有的美国公民又都享有了选举地方州长的赋权自决权时，却往往在打工的企业中连个屁也不敢放，至今还有不少人处于哀求和乞讨的角色中。同时，这种"反灌"的民主恰恰是"突变"的产物。如果没有"独立战争"，如果没有"制宪会议"，如果没有华盛顿、杰佛逊，假如取而代之的是希特勒、斯大林，后果可想而知。

"反灌"的现象说明了这样一个问题：权利基础决定权力建筑只体现出一种趋势性，而在某一个单独的历史阶段中，权利基础出于客观的原因，往往对权力建筑无能为力。越往前追溯历史，权利基础就越显露出无能，总是被权力建筑"决定"着。这就是我们平常总说的"反作用"。每每权利基础起而反抗权力建筑的压迫时，总是到了无路可走的时候被"逼上梁山"的。只有我们把整个历史贯穿起来之后，才看出权利基础决定权力建筑的清晰痕迹。但是，我们也可以同时看到另一个问题的出现，即这个"决定"的方式都是暴力，都离不开野蛮和残暴。

朱元璋也好，洪秀全也好，"决定"之初都是从哥们儿几个之中的集体权力建筑开始的。随着能量的增强、队伍的扩大，逐渐地又"决定"到集团权力建筑水平。最后，当能量达到顶峰的时候，国家权力建筑的宝座便被"决定"到他们的屁股底下。在整个的"决定"过程中，"决定"的方式无不以暴力为特征。所以，不管我们看过多少电影，还是读过多少小说，只要涉及到历史问题的，都离不开打仗、杀人，玩弄权术，把"决定"与战争、杀人、搞权术紧密地联系在一起。结果，真正的权利基础"决定"了几百年，几千年，也没有真正起到"决定"的作用。

○ "正攀"的民主总是误入歧途

"正攀"的民主总是误入歧途。权利基础积极主动地"正攀"民主道路时，一旦把权力建筑给"决定"了，那么这个"权利基础"便会立即异化成新的权力建筑，以更狠、更暴的手段对新的权利基础实行专政，走向了民主的反面。可见，每一次权利基础决定权力建筑的过程，都只不过是一次两大阵营的"大兼并"、"大重组"。最终，新的权力建筑代替了旧的权力建筑，权力建筑照样还是骑在权利基础的脖子上。

在如何实现民主政治的问题上，是"渐变"好还是"突变"好？是"正攀"好还是"反灌"好？任何一个国家都要作出重大的选择。

我是主张"反灌"的。这不能说我无视人民群众的巨大力量。我看到了这力量，但它总是被利用、被玩弄。具有巨大力量、成为历史发展动力的人民群众，总是没有特权者过得舒服。这"力量"究竟起了什么作用？当一枚几百千克重的寻航导弹将一艘万吨重的巡洋舰击沉的时候,谁本应该更有分量和力量?我此时只能说:谁能管住谁、谁能制服谁,谁就有力量。几千年的历史证明,权力建筑在人数上比起权利基础总是占极少数的,但我们不得不承认,他们的力量不可低估。因为总是这些少数人在统治着多数人。比谁更有力量,往往不以人数的多少为标准,而是以双方谁能发挥出更大的能量为依据。之所以是这些少数人在统治着多数人,显然是这些少数人所发挥出来的能量更大——且不管它是"革命"的能量还是"反动"的能量。

凡是愿意对权利基础进行"反灌"民主的权力建筑,必定是一个最明智、最具有领导才能、最高瞻远瞩的权力建筑。她坚信她所做的一切都是为权利基础服务的,必定会赢得权利基础的拥护。她最担心的是,权利基础处于愚权、盲权和滥权的状况中,不辨真伪,不知善恶,不明好坏,常常被一些梦想成为特权者的人所利用,把"革命"的权力建筑当作"反动"的权力建筑来进行攻击,这是任何一个明智、进步、民主和公正的权力建筑所最不愿意看到的事情。只有把权利基础教育培养成知权、护权和享权的高素质的阶群,"无产阶级文化大革命"才不会以各种形式再发动起来。同时,最具有领导才能的权力建筑是最希望在政治权力面前公开竞争的,而且愿意把这种竞争置于权利基础的直接监督之下。而那些本不具有领导才能但却充满特权思想的野心家,则最怕权利基础参与民主活动,更怕在权利基础的监督之下公开竞争"上岗"。因为那样的话,卑鄙的政治权术便无法施展,阴谋诡计便无处藏身。

○ "反灌"民主要讲策略

不可否认的是"反灌"民主的"突变性",往往会使社会感到不适而出现痛苦。就好比在夏天长久地呆在有冷气空调的屋中突然间走出了屋外,酷暑烈日之下会被热得喘不上气来。因此,"反灌"的举措虽然目的是好的,但往往会使权利基础"惊惶失措"、忐忑不安,东欧一些国家的政治体制改革就是如此。

因此,"反灌"的民主,应该尽可能现实地使之进程阶段化、

"渐进"化，以使社会感觉有所适应的余地，防止"社会窒息"。其主要的原则有三个。

一、由有条件"反灌"向无条件"反灌"逐渐过渡的原则

在一个阶群中，人们之间权力意志和权力能力等素质的高低是不同的，更何况由很多阶群组成的权利基础，那更是参差不齐、反差悬殊。权力建筑如果单纯地以为瞬间可以将所有权利基础中的人们一齐赶上民主的快车，那将是徒劳的。这一原则要求权力建筑制定一个分期分批地将权利基础引上民主道路的方法，根据不同的人，让他们乘坐不同速度的民主"交通工具"，使他们有先有后地走上民主生活的光明大道。

我们以赋权自决权内容中的选举权为例。"反灌"选举权时，作为人数众多的大国，不能一下子让所有的人都享有，而应该附加上条件。譬如：附加上文化条件——公民必须具有大学以上文化程度；等等。根据不同国家的具体情况，附加上不同的条件，以保证赋权自决权被"反灌"后的质量和效果。对于某些国家来说，这是非常必要的。如果让那些不具有行为能力的人享有赋权自决权，如果让那些文盲、法盲加权盲的人享有赋权自决权，这就必然导致滥权。由滥权者和盲权者参加的政治选择，形同虚设，毫无意义，甚至还会被搅得一团糟，闹出笑话来，就像某市某区的一次选举活动中，有人投了霍元甲一票一样，这选举岂不是成了儿戏？其他的选民虽然没有闹出笑话，但有多少人是认真对待的？有多少人是真正表达了自己的意志的？

当然，所附加的条件，应该主要与权力意志和权力能力有关。类似性别、民族、宗教信仰、经济和政治地位等，是不能作为条件而随便附加的。这些条件对任何一个人来说，都应该是公平的，你想享有选举权吗？那么你就努力学习文化知识吧，达到一定的文化水平之后，你就肯定享有了选举权。如果你不肯求知，就愿意当文盲、法盲、权盲，那么你就没有资格获得选举权。

随着社会经济的发展,随着社会的进步,附加的条件将会越来越宽时,能够享有选择权的人将会越来越多。

二、由间接赋权向直接赋权逐渐过渡的原则

由于社会管理水平的制约,权利基础所获得的赋权自决权一开始大都是间接的。即:我们向某一个人授权后,权意变成了一种"接力",最终的受权者并不是我们直接授权的对象。这样一来,在权意的转赋中,其内容就必然会出现失真,而且转赋的次数越多,则内容就越失真。可见,间接赋权的弊端,就是权意在转赋中容易出现失真,甚至会出现完全相反的结果——即最终受权者权力意志所表达的内容恰恰是授权者们当初所反对的。若想保证权利基础的真实权力意志体现,权力建筑就要在"反灌"民主的制度中,尽力减少赋权率,使赋权转赋被限制在最低的次数上,并且努力创造条件,使间接赋权尽快地过渡到直接赋权。

三、由单项赋权向多级赋权逐渐过渡的原则

权利基础由无权到有权,从少权到多权,其赋权自决权的享有应该给其以"消化"的时间,使之有一个"消化"的过程。再好的"民主美味"也得一口一口地吃、一顿儿一顿儿地吃,万万不可"胡吃海塞",或是吐满一地,或是撑破了肚皮。"三权归一"这是民主的最终目标,实现这一目标还得一步一步地前进。所以,在三级权力建筑面前,"反灌"给权利基础的赋权自决权可先定在某一级别上,待这一级的赋权自决权被权利基础应用自如后,再扩大到其它级别。同样,在赋权自决权的各种各样的内容中,"反灌"给权利基础的可以先是一项内容,待这项内容被权利基础熟练地掌握后,再扩大到其它内容。

总之,想一口吃个胖子,那是不可能的。任何一次"反灌"的民主都是一项非常艰巨的浩大工程。"边建边批"或是"摸着石头过河",都是不可取的。"反灌"的民主必须有一整套科学的设计方案,预先要有全套的"施工图",所有的人都按照"施工图"的需求

去做，按部就班，各就各位，团结一心，齐心携力，在权力建筑的牵头带领下，使权利基础方向准确地走向民主。当然，"设计方案"及其"施工图"是非常重要的，因为如果它们出了一点差错的话，那么"建筑"也好，"基础"也好，就得拆了重来，这可是社会的最大浪费，是历史的最大不幸。

◯ 权利基础应该享有哪些权力？

权利基础应该享有赋权自决权的内容都有哪些？主要有以下几点。

一、考核权与选举权

很多人都愿意享有这样或那样的政治权力，尤其是当官的欲望是最迫切的。这本没有什么不好，乃是一种"要求进步"的表现。但是往往是几万人去争那一顶"乌纱帽"，几亿人去抢那一顶"皇冠"，得主是谁，很难确定。甲说甲强，乙说乙能，人人都不示弱，定是杀得难解难分。那么如何用民主的手段从这众多的人群中找出真正的称职者呢？最简单易行的方法就是进行考核和选举。

长期以来，在社会权力建筑的构筑中，不管是"高级干部"，还是"中层干部"，都是由上一级主管部门或某个享有权威的人物决定的。于是，这些"干部"服务的对象根本不是权利基础，而是顶头上司。这种把赋权自决权系于上级主管部门或某个权威人物身上的现象，难免不带有主观印象而存在着很大的片面性。由此，一些真正的人才往往被埋没，得不到施展才能的机会；另一些平庸之辈却只因迎合了某些上司便稳坐官位宝座。这样下去，权利基础与权力建筑之间的矛盾便会越来越尖锐、越来越冲突。只有把考核权和选举权"反灌"给权利基础，才能使权力建筑构筑得更稳固。

二、监督权与评判权

建筑在权利基础之上的权力建筑是不是为基础服务的？如果它不服务于基础甚至干出一些损害基础的事来怎么办？为了防患于未然，就要使权利基础享有对权力建筑的监督权和评判权。

三、否决权与罢免权

当权力建筑的决策不符合权利基础的利益时，权利基础就可以对这个决策进行否决，以阻止这个决策的实施。当权利基础发现权力建筑违背了公共意志，侵害了公共权益的时候，权利基础就可以行使罢免权。

在这些权利基础应该享有的赋权自决权的内容中，有些是可以间接赋权的，有些则是应该直接赋权的。譬如：考核权、监督权和否决权就可以间接地行使。这是因为，所有的权利基础不可能都从事考核、监督和否决的工作，他们只能授权给一个专门的、为他们所信任的机构，让这个机构来替权利基础完成对权力建筑的考核、监督和否决工作。至于选举权、评判权和罢免权，则完全应该直接赋权。谁应该当选，由公众来投票决定；谁工作的好坏由公众来投票评判；谁应该被罢免也应该由公众来投票决定。在很多的赋权活动中，最基本的规则有这样一条：直接赋权决定了的事情，必须以直接赋权才能否决它，而不能用间接赋权的形式去否决直接赋权的结果。间接赋权决定了的事情，应该服从直接赋权的结果。违反了这一规则，就违反了赋权活动的最基本原理。

综上所述，权利基础享有了考核权和选举权、监督权和评判权、否决权和罢免权这些民主权力之后，是不是就能确保民主制度的到来？是不是就进入到了民主和自由的王国？没有。还差得很远。这是因为权利基础所享有的很多民主权力还无法完全直接地做到"自决"的程度，有些赋权内容还不得不依赖于间接转赋的形式。在转赋的过程中，谁也保证不了权意的真实性和原本性不失真或不被歪曲，故而"三权归一"的缺陷就不得不由"三权分立"的原则来弥补。只有当"三权归一"和"三权分立"两个基本原则都互相配合地登上政治舞台的时候，民主政治才算有了保障。

第5卷

"锤锻"篇

20世纪的战争法则：打不败就是打胜了。
21世纪的战争法则：打不胜就是打败了。

5-1 多灾多难的20世纪

○ 平权社会感觉的大复辟

自马克思发动了对"私有制"和"剥夺者"的理论讨伐之后，"社会主义"和"共产主义"学说在20世纪传遍天下深入人心。

从俄国的十月革命，到中华人民共和国的建立，以"公有制"为理论基础的社会经济和政治制度在很多国家中确立起来，自称为"社会主义"的国家遍及亚洲、非洲、欧洲和美洲。

于是，"私有制"与"公有制"形成了空前的对立，世界自此被化分成两大阵营，即："资本主义"阵营和"社会主义"阵营。两大阵营开始了长达半个多世纪的大争斗、大较量。

表面上看，"公有制"应是人类社会中较之"资本主义"制度要先进的社会制度，按照这一逻辑，"社会主义"阵营必然会战胜"资本主义"阵营。但是，所有尊崇马克思主义的人，他们都万万没有想到，没有经过人性剖析和科学量化的"公有制"，无意之中陷入到平权社会"同有制"的泥潭里；他们都万万没有想到，单纯的"公有制"社会经济感觉，在狡猾的君权社会政治感觉的摆布下，会被变成统治人民的工具。

由于历史的失误，传统的"公有制"理论忽视人性中本能的东西，把"公"与"私"完全对立起来，企图完全消灭人的私欲，使整个社会的"公有"被架空在人人不知所有量、人人不知所以然的可悲境地。唯在那些"氏族首领"或类似掌握有某种特权的人，才能实实在在地在这"公有制"中得到享用不尽的好处。

所谓的"公有制"，创造了与平权社会感觉经济性质"同有制"相同的大锅饭制度，在现代史中上演出一幕最古老、最落后、最无奈的动人悲剧。"公有制"所倡导的，是关闭商品市场和资本市场的产品性供给制的"国家所有制"，实质上就是"平均主义"或"空想社会主义"的代名词，因而它必定会对社会经济的发展起到消极、限制和阻碍的作用。

所谓的"公有制"，创造了与平权社会感觉经济性质"同有制"相同的等级待遇制度，历经了一次反平等、反人道、反理性的恐怖复归。它所颂扬的"集体主义"，实质上应是"服从主义"、"无为主义"和"精神奴隶主义"，因而它必定会控制人的权力意志，束缚人的权力能力，剥夺人的自由权，压制人的需求权。

所谓的"公有制"，创造了与平权社会感觉经济性质"同有制"相同的"公平无序"的社会经济结构。即是说，它虽然奠立了有限公平的"同有制"基础，但却摸糊了人们之间"所有"的理由和原因，并且将很多的"所有"混乱地掺搅在一起，使很多的"国有"财产无法确定出其"所有"人究竟是谁？每个人究竟"所有"多少？于是，这种表面上"公平"但实质上是"无序"的"同有制"，为特权者享有更多的、现实的"所有"创造了条件，而广大的无权者只不过是名义上的"所有人"，实际上什么也没有。"公有制"战胜"私有制"，只是使"公平无序"的社会感觉战胜了"不公平有序"的社会感觉。

于是人们可以很清楚地看到，几乎所有的"公有制"国家，都曾有意或无意地为平权社会感觉的滋生和蔓延创造了条件，并且几乎所有的国家，都让君权主义感觉（即封建极权专制）钻了空子；几乎所有的"公有制"国家，都曾出现"先进的社会理想"与落后的社会感觉现实相矛盾的局面。对"公有制"不科学、不确定性的误解，使相互对峙的两大不同的社会制度的阵营，从一开始就注定了所谓的"公有制"阵营必然要失败的命运。

1989东欧发生的聚变和前苏联的解体，标志着"公有制"阵营的彻底瓦解。

一些至今还自以为掌握着最先进的思想理论和社会制度的"公有制"国家，一直在贫困线上苦苦挣扎。另一些面对现实敢于探索、勇于创新的"公有制"国家，实质上已经开始放弃一统的"公有制"理论，在对"公有制"旧体系进行有序渐进的改良的同时，务实地为

"私有制"经济开了绿灯,变计划经济为市场经济,全面开放资本市场,通过走改革之路,正在实践中摸索一条新的发展之路,而且算是非常成功。

总之,看似先进的思想理论,并没能创造出先进的社会感觉,却无意中在世界上制造了一次平权社会感觉的大复辟。其结果也显而易见:在落后的平权社会感觉与较之先进的强权社会感觉之间所发生的较量和斗争,必然会以平权社会感觉的彻底失败而告终。

○ 暴权社会感觉的大冲动

全世界大一统的趋势与整个世界各个国家之间发生的社会权力关系矛盾,激化了集权社会感觉与暴权社会感觉之间的相互冲突,导致了人类历史上规模最大、持续时间最长的暴权社会感觉大冲动。

纳粹德国统一欧洲"优化人种"的企图,和日本军国主义征服亚洲建立什么"大东亚共荣圈"的梦想,引发了一场世界性暴权大战。全世界大多数国家都以各种形式被卷入到这场暴权大争斗中,给各个国家都带来巨大的损失,给人类留下了无限的痛苦。人类浪费了无数人力、物力,浪费了无数的宝贵资源,换来的却是尸骨如山、遍地废墟。

就人类的共同命运而言,暴权争斗的结果,没有一个国家是"战胜国",实际上都是"战败国"。

20世纪爆发的两次世界大战,丝毫没有缓和各个国家之间的社会权力关系矛盾,没有使社会感觉在"全球一体化"的集权感觉趋势中从暴权社会感觉里摆脱出来,反倒使他们为争夺世界霸权所进行的暴权斗争更加激烈。紧随其后的暴权战争持续不断:朝鲜战争;中印战争;中东战争;越南战争;两伊战争;阿富汗战争;英阿马岛战争;海湾战争;波黑战争……等等,多如牛毛!

更令人恐怖的是,具有毁灭性的核武器粉墨登场。自美国在日本的广岛和长崎上空放了"礼花"之后,很多国家都竖起了装有核弹的洲际导弹,相互对准各自的敌对国,瞄准所有人口最密集的城市,只要有一方冲动地按下核按钮，整个世界便会顷刻之间化为一片火海。

暴权社会感觉与集权社会感觉，虽然他们没有使整个国家形成两个明显对立着的两大阵营，但却一直在暗中较量。前者给世界带来一片恐怖和黑暗，后者给世界带来一片喜悦和光明。

以奥运体育盛会为开端，以联合国的成立及世贸组织的形成为契机，在体育、经济、政治和科技文化领域，集权社会感觉正在不断壮大和扩展。希特勒说什么也不会想到，在他死后的仅仅半个世纪，统一的"欧元"便在欧洲共同体各个国家中流通起来。

如果说，暴力征服永远也不会使世界走向"一体化"的话，那么集权社会感觉的最终胜利，必定会使全世界融合在一起而逐渐"一统"起来。

对待暴权者，人人必欲先除之而后快。尽管暴权社会感觉的冲动"情绪"很有可能会在世界的局部地区延续到21世纪，但它为全世界人民所厌恶的逞狂时代已经过去，再也掀不起全球性的暴权大浪来了。合作的、理性的、先进的集权社会感觉必然会全面战胜对抗的、愚蠢的、落后的暴权社会感觉。

○ 君权社会感觉的大顽抗

在几个世纪的历史中占有霸主地位的君权社会感觉，在20世纪遇上了前所未有的大挑战，第一次在整个世界范围内找到了可与之相匹敌的真正对手——民权社会感觉。

君权社会感觉面对民权社会感觉的挑战，必然会负隅顽抗甚至会歇斯底里。民权社会感觉的发展和壮大，也是屡遭挫折、艰难迈进的。在20世纪的上半叶，处于萌芽状态、主要以民族解放争取"民族权"为基本内容的民权社会感觉，与体现为国际霸权、殖民主义的君权社会感觉进行了殊死搏斗。

在强大的君权社会感觉的倾轧下，由于自身的稚嫩和盲目，很多民权社会感觉大都以失权而告终，既壮烈又可叹。例如，1919年朝鲜人民反对日本殖民君权统治的"三一起义"；1921年伊朗人民反对英国殖民君权统治的"底霍拉桑起义";1919～1922年埃及人民反对英国殖民君权统治的大起义;1922年南非人民反对英国殖民君权统治的"韦特瓦斯兰起义";1921——1926年摩洛哥里弗人民反对西班牙和法国殖民君权统治的大起义;1926年印度尼西亚人民反对荷兰殖民君权统治的大起义;1926～1927年叙利亚人民反对法国殖民君权统治的"大马士革起义";1930年越南人民反对法国殖民君权统治的义安、河静起义;1930年印度人民反对英国殖民君权统治的白沙瓦起义和绍拉普尔起义;1931～1933年扎伊尔人民反对比利时殖民君权统治的大起义;等等。

到了20世纪的40年代以后,以民族解放、民族独立为基本内容的民权社会感觉异军突起,声势空前强大,使几乎所有的殖民君权统治者都被迫举起白旗,连自称为"日不落"的大英帝国也不例外。当殖民君权统治被驱赶殆尽之后,专制君权统治又继而成为过街的老鼠人人喊打,以争取经济权和政治权为主要内容的民权社会感觉,又与体现为国家内部的专制君权社会感觉进行了持续不断的较量。人们可以从很多国家中看到,君权统治者或是被送上审判台,或是落荒而逃,难匿安身之处,整日不得安宁。而人民则享有了选举权,争得一些最最基本的人权。

民权社会感觉的大势所趋,使所有专制君权统治者闻风丧胆,不得不让权于民,或是变换较开明、较和缓的统治手段,以期笼络民心。由此,标榜为民主共和政体的宪法,便成为20世纪下半叶的一种治国时尚而播种于世界的各个角落。不管是真民主还是假民主,也不管是真共和还是假共和,统治者都不得不颁布一部国家宪法,以此来迎合潮流,顺应趋势。

在欧洲有:意大利共和国宪法(1947年);西班牙宪法(1978年);葡萄牙共和国宪法(1982年);希腊共和国宪法(1975年);丹麦共和国宪法(1953年);匈牙利人民共和国宪法(1972年);保加利亚人民共和国宪法(1971年);捷克斯洛伐克社会主义共和国宪法

（1960年）；波兰人民共和国宪法（1952年）；等等。还有一些早已实行宪政的国家不得不再以新的宪法补充内容让权于民。例如：英国的人民代表法（1969年）；法国的第五共和国宪法（1949）；原苏联的人权和自由宣言（1991年）。

在美洲有：古巴共和国基本法（1959）年；巴西联邦共和国宪法（1946年）；巴拿马共和国宪法（1946年）；委内瑞拉共和国宪法（1961年）；哥伦比亚共和国宪法（1945）；厄尔瓦多共和国宪法（1946）；萨尔瓦多共和国宪法（1950年）；乌拉圭共和国宪法（1951年）；巴拉圭共和国宪法（1940年）；波利维亚共和国宪法（1945年）；哥斯达黎加共和国宪法（1949年）；等等。

在亚洲有：中华人民共和国宪法（1954年、1975年、1978年、1982年共颁布过4部）；日本国宪法（1946年）；大韩民国宪法（1948）；印度宪法（1949）；朝鲜民主主义人民共和国社会主义宪法（1972年）；柬埔寨宪法（1942年）；老挝王国宪法（1947年）；越南社会主义共和国宪法（1980年）；蒙古人民共和国宪法（1960年）；菲律宾共和国宪法（1986年）；马来西亚联邦宪法（1957年）；泰王国宪法（1978年）；以色列基本法（1950年）；伊朗伊斯兰共和国宪法（1979年）；伊拉克共和国临时宪法（1970）；土耳其共和国宪法（1982年）；科威特国宪法（1962年）；阿富汗民主共和国宪法草案（1987年）；巴基斯坦伊斯兰共和国宪法（1973年）；也门民主人民共和国宪法（1978年）；孟加拉人民共和国宪法（1979年）；马尔代夫共和国宪法（1968年）；巴林国宪法（1973年）；等等。

在非洲有：阿拉伯联合共和国（埃及）宪法（1971年）；阿尔及利亚民主人民共和国宪法（1976年）；利比亚联合王国宪法（1951年）；南非共和国宪法（1961年）；赞比亚共和国宪法（1964年）；肯尼亚共和国宪法（1963年）；索马里共和国宪法（1960年）；赞比亚共和国宪法（1963年）；埃塞俄比亚人民民主共和国宪法（1987）；尼白利亚联邦共和国宪法（1963年）；卢旺达共和国宪法（1962年）；纳米比亚

独立宪法（1990年）；毛里塔尼亚伊斯兰共和国宪法（1951年）；达荷美共和国宪法（1964年）；象牙海岸共和国宪法（1960年）；塞内加尔共和国宪法（1963年）；沃尔特共和国宪法（1960年）；中非共和国宪法（1961年）；尼日尔共和国宪法（1960年）；加蓬共和国宪法（1961年）；多哥共和国宪法（1963年）；突尼斯共和国宪法（1957年）；加纳共和国宪法（1960年）；马里共和国宪法（1960年）；摩洛哥王国宪法（1962年）；喀麦隆联帮共和国宪法（1961年）；等等。

可以这么说，20世纪是"宪法世纪"（尽管有些宪法并没有名副其实地到位，属于过渡性的），是民权社会感觉在各个国家中以宪法的形式开始发展并逐渐壮大的世纪，它为21世纪将成为全球性的还政于民的世纪奠定了一定的基础。在君权社会感觉与民权社会感觉的较量搏斗中，君权社会感觉必然会以失败的结局而告终。

○ 各种社会感觉的大混战

在平权与强权、暴权与集权、君权与民权的各种社会感觉之间所发生的斗争和矛盾，并不是单纯的、简单的对立，而是鱼目混珠地使先进与落后掺混在一起，让人们很难一下子识别出真与假、善与恶、美与丑，也就难寻正义与公平。就好比一面最先进、最科学的思想旗帜被高高地悬挂在最落后、最愚昧的传统习惯旗杆上，或者是把一个最野蛮、最凶悍的人头雕像牢牢地镶嵌在最优美、最华丽的人性艺术大厦上。谁是谁非？谁也难下定论。所以，民权的广告牌有时却被一些在精神上裸着体群居的平权主义者所高高举起；集权的战鼓有时却被疯狂了的暴权主义者所震震敲打；强权的号角有时却被阴险狡诈的君权主义者所声声吹响。因此，20世纪是历史学家们最难准确评价、最难客观判断的100年。这是因为，各种社会感觉都争先恐后地登上20世纪的大舞台，使整个世界进入到"春秋战国"时代，使各种各样的人类悲剧和社会灾难较集中地出现在这个风雨飘摇的世纪中。如果人们想知道我对20世纪有何感慨，那么我用千言万语汇成一句话——总算结束了，多灾多难的20世纪！

就在我写到此刻笔墨未干时，北约的巡航导弹又在南联盟的各个城市中炸开了花，空袭一天一天连续不断地进行着，这使我感觉1999年是20世纪中最漫长、最难熬的一年。

战争就如同两人打架，都认为自己一方是正义的、正确的。战争一旦爆发，也就没有理可讲了，谁强大，谁胜利；谁失败投降，谁"没理"。这就是20世纪的"真理"。

如果说，人类是具有智慧、善于总结经验教训的高级动物，那么发生在20世纪的两次世界大战和其后又发生的各种各样的战争，足可以使人类放弃战争暴权。遗憾的是，人类有时也同某种低级的动物改不了吃屎的习惯一样会再犯暴权的错误。这是人类的一大悲哀。

看来，21世纪的上半叶仍然不会有太平。实现世界太平的那一天我肯定赶不上了。

回顾历史，从19世纪中叶开始，整整100多年的时间，世界上各个国家之间解决社会权力关系矛盾的主要方式，都是武力暴权征服，打的都是生存战争。不管是战胜国，还是战败国，战争给各交战国都带来了巨大的灾难，战争的创伤都给各国人民留下了无限的痛苦。

20世纪，是整个世界进入到"战国时代"的世纪。各个国家之间斗智斗勇，以削弱别国为手段，以强大本国为目的，使过去中国在"战国时代"所发生的很多可歌可泣的事例，又在20世纪中以更大的规模重演。纳粹德国、日本军国主义集团，以及前苏联和当今的美国，都曾经企图成为统一或霸主世界的"秦国"，由此使世界处于"东征西战"的局面。

人民对战争深恶痛绝，可谁也无法阻止战争。战争不但杀人性命，而且还破坏社会财富，使人类好不容易一点一点积累起来的财富在顷刻之间就化为一片废墟，这是人类劳动力和自然资源的最大的浪费。

更可气的是，军事对抗已成儿童游戏，打个3年或5年，多则8年或10年，交战国的双方又都会面带笑容地坐在一起，称兄道弟地互握双手建立"友谊"，如同小孩子打架，打完了就好。问题是，军事战争与小孩子打架可不同，它要毁灭对方的国家财富和人的性命，哪一场战争都无法避免破坏和屠杀。因此，怀着小孩子打架心理而发动军事战争的人，都是缺乏对人类、对社会负责态度的。而且历史也证明，军事对抗的结局总是不遂动武国的初衷，甚至往往还会以失败而告终。因此，以发动战争来解决国与国甚至国家内部之间的矛盾，已经成为最最愚蠢的政策。如果说，发生在中国战国时代的战争，主要以相互屠杀人命为主要特征的话，那么，发生在现代世界性的"战国时代"的战争，则越来越会以相互毁灭和耗费社会财富为主要特征。

当然，用暴权来惩罚暴权，用战争来解决一些极为特殊的争端，只能是一种迫不得已的选择。例如海湾战争。但如果不是伊拉克首先挑起战争并用武力占领科威特，相信西方国家是不会也不敢轻易派兵参战的。

当一个国家内部发生矛盾时，矛盾的双方付诸武力来解决争端，在20世纪会被当作"内政"问题来看待，但到了21世纪，任何一个国家内部的战争都不会再被当作"内政"问题来看待，都极易引起国际社会以各种各样的形式和手段（包括军事介入）进行干预。不过，国际社会用军事对抗的方法介入一个国家的内部争端，这是一件非常危险且最受累而不讨好的事情。例如美国出兵索马里，就是一次失败的实例。

不过，要想有效地阻止一个国家内部发生战争冲突，除了军事干预以外，似乎还没有一个更有效的办法，这或许正好成为那些喜欢用武力去进行干预的国家所能找到的最好的理由。换句话说，一个国家如果想维护主权的尊严，那就要杜绝打内战。我们打起了内战，正好成为别人对我们进行军事干预的理由，我们为什么要给别人制造借口呢？

可话又得说回来，一个国家内部矛盾的解决，必须建立在"统一"的基础上进行，而不能建立在分裂、"独立"的基础上进行。这是因为，"独立"的国家越多，作为整个人类的社会效益而言，重复性的投入就越多，对自然的浪费就越大，而且国家之间的矛盾就越复杂。这对人类社会向着集权主义社会方向发展，向着全球一体化方向发展是极为不利的。要知道，过去欧洲社会经济的发展所受到的制约因素，在国界问题上乃占有很大的比重。欧洲的"资本主义经济"发展了近300年之后才刚刚开始了一体化进程，这其中耽误了多少大好时光？如果中国被分裂成像欧洲那样大大小小的"国家"，外国的投资公司决不会有如今这样好的投资环境和这样大的一个市场：只要进入了中国，就面对着一个庞大统一的市场，从南到北，从东到西，所有的大门都打开了，这省去了多少复杂的手续和费用？电视播出的一次产品广告画面，便使几亿人都一览无余，无论是效益还是效率，都是无以伦比的。这就是国家走向统一的好处，这就是世界一体化所带来的好处。

因此，世界上的所有国家都应该明白这样一个道理：在整个世界向着集权化方向发展的年代，国家越少，其发展的进程就越快，越顺利；反之则反。轻易地使一个国家被分裂成几个"国家"，这是人类社会在自己前进的道路上掘坑，只会影响和阻碍我们人类自己的历史车轮。

对另一个国家的军事干预，究竟建立在什么目的之上，是促其和平统一还是谋其对抗分裂？这是整个世界尤其是西方发达国家必须首先搞清楚，但实际上根本不清楚或者是不想弄清楚的一个重要问题。如果是为了促其和平统一、制止分裂而不得不进行的军事干预，这是可以理解的；但如果是为了破坏其和平统一、谋其分裂而进行军事干预，尽管其目的是损人利己，但其结果，则与社会历史发展规律背道而驰，且是最愚蠢、最无知、最糟糕、最得不偿失的行动。

5-2 21世纪的三大矛盾冲突

○ 打不败就是胜与打不胜就是败

20世纪，世界上各个国家社会权力关系之间发生的矛盾，其斗争的形式主要是军事对抗，对抗的目的又是围绕着争夺霸权、统治世界而展开的。无数的事实证明，军事对抗总是两败俱伤，即使在军事对抗中取胜，也无法较长久地获得稳定的局面，各种各样的反抗此起彼伏，难以预防。正是出于这一点，一些国家便把"冷战思维"、"外交遏制"搬上舞台，以"软对抗"来代替"硬对抗"。

21世纪，由于一些先进发达的西方国家早已率先进入了科技时代，其科学技术水平迅猛提高，而且最先进的技术总是无条件地被优先运用于军事领域，因此军事科技的发展便彻底地改变了军事对抗的具体方法和内容，使过去的军事人员之间"直接搏斗式"的武力对抗，转变成现在的一方的军事人员可以超脱于实际战场之外的"间接游戏式"对抗，即科学技术的对抗。

20世纪的战争法则是：打不败就是打胜了。只要没有打得一个国家举白旗投降，那么双方就都是胜利者。朝鲜战争，美国及韩国是胜利者，中国及朝鲜也是胜利者；第一次海湾战争，美国是胜利者，伊拉克也是胜利的一方，因为伊拉克不但没有举起白旗，而且被美国恨得咬牙切齿的萨达姆当时还照旧掌握着伊拉克的政权。围绕着克什米尔发生的印巴之间的冲突，想必也会进入"延长期"，最后肯定要进行没完没了的"点球大战"。

到了21世纪，情况就发生了变化，国家之间发生的冲突和战争，谁也无力实行"突然死亡法"。即便是美国最终打败了萨达姆政权，但美国绝对算不上胜利者。这是因为，21世纪的战争法则与20世纪的战争法则正好相反：打不胜就是打败了！美国在表面上是胜利了，但是它开战的目的可不仅仅是军事上取胜，而是要实现在伊拉克建立民主制度的胜利，而结果是，伊拉克内战不断，一片废墟，人民生活在水深火热之中。

因此，在21世纪中，不管是哪个国家，在动武之前都要想好了，能不能打得对手举白旗投降？能不能真正达到当初开战的目的？如果没有把握做到这一点，那就最好放弃动武的念头。

虽然军事对抗已成儿童游戏，但是21世纪的某些军事人员还特别热衷于玩这种电脑式的高科技战争游戏，游戏的感觉越来越强，可操纵的都是真家伙，死的人也都是有血有肉的。好在政治家和领袖们还没激起游戏的兴趣，但他们喜欢操纵社会感觉的"股市"和敢于投下巨额赌注的另一种嗜好，其危险也不在军人之下，因为他们总是把此冒险的举动看成是赢得选票的机会。

21世纪的选民们应该履行的权力之一就是：当领导人及其那些鼓动动武的人，在作出动武的决定后，必须对战争的结果负责——完全打败了对手才可以继续当选、当政；只要对手没有被打得举白旗投降，没有实现最初的目的，那么就得下野、辞职。让所有的统治者及其追随者都必须牢牢地建立起这样的一种感觉：发动战争是一项最冒风险的决定。

展望21世纪，军事对抗的儿童游戏还会有人不厌其烦地玩耍，文化观念上的"冷战"黑市还会在不择手段的竞争中熙熙攘攘，以鼓吹"独立"、纵容分裂为手段的"外交遏制"馊饭还会被当作款待客人的美味佳肴，时不时地摆在世界某个角落的餐桌上。因此，世界上各个国家之间的矛盾冲突不会随着20世纪的结束而埋进坟墓，21世纪仍然是一个充满矛盾冲突的世纪。这些矛盾冲突主要会集中在三个方面：

国家民族主义与国际集权主义的矛盾冲突；

宗教权威主义与科学民主主义的矛盾冲突；

反政府主义与政府强制主义的矛盾冲突。

○ 国家民族主义与国际集权主义的矛盾冲突

纵观人类历史，从平权社会的氏族部落，到暴权社会的奴隶主营寨，从君权社会的国家疆域，到强权社会时代的"共同体"，人类的社会组织形式和社会组织规模是越来越复杂、越来越庞大、越来越集中一统的。虽然在21世纪的上半叶仍会围绕着实现"共同体"的进程而发生冲破"国家疆域"的激烈较量，但集权社会感觉时代的全球一体化趋势，将会势不可挡地发生在21世纪的下半叶。

对于集权社会感觉来说，以"国家疆域"为主要特征的"国家民族主义"是实现世界一体化的最大障碍。因此，"国家民族主义"与"国际集权主义"就势必会进行生与死的较量。

"国家民族主义"的主要表现，既有"绝对主权论"，又有"世界霸权论"，前者是一种"排外"的"国家民族主义"，后者是一种"侵外"的"国家民族主义"。不管其形式是"排外"的还是"侵外"的，本质上都是"国家民族主义"的国家本位主义。

如果说，"国家民族主义"的社会感觉基础起初仅仅是爱国的一种表现的话，那么它存在的理由似乎无可厚非。但是，"爱国"的激情一旦上升到盲目的程度，就特别容易演化成非理性、宗教式的狂热。人们会在某个具有"国家"代表性的某些活动中，把本来是非常一般意义性的或"个案"性的成功和胜利，看成是国家和民族的成功和胜利，甚至狂热到本来不属于国家和自己的荣誉，硬是生搬硬套地联系在一起，以图把这个国家中某个人或某些人所获得的荣誉上升为国家的荣誉，从中也使自己得到荣誉。好似霍元甲在擂台上的胜利被盛赞成中华民族的胜利，由此使所有的中国人都瞬间摘掉了"东亚病夫"的帽子一样。

于是，在这种"国家民族主义"的驱使下，当波兰、法国及其大半个欧洲被纳粹德国军队的铁蹄踩在脚下的时候，当时所有的德国人都会萌生出民族自豪感，在希特勒专车行进的道路上，撒满了德国人民敬献的鲜花……当诺大的中国被弹丸岛国"小日本"坐在屁股底下的时候，所有的日本人都无尚荣耀。不但如此，当某个国家的运动员得金牌后，眼看着国旗高高升起的时候，当某个国家的企业把商品推销到世界各地的时候，当某个国家的恐怖组织成功地劫持了一架民航客机达到了目的的时候，当某个国家的军事指挥部门用巡航导弹把敌对目标炸了个稀里花拉的时候，人们都会莫明其妙地产生出强烈的民族主义的自豪感。与此正好相反，如果某个国家的公民在别的国家因触犯法律而被处以鞭罚的时候，它好像使那个国家的所有公民都会隐隐约约地感到屁股上的疼痛和脸上火辣辣的滋味。

生活在任何一个国家中的任何一个人，都不同程度地具有三个层次的自我性。每个人都会在最兴奋和最激动的时候将个人的荣誉同国家的荣誉紧密地联系在一起。尤其是在当今"国家疆域"观念更趋顽固的时代，更是会把"国家民族主义"盲目地当成爱国主义而灌输到人们的意识中。久而久之，"爱国"会不知不觉地变成"排外"或"侵外"的盲动，使国与国之间变得对立起来。

当今世界，在爱国主义成为每一个人天赋职责的同时，"国界"又被人们在无意之中逐渐地淡化。随着人类社会权力能力的提高，人类的活动空间越来越大，地球变得越来越小，各种各样的跨国界活动就像是蜘蛛在织网一样，使整个世界变成了一张紧密联系在一起的圆形"钢丝床"，一个国家感冒了，所有的国家都会打喷嚏。这种跨国性的交往不仅仅局限在经济活动中，政治、军事、体育，科技和文化各各方面都闻风而动、势不可挡。到了这个时候，"爱国主义"似乎变得越来越狭隘。

然而，人的从属意识却是难以消除的。"国家"的商标就如同暴权社会时期烙在奴隶脸上的印迹一样被无形地烙印在每一个人的头脑中，谁也休想彻底地放弃掉。一个美国人首先想到的就是要维护美国的国家利益——美国优先、美国第一；一个日本人首先想到的就是要维护日本的国家利益——日本优先、日本第一；一个法国人首先想到的就是要维护法国的国家利益——法国优先、法国第一；一个中国人首先想到的也是要维护中国的国家利益——中国优先、中国第一……都要维护自己国家的利益，这就难免会做出一些为了维护本国的利益而去侵害别国利益的事情：美国认为中国的强大会危害美国的利益，因此，为了维护美国的利益，就要想方设法阻止中国的强大，就必须颠覆中国，把中国搞乱；中国认为美国的称霸会危害中国的利益，因此，为了维护中国的利益，就要想方设法制止美国称霸，就必须制约美国，让美国不能为所欲为；所有的国家之间也都是如此。这样一来，世界怎么会有太平呢？

所谓的"国家利益"恰恰成为"国家民族主义"的借口，制造了纷争不断的对立，使国与国之间的鸿沟永远也无法填补，致使各种各样的社会权力关系矛盾总是由它持续不断地派生出来，成为未来世界爆发战争的最大隐患。

像生活在不同领地里的雄性动物一样，为了维护"本国"（领地）的利益——尽管这种非常简单的"利益"仅仅体现为对雌性动物交配的独占权——它会毫不犹豫地将外来者驱赶出去。"国家利益"在本质上也具有相同的作用，只不过领地里的主人已经变成了人而不再是动物。但是，领地的意识仍然是动物性的。

一方面，人类痛恨暴权，厌恶战争；另一方面，彻底地冲破"国家疆域"这样一个领地的问题，好像除了进行侵略和征服以外还没有别的好办法。要知道，如今中国的统一局面仍是早在战国时代依靠秦朝的侵略和征服而奠定的基础。这真是一个令人彷徨的结论。

世界的一体化进程是不是必须靠发动战争和进行侵略来完成？20世纪中已经从正反两个方面得到了初步的验证。两次世界大战均不能实现世界的大一统局面，倒是把世界搞得乱七八糟。欧洲的"共同体"虽然一步一颤地曲折发展，但它毕竟迈上正轨，前途无量。就社会感觉而言，组成"共同体"的所有欧洲国家是代表着未来发展走向的，它给世界以启示，是实现国际集权主义的典范。

不管是先进发达的强国，还是保守落后的弱国，"国家民族主义"的泛滥都是他们将面对的一个难以克服的老问题。21世纪的到来，将会使"国际集权主义"与"国家民族主义"之间的矛盾冲突变得更趋激烈。

○ 宗教权威主义与科学民主主义的矛盾冲突

回顾20世纪，宗教权威主义与科学民主主义的矛盾冲突已经凸显，只不过人们没有太留意而已。

当科学技术突飞猛进地发展之时，全世界约80%的人都信奉这样或那样的宗教，这包括很多专门从事科学研究的人。以美国为例，绝大多数美国人都信奉某种宗教，或是相信有某种超越人类智慧之上的神灵存在。在声称有宗教信仰的人当中，绝大多数相信上帝的存在。即使那些自称没有宗教信仰的人，约有三分之二也认为上帝存在，可见他们只是没有从属于任何宗教团体，但并不排除他们也处在宗教信与不信的边缘。至于有些自称没有宗教信仰的人为什么会相信上帝的存在，以及他们如何理解上帝与宗教信仰之间的关系，这可能与科学的"无能"及本人的人生态度有关。

尽管科学最具有说服力，但科学的"有限性"却阻碍了人们的视线。在很多问题上，科学并不是万能药，经常在一些问题面前发呆，不但在很多自然科学问题上如此，而且在很多的社会科学问题上就更是如此。一旦科学无能为力时，人们就会茫然无知，宗教便可充当"救世主"的角色，使人们能够定下心来。即使人类进入了21世纪，即使人类社会正一步步朝进步、文明的方向发展，但谁也无法让科学处处显灵。因此，宗教的力量及其作用会更大范围地继续在人们的心目中施展。

正是由于宗教的"无形性"和"长久性"可以弥补科学的"有限性"，因此不管是政府还是一些社会团体，都对宗教另眼相看——它的"市场"幅员辽阔，"消费"潜力无穷无尽，既不用办理营业执照，也不用纳税，因而它的发展前景无限风光。

但是，一些"机会主义"豪赌者和"特权主义"崇尚者就打起了宗教的主意，他们为了图谋成为不是权力建筑的当权者，利用人们对宗教的崇拜，企图操纵人们的心灵，用精神控制的方法来组成他们自己的社会结构，使他们摇身一变地从权利基础直接地上升为权力建筑，并且在他们自己构筑的权力建筑中享有当权者的特权。于是，宗教权威主义中最险恶的"代表人"——邪教，便在暗中滋生蔓延起来，似一颗毒瘤慢慢地侵蚀着社会健康的肌体，危害着社会的正常秩序。这股逆流虽然还掀不起大浪，但它的后劲绝不可以小视。宗教，在特定的历史时期中，本不是什么有害的事物，甚至还是能起到正能量的事物。关键是，宗教被什么人把控，其结果可就不一样了。

20世纪40年代，弗朗西斯·彭科维奇打着宗教的旗号，成立了一个邪教组织，他除了宣扬自己是耶稣转世、是从其它星球过来拯救世人的以外，还不忘拿"爱与和平"来粉饰自己，向众教徒宣扬爱与和平，并称自己的组织是"全世界智慧、知识、信仰和爱的发源地"。在他成为邪教的领袖之后，将自己的名字改成了克里希纳·文塔。

在文塔的组织下，竟然吸引了很多人的参与，甚至还在阿拉斯加建立了一个殖民地。当然，组织的收入最终都落入了文塔的手里。

1958年，文塔组织内的两名追随者因怀疑文塔同他们的妻子有染，心中愤恨不已，在报复心驱使下身负大量炸药跑到了文塔的教堂与其同归于尽。

文塔邪教组织的继承人为塞缪尔神父，但他未能继承文塔的遗志，该组织在20世纪70年代逐渐消失。

查尔斯·曼森是邪教组织曼森家族的领袖。1969年，曼森指使组织内的成员残杀了导演罗曼·波兰斯基怀孕8个月的妻子沙伦·泰特。1969年12月1日，洛杉矶警方宣布残杀案告破，并且逮捕了曼森。

经过警方调查显示，曼森认为当时美国境内的白人和黑人不久后会爆发种族战争，而他所创立的曼森家族组织会在战争过后成为美国的统治阶级。于是，为了引发种族间仇视情绪，他下令进行了一系列刺杀活动。经过法院裁定，最终判处曼森死刑，但不久后加州废除了死刑制度，因此改判曼森终身监禁。

太阳圣殿教成立于1984年，主要领导人是教主吕克·茹雷和幕后智囊约瑟夫·迪·马布罗，该教主要宣扬"世界末日"和"灵魂升天"，在鼎盛时期教众曾达1000多人。

太阳圣殿教教主茹雷声称自己是耶稣转世，并且能够保护信徒在适当的时候奔赴圣地——天狼星。而在古希腊罗马神话中，天狼星是众神汇聚之星，具有无边法力。该组织的另一主要人物马布罗则主要进行幕后策划，很少露面。

马布罗在当时说服了很多权贵人士加入到了太阳圣殿教之中，其中包括市长、政府高级官员、记者及富商等等。太阳圣殿教一直宣扬：世界末日到来的征兆已经无处不在，如臭氧层被破坏、艾滋病的传播、全球范围内种族冲突的爆发等等。

茹雷经常对信徒们表示："死是生的一个重要阶段，是在另一个世界的生。"1994年，警方在加拿大蒙特利尔市附近的一个别墅里发现了5具尸体，其中包括有一个仅仅3个月大的男婴。同一年，太阳圣殿教在瑞士设立了一个祈祷室里，也发生了太阳圣殿教教徒集体自杀的事件，当时警方在这个房间内发现了23具尸体。此外，1995 年和1997年，相继又发生了大规模太阳圣殿教教徒进行集体自杀的事件。据统计，太阳圣殿教自杀人数共达74人。

马歇尔·爱普尔怀特是邪教教派天堂之门的头目。他宣称地球会走向毁灭，只有自己能够带领其他人走向通往天堂的大门。天堂之门利用互联网传递有关外星人、不明飞行物等方面的信息，并且编造教义，以吸引其他人加入到该教。

天堂之门的成员相信，海尔-波普彗星的出现是他们等待已久的去另外一个世界的信号。于是在 1997年3月24日至26日，天堂之门的部分教徒相继自杀，"前往另一个世界"。3月26日，警方在加利福尼亚州的一个房子内共发现26具尸体。

天堂之门的成员在自杀的时候，每个人都留着短发，身着新的黑色运动服，脚穿新运动鞋，头上盖着一块布，并且还带上了驾驶证、护照和出生证，连眼镜和收拾的行李包也放在身边。

大卫·考雷什在戒备森严的"天启牧场"里过着荒淫无度的生活，至少有15个女人为他生下了十几个孩子。1993年3月份开始，大卫派教众同警方在"天启牧场"进行了武装对峙。4月19日，一场大火焚毁了得克萨斯州近百名大卫派教徒武装据守了51天的大院。据当时的报道称，仅有9名教徒从火海中逃生，其余86名教徒包括约24名儿童下落不明。

日本的奥姆真理教是一个不折不扣的邪教组织，他们的成员不仅谋杀了一位反邪教组织的律师，并且还私自开设工厂，生产沙林毒气及VX神经毒气。然而在麻原彰晃被逮捕后，奥姆真理教仍有大批支持者。

在1995年3月20日上班高峰时段，东京地铁内发生沙林毒气杀人事件，导致12人丧生、数千人中毒，而这起事件正是奥姆真理教有意为之。

这个邪教的领袖是松本智津夫，他从印度学习瑜伽返回日本后，将自己的名字改为麻原彰晃。他宣称自己是耶稣转世，并且创立了一项新的宗教——奥姆真理教。同时，他还预言地球上的所有人在1997年都会死于核大战。2004年2月，麻原彰晃被东京地方法院以谋杀和企图谋杀罪判处死刑。

约瑟夫·康尼是乌干达反政府组织组织—君主抵抗军的领袖。他声称自己能够同圣灵进行直接交流。该邪教组织的教义还声称，地球将于1999年12月31日灭亡，信徒必须将全部家产献给教主，方可升入天堂，否则将被打入地狱。

据调查，君主抵抗军手中控制有约10万名乌干达儿童，男孩子会成为抵抗军的战士，女孩子则会沦为性奴。该组织宣扬，抵抗军的战士在战斗的时候，会因受到庇护而不被子弹击中。康尼的追随者至少达到500人，最多时则有数千人。

2000年3月17日，在乌干达卡农古镇的教堂中，组织首领基布维特尔声称圣母玛利亚显灵，组织530多信徒彻夜狂欢，泼洒汽油，点燃大火进行"集体自焚",包括78名儿童在内的所有的信徒均被熊熊烈火活活烧死。随后,警方还相继在多处发掘出数百名被害教徒的尸体。最终经过统计,遇害的教徒人数达到778人。国际刑事法庭最终判定康尼犯有反人类罪。

吉姆·琼斯自小就对宗教及死亡非常着迷。1955年,他创立了人民圣殿教。该教在创立初期只是一个普通的独立宗教团体,在20世纪60年代中期以后才开始变质。

琼斯的教派一开始在印第安纳波利斯及加州的三个城市以帮助贫民而略有名声,他们设立免费饭堂、日间托儿所、老年人诊所及提供其它社会服务。 20世纪70年代,人民圣殿教在最高峰时曾有数千信众。由于在国内受到指控,1975年,琼斯带领着核心教众,将教派整体迁至南美洲的圭亚那。

1978年11月,美国众议员利奥·瑞安为调查对该教派的指控,来到圭亚那的琼斯镇,但在那里遭受教派守卫开火袭击,瑞安、三位记者及一位打算离开的信众被杀,多人受伤。1978年11月18日,琼斯制造了举世震惊的集体自杀事件。此次事件共有914人死亡,其中包括276名儿童。

鲁本·伊克莱里奥是菲律宾一个邪教组织的领导人。2002年,他因被控杀害自己的妻子及受贿罪而遭到法院起诉。据悉,当时警察过来逮捕他的时候,他的众多追随者同警察发生了冲突,共造成23人死亡。他因受贿罪最终被判30年监禁,而杀害妻子的罪名因其健康状况不良而推迟,如今仍在审理当中。

从上述邪教的案例中可以看出,在权利基础中,必定会有一些人不安于现状,他们期盼能够获得更多的权力,从别的途径又不好获得,于是就把目光盯在了"宗教"上,假借宗教的名义来欺骗教徒上当,建立起自己构筑的权力建筑,树立权威,从而达到他们自己享有特权的目的。

2007年,有关部门对中国公众科学素质进行了调查,结果表明,我国不同分类群体公民具备基本科学素质的比例存在明显差异。其中，领导干部和公务员具备科学素质的比例为10.4%，城镇劳动人口为3.0%，农民为1.0%。我国公民具备基本科学素质的综合比例为2.25%。这个比例说明了什么？它说明，我国绝大部分公民尚处于"科盲"阶段。究其原因，我们的应试教育大行其道，在基础教育阶段中，由于对科学知识的涉及广度不够，学生对科技的兴趣不强，尤其是当人们看到学科技、用科技并没有因此而获得明显的奖赏，学而无用，导致很多人远离科学，尽管有些人摆脱了"文盲"，但却摆脱不了"科盲"。这种"科盲"状态与狂热的宗教形成了鲜明的对比，不得不让人心存疑虑。

21世纪，如果科学不尽快地占领人们的思想高地，那么宗教就会独占鳌头，各式各样的邪教便会兴风作浪，也就必然会严重地阻碍社会的发展。

如果宗教总是借助某种神化了的权威来使信徒信仰，那么打破这种权威的唯一的有力武器就是科学。因为科学最终倡导的就是平等——在任何一个科学结论面前人人都没有差别，且不管是地位上的差别还是性别上的差别，因此它带给人们的只有民主。

可以预见，21世纪，宗教权威与科学民主必定会有一场形式多样、有明有暗、旷日持久的大论战、大搏斗，究竟谁胜谁败，现在还难以过早地下定论。

总之，中国人要有思想准备，应提早加大扫除"科盲"的力度，协调科学基础教育与科研的相互关系，着力进行科学普及教育，努力推进素质教育。只有这样，才能快速普及公民基本科学素质，促进科技发展进步，有效地防止宗教权威主义的蔓延和壮大。

中国的权力建筑以及世界上其他国家的权力建筑都应该清醒地认识到，在不远的将来能够与之相抗衡的一股突发而起的力量，不是别的，恰恰是宗教权威主义。

○ 反政府主义与政府强制主义的矛盾冲突

权利基础与权力建筑的矛盾，在21世纪将会更趋激烈，而且在这个矛盾中，作为构成矛盾的权利基础整体一方，既有个体权利基础的参与，又有集体权利基础的参与，甚至还可以再进一步地扩大为集团权利基础的参与，所有斗争的矛头，全都对准了国家权力建筑——即政府。因而国家权力建筑将面临着前所未有的挑战，让国家权力建筑应接不暇、顾此失彼。

我们从20世纪的下半叶，尤其是80年代至90年代所发生的众多大规模示威游行和恐怖事件中就可以看出端倪。这些事件既有和平冲突的，例如游行示威，又有暴力冲突的，例如打砸抢事件、制造爆炸事件等。而且很多的和平冲突，最终都演化为暴力冲突。不仅如此，这些矛盾冲突，不仅有个人行为或集体行为的，甚而至于，这些冲突还可以演化为集团性"武装对武装"的冲突。这些冲突已经无法阻拦地从20世纪延伸至21世纪。

以美国的极右民兵组织为例，就可见一斑。美国极右民兵组织的起源可追溯到第二次世界大战之前。当时的美国右翼团体如"银衫法西斯军团"和"基督教阵线"等就曾在美国各地游行。冷战时期，又出现了"加州流浪者"和"民兵"等准军事组织。到了20世纪80年代，生存主义者和白人至上主义者组成了多个准军事集团，包括"基督教爱国者防御联盟"、"得州应急后备军"和"白人爱国者党"等等。据《环球》杂志报道[1]，自1995年春，极右民兵组织已遍布几乎美国每一个州。从那时起，美国不断发生民兵组织制造的暴力袭击事件，也不断有民兵组织成员因非法拥有武器等罪名被捕。该组织曾在20世纪90年代中期后达到高潮，以导致168人死亡的1995年俄克拉荷马城联邦大楼爆炸案为标志，这些组织在其后几年中不断制造袭击事件。但随着代表共和党右翼势力的小布什在2001年入主

---

[1] 杨晴川：极右民兵组织死灰复燃. 中国新闻网，2009-11-03：http://www.chinanews.com.cn/gj/gj-hqzc/news/2009/11-03/1944866.shtml

白宫，这些组织失去了主要矛头——联邦政府，并逐渐销声匿迹。然而，美国总统奥巴马执政后，在民主党政权推行"新政"尤其是医改的过程中，由于许多矛盾难以调和，这两大阵营的对立日益尖锐。

在此背景之下，极右势力获得了运作空间，右翼媒体十分活跃，右翼团体集会此起彼伏。更为严重的是，沉寂了近10年、带有暴力性质的极右民兵组织在美国全国各地死灰复燃，他们的反政府、反纳税、反移民和种族主义倾向日益严重。

总部位于美国阿拉巴马州的南方贫困法律中心，在2010年8月出版了一份报告《第二次浪潮：民兵运动卷土重来》。报告中说，美国极右民兵团体的数量从2000年的602个增加了到目前的926个，而且越来越活跃。该组织正处于"10至12年来最为显著的增长期"。

由于金融危机和失业上升等因素，滋长了美国社会的不满情绪，使得极右民兵组织更有市场。2010年4月，美国政府的一份内部报告就警告说，极右组织可能会利用经济下行和奥巴马执政招兵买马，使得"有能力进行暴力攻击的恐怖团伙和个人重新涌现"。

反政府的极右民兵组织得以扩展，其原因也与该组织信奉的意识形态受到右翼媒体和政客的认同和追捧有关。比如，拥有大约250万名固定观众的福克斯电视台著名评论员格伦·贝克，在节目中公开地将奥巴马比作"法西斯"、"纳粹分子"和"马克思主义者"。他还重新拾起上世纪90年代极右民兵组织的一种阴谋论，宣称奥巴马政府正在全国秘密建立集中营。今年早些时候，得克萨斯州州长、极右共和党人里克·佩里暗示，该州将来可能会宣布独立。而共和党女众议员米歇尔·巴赫曼则称，她担心奥巴马计划设立集中营"改造"青年人。

"民兵运动"实际上是美国反政府运动的当代变种，美国历史上更为悠久的反政府运动还包括公民主权运动和抗税运动。由于俄克拉荷马城爆炸案的影响，加之影视作品、媒体和政客经常使用这一名词，"民兵运动"在美国已家喻户晓。

美国当代的极右民兵运动一方面继承了右翼势力准军事化的传统，另一方面也接受了"临时保安队"等反政府团体的理念。这些反政府团体出台了一种阴谋论，认为美国的合法政府已经被阴谋家颠覆，而被一个非法的暴虐政府所取代。这种理论认为，人民有权力和责任"夺回政权"，如有必要也可通过暴力方式。极右民兵组织领导人自称，这类组织应基本符合三个条件：与国民警卫队有相等的法律定位；不受政府控制；有权反抗政府"暴政"。

尽管美国极右民兵组织死灰复燃，蠢蠢欲动，但在整个美国社会感觉中还尚未形成压倒性的气候。不过，在权利基础与权力建筑之间的较量中，权利基础中的一些争权阶层越来越不屈服于当权者阶层，并且越来越敢于冒险，再加上一些媒体和政客出于政治动机为其推波助澜，因此，小的摩擦却很有可能释放出巨大的能量。正如美国的一位执法人员所说的："对他们来说，现在所缺的只是一个火花，而制造恐怖和暴力只是时间问题。"

在20世纪，如果说作为权利基础中的最下层——个人，与权力建筑发生矛盾时，用不着多虑，不会有什么太大的悬念的话（除了个人用非法的手段进行恐怖活动以外，合法的手段几乎都难以战胜权力建筑），那么进入到21世纪就不同了。由于科学技术的功效（例如互联网的普及），往往个人也能让权力建筑诚惶诚恐。

2010年4月，一段美军误杀伊拉克平民的绝密视频被爆料网站发布，在全世界引起轩然大波。2010年7月，维基解密公布了9万份英美阿战机密文件。2010年10月，维基解密又曝光40万份伊战机密文件。2010年11月，维基解密再次公布25万份美外交秘密文件。

2010年12月，维基解密创始人阿桑奇在伦敦被捕后，他的支持者连续发动多起网络攻击。12月14日，阿桑奇在伦敦被获准保释。

"维基揭秘网"基本上就是一个小小的"个体户"，为什么竟能让美国政府"服软"？

面对"个体户"的挑战，奥巴马政府显得比较尴尬：文件揭示的丑行正是其一贯反对的，而政府又不能过度反应，以防揭秘揭出更多的麻烦。由于这些文件揭露出美军对人权的漠视，这不仅可能激起美国民众对政府的声讨，还可能在国际上引发更多关注，从而使整个事态变得更加复杂。因此美国的权力建筑只能蜻蜓点水，既需要做出适当反应，又不能太过于强硬。

按理说，泄露国家机密应为国人所不齿，但不少美国人却持有同情甚至是支持的态度。"危机揭秘网"的宗旨，是为了让社会变得更好，保障人们自由获取信息和通讯的权利："只有信息的自由流通，才能及时发现和纠正我们社会中存在的不正之风。一个健康的社会，必须保护信息的交流，信息交流必须未经审查。"这是权利基础与权力建筑抗争的最有力的武器。因此，围绕着互联网的审查制度，权利基础与权力建筑必然还要发生规模更大的冲突。

在很多人看来，在西方民主政体下，经过选举产生的政府及其官员是公共利益的代表者，因而由他们所组成的政府也理所当然地会按公共利益的原则去行使职权。然而，现实却并非如此。权力建筑所作出的每一项决策，不见得都符合公共利益，常常会在维护了一部分"公共利益"的同时，又损害了另一部门"公共利益"，甚至还可以不顾公共利益去追求其当权者阶层自身的私利。在这种情况下，如何来维护公共利益？用什么方法来有效地维护公共利益？又如何阻止那些违反公共利益的决策，使它无法顺利地实施？这些问题将会在无政府主义者和政府强制主义者之间挑起激烈的冲突。

有学者称，"反政府"是荒谬的，因为当今社会仍然存在着可见的危机，政府（即国家权力建筑）对任何社会来说都是必要的。即使美国方式民主的社会，只要有人的地方就会产生矛盾，也就必须要通过一个机制组织来解决这些彼此之间的矛盾。因此，政府的规模，实际上主要与"国民彼此之间不能解决的矛盾的规模"成正比。

但另有学者称，选民通过投票，授权给那些政治家或政府官员，但后者受权之后所作出的很多决策，有时是与民众当初的意愿是不相符的。由于国家权力建筑已经掌握了公共权力，且可以指挥国家的暴力机器来维护权力建筑中当权者阶层的利益，权利基础若都不维护自身的权利和权力，将会使权力建筑更加有恃无恐、肆无忌惮。因此，必须由一些权利基础经常地对政府进行批评和反抗，甚至有时可以进行"敲打"，从而达到对政府进行示警的目的。

如何来实现民主？是民众强于政府才能实现民主，还是政府应该强于民众才能实现民主？究竟是哪一个学者的论点正确？这是21世纪留给所有权利基础和权力建筑的几道必答题。

我思来想去，觉得21世纪各个国家的所有重大的经济和政治活动，都更需要一个"强政府"来作出英明的决策，而且往往不需要征求每个权利基础的意见———一旦征求意见就什么也干不成。但同时，我又觉得21世纪各个国家的权利基础越来越强大，他们有更多约束政府的意志和能力，因此二者之间必然要发生这样或那样不可预见的冲突。

5-3 中国，21世纪的是非之地

○ 未来中国社会形态的不确定时代

21世纪，无论是经济矛盾、政治摩擦、科技竞争、外交风波、军事对峙，还是文化领域的较量，全世界最抢眼的大舞台或者说是"飓风眼"，将会集中在亚洲；而整个亚洲最抢眼的大舞台或者说是"飓风眼"，就集中在中国。

有人说，21世纪是中国的世纪。这话不无道理，它预示着中国将在21世纪崛起。但是人们也许有所不知，当今中国大陆的社会感觉是最繁杂混乱、最难以确定未来发展走向的，也就最难以确定其未来社会形态。在这种情况下，如果放弃中国共产党一党执政的格局，那可真不知道中国会乱成什么样。

在中国大陆改革开放40年后，各种社会感觉的"温度"都在慢慢地上升着，唯有君权社会感觉在缓慢地下降。如图5-3-1所示，就目前而言，中国的社会形态，其社会感觉基本上处于"模糊"的状态，平权社会感觉、暴权社会感觉、君权社会感觉、强权社会感觉、集权社会感觉、民权社会感觉，同以往的历史相比较，几乎都处于"争先恐后"的局面，只不过，君权社会感觉的指数比其它的指数还是略高些，仍处于"领头羊"的地位，但已经不像过去那样完全处于绝对的优势，随着40年的改革历程已经开始走下坡了。但是从历史上看，强权社会感觉的指数比任何一个历史时期的指数都要明显地处于高点位，在历史上是处于"领先"地位的时期。从权利基础的实际状况上看，平权社会感觉和暴权社会感觉一直伴随着左右；从权力建筑的意识形态上看，集权社会感觉和民权社会感觉的大旗一直高高举起——确定了正确的方向，只是有些方法不当——君权的方法或暴权的方法或平权的方法都时不时地交叉使用。总体上说，随着中国社会感觉的变化，君权社会感觉的指数明显地由过去的最高位在缓慢地下降着，其它的社会感觉此起彼伏，互不相让。在这种情况下，一旦君权社会感觉支撑不住而突然"倒塌式"地大幅度下降，究竟后面哪一种社会感觉能占上风，究竟中国要形成什么样的社会形态，我至今每时每刻都在担心着。

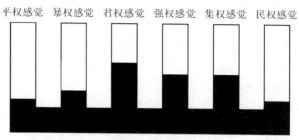

图5-3-1 当前中国社会形态示意图

如果按照正常的社会发展规律来分析，中国大陆的未来，理应是强权社会感觉指数持续上升，让它来接替君权社会感觉占据着社会感觉的主导地位，但最好别让它占据得过于充盈，应该同时把集权社会感觉指数和民权社会感觉指数也一并拉升，与强权社会感觉指数"平起平坐"，保持相对平衡，从而平稳地向集权社会感觉过度，进而迈向民权主义社会。这就是我提出的"高层段平衡发展策略"。"低层段平衡"系指社会感觉的指数主要以平权感觉、暴权感觉和君权感觉相对平衡为主导地位——三种社会感觉指数加在一起，其权重超过了61.8%（黄金分割位）；"高层段平衡"系指社会感觉的指数主要以强权感觉、集权感觉和民权感觉相对平衡为主导地位——三种社会感觉指数加在一起，其权重超过了61.8%（黄金分割位）。就中国的国情而言，这应该是最理想的社会发展方向和发展策略。但是，从目前来看，中国的权利基础同权力建筑相比，在权力意志和权力能力上，差距明显太大———一方愚昧无知，一方聪慧过人，确定社会形态发展方向的船舵完全把握在当权者的手里。

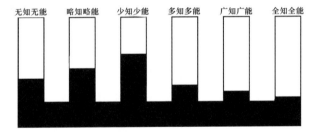

图5-3-2 当前中国社会权力能力构成示意图

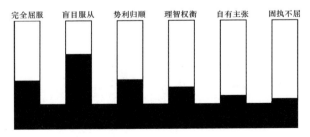

图5-3-3 当前中国社会权力意志构成示意图

如图5-3-2所示，目前中国人权力能力的素质构成大致如下：

全知全能者不足0.5%，广知广能者约占5%，多知多能者约占15%，少知少能者约占38%，略知略能者约占28%，无知无能者约占13.5%。

如图5-3-3所示，目前中国人权力意志的素质构成大致如下：

固执不屈者不足3%，自有主张者约占7%，理智权衡者约占10%，势利归顺者约占15%，盲目服从者约占50%，完全屈服者约占15%。

以上数据，仅仅是个评估值，并不一定绝对准确，代表的是个大致的水平。就这两项社会感觉指数相比较，中国人权力能力的状况要比权力意志的状况好一些。主要原因是，它们的"高层段"，即多知多能、广知广能、全知全能和理智权衡、自有主张、固执不屈之间，从指数高低及排列次序上看基本一致、差距不大；但在它们的"低层段"，指数高低及排列次序上差距较大，例如在权力能力上，三项指数是由低至高有序排列的，且"少知少能"（低层段的高级阶段）的指数最高，而权力意志的三项指数是中间高两面低无序排列的，且"盲目服从"（低层段的中级阶段）的指数最高。

从中国社会权力意志和权力能力的总体构成上看，目前并非理想状态，它们都与当前中国社会形态的社会感觉指数不相匹配，明显落后于社会形态的感觉指数状况——主要体现在三个图形的"高层段"上，社会形态的"高层段"明显高于权力意志的"高层段"和权力能力的"高层段"。

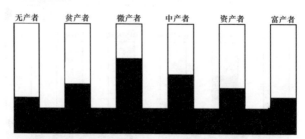

图5-3-4 当前中国社会经济阶层构成示意图

为什么会出现这样的情况呢？如图5-3-4所示，是因为在当前中国大陆，社会经济阶层构成有了很大的改变，最突出地体现在，社会经济阶层的"高层段"有了明显的提升，可以说，这应该归功于中国大陆的经济体制改革。中共总书记习近平自十八大以来，一直高度重视脱贫工作，其实就是要继续降低"低层段"无产者、贫产者的阶层指数，无形中就会提升其它指数的权重，这定会更加促使中国社会形态稳步地向"高层段"迈进。

如今面临的棘手问题是，权力建筑在意识形态上无法按照客观规律来办事，他们不能宣扬强权社会感觉，因为它恰恰是马克思主义早就极力反对的，况且他们也不能否定他们自己的过去，担心由此会带来思想混乱。所以，当权者就不得不按照"主观规律"来办事，即在理论上仍然宣称坚持马克思所指引的大方向前进，绕过"循环岛"，企图跨越强权社会感觉阶段，让人们误以为，我们可以直接进入到民权主义社会感觉阶段中；而在经济实践上，他们不得不补市场经济的课，使强权社会感觉充斥着社会的各个角落。从目前的情况看，这一方针政策就中国大陆的国情而言确实是奏效的。

不过，随着经济发展的温度不断上升，强权社会感觉的气浪已经扑面而来，有产阶群和有产阶层的不断壮大，尤其是人们的权力意志和权力能力的不断提高，势必会使强权社会感觉日益强大。一旦强权社会感觉占据了中国社会感觉的主导地位，一个空前强大的中国就会耸立在亚洲，傲视全世界，定会使整个世界的格局发生根本性的变化。于是，现今世界上的所有强权主义国家都不得不担心，中国强大了，会给世界带来什么？他们有些害怕，甚至不寒而栗！这只是说如果强权社会感觉占据了中国社会感觉的主导地位，如果是君权社会感觉占据了中国社会感觉的主导地位，那中国社会的内忧和外患必然会增加，社会矛盾会不断积累。由此，我有足够的理由作出这样一个结论：中国，将在21世纪的崛起过程中，成为全世界最瞩目的是非之地。

○ 冷战思维"已经没有了市场

第二次世界大战结束之后，人们以为世界从此太平了。而实际上，自20世纪的下半叶始，盟主之争越演越烈了。

军事对抗使对立的双方两败俱伤，这一结果已经成为普遍公认的一种常识之后，基于不同的社会政治理论而形成的不同社会政治、经济制度的国家之间，解决冲突的方式便逐渐地在演变。以美英为代表的西方国家为了达到消灭"赤色"的目的，制订了新的政策——"冷战思维"。"冷战思维"是一种国家权术，它用"暗箭"来替代"明枪"，它是在不直接露骨地进行军事对抗的前提下，用各种"损人利己"的方式和手段来破坏对方的经济建设和政治制度。其中，使某个国家出现分裂而打内战，让其发生改变，发生内乱，使其由强变弱、由大变小，以便于外国列强操纵控制，这样一种瓦解对立一方的方法和手段，就成为"冷战思维"最突出的表现和特征。

在与前苏联的"冷战"中，美国成功地瓦解了世界上最强大的"社会主义"国家，使前苏联四分五裂，使苏共丢掉了政权。以美国为首的西方国家也同时成功地瓦解了世界上最大的"社会主义"阵营，使东欧国家一个又一个地先后投入到"资本主义"的怀抱里。一个令人生畏的"社会主义"阵营，一个庞大强劲的"社会主义"国家，就这样不费一枪一弹、不损一兵一卒，在短短的几十年的"冷战"中，便被彻底摧毁，这不能不说"冷战"的功效之大已经远远超过了武力征服。

也许是从"冷战"中尝到了甜头，继前苏联崩溃后，目前属世界上最大的"社会主义"国家——中国，便逐渐地成为美国及其西方强国的"冷战"目标。美国国家安全委员会、国务院、国防部和参众两院外委会，共同把中国确定为将对美国安全构成威胁的国家，这就必然促使美国的某些政客把"冷战"再次搬上舞台。

但是，由于中国已经完全摆脱了"左"倾路线，把工作的重点放在了经济建设上，尤其是强权社会感觉的指数不断攀升——至少在社会经济感觉方面是这样，例如逐步开放资本市场、实行市场经济等，这就使那些发动"冷战"的国家失去了道义上的支持——因为并不是落后的思想意识下的旧体制与先进的思想意识下的新体制之争，而是完全出于狭隘性的国家利益之争（往往是以国家为名，实质上或许只是某个小集团）。

即使中国社会感觉权重的现状仍处于君权社会形态中（正向强权社会形态迈进），相信中国的权力建筑也不会购买美国兜售的"冷战"商品。这是因为，在长达4500多年的中国君权社会历史中，中国的统治者都是在"天圆地方"的思想支配下实行"自耕其田"、"自给自足"的封闭政策，这也许与中国人所具有的极强的民族排斥性心理有关。比起欧洲人来说，中国人对疆域之外扩张的求异性总是处在较低水平上。中国历史上，不管是哪个统治者，都毫不怀疑地认为他统治的国土是最大的，"当时的中国人以为自己恰恰的居于世界的中心，所以自称中国，意义是位于全世界中心的国度。"[2]是世界的中心，是足以令他满足的，从来不想再去扩张（起初并不是他们没有野心，而是眼界确实有限，一直认为世界就这么大，他统治了中国就已经统治了世界）。中国大陆历经40年的改革，将封闭的国门打开，开放资本市场，逐渐与世界经济融合成一体，这充分表明，中国大陆的发展之路乃是归顺于世界文明潮流的，是符合整个世界包括美国在内的人类社会发展整体利益的。在这样一种大势下，美国若再对中国搞什么"冷战"，那将是极其愚蠢的，是多此一举的。中国既不会在好胜心的驱使下自不量力地登上"冷战"的拳击台，也不会不识时务、蠢笨地钻进美国"冷战"的圈套中。

凡是认真学过中国近代史的人都清楚，一个多世纪饱受外国列强侵略和凌辱的中国，在付出了巨大的代价之后才赢得了民族独立和自由，现在的政权是多少人前赴后继、牺牲了多少宝贵生命换来的，她是不能容忍国家的独立、主权、统一和领土完整这一根本性的民族利益遭到侵犯和破坏。而且，中国大陆权力建筑一向是不怕恫吓、不以国家统一和主权尊严作为妥协内容进行政治谈判的统治

---

(2)柏杨：中国人史纲（上）.时代文艺出版社.1987，页1。

集团。实现国家统一的梦想，说穿了，它只不过是中国人所要讨回曾经失落的民族尊严和体面，只不过是中国人为了不愧对后代子孙所要履行的一份责任感。如果美国连中国要自尊、求体面的最最基本的合理要求都不许满足的话，那么这种企图分裂中国的"外交遏制"政策不但达不到任何目的，甚至还会激怒中国，使中国丧失和平统一的希望，使中国权力建筑作出他们本来不愿意作出的决定。真发展到了那一步，"遏制"政策就会弄巧成拙。

○ 经济交融是大势所趋

20世纪末，世界经济已经开始融合在一起，使集权社会感觉首先在经济领域找到了实破口。这种世界经济的集权一体化进程在美国、日本和欧洲进行的最迅猛、最突出，跨国公司、跨国投资和联合，为全世界所有的国家构画出实现集权一体化社会的最公平、最合理、最低耗的模式。

然而，一些地区却与世界一体化的潮流相违背，"闭关自守"地把集权社会感觉拒之门外。如非洲的一些国家，还有一些中东国家，都对"一体化"表现出恐惧感，甚至把"一体化"视为凶禽猛兽。令人不解的是，现今美国也加入到这个行列中，不能不说，这是与世界潮流是背道而驰的。如果说，20世纪80年代以前的中国也是一个"闭关自守"国家的话，那么现在的中国则完全是一个遵循集权社会感觉、迎合世界一体化潮流的相对开放的国家。

中国是个具有14亿人口的大市场。这样一个庞大的市场即使不实行开放政策，也不会停止运转。但对于渴求"一体化"的西方发达国家来说，中国所实行的开放政策应该是最大的喜讯。14亿人的商品需求，这对任何一个以发展社会经济为基本国策的西方发达国家来说，都具有无法回避的吸引力。中国又是现今世界上经济增长最快的国家，任何一个明智的投资者，都不会、也不该放弃这一千载难逢的机会。

中国大陆的领导层以及中国的宪法修正案，已经破天荒地把市场经济、非公有制经济纳入到国家的经济体制中，成为国民经济中不可分割的一部分，并且以法律的形式确认其合法的地位，这实际上已经为中国步入世界经济一体化奠定了牢固的基础。如果此时西方发达国家给实行开放政策的中国造成某种灾难，将会使世界上一切实行"闭关自守"，反对"集权一体化"的国家，从中国的教训中得出一个错误的结论：实行开放、实现全球一体化就是国家自我毁灭！由此，世界集权、全球一体化的进程会变得更加艰难。

经济交融是当今世界社会经济发展到一定阶段的必然趋势，是谁也无法阻挡的。谁采取了对立、排斥、封闭的经济政策，谁就会逐渐地被孤立于这个世界的大经济圈之外，谁就会丧失掉合作、交流和发展的机会。美国政府内已经有人主张"积极联系"的政策，以图在与中国经济合作和交流中影响中国未来的走向，这才是比较实际、比较聪明的政策。

有一些西方学者已经把黑与白混淆了，把是与非颠倒了。明明中国向世界开放资本市场，迎合世界经济一体化的潮流，而且国家所制定的法律和政策是趋向于向西方先进文明靠拢的，这本应得到鼓励和奖赏才对。

纵观全世界，产品意识与商品意识，共产信仰与资本观念，两种不同的世界观、人生观和价值观进行了近一个世纪的大争论、大搏斗，各国文化传统习惯相互地侵扰，造成纷争不断、日趋激烈。但是不知人们是否还记得，一盘小小的邓丽君通俗歌曲磁带风靡中国大陆，迷倒了整整一代人，"统治"了中国大陆近"一半"的时间。显而易见，随着商品的流通，不同的交化将会伴随着贸易相互传播。数百枚巡航导弹无法使一个国家的人民屈服甚至更激起反抗的情绪，而一段通俗歌曲却可以伴随着商品使一个国家的人民为之倾倒、无不向往。前者是耗费几十亿美元落得个损兵折将；后者是足足地赚了一大把钱获得个满堂喝彩。相比之下，哪一个更有效？哪一个更具有威力？

你若想改变一个国家的社会感觉，改变人的世界观、人生观和价值观，那么你就让他们消费你生产出来的商品； 你若想改变人的认识、信仰和追求，那么你就让他消费你生产出的商品； 你若想颂扬你的社会精神、宣传你的"主义"，那么你就让他们消费你生产出来的商品。你生产出来的商品只要能够得到一个国家消费者的青睐，那么你就等于"征服"了这个国家。

随着世界经济的迅猛发展，各个国家之间的文化冲突、文化侵扰、文化对抗的趋势将会日益加重。可以推断，第三次"世界大战"实际上已经爆发，但它是一场特殊的战争，是一种文化之战、观念之战。它的规模将会是最大的，任何一个国家都不能幸免；它所持续的时间将会是最长的，可能会占用整个一个世纪的时间。文化之战的失败者将是最后的失败者；文化之战的胜利者才是最后的胜利者。

○ "热油锅"旁的"火药桶"

为了防止中国大陆的崛起，不少对中国的"怀恨者"和"恐惧者"都在想方设法引燃中国这个巨大的"热油锅"，让它自己烧自己。于是，围绕着如何引燃"热油锅"的课题，他们纷纷开动脑筋。一开始关注的是西藏和新疆，但没有想到的是，西藏和新疆的经济繁荣，以及中国大陆国家权力建筑强有力的管理，使得西藏和新疆紧紧地镶嵌在中国统一的版图上，像铁铸的一般，几乎没有空隙可钻，致使"怀恨者"和"恐惧者"把关注的眼光从大陆内地转向境外。

稍有头脑的人应该不难发现，在这个"热油锅"旁，埋着四个"火药桶"，只要能点燃一个，就能把"热油锅"引燃，让这个国家死无葬身之地。

第一个"火药桶"——台湾

台湾与大陆曾经在很长的一段时期内一直对立着、僵持着：一个想"独立"，一个想"统一"，二者水火不相容，正好是中国未来发展的软肋。

自从香港和澳门回归中国已成不争之事开始，台湾便成为一些

"怀恨者"和"恐惧者"所下的一个赌注，如果能引爆这只"火药桶"，不但可以最大限度地消耗中国发展的劲头，而且还可以引发美中冲突，让世界上最强大的军事大国倾尽全力去攻打世界上最强大的经济强国，从而扼制中国走向强国之路。

两岸的骨肉同胞都不应该上当，应毫不犹豫地抱紧"和平"的灭火器，让"火药桶"的引信失效。谁在那里煽风点火，谁就是两岸同胞共同的敌人！

第二个"火药桶"——朝鲜半岛

其实这只"火药桶"曾经被点燃过，虽然没能将中国拖入火海之中，但已经大大地拖了中国发展的后腿，消耗了新中国建设初期发展的实力，使中国的经济建设滞后了约20年。

尽管这只"火药桶"一上来并不是直接在中国境内点燃的，但它足可以蔓延到全中国。如何点燃这只"火药桶"？很简单，就是要挑起韩国与朝鲜的冲突。只要二者动起手来，美国肯定不会袖手旁观，中国若想不闻不问也不可能。于是，只要朝鲜半岛炮火隆隆，就极有可能最终引发中美之间的冲突。

中国应该做"促和者"，全力支持朝鲜半岛南北同胞摒弃前嫌、合作共赢甚至实现统一。对任何试图挑唆朝鲜半岛南北对立甚至期盼他们动武的人，我都会认为，他们的真实意图，本质上是冲着中国和美国来的。

第三个"火药桶"——印度

印度也是一个人口大国，在亚洲紧邻中国。印度不但与中国至今还有领土的争端，而且也曾经发生过军事冲突。在印度的记忆里，似乎还保留着一段屈辱的记录。这也就为那些"怀恨者"和"恐惧者"视为有利可图——怂恿印度，将成为军事大国作为发展的主要目标，希望未来让中国和印度再一次在世界上最高的舞台上角力一番。

但是很明显，印度和中国的权力建筑并非低智商，他们的聪慧和克制，数次化解了边界冲突。但印度与周边国家的冲突也可能会触发与中国的冲突，故而邻国之间的战争也是非常危险的，中国要做促和者。不但如此，中国还应该适时地加强与印度的全方位合作，把帮助印度实现经济发展目标，作为自己的长远发展目标之一，通过合作实现双赢。

如果说21世纪是中国崛起的世纪，那么，22世纪也许将是印度崛起的世纪。所以中国要眼光长远。

第四个 "火药桶" ——南海

中国是最早发现、命名南沙群岛，最早并持续对南沙群岛行使主权管辖的国家。第二次世界大战期间，日本发动侵华战争，占领了中国大部分地区。《开罗宣言》和《波茨坦公告》及其它国际文件明确规定把被日本窃取的中国领土归还中国，这自然包括了南沙群岛。1946年12月，中国政府指派高级官员赴南沙群岛接收，在岛上举行接收仪式，派兵驻守。日本政府于1952年正式表示"放弃对台湾、澎湖列岛以及南沙群岛、西沙群岛之一切权利、名义与要求"，将南沙群岛正式交还给中国。

可是，从20世纪60年代开始，特别是70年代，中国南海露出水面的岛礁以及海域被一些周边国家侵占。提出所谓"主权"要求并分割海域的有越南、菲律宾、马来西亚和文莱等国家。

近年来，域外大国以南海争端为借口插手南海事务，以谋取政治、经济和战略利益。而中国则在南海填海造岛，至2018年初，已填海造岛8座，其中，美济礁、渚碧礁、永暑礁三岛机场已建成，这引起的很多国家的关注。毋庸置疑，未来南海争端将成为世界上最复杂的岛屿主权和海洋管辖权的争议，处理不好就会引燃"火药桶"。

防止第四个"火药桶"被点燃的最明智、最文明、最能长久实现和平的方法是，中国大陆可以创新性地尝试"招标"成立"中国南海联合国海军"，由中国以及愿意加入的其他国家的海军（如美国、俄罗斯、英国、德国、法国等，费用自理）组成联合舰队，各个舰均悬挂三面旗帜：联合国旗、中国国旗及本国国旗（只有中国只悬挂二面）。舰队的总司令可由参加国轮流担任，并由联合国秘书长任命，听从联合国的指挥，其任务是负责保卫中国在南海的主权，维护南海地区和平。此方案一旦实施，统一问题就不是问题了，因为"台湾牌"完全失效了；南海岛屿争议问题就不会再添乱了；钓鱼岛问题相信也会得以化解。如果说，"一带一路"是经济上的"人类命运共同体"的话，那么，"中国南海联合国海军"则是军事上的"人类命运共同体"，且后者要比前者更具前瞻性、创新性和先进性，是全世界未来和平的典范。

纵观中国周围的这四个"火药桶"，不管是哪一个被点燃了，都有可能会把美国拖入战争中，这对美国来说，有意地去点燃"火药桶"绝对不能算是精明之策，因为任何一次火势蔓延，都会把美国自身烧伤。因此，凡是聪明的美国人，谁也不会愿意点燃这四个"火药桶"。

如果让我指出哪些国家最"安分守己"，不会有、也没有必要有扩张、侵略和复仇的野心，这当属那些具有古老文明历史、地大物博，且"君与民"皆可世世代代安逸享乐的国家，如古埃及、古印度和古中国。

不过，为什么我将人们眼中"繁荣昌盛"的中国说成是"热油锅"呢？这是因为，在中国，尽管表面上看去可真是红旗招展、锣鼓喧天、载歌载舞，连喜鹊都在唱赞歌，但是在深层里，因为制度设计有缺陷，因而有不少危机的火焰正在悄悄地燃烧，在各种利益冲突的"煽风点火"下温度正逐渐升高。如果不提前预防消除隐患，后果将不堪设想。

5-4 中国的公信力危机

○ 理论与实践相距得越来越远

第二次世界大战结束后，亚洲的一些国家都参与了一场恢复经济的比赛。在这场比赛中，人均国民生产总值（GNP）成了标志经济发展速度的最硬的指示。当时几个参赛国的人均GNP是：

日　本：188美元（1952年）；

韩　国：82美元（1960年）；

新加坡：428美元（1960年）；

中　国：160美元（1955年）。

上述各国基本上处在同一起跑线上。

经过了近20年的发展，到1981年，部分参赛国的人均GNP是：

日　本：10080美元；

韩　国：1700美元；

新加坡：5240美元；

中　国：300美元。

中国的经济发展明显地落在了后面。但是，尽管中国的经济政策发生了严重的失误，使人民的生活水平没有得到相应的提高，远远地落后于其他各国，甚至在"无产阶级文化大革命"期间，人民群众及整个国家，都遭受到极度的痛苦和巨大的灾难，但毛泽东的统治魅力和马克思主义理论，却仍然使近十亿人的思想精神保持着高度的统一。

20世纪80年代初，以邓小平为首的中共领导人大胆实行中国的"新经济政策"，大搞改革开放，使中国的经济建设颇见成效，社会经济不断发展，人民的生活水平得到了大幅度的提高。

邓小平理论在中国的成功实践，无可辩驳地告诉人们一个结论：在忽视国情的前提下，越是僵化地"忠诚"于马克思主义，越是教条地、"不折不扣地贯彻"马克思主义，完完全全地按照正统理论去搞，那么，这个国家的社会经济建设就越搞不好。相反，只要放弃正统理论的误导，摆脱姓"社"和姓"资"的理论束缚，变通地、灵活地运用并发展马克思主义，就能轻而易举地使经济建设得到飞速发展。

然而，就是从这个时候起，认识上的差异越来越大，正统理论与实践的反差和矛盾也越来越突出；改革中所出现的新问题更加剧了人们的怀疑和恐慌，人们的社会感觉中的思想精神，再也无法高度地统一起来。于是，在意识形态领域，思想精神混乱的局面便开始形成，使中国社会公信力面临着危机。

首先就体现在理论的公信力下降这一点上。理论公信力的下降，主要还是源自理论和实践相差得越来越远。

自1919年"五四运动"开始在中国传播马克思主义，到中国共产党以马克思主义为思想武器最终取得了中国革命的伟大胜利，实践证实了马克思主义确实是当时最先进、最有感召力的思想理论。

建国后，中国的经济建设始终没有步入正轨，而是艰难曲折，困难重重，发展缓慢甚至还时还出现倒退。在经济发展上，虽与很多国家系同时起步，却越来越落到了别国的后面，差距越来越大。我们不能因此就责怪中国的权力建筑不想把中国的经济搞上去。与此相反，在毛泽东领袖率领下的中国共产党，一直忠实地贯彻执行马克思主义"社会主义公有制"等理论，按照这一理论去制定建国大纲，而且不折不扣地把这一理论贯彻到社会生活的各个角落，并坚信这一切都是符合客观规律的。尽管结果不尽人意，但理论和实践确实是一致的，绝对没有"挂羊头卖狗肉"。

以邓小平为核心的中国第二代领导集体，采取了务实的态度，绕开一些有争议的问题，聪慧地实行了"说要坚定，做要宛转"的策略，开始了"摸着石头过河"的社会实验，成功地拉开了经济体制改革的缀幕，使中国的经济建设得到飞速的发展。

然而，经济越发展，方向越模糊；方向越模糊，人们就越困惑。正统理论与实践的背反现象，使理论的滞后性和经济的快速发展形成不可调和的矛盾。

三个代表理论和科学发展观理论，虽然在一定程度上有效地对正统理论进行了修补，但都没有彻底的解决理论和实践相脱离的问题。直到如今，中国大陆的官方理论一直在宣传说，中国进行的改革是"社会主义制度的自我完善"，现在的"中国特色社会主义"，既不同于传统的"社会主义"模式，也不是当代西方的"资本主义"。官方虽然在报刊的宣传中仍强调中国不能走"资本主义"道路，中国的最终目标还是实现"共产主义"，但在实践中，中共官员对资本和市场的重视和青睐，已经不亚于任何一个"资本主义"国家。对此，美国麻省理工学院经济学家黄亚生写了一本研究中国经济的书《中国特色的资本主义》，他在书中试图破解中国经济飞速发展的内在原因，但无形中，他把中国定位为在搞资本主义。[3]这并非是个例。在2008年的中国奥运会期间，美国《华盛顿邮报》所作的报道《奢华的聚会表明北京充斥着资本主义》，其中说道："中国富人数年来一直在举办各种迷人的新潮聚会。但是在这届奥运会期间，北京以共产党从未见过的极度奢侈的方式，展现资本主义、商业主义的作用，并乐此不疲。"[4]

其实，早在此前，西方不少学者就已经为中国大陆的改革进行了定性：

法国《回声报》副主编埃里克·伊兹拉莱维奇说："中国目前的体制是很独特的，算不上真正的法制国家，又不存在反对势力，我准确地称其为'超级资本主义'。"[5]

英国《观察家报》2005年11月6日刊发一篇题为《中国是如何学会热爱资本主义的》文章，其中一句是这样说的："在很大程度上，中国人仍受其根深蒂固的文化的支配，但他们接受资本主义的速度也并不值得惊讶。"[6]

---

[3]《参考消息》.2008-05-01.第8版。转引自：https://max.book118.com/html/2018/0510/165680994.shtm

[4]《参考消息》.2008-08-18.第8版。转引自：https://max.book118.com/html/2018/0510/165680994.shtm

[5]《参考消息》.2005-03-02.第16版。转引自：https://max.book118.com/html/2018/0510/165680994.shtm

[6]《参考消息》.2005-11-7.第8版。转引自：https://max.book118.com/html/2018/0510/165680994.shtm

新加坡《海峡时报》2005年7月5日刊发的《瞧，中国重朔了世界》一文中说："中国通过充分实行市场资本主义实现了大幅增长"、"成为世界上最大的资本主义出口经济体。"[7]

可以这样说，传统的马克思主义理论在指导现实的作用上越来越显得力不从心。在"理论"与"实践"之中，肯定有一个出了问题。如果按"实践是检验真理的唯一标准"来衡量，"实践"应该永远是正确的，出问题的只能是"理论"。

仅仅从现实上看，中国人目前存在的极为猖狂的"物质崇拜欲"，或多或少和马克思的"历史唯物主义"之中有些过度重视"物质"的灌输有关。其实，精神、名誉、思想意识、包括思维方法等，都对历史的发展起着不可或缺的作用，尤其是思维方法，或许比"物质"所起的作用都大。如此这般，怎么能把历史的发展单单归结为"唯物"所起的的作用呢？仅仅从这一点上看，理论的创新发展绝对是一个亟待解决的问题。

以马克思主义为理论基础所创建的中国共产党，无论如何也难以相信自己的理论会出了问题，可眼前的实践结果又无法狡辩。由此一来，作为中共领导人及其广大的有识之士，当前最苦恼的事情就是鼓不起勇气完全丢掉正统理论，可又无法再用正统理论指导实践并重新把人们的思想从理论的高度上再次统一起来。

就马克思主义而言，"实际上，这些理论在现实中早已崩溃，但是清理的工作并不因此丧失意义，因为没有新的理论，旧理论就算没有人相信，但它仍然可以在千万次的重复中污染我们的视听，并假装理直气壮地统治着我们思想的舞台，尤其是它与狭隘的民族主义情绪结合起来的时候，它的危险性就尤为巨大。"[8]

---

(7) 参考消息》2005-07-16. 第8版。转引自：https://max.book118.com/html/2018/0510/165680994.shtm

(8) 甫人：中国宪政之路——论民族国家及其现代化.上大联合股份有限公司.2012，页355。

"历史本身已变成了马克思主义理论和实践的最致命的修正主义者。在马克思的时代就早已陈旧的那些幻想已被粉刷一新,而把它们建立为政治实践的指南。久已背叛社会主义理想的斯大林主义者仍把自己称作是马克思主义者,恰恰就同过去有许多已放弃基督教信仰的团体仍坚持他们是天主教徒的情况一样。"[9]

实际上,自从作出改革的决定那时起,理论创新的问题一直困扰着中共领导集体。邓小平理论是否完成了这一历史重任?包括后来的继任者,他们是否彻底解决了姓"社"还是姓"资"的理论问题?是否总结出与社会实践完全相符且令人信服的社会发展规律?是否创新出发展马克思主义合理内核、纠正和剔除旧理论的不足和缺陷的新理论?

非也!他们只是作出了一项又一项英明的决策,这个决策并不是根据什么先进、科学的理论作出的,而是在实践中的一种探索。这种探索就现在来看完全是必要的、及时的、正确的。

早在1997年,国内20多位专家合著了《关键时刻——当代中国亟待解决的27个问题》一书,谈到了国际战略问题、社会制度问题、意识形态问题、可持续发展问题、市场经济问题、国家资源分配问题、财政问题、人口问题、粮食问题、国有企业问题、农民问题、失业问题、科技战略问题、政治体制问题、环境问题、农村经济问题、地区差距问题、小城镇问题、流动人口问题、阶级阶层问题、道德困境问题、教育问题、文化冲突问题、文学危机问题、艺术问题、青年问题和犯罪问题。[10]这些问题确实都是当时中国亟需予以重视并着力解决的问题。时至今日,很多关键问题都没能较好解决,有一些解决的,往往也难彻底。对此,在我看来,主要原因就是对于与"顶层

---

(9)[美]悉尼·胡克:理性、社会神话和民主.金克、徐崇温译.上海人民出版社.1987,页106。

(10)许明主编:关键时刻——当代中国亟待解决的27个问题.今日中国出版社.1997。

计"相关的问题没能注意到而忽略，导致其它问题解决起来总是阻力重重。而与"顶层设计"密切相关的，我认为中国面临着潜在的重大危机主要有三个：公信力危机、信仰危机和教育危机。其中，公信力危机之中包括理论危机、司法体制危机和媒体体制危机。而理论危机是首当其冲的。直到今天我们应该看到，中国所面临的理论危机是目前中国大陆最急迫需要解决的事情。解决这一问题，还需要我们这一代或是下一代人付出艰辛的努力。

○ 司法腐败亟待治理

公信力，是指在社会公共生活中，公共权力面对时间差序、公众交往以及利益交换所表现出的一种公平、正义、效率、人道、民主、责任的信任力。公信力既是一种社会系统信任，同时也是公共权威的真实表达，属政治伦理范畴。简单说，公信力即是使公众信任的力量；所谓国家公信力，就是指一个国家对公众的信誉度。

从公信力的研究对象来看，最直接地体现在以下几个方面：

一是法治是否健全，各项法律法规能否真正起到约束社会行为的作用；二是政府作为国家权力机构是否公正清廉，自觉用各种法律来约束自己的行为；三是传媒组织能否真正负起社会责任，在维护社会公平和正义方面起到监督作用，通过大众传播媒介提供客观、全面、及时、权威的信息，并得到社会的普遍认同。

这里先着重谈一下中国的法治。

我曾在天津工人报社群众工作部从事记者、编辑工作10余年，负责接待信访投诉工作。在所接待的数千件投诉中，发现在解决社会问题、化解社会矛盾、促进社会公平正义等方面，群众意见最大的，就是司法不公的问题。我前后跟踪了数十件案例，有的案例跟踪长达10年，投诉群众一直没有得到公正的结果。通过研究这些投诉案例，在如何"扎实提高社会管理科学化水平"的问题上有了一点初步的看法。

一、中国大陆治理司法腐败是当务之急

社会管理的基本任务包括协调社会关系、规范社会行为、解决社会问题、化解社会矛盾、促进社会公正、应对社会风险、保持社会稳定等方面。但是，"一些地方和部门管理体制机制老化，机构运作迟钝和麻木，职能转变和职责内容更新迟缓，社会管理方法手段陈旧，负有执行法律和政令责任的机关单位治理能力退化。不仅对于社会矛盾和冲突不能有效疏导，甚至连正常的社会管理职能和协调职能都难以发挥。一些部门对社会违法现象不闻不问或出于地方或部门利益的动机，对违法现象保驾护航或助纣为虐，成为利益集团的工具，甚至黑恶势力的保护伞。"[11]其根本原因是，地方的一些司法部门已经或多或少地失去了监督、制约的有效作用。行政管理是由人来实施的，谁也不敢保证不出错。但作为"最后一道公平的防线"，地方的一些司法部门出于自身的利益，往往会与行政权力暗做交易，将公权变为私利，把国家法律玩弄于股掌之中。这一现象，让人民群众怨声载道、恨之入骨，同时使得一些行政权力更加肆无忌惮、胆大妄为、无所顾忌。其结果是，它严重地影响了社会管理过程中社会公正的实现，成为影响社会管理的最大制约因素，致使国家的权威性和公信力急剧弱化，社会公众对政府的信任度降低，最终导致政府机构在社会管理过程中管理绩效的降低和解决社会问题困难的增大。

从法治是否健全来看，有法不依、人治大于法治的现象比比皆是。不可否认，在君权社会形态下，"以孔丘、孟轲为代表的儒家主张'人治'的一个重要理由，就是为政的好坏决定于君主，因为君主在政治生活中具有决定性的作用。"、"人治的主张也并非没有合理之处。因为在专制制度下，任何法令都是依靠君主及其属下的官僚集团制定和执行的。如果他们任意妄为，无论何种法令、制度都无法保

---

(11)中央党校研究生院副院长刘春教授语。

障能得以推行。"[12]不过，这应是在君权社会形态下的产物，发展到强权社会形态时就已经落伍、不合时宜了，就更别提民权社会形态了。

目前老百姓最怕打官司，他们认为法院的法官不可信啊！法律是社会公正的最后一道屏障，如果法律失衡了，国家的公信力又从何谈起呢？

纵观各种各样危害社会稳定的事件，我们可以得出一个结论：各种行政腐败灭而不绝的根本原因是——司法腐败。"司法腐败是最大的腐败！"司法腐败如果不能从根本上得到有效的治理，则"社会管理科学化"就无法从法治上得到根本性的保障。

二、司法部门内部存在的一些现实问题

我在跟踪、暗访信访投诉案例的过程中，和一些司法人员"打成一片"，成为知己，获知了司法部门内部的一些"潜规则"和司法人员内心的苦楚，从中发现司法人员往往在是与非的评判面前备受干扰、身不由己。

一是权力干预。既有上级下级之间的纵向干预，又有关系单位之间的横向干预；二是人情妨碍。亲戚之间，朋友之间，家里家外、上下左右，关系网交叉贯通；三是金钱交易。无形的金钱网无处不在，深深地潜伏在各种权力的身旁，防不胜防。四是后顾之忧。法官也是活生生的人，而且他们还有家属、孩子；他们都在明处，对于很多的暗箭根本无法设防。所谓的"人民陪审员"也不例外，况且这些人比法官也高尚、超脱不到哪里去。除此之外，还有其它很多不可预见的客观因素和主观因素也可以干扰司法公正。

纵观这些问题的根源，我发现是司法体制上有欠缺，亟待进行改革和创新，以克服弊端。以法院为例，过去所建立并延伸至现在的法院体制为"四级二审制"。其中，只有中华人民共和国最高人民法院能在一定程度上脱离开地方的影响和干扰（有时也无法完全摆脱），而地方法院则势力过强。因为区级人民法院、中级人民法院、

---

[12]林剑鸣：历史反思丛书·法与中国社会. 吉林文史出版社. 1988，页76。

高级人民法院都设置于地方，几乎可以完全地被笼罩于地方势力范围内，备受地方的干扰，造成"中央权轻"、"地方权重"的局面。

中央为了防患"地方保护主义"，采取的措施多是更换地方的领导人，但"地方势力网"非常牢固，不会因为更换了几个领导人而有彻底的改观。因为具体办案的仍然是"地方势力网"，地方领导人不可能去插手处理这些具体的事物。

由于地方司法部门的各级领导和法官们，在人事任免、福利待遇等很多利益方面都离不开地方各种各样的影响，甚至个别人搞拉帮结派、官官相护、上下串通，使老百姓告状无门，导致赴中央上访告状的人特别多。我数次跟随上访人前往中华人民共和国最高人民法院，发现这里成了"最高人民上访院"，虽然不至于每天都是如我亲眼所见的人山人海，但法警的数量如此之多、"如临大敌"，不远处还有防暴队整装待命，其情景不言而喻。反观那些上访人，个个都是一脑门的官司，叫苦连天的有，骂声不断的有，形形色色，让人心发颤。

倒过来看，司法人员个个也是有苦难言。他们面对来自方方面面的压力，为了求得自保和生存，只能"顺其自然"、"迎合国情"。这种使司法部门基本上被控制在地方的司法体制的弊端，何止出在法院系统？其它一些部门、机构如检察院等也是如此。这绝对不符合现代集权社会管理科学化的法理原则和逻辑构成，使地方权偏重。这种状况不改，司法腐败就无法从根本上清除。

"公正是法治的生命线。司法公正对社会公正具有重要的引领作用。"、"所谓公正司法，就是受到侵害的权利一定会得到保护和救济，违法犯罪活动一定要受到制裁和惩罚。如果人民群众通过司法程序不能保证自己的合法权利，那司法就没有公信力，人民群众也不会相信司法。人民群众每一次经历求告无门、每一次经历冤假错案，损害的都不仅仅是他们的合法权益，更是法律的尊严和权威，是他们对社会公平正义的信心。"⁽¹³⁾司法腐败如果无法根治，则其它的腐败也就无所顾忌了，社会管理科学化也就会失去保障。

三、司法体系应重新建构

新中国成立后所创建的整个司法体制的基础，严格说还是基本套用前苏联的体系，而前苏联的司法体系建立的理论基础，是"以阶级斗争为轴线，把法的产生、存在与发展，归结为阶级斗争的需要"、"法是阶级社会特有现象"⁽¹⁴⁾这样一套"专政思想"作引导的，完全是针对"专政对象"以及革命队伍中的"异端分子"的斗争工具、专政手段，因而它根本不用考虑什么公平和正义。当时的历史背景是，在20世纪30年代，前苏联的"大清洗"进行的异常惨烈，与斯大林提出的"社会主义革命愈深入，阶级斗争就愈尖锐"的理论相呼应，当时担任苏联最高检察官和苏联科学院法学研究所所长的安·杨·维辛斯基，在提出"依据口供就可以定罪"的荒唐刑法理论的同时，还提出了"把法归结为统治阶级意志"的法学基础理论。它被法学界的后人称作"维辛斯基理论"。后来几乎所有的"社会主义"国家，都把"维辛斯基理论"奉为"经典"、"绝对权威"，尤其是它特别有利于极权统治，故而纷纷效仿，所造成的悲剧至今也没有完全杜绝。"维辛斯基理论"其实就是"以阶级斗争代替民主法治"的祸根。现今，思想意识及法学理论虽然已经更新换代了，但原有的体系还是老样子，所以时不时地还经常"旧伤复发"。

参照社会发展规律之中"集权社会感觉"的未来发展走向，再结合中国大陆目前的国情，我认为，中国法院的体系应创新性地实行"二类三级制"重新构建。

二类是指，法院分为二类，一类是国家法院，另一类是地方法

（13）中共中央宣传部：习近平总书记系列重要讲话读本．学习出版社，2016，页94。

（14）张宗厚：法学的危机与重构．载于《中国的危机与思考》．天津人民出版社．1989，页254～255。

院。"三级"是指，从中央到地方，法院分设为三级：国家法院分设为二级，最高一级的是国家高级人民法院，低一级的是设置于各地方的国家中级人民法院。地方法院为一级。

地方法院虽然只设定为一级，但它在下属区域内分别设有数个分院，例如在天津市人民法院之下，分设有天津市人民法院河西区分院、天津市人民法院南开区分院。它们都是初审（一审）法院。

设置于各地方的国家中级人民法院是二审法院。就是说，凡是不服地方法院而上诉的案件，都要上诉到本地方的国家中级人民法院，国家中级人民法院的判决为终审判决。

地方基层法院作出判决后的上诉案件，国家中级人民法院不可驳回重审，直接进行终审判决，以避免浪费社会人力、物力，减少诉讼成本。不仅如此，设置于地方的国家中级人民法院实际上是作出两份"判决"：一份是针对当事人所作出的判决，另一份是针对地方法院的错判所作出的评判或评议，这是交给地方法院和负责考核监督部门的。这样一来，任何一方当事人都不用担心赴异地打官司会再吃"地方保护主义"的亏了。

设置于各地方的国家中级人民法院，完全服从国家高级人民法院的领导，所有法官、工作人员的人事任免均由国家高级人民法院的专门组织机构负责推荐选派；国家中级人民法院均向国家高级人民法院院长负责，不管谁出了差错，都会不同程度地影响到国家高级人民法院院长的业绩，并且在出现非常重大的错误时，国家高级人民法院院长也难脱其责。这样一来，国家高级人民法院的院长必然会严格督促下属，不敢有一丝马虎。同此道理，所有设置于地方的国家中级人民法院的法官们，不管谁出了差错，也同时会不同程度地影响到国家中级人民法院院长的业绩，并且在出现非常重大的错误时，国家中级人民法院院长也难脱其责。

另外，设置于各地方的国家中级人民法院的所有法官，以及国家高级人民法院的所有法官，都必须遵守另一项明文规定：全部异地任职，不得在其居住地任职（必须远离户籍地和学籍地），实行"半军事化管理"，在一地方任法官的时限最长不得超过5～8年，实行不定期的轮换制。任期届满将重新分配至新的地方接任法官之职（中间有长假期可回家探亲，并享受各项出差性质的补贴）。设置于各地方的国家中级人民法院的院长、副院长等主要领导人，也均是如此。

为什么要这样设置？这是因为，一个国家没有了公正的基础，那么就等于鼓励所有恶人大胆行恶（包括国家机关中的工作人员），不用有任何顾虑；相反，被侵害者则会把怨恨直接泼洒到国家头上，使国家失去人民的信赖，并逐渐地丧失人心。如果说，一个军人的职责比较重大的话，即使他出错，他也一般不会在保卫国家的行动中给国内造成不公平、不公正的隐患。但是，一个法官的职责比一个军人的职责则更重大得无法估量，因为一旦他出错，他肯定会造成不公平、不公正的结果，就会造成民怨，这种民怨会长久地压抑在人民的心中，憎恨之火越烧越旺。

同国家法院相类似，各地方人民法院以及下设的分院（基层法院），完全由地方人民法院领导全权负责。虽然也分为"二级"，但实际上是一体的，有直接的隶属关系，只负责一审。地方人民法院以及下设的分院只是分工不同（按照案件的性质和诉讼标的的大小等来进行划分），但任何一个地方法院分院有了差错，也会不同程度地影响地方法院院长的业绩。出现了重大错误，地方法院院长也要为此负有责任。如此这般，用不着中央天天为司法腐败问题而着急，地方法院院长首先就着急了。他想长期任职，就不得不对下层严加管理、严格把关。尽管他在某种情况下受制于地方党政，但他同时也要受制于国家法院，受制于国家颁布的各项法律。在国家的法律规定和地方的权力干预二者之间，孰重孰轻？相信法官们会作出慎重选择的。

由国家中级法院直接受理地方的二审案件，势必会使地方法院的法官们变得更小心谨慎，再错判了案件想遮掩就不那么容易了。国家法院在全国的各个地方有效地形成了司法体制上的"第二道防线",严格把关的同时,又对地方法院实行了切实有效的监督,确保国家法律的统一性、公正性、公平性和严肃性。

现今可好,初审、终审和申请再审全部都是地方法院。地方法院的各级领导和法官们,在人事任免、福利待遇等很多利益方面都离不开地方各种各样的影响,甚至个别人搞拉帮结派、官官相护、上下串通,使老百姓告状无门,导致赴中央上访告状的人特别多。倒过来看,法官们个个也是有苦难言,因为不仅仅是他们本人有后顾之忧,就连他们的亲属也有不安全因素。这种使法院基本上被控制在地方的司法体制的弊端,何止出在法院系统?其它一些部门、机构如检察院、劳动人事争议仲裁院等也是如此这般。这绝对不符合现代集权的管理原则和方法,使地方权偏重,出现了地方极权的现象。这种状况不改,司法腐败就无法从根本上清除,对集权社会感觉的形成和发展是非常有害的。

为了"努力让人民群众在每一个司法案件中都能感受到公平正义,决不能让不公平的审判伤害人民群众的感情、损害人民群众权益"[15],社会管理尤其是司法体制的设置就要做到科学化,而要想做到科学化,这首先就需要有一种"系统而科学"的逻辑思维,那就是首先要找到很多问题出现的深层次原因,追根溯源,并且还要找到它们的核心点在哪,从关键点上下手,对问题不仅要治标,更要治本,以达到事半功倍的效果;其次还需要对研究本身设定严格的要求,那就是:不能只强调"体制硬件"的重新设置,而且还要注重"人性软件"的重新规划。

我所提出的司法部门体制改革与创新的建议,正是基于上述理念而进行的,目的不仅是要使创意符合国情,针砭时弊,切中要害,发挥功效,而且还希望这一改革和创新之举,使中国的法治建设不是跟在别国的后面亦步亦趋,而是能不断完善、逐渐超越,率先踏上

---

(15)中共中央宣传部:习近平总书记系列重要讲话读本.学习出版社,2016,页94。

科学管理的征程，最终走向世界的前列，成为其他国家（尤其是发展中国家）法治建设的典范。

◯ 法治的虚建与媒体的无奈

截至2018年，中国共有国家法律法规共1109部，其中现行有效的约243部，包括行政法规、部门规章、司法解释、团体规定、行业规定、军事法规、军事规章等。地方法规的数量实在没有办法统计计算，那可真是多如牛毛！这么庞大的法律体系，应该说，够健全了吧？但是，我却认为，从法治的本质上看，欠缺还太多，有些可以说是形同虚设。别的先不说，就以近些年已经查处的腐败官员的数量为例，足以说明这些法律对众多违法者根本没有起到应有的作用。

按说，中国绝对可以说是"制定法律"的大国，数量之多、速度之快，没有哪一个国家能比。但是，执行的如何呢？又为什么执行不畅呢？这就与体制有关了。没有监督或是监督不力的体制，法律再多，也难以发挥正常的作用。

现今，大陆的权力建筑极其重视构建能独立发挥作用的国家监察体系工作，着力进行监察体制改革，使监察机关从过去位列政府职能部门的从属地位，前所未有地上升至与政府、法院、检察院平级的独立地位，应该说，这确实是朝着社会管理科学化的方向迈进了一步。但是，别忘了中国的国情——这么多年，政府、法院、检察院明里暗里扯不断的密切联系所形成的巨大的利益关系网，究竟有多厚、有多大、有多复杂，恐怕谁也说不清，而且这张网涉及的可不止一代人。别说是监察机关仅仅是与政府、法院、检察院平起平坐，就是能在他们之上，比他们高一级，都不见得行得通、摆得平、管得住、治得了。不把这张利益关系网打破了，估计任何一个部门都难以独自发挥出有效作用。所以，只靠监察机关一股力量去打破这种利益关系网，实在是心有余而力不足。

除了监察体制改革外，中国还应同时进行法院、检察院的体制改革，打破原有"关系网"，再辅之以媒体体制改革，让媒体更多地发挥舆论监督的作用。

在西方发达国家，人们将媒体称作是第四权力（相对三权分立而言），将媒体记者称作是无冕之王。因为很多有特殊权力的人，都是在媒体记者揭露出腐败等真相后丧失权力的，连某个美国总统也不能幸免。人们常说，没有监督的权力就会导致腐败；绝对的权力导致绝对的腐败。那么，谁来监督权力呢？当然媒体可弥补这一空缺。但是对所谓"第四权力"，它作为还是不作为，它是否也参与了腐败，由谁来监督它呢？

很早以前，中国老百姓经常说的一句话："报纸上都说了，还能有错？"可如今，风光已经不再，一些老百姓经常说的一句话："现在报纸上除了日子是真的，其它哪个还可信？"

有学者更是公开质疑中国媒体：大家每天打开中国的各类主流媒体，看到的是哪些人物的面孔和声音呢？

——各类土豪及附庸炫耀作法、造势唬人；各种明星作秀显摆、轮番炒作；再就是拿老百姓的事儿填填牙缝儿、卖卖关子。所以，绝大多数媒体，发出的最强音主要来自权势人物、财富人物、明星人物。

传统媒体的黄金时代已经过去，网络媒体、自媒体声势浩大、席卷而来，博客时代已经开始出现乱象，到了微博、微信时代，可谓乱象丛生，媒体受众一次次成为被戏耍的愚昧者。旁观这种社会感觉惯性，让愚弄的风、不疼不痒的风久久地刮，已经成为唯一的选择。今天谁还能像过去那样说：媒体上说得还能有假？于是，媒体受众成为网络诈骗最喜爱的对象，同时也成为自己陈旧观念的受害者。

中国没有走媒体私有化的道路，应该说大方向是绝对正确的。但是，让媒体完全成为某个政党的喉舌，这就有利也有弊了。

按照"三权定律"的原则，司政、司理、司议三大国家管理机构都可以有自己的媒体，独立行使舆论监督权，彼此之间应该相互制约。执政党也另有自己的媒体（党报），可以对司政、司理、司议三大国家管理机构行使舆论监督权，但不是将所有媒体都直接控制在一个政党自己的手里。该抓的抓在手里，该放的就放权给其它机构，但并不是放纵，而是依法监督。

就媒体公信力下降的问题，有不少学者谈了很多"应对之策"[16]，而最最根本的没有谈或者是没敢谈，那就是最起码应该先出台一部《新闻法》吧。新中国都已经成立了70年了，至今连《新闻法》都还没有制定出来，这不仅仅是新闻媒体的无奈，而且是中国法治的尴尬。

媒体公信力作为一种无形资产，是媒体在长期的发展中日积月累而形成的，体现了一个媒体存在的权威性、在社会中的信誉度以及在公众中的影响力等特征。没有公信力的媒体终将失去生命力，被受众鄙弃。其实，当年中国老百姓信任报纸，那是因为信任政府。如今老百姓不信任媒体，背后所折射出来的舆情就是不信任政府了。我们现今是否应该好好反思一下？

5-5 中国的信仰危机

○ 信仰有与无的区别

自从"共产主义"输入进中国，不知有多少人为之倾倒，甚至连敌对方的"有识之士"也纷纷倒戈，他们不为金钱，不为权力，也不为美色，纯粹是发自内心的自愿行动，不惜付出生命的代价，向"共产主义"信仰的一方提供重要军事情报。新中国成立后，一直到"无产阶级文代大革命"，不管中国人遇到了多少艰难险阻、遭受到多少灾难和痛苦，都没有使他们在精神上发生动摇，都没有使他们丢掉发自内心的"社会主义"和"共产主义"的信仰——他们不为名、不为利，吃苦在前，享受在后，付出了无数的辛苦，付出了巨大的代价，

---

(16)参阅刘华：传统主流媒体公信力下降的主要表现、原因与对策.探索与争鸣.2016年第2期，页30～32。

甚至抛头颅、洒热血。然而，"文革"的洗劫之后，尤其是改革开放之后，官场的狡诈和市场经济的实施，使很多人突然发现，过去曾被他们的枪口所指向的东西，现在又都冒了出来；他们突然发现，他们用付出鲜血和汗水代价所本该获得的东西，却被一些"公仆"们毫不费力地独占享受；他们突然发现，他们所信仰的伟大事业距离他们是那样的遥远、遥远，达到可望而不可及的地步，这一切一切，难道就是我们所称颂的那个什么"主义"的精华么？于是，在怀疑、困惑和恐慌之中，口头上虽仍在高呼"为共产主义奋斗终生"，可骨子里却自我讥笑那仅仅是一段自欺欺人精采的表演闹剧，是"职业骗子"手里的工具；嘴上讲的要忠于这个主义、那个主义，可心里想的却是权力、金钱、别墅和美女。

如果说，人们能较持久地信仰上帝的话，那是因为"上帝"有它的高明之处——它高明在，它是一种无形物，并且总是飘忽不定地紧随着真理；它还高明在，它能够超凡脱俗，让人们自我领会、自由遐想。相比之下，"共产主义"学说则显得被动——它被动在，它的某个预言或某个分析一旦被社会实践所否定，必然会使人们对整个预言和全部分析产生怀疑。

在社会精神因社会公信力丧失而处在"怀疑一切"的氛围之中时，唯独剩下权力、金钱和享受最使人们放心。于是，不择手段地谋取权力、摄取金钱，成了人们唯一不可动摇的追求。到了这个时候，人们已经没有了精神，没有了任何信仰和理想，完全听任物欲的摆布，使人开始不成其为人。

信仰危机最大的危害，就是人心开始涣散，失去了以往的凝聚力，社会良知逐渐丧失，稍有"风吹草动"，就会一发而不可收拾。因此，一个社会发生信仰危机，应是最大的不稳定因素。

当信仰危机来临时，民众的心理就会发生动摇，发生畸形的变化——对一切都产生怀疑，对一切都不再相信。当权者越是摇旗呐喊地鼓噪某个口号，民众就越不相信这个口号的真实性。甚而至于，当权者作出的某种决定,从客观的立场出发来审视的确是对民众、对民族、对国家的发展进步是有利的,但可笑的是,即使这样,民众也不相信,产生出异常强烈的逆反心理,与当权者背道而驰。足见信仰危机已经到了多么严重的地步。

现如今,假如还有人信誓旦旦地宣称信仰"共产主义",倘若不被人们斥之为口是心非的虚假和别有用心,就会被人们看成是弱智或愚忠。但曾经的"共产主义"信仰却能够使我们解放了全中国,建立了一个新国家,我们所取得的胜利,与我们的信仰究竟有何关系?罗素先生在他所著的《权力论》一书中专门就此指出:"反民主的论据之一是,由团结一致的狂热者组成的国家,较之拥有大量心智健全人士的国家,在战争中拥有更多的胜利机会。"这是因为,一个社会团体所有成员在狂热的状态下所信奉的信仰,往往能够极大地增强它施展的能力,其能量之大,往往不可估量。

从伊斯兰教说起,按说穆哈默德丝毫没有增加阿拉伯人的科学知识和物质财富,可是在他健在及去世后的几年里,他所创造的"精神产品",却使人们狂热起来,这种狂热,给那些为讨伐异教徒而献身的人以升天堂的希望,因而使人人视死如归。伊斯兰教使阿拉伯民族空前一致地团结起来,击败了他们最强大的邻国,从而建立起一个庞大的帝国。

说到中国,最令人惊奇的就是红军,就是这样一支靠吃煮皮带而爬雪山、过草地的军队,最后竟然把装备精良的国民党军队赶到了台湾孤岛上。这信仰的魔力真是让人难以捉摸。

当然,信仰与信仰也有不同的时候。真正科学并与实际相符合的信仰是最长久的信仰,而与此相反的信仰只是一时逞狂,却难以真正持久。因而信仰也不是一个任何时候、任何情况下都靠得住的东西,否则前苏联就不会解体了,很多的"社会主义"国家就不会搞什么改革开放了("改革开放"其实就是一种"修正"的粉饰词)。因此,"一种作为权力来源的信仰会一度产生巨大的力量,但是这种力量会产生厌倦，尤其当它们并非卓有成效时，而厌倦又会产生怀疑——起初并不是明确的怀疑，而只是强烈信仰的缺乏。宣传方法产生的刺激越大，发作用也越大，直到最后一种安宁的生活似乎是唯一值得的东西……因此，过分强烈使用的信仰，其作用是短暂的。"[17]但是，人类毕竟不是动物，人生活在社会中，总是要有一种精神的，否则人就会异化而颓废。

信仰的建立可以使个体确立人生意义和价值标准，继而成为个体毅然前行的巨大动力。反之，信仰的缺失将使人生变得迷惘彷徨、了无生趣，继而成为人们随波逐流或是走向极端的潜在能量。

关键的问题是，信仰的来源究竟是什么？是靠"主义灌输"，靠"物质诱惑"，靠"宗教推动"，还是靠科学教育，这可是关系到所形成的信仰的性质谁是谁非的大问题。尤其是现今人们谈论的"信仰危机"，它是指靠"主义灌输"而形成的信仰发生了危机，还是指中国传统的信仰方式和信仰理念全盘发生了危机？怎么样理解和解决这个问题？我们要重振信仰，究竟要重振什么样的信仰？ 中国目前出现的信仰危机是如何发生的？为什么会发生？这是一个非常值得研究的问题。这些都是我们最为迫切进行分析并予以解决的重要问题。

○ 中国人有没有信仰？

近一时期，人们在有关信仰、"信仰危机"的问题上谈论得比较火爆，一直争论不断：有人说"中国人没有信仰，中国人不讲信仰"；有人说"中国人有信仰，只不过和西方人的信仰不同"；还有人说"中国人的信仰很怪：一会儿有，一会儿没有。"那么，究竟该怎么看待这个问题？中国人究竟有没有信仰？如果有，那么中国人的信仰具有怎样的特征？这一信仰特征与西方人的信仰特征有何异同？对这些问题是非常有必要进行分析及探讨的。

中国人有没有信仰？回答这一问题，首先应弄清楚究竟什么是信

---

(17)参阅莱昂斯：乌托邦的使命。

仰？但是，最容易引起争议的问题是，"信仰"的概念究竟如何来确定？如果对信仰的概念还没有弄清楚，那对于"中国人有没有信仰"的问题也就难以讲明白。

什么是信仰，现代汉语词典里的解释是，信仰就是"对某人或某种主张、主义、宗教极度相信和尊敬，拿来作为自己行动的榜样或指南。"[18]就这一信仰概念来理解，人们所看到的很多西方人的信仰只是其中的一种——宗教信仰。除了宗教信仰，对某种主张、主义、文化理念等也可以信仰，也是信仰概念当中所内涵的一部分。由此，按照逻辑，不能认为没有宗教信仰就是没有信仰；或者说，人们信仰的对象可以是宗教，也可以是其它的某种主张、主义、文化理念等。

在百度百科中，对信仰概念的解释与现代汉语词典略有不同："信仰是指对某种主张、主义、宗教或某人极度相信和尊敬，并把它奉为自己的行为准则；信仰带有情感体验色彩，特别体现在宗教信仰上。"这一解释，对信仰概念作了一些延伸，指出了信仰的特点——"带有情感体验色彩"，并且举了例子"特别体现在宗教信仰上"。从总体上来看，百度百科对"信仰"概念的解释也没有将其确定为表现为"唯一性"的宗教信仰上，说明人们对信仰概念的理解，其外延明显要大于宗教信仰。

但是，另有学者提出不同观点，认为所谓信仰，从本质的意义上说，即是对万事万物存在唯一性真理的坚信不疑的认定。[19]而同意这一观点的人士为数不少，也就自然会对信仰概念的理解产生分歧。与现代汉语词典和百度百科中的解释相比，这一"信仰"概念的理解，是将"信仰"概念的外延，明显限定于对"唯一性真理的坚信不疑的认定"之中，也就把与此相悖的其它信仰现象确定为"肤浅外表的认识"。

---

(18) 现代汉语词典. 商务印书馆. 1999，页1405.

(19) 黎明：信仰是什么，人为什么需要信仰？博客，2006-04-06：http://blog.sina.com.cn/s/blog_4757606d01000318.html

上述对"信仰"概念不同的理解，导致人们在"中国人有没有信仰"的问题上一直纠缠不清，"公说公有理，婆说婆有理"，难以得出一致的看法。那么，究竟什么是信仰？哪一种对信仰概念的解释更科学、更具有说服力？

我认为，现代汉语词典和百度百科中对信仰概念的解释基本是正确的，但缺少的是将信仰的层级作出进一步的具体划定。人们之所以在"信仰"概念上出现不同的理解并由此产生分歧，主要原因就在于对"信仰"概念出现了不同层级的理解，也就必然导致争议的发生。如果能将"信仰"的层级作出进一步的具体划定之后，"信仰"的概念应该是如下所述：

信仰就是对某人或某种主张、主义、宗教极度相信和尊敬，拿来作为自己行动的榜样或指南的一种理念。但依据人们信仰的对象、程度不同等因素，信仰可分为"浅层信仰"、"中层信仰"、"深层信仰"，也就使得信仰的状态、表现等有所不同。

"浅层信仰"又可以称为"低级信仰"，指的就是一般的生活信仰，它与人在自然环境和社会交往中的直接生活体验有关，例如远古时期对某种巫术、禁忌的信仰；现时代对权力、金钱的信仰等。只要是生活在社会中智力健全并渴望生活的人，就必定有这种信仰，但这种信仰极不稳定、最容易变换。

在"浅层信仰"中，信仰科学是信仰，对权力、地位、金钱、声誉、美色等的痴迷和崇拜也可以形成信仰，就连那些追星族对歌星、影星的痴迷追逐及向往也能形成信仰，甚而至于"及时行乐"、"做一天和尚撞一天钟"、"得过且过"等也能形成信仰。"浅层信仰"，就是人们的信任所在。但与信任不同的是："浅层信仰"同时是人们认知的生活价值的所在。

"深层信仰"又可以称为"高级信仰"，指的是与一般的生活信仰完全不同的精神信仰，它与人在自然环境和社会交往中体现出的崇高追求的理想或梦想有关，例如远古时期对图腾、神话的信仰；现时代对宗教、政治观念的信仰等。只有那些对万事万物存在唯一性真理始终坚信不疑而追求不止的人，才能具有这种信仰——这种信仰一旦形成是最难以改变的。

在"深层信仰"中，信仰是一种灵魂式的关爱，它往往超脱于现实，所以诸如神、已故的亲人，或者以人为灵魂主导的团队、国家、宗教等，都可以是信仰的对象。从这里我们可以看到，国家、宗教、政治等，是人们的信仰发展到高级阶段的一种文化现象——国家文化、宗教文化、政治文化。

"中层信仰"，既不同于"浅层信仰"，也不同于"深层信仰"，是介于二者之间的信仰，既有"浅层信仰"的成分，又有"深层信仰"的成分。例如为了求子拜观音，为了避邪拜关公，为了升官拜孔圣，既不能说这些现象完全是"浅层信仰"，又不能说这些现象完全是"深层信仰"。

在通常情况下，人们都是先有"浅层信仰"，后逐渐发展为"中层信仰"，最后才上升为"深层信仰"。不见得所有人都可以由"浅层信仰"发展上升到"深层信仰"的，在正常的情况下，具有"深层信仰"的人不会是多数；但是，在非正常的情况下，具有"深层信仰"的人也可以是多数，这取决于"社会条件反射"的外界强烈刺激所产生的异常效果，例如德国纳粹正处巅峰猖獗时人们对希特勒的信仰就是如此；日本军人对天皇的效忠也是如此；文革时期人们将毛泽东视为"不落的红太阳"的信仰更是如此。

"浅层信仰"与"深层信仰"最主要的不同点是："浅层信仰"回答的多是人生日常最为关切的方面，是一种低级追求；而"深层信仰"回答的则是人生关切最有深度的方面，是一种高级追求。"深层信仰"立足于超越——超越一切有限；唯有超越现实的无限，才能真正成为弥补人们自身局限性的希望。例如具有宗教信仰的人认为，上帝的真理便是人类寻找到的超验真理，对上帝的信仰不是任何经验命题可以相提并论的。

不管是"浅层信仰"、"中层信仰"还是"深层信仰",它们都是生活在社会中的人心灵的产物,同属于"信仰"概念范畴,但它们的层级不同。无论是低级追求形成的信仰还是高级追求形成的信仰,最终都是信仰范畴,只不过信仰的对象、程度等有所不同而已。不能认为只有"深层信仰"的人才算是有信仰,而具有"浅层信仰"的人就不算是有信仰。

就如同有学者指出的,不管历史发展如何进步,也不管科学技术发展到了何等程度,人类认知的有限性是不会改变的,虽然现在我们所获得的知识要比两千年前的人们多得多,但在有些问题上,比如在死亡所引起的恐惧这一人生终极问题上,则几乎没有取得什么进展。人类在欲知和未知、有限和无限之间所面对的鸿沟,与我们的祖先相比,缩小的幅度可能远没有想象的那么大。在这道鸿沟里,既生出希望,也生出恐惧,这就给各种各样的信仰都留出了地盘——人们可以根据自己的需求形成"浅层信仰",也可以根据自己的需求形成"深层信仰"。

信仰,可以说,它是人类的特有产物,是伴随着人类具有了文化意识而出现的一种类似于某个梦想的简单化、崇拜化的思想意识。说到人类与其它动物的差别,为什么唯有人类才具有如此巨大的改变世界的能力,而其它动物却无论如何做不到?越来越多的学者通过研究发现,人类之所以不同于其它动物,并且能够远远地超越其它动物,关键在于人的思维能力空前绝后:人类不但能够使用天然工具,而且还能制造合成工具;人类不但能够制造工具,而且还能创造新事物;人类不但能够创造新事物,而且还能理性地思想;人类不但能够理性地思想,而且还能将各种各样的信息跨越时代地传递下去。这一系列的人类所具有的思维能力,也就使得人类会观察世界、探索自然、反思自身、构筑梦想。也正是因为人类具有的这种能力,几乎从人类具有了文化意识开始,便有了信仰——哪怕是最初的简单化、崇拜化"浅层信仰"。

那么信仰是如何发生的呢？对此，早有学者指出：思想的结果是出现期望与现实之间的差距，这种差距则会引起精神上的痛苦，尽管对此的反应程度会因人而异，但至少可以肯定这种感觉并不轻松。举例来说，假如你的期望是有朝一日可以成为一名宇航员，但是这种期望的达成是一个长期的过程，并不能马上实现，需要体能训练、知识积累、通过各项考试和选拔等，这种预期与现实之间的差距，就会引发需求尚未实现时的压力、不快甚至是痛苦。在思想引发痛苦之后，人们常常会寻找可以给予合理解释或者指明未来出路的精神力量，以缓解痛苦，为人生提供明确的方向。这种精神力量就是信仰。

不同的人在信仰的选择上也会有所不同：有的人选择信仰宗教、有的人选择信仰科学，有的人选择信仰理性……不管信仰有多么不同，但是信仰者对信仰的态度却是相同的，即将信仰内容视为统领人生各个方面的最高原则，所有的活动都以遵循这个原则为指向。因此，所有的人都会有自己的思想和期望，但是梦想成真的人却是少数，关键的区别就在于有没有坚定的信仰。因为人一旦拥有了信仰，就拥有了巨大的精神力量，就会十分明确自己的人生方向和价值追求，也就使得他们无论面临任何挫折和困境，都会百折不挠，不言放弃。

可见，作为生活在社会中的人，谁也无法超脱某种文化存在和精神生活方式。从家庭到社会，从生活到工作，与他人交往、与社会接触，耳濡目染，潜移默化，谁都无法摆脱某人或某种主张、主义、文化理念等对人的影响，这种影响即便不会立即形成"条件反射"，也会起到逐步催化的作用，让人们仿而效之、效而行之，行而果之。于是，人们在各种各样的行动中，也就必然要打上这样或那样的"信仰"烙印，只不过，这个烙印有深有浅，导致"信仰"的对象、形式、程度等各有不同：从信仰的对象上看，有信仰上帝的，有信仰佛祖的，有信仰金钱的，有信仰道德的，有信仰权力的，也有信仰科学的等等；从信仰的形式上看，有极富组织性、集体性信仰的，也有"各自为政"自由信仰的，有"明目张胆"信仰的，也有"不便声张"信仰的，有嘴上信仰的，也有心里信仰的等等；从信仰的程度上看，有为信仰"死心塌地"、宁死不屈的，有在信仰上"见风使舵"随机应变的，也有"模棱两可"不置可否的等等。既然所有人都必定生活在某种社会文化存在和精神生活方式中，必定会打上这样或那样的"信仰"烙印，也就是说，人有思想的烙印就会有信仰，那么中国人怎么能例外呢？因此，绝对地说中国人没有信仰，从逻辑上讲实在是说不通。

一些西方人认为"中国人没有信仰"，这句话充其量只能理解为"大多数中国人没有宗教信仰"，或者说"大多数中国人没有深层信仰"，但并不意味着否认中国人有"浅层信仰"抑或"中层信仰"。即使说中国从来没有出现过西方那种具有组织性、集体性、公开性的传统宗教化的信仰方式，也是难以成立的，因为从"太平天国"到义和团运动，再到"文化大革命"，类似数不胜数的"历史闹剧"中，仍可处处见到这种传统宗教化信仰的痕迹，只不过它往往不是以传统宗教化的外表形式出现，而是以所谓的"均贫富"、"爱国"、"革命"等等冠冕堂皇、漂亮的口号的名义出现罢了。

过去所有认为"中国人没有信仰"的学者，准确地说，他们想要表达的意思是"大多数中国人没有深层信仰"；而所有认为"中国人有信仰"的学者，准确地说，他们想要表达的意思是"大多数中国人有浅层信仰"。两种看似不同的观点，其实没有根本矛盾，说的都是正确的。由此，用"浅层信仰"、"中层信仰"、"深层信仰"这样一些包含在"信仰"概念之内的新概念再来对照，"中国人有没有信仰？"就成了一个伪命题，就不用再浪费时间争论了。

○ 中国人的信仰特征

中国人到底信仰的是什么？其特征究竟是怎样的？对此问题，很多专家、学者都有不同的意见。

有专家认为："中国自古以来信仰的是'天地'，特别是'天'。

在中华文化当中，不管是哪个学派、哪个时期，都把天道看作是宇宙自然力量和社会人伦秩序的化身，人世的一切都要问究于天、听命于天。所以，跟天有关的一些基本概念，像'天意''天命''天理'，甚至'天兆''天谴'等等，都是中国从上到下最为敬畏的对象。"[20]"中国人的'天'有两重含义：一指自然的天空，即人们所见之苍天；一指看不见的天神。"[21]

　　另有专家则不完全同意中国人信仰"天"的观点，认为"中国人对天有一种特殊的感情，甚至有一种皈依感。但是这种感情不是信仰，而是崇拜。中国人感到天的浩渺，无限苍茫，不可测量，有一种不可琢磨的神秘感和敬畏感。但对天的态度有两重性，有时候信任，有时候不信任。中国民间有两句话，一是'苍天有眼'，可是委屈老得不到解决，也会抱怨'老天瞎了眼'。"[22]甚而至于有专家毫不含糊地明确指出：中国人所信仰的"天"，远古时期还的确与自然现象有关系，但到了夏商周之后，尤其是秦始皇统一中国尊称天子后，"天"就转化成皇帝及其权威了。"天意就是通过皇帝来执行，比如说天人感应，把天人合一认为人与自然和谐相处。这是错的，绝不是这个意思。原意的天人合一，皇帝就是天的意志，人事就是天命，一个朝代的天命，就代表天来行使它的意志。如果天抛弃他了，就要改朝换代了。"、"所以你相信皇帝就是相信天。皇帝失德也是上天造成的。这样一来，中国的宗教就没有立足之地，没必要再存在，因为世俗太强大了。全世界很少有中国如此强大的世俗社会，普天之下莫非王土。"[23]

（20）李德顺：中国人的传统信仰："顺天应人"是核心价值.中国文明网.2012-03-31：http://www.wenming.cn/ll_pd/zh/201203/t20120331_591457.shtml

（21）张念琴：中国人信仰问题探析.丝绸之路.2012年第6期，页69.

（22）刘梦溪：信仰与中国文化的特性.太原宣传网.2011-02-23：http://www.tyxc.gov.cn/content/2011-02/23/content_79722.htm

（23）张力奋:葛剑雄：中国人信仰什么？.人本网.2015.05.21：http://www.

　　还有学者认为，中国人应是较为注重信仰亲情的。"首先是崇拜祖先，认为祖先是自己的本源，时常思想和怀念，形式上无论是民族、姓族、家族、家庭，还是个人，都有祭祖的习俗。清明祭祖已经成为中国人的民间盛事。中国人尊崇百善孝为先，孝敬老人，培育子女，相信兄弟姐妹情、夫妻情、师生情、同学情、战友情。以孝悌为中心的亲情观念已经深深扎根于中国人的思想中，我们不需要理由地相信亲情，渴望亲情，崇拜亲情，都有一种为亲情奉献一点什么的冲动和期望。"(24)对此，另有专家将这一观点作了升华，认为中国人的信仰是"文化信仰"，有"诸神"在监督，就是家人、朋友、同事、邻居。这种来自周围人的社会监督很有效，无处不在；还有自我监督，就是"良心"，人们经常讲"天地良心"、"君子慎独"，说的就是自己监督自己。天地是"道"，对于"道"的信奉、崇敬，其实是中国传统文化中信仰的核心。这是一种有别于西方信仰形态的信仰。它具有非人格神的特点，但具有最高命令的意义，对整个社会有确立价值、约束行为的功能。(25)

　　上述专家学者的观点，各有各的道理，但尚无一说能让众人信服而达成一致。其实，中国人信仰的到底是什么，确实不好作出具体详细的准确判断，因为每一时期的人们所处的历史阶段不同、民族不同、阶层不同、人们各自的境遇不同，因而人们的信仰所指向的对象、所采用的方式，以及所信仰的程度都会有所不同。例如，远古人信仰图腾，而近代人则多为信仰祖宗或是上帝；同是现代人，有人信仰亲情，有人信仰权力，有人信仰金钱，有人信仰侠义，有人信仰神灵，有人信仰现实……真可谓五花八门。

---

　　rbw. org. cn/Article. aspx?bk=dzxy&ty=uul

(24)赖子来：中国人信仰特点是什么. 2011-07-23：http://blog. sina. com. cn/s/blog_812d707d0100uliz. html

(25)赵启正：我们的信仰是文化信仰. 凤凰网. 2013-05-14：http://news. ifeng. com/mainland/detail_2013_05/14/25256081_0. shtml

　　但通过对各种各样的信仰现实状况进行综合分析后，我认为，中国人有信仰，但多属于那些"浅层信仰"或至"中层信仰"，其最基本的信仰倾向，其实应是"历史教训"之下的"生存之道"。所谓"历史教训"，正如鲁迅先生所说的"吃人"二字一样，是世世代代每个中国人为了生存，为了不被"吃掉"而不得不信仰的"道"，这个"道"并非老子所探究的"道可道，非常道"之自然之道，而是局限在人与人之间的，被孔老夫子反反复复论及的，并近似于严复先生在《天演论》中所阐明的"适者生存"观点的"道"。其主要特征有两点："顺天应人之世俗为用"和"游离性、散乱性、危机性"。

　　一、"顺天应人之世俗为用"

　　中国古人最初时确实曾经信仰过"天地"，但这个"天地"并非是指大而无边的旷物，而应是某个具体的自然景象，例如太阳、月亮，高山大川，雷雨风云等。所有祭天祭地、祭山祭水、祭鬼祭神等活动，都是用以表达人们对大自然的尊崇和敬畏。准确地说，最初古人的信仰是始于"自然崇拜"的转化，当崇拜超功利与超现实后便自然形成信仰；信仰必始自崇拜，而崇拜不见得都能全部转化为信仰。这种"自然崇拜"由远而近地从"天地"逐渐转移到人身边的事物上时，也就很自然地发展为"生殖崇拜"、"祖先崇拜"……人们就是这样：越是一些对自然界解释不了的事物，就越容易引起好奇和敬畏，将其进行神化后，慢慢地又发展为"图腾崇拜"，成为了最早的"图腾信仰"。这个时期，基本上是"口口相传"的阶段，还没有真正意义上的文字出现，有的只是一些符号及早期象形字符。如果古人形成了某种信仰，也仅仅是一代一代地面授相传。

　　但自先人创造了象形字之后，即：把从视觉中提取来的"象"用相应的符号固定下来，人们之间表达思想、进行交流就有了文化载体。这样一来，人们的生活习惯或所形成的某种信仰，就不再是局限于一代一代地面授相传，而是完全可以跨越时空隔代相传了。

　　有专家认为，中国人"确立了以'天'为最高信仰，以人为关怀对象,追求'顺天应人'的人本主义信仰方式。"[26]但我认为,与其说中国人自从有了文化历史以来信仰的是"顺天应人",不如说中国人信仰的是"世俗为用"——"顺天应人"是形式,是外衣,是表现,而"世俗为用"才是内容,是内装,是目的;"顺天应人"是为"世俗为用"服务的;中国人经过无数次的历史经验教训所总结出来的"生存之道",由此所形成的"浅层信仰"其主要特征就是"世俗为用"。"世俗为用"的核心理念构建了中国人的世界观、人生观和价值观一体化的思想体系。

还有一些学者比较一致地认为,中国人所形成的信仰,本源是儒家思想和道家思想。对此观点我也不敢苟同。因为儒家思想和道家思想仅仅可以说是中国人的最根本的"伦理指南"和道德规范,或者说,儒家思想和道家思想起到的作用,是将"世俗为用"的"浅层信仰"进行了一次系统化的文化诠释,使"世俗为用"的"浅层信仰"得到了空前的规范和巩固。但绝对不可以说,儒家思想和道家思想是中国人的"深层信仰"。

之所以得出上述结论,主要理由是中国五千多年的历史文化传承,从夏商周,到元明清,直至现代,每一次吃人的"历史教训"都清清楚楚地写在史书里,让每一个中国人都不得不刻骨铭心、记忆犹新,血管里都流淌着"历史文化基因"的血液——信仰真理,或者信仰什么正义的主张,哪怕是以"天"、"神"的名义,不如信仰"现实"、信仰"真利"(不是"真理",而是真实的利益)更能有所得,不如信仰"生存之道"更能"适者生存"。因为无数事实足以证明,"顺者昌,逆者亡"均与信仰不信仰"天"、"神"无关,决定自身生与死的更明显、更有效的是权力、权威和特权。亲近、服帖、遵从权力、权威和特权,总是能够带来意想不到的诸多好处,而若相反,必定会给自身带来难以言状的折磨和痛苦,甚至连命都可能保不住。于是,信仰"生存之道"的理念——"世俗为用"在中国人身上一代代相传,

---

(26)李德顺:论中国人的信仰.《学术月刊》.2012年第3期.

无师自通。

例如，夏朝时，桀不思进取，骄奢淫逸，荒唐无稽之事频出。大臣关龙逄劝谏桀：天子谦恭而讲究信义，节俭又护贤才，天下才能安定，王朝才以稳固，如今陛下奢侈无度，嗜杀成性，弄得百姓都盼望他早些灭亡，陛下已经失去了人心，只有赶快改正过错，才能挽回人心。但结果是：桀下令将关龙逄杀死。邪恶胜利了，真理失败了！

又如，商朝时，纣王暴虐荒淫，横征暴敛，滥用重刑。大臣比干叹曰：看到主子有过错，做臣子的如不进谏就不是忠的表现，怕死不敢言非勇士，有过就要进谏，如不听宁可死，这才是最最忠心的。于是强谏三日不去。纣怒曰："吾闻圣人心有七窍信有诸乎？"其结果是：纣下令杀比干，将其开胸破肚，挖其心肝。邪恶胜利了，真理失败了！

再如，秦二世时，丞相赵高野心勃勃，日夜盘算着要树立自己的权威。可朝中大臣有多少人能听他摆布他心中没底。于是，一天上朝时，赵高让人牵来一只鹿，满脸堆笑地对秦二世说："陛下，我献给您一匹好马。"秦二世一看，心想：这哪里是马，分明是一只鹿嘛！便笑着对赵高说："丞相搞错了，这是一只鹿，你怎么说是马呢？"赵高面不改色心不跳地说："请陛下看清楚，这的确是一匹千里马。"之后用手指着众大臣，大声说："陛下如果不信我的话，可以问问众位大臣。"

大臣们看到赵高脸上露出阴险的笑容，两只眼睛骨碌碌轮流地盯着每个人的时候，忽然明白了他的用意。一些平时就紧跟赵高的奸佞之人立刻表示拥护赵高的说法，对皇上说，"这确是一匹千里马！"一些胆小又有正义感的人都低下头，不敢说话，因为说假话，对不起自己的良心，说真话又怕日后被赵高所害。其结果是：那些坚持认为是鹿而不是马的正直的人，事后都被赵高通过各种手段纷纷治罪，甚至满门抄斩。邪恶胜利了，真理失败了！

……类似这般"邪恶胜利了，真理失败了"的"历史教训"数不胜数。在这样一种文化存在和精神生活方式的熏陶下，中国人的信仰就越来越趋向于"生存之道"，被压制于"浅层信仰"范畴内得不到升华。即便是儒家思想或道家思想也没有完全离开"世俗为用"的"生存之道"，并不真正让人们信仰"天道"。例如，孔子虽然支持祭天、拜天，但他也不怎么说神，对鬼神一向不以为然。人家问他鬼神的事，他说"未能事人，安能事鬼！"他还有一句话是"祭神如神在"，意思是说，在祭神的时候要在内心保持一种庄严和崇敬就可以了；"你觉得神在，神就存在"，言外之意就是"你若觉得神不在，神就不存在"。中国人即使信仰宗教，也会或多或少地被"世俗为用"所玷污。鲁迅先生早就说过，中国人敬神其实是走形式，想要利用神才是主要的。比如：想要抱孙子就拜菩萨；想发财就拜财神；想读书做官就拜孔子。这样一些"信仰"其实仍然属于"世俗为用"的"生存之道"。

尽管在中国也有对"世俗为用"的"生存之道"不信仰的人，有敢于为真理献身的人，例如"留取丹心照汗青"的文天祥，"横眉冷对千夫指"的鲁迅，"碧血一腔染山河"的马本斋，"坚持真理永不放弃"的张志新，"宁可到河里、井里去死，决不再说违心话！"的林昭，但这样的人太少太少了，而且这些信仰某种真理的人，始终没有脱离开"邪恶胜利了，真理失败了！"的魔咒，大多都落得个人头落地或是"不得好死"的下场，形成了负面的历史信息，让人们更加觉得信仰某个真理，不如信仰"世俗为用"的"生存之道"来得更有"价值"——"好死不如赖活着"。于是，所有那些追求真理的人都被看作是"不识时务"的人。

仅以敢说真话的林昭为例。林昭在1957年的反右运动中，因张元勋向组织提出批评意见而遭到猛烈攻击时，她讲了如下实话：

"今天晚上的会是什么会？是演讲会还是斗争会？斗争会是谈不上的，因为今天不需要斗争。斗争谁？张元勋吗？他有什么地方值得你们一斗？我们不是号召党外人士提意见吗？人家不提，还要一次一次地动员人家提。人家提了，怎么又勃然大怒了呢？"

　　这样一位当时只有20多岁的女孩，就因为说了一句公道话而被划为右派，后因"阴谋推翻人民民主专政罪、反革命罪"，在1960年起被长期关押于上海提篮桥监狱。在狱中，她坚持自己的信仰，并书写了20万字的血书与日记。1968年4月29日，林昭因"死不悔改"在上海被秘密枪决。改革开放后的1980年，上海高级法院改判林昭无罪，为其平反，结论为"这是一次冤杀无辜"；1980年12月在北京还专门举行了追悼会。[27]

　　由以上这个案例可得出初步的结论：具有"深层信仰"的中国人不是没有，但毕竟是少数，而且这些有"深层信仰"的人往往结果不尽人意，总是脱离不开"邪恶胜利了，真理失败了！"的魔咒，尽管后来林昭一案被彻底平反，但作为林昭个人的生命而言，仍然是悲惨的结局，所能够得到赞许并能够遗存下来的只有她的精神。

　　然而，如果按照有些学者理解并解释的"信仰"概念来对照，则中国人信仰的"世俗为用"特征就绝对称不上是信仰了。因为"信仰就是对超自己、超世俗之存在，坚定不移地相信。"[28] "真正的信仰是一种精神性的信仰"[29]。但细细琢磨，这些对信仰所作的定义仍然被局限于"深层信仰"的框架内，与我们正统词典里的"信仰"概念的解释不相一致，更与"浅层信仰"的解释不相一致。之所以出现对信仰概念的误解，原因是部分学者将"信仰"概念单一化、简单化，只把"深层信仰"看成是信仰，而把"浅层信仰"和"中层信仰"不认作是信仰，犯了逻辑错误。

二、"游离性、散乱性、危机性"

　　中国社会从来就是一个世俗的社会，长期以来"顺天应人之世

（27）中国青年报：纪念林昭逝世44周年.转引自民生之声网.2012-05-01：http://www.mszsx.com/comments/2012-05-01/1571_2.html

（28）易中天：中国，好一个"六神无主"的国家.人本网.2015.02.03：http://www.rbw.org.cn/article.aspx?ty=uul&i=1cX&pg=33

（29）邓晓芒：中国人为什么没有信仰？.人本网.2015.01.28：http://www.rbw.org.cn/article.aspx?ty=uul&i=1cH&pg=33

俗为用"始终是大多数中国人的基本信仰——尽管这种基本信仰并非经常表露于外，而大多是藏于心中。既然是"世俗为用"的"浅层信仰"，所以中国人的信仰一直不稳定：一会儿信这儿，一会儿信那儿；信仰什么，完全是根据自身的利益所需来决定。所谓的"世俗为用"，就是"什么对我有好处我就信什么"：

——"讨好权力对我有好处，我就信仰权力。"从历史上看，权力崇拜早已深入中国人的精神世界，中国人信赖权力、敬畏权力并且时时刻刻渴望讨好权力，同时中国人骨子里又十分贪恋权力和希望得到权力。中国几千年来不断的改朝换代，很多原因都是缘于人们对权力的信仰，而不是缘于为了什么真正伟大的理想或正义。

——"结交侠义对我有好处，我就信仰侠义。"从历史上看，侠义是中国人的朋友之道，"桃园三结义"是关于侠义的经典故事之一。人们相信朋友、忠于朋友的理念有时会被看重，但无论是接人待物，还是官场、商场、战场，侠义的骨子里仍然潜藏着"对我有好处"的世俗为用的成分。

——"承认现实对我有好处，我就信仰现实。"从历史上看，无数次改朝换代甚至遭外族侵略，中国人总是有很大的"包容性"，对陌生的文化现象也多采取的是理解的态度，不太愿意深究"谁才应该主宰这个世界"，在乎的是主宰者能给人们带来什么实惠。所以每一次"均贫富"、"分田地"都能一呼百应，甚至为了所谓的"大东亚共荣圈"可以当汉奸。中国人才不去关心前世和来世，因为现世是最直接、最现实的利益。

——"得到金钱对我有好处，我就信仰金钱。"从历史上看，上至皇宫贵族，下至黎民百姓，都对金钱崇拜至极，尤其是各朝各代的官员，更是贪婪成性。直到现今，尤其是改革开放后，这种信仰表现仍然深深地烙印在人们的心中。有人说"金钱是最理智的信仰"，可奇怪的是，人们都极其痛恨有钱人，而人们又都天天期盼着能成为有钱人，这种"理智的信仰"简直到了不可思议的地步！

于是，正如李德顺教授所言，中国人的信仰，经常表现为"对现实中很严肃的重大问题关注得不够认真、不够执著、不够彻底，甚至对于自己的信仰对象也缺少彻底的追究和一贯的把握，而是任其含混不定，随意改变；对于'信仰'这种心理和行为本身，它更少有正面的、开诚布公的自觉、反思、追问和交代，而是将其当作心照不宣的约定，满足于'运用之妙，在乎一心'，停留于自发选择和盲目运用的水平。其结果便是，使人容易满足于眼前的、似是而非的所'得'，而忽略在那些更大、更深远、更宝贵的东西的所'失'。"[30] 由此，"中国人心中没有永恒的神的位置，再说深一点，就是没有终极性的文化精神追求！这种人是不会把自己的关心范围扩大到家庭、甚至个人以外的。如果扩大出去，一定就是伤害别人。这样的民族怎么能不是'一盘散沙'？"[31]

对于上述观点，我的理解是：中国人只有"浅层信仰"，极其缺少"深层信仰"。而出现这一现象的深层次原因，就是"历史教训"之下的"生存之道"所形成的"社会条件反射"——几乎每一次的血淋淋的生活体验，都是让那些追求真理而有"深层信仰"的人不得好死甚至人头落地，而所有追求"世俗为用"之"浅层信仰"的人，总是能够躲开灾祸，落个安宁。

由于政治体制等深层次的原因，这样的"社会条件反射"在历史上反反复复地出现，其结果是：让许多人都变得"聪明"起来——阿谀奉承、口是心非的"表里不一"成了家常便饭，而做到"表里如一"的人，不是被说成"不成熟"、"幼稚"，就是被说成"傻子"、"疯子"，因而很多中国人都自觉或不自觉地形成了双重人格：想的是一套，说的是另一套；说的是一套，做的是另一套；想的不能说，说的不愿想；说的不能做，做的不能说。人们经常是假装正经、虚伪

---

(30) 李德顺：论中国人的信仰.《学术月刊》. 2012年第3期.

(31) 刘亚洲：卑劣的告密之风. 共识网. 2015-04-09：http://www.21ccom. net/articles/history/xiandai/20150409123423.html

至极，不虚伪不行，不虚伪就会遭受挫折，甚至还会人头落地，所以古时候就有"卧薪尝胆"的典故，再加上知识分子又火上浇油地创作出《孙子兵法》等诡诈权术传播于世，使得中国人的传统文化习惯都无一例外地受到影响，所以人人都是将"诚信"停留在嘴上，而内心却都是相互捉摸不透。因为即使到了现时代，"政治体制"仍然难以捉摸，例如过去我们党积累的经验是"引蛇出洞"，然后搞阶级斗争，把他们这些说真话提意见的人"批倒斗臭，再踏上一万只脚"。而现在，吃过亏或是虽然没有吃亏，但间接有过教训的大多数人也积累起来经验，就是宁可不言不语，也绝不吐露半句心里话；还有甚者，往往是"口蜜腹剑"，说的好听，做的缺德。这样的一种文化和环境，对于"信仰"和"诚信"来说，便永远是事倍功半的结果，因为心里想的和嘴上说的不是一回事，嘴上说的和实际做的也不是一回事。生活在这样一种社会中的人，人格心理特征多是中国特有的"宦官性格"，即使形成信仰，也必定总是游离、散乱浅层的。

综上所述，中国人的"浅层信仰"总是在各种各样的利益对象面前游离、摇摆，反反复复，没有恒久性，因而散乱不堪。这种散乱不堪表现为：不同的历史阶段，人们信仰的对象各有不同；即使同一个时代，不同民族的人们信仰的形式和方法各有不同；即使同一个民族，不同的阶层各自信仰的具体事物也有区别；即使同一个阶层，不同的人各自的境遇不同，因而人们的信仰所指向的对象，所采用的方式，以及所信仰的程度都会有所不同；即便是同一个人，在不同的时候，根据不同的利益需求，他自身的信仰就是翻来覆去、随机应变的，绝对找不到一个固定、永恒的对象及模式。但与此同时，"浅层信仰"的"双刃剑"特性也决定了中国人的信仰所具有的包容性和多元性。

正是由于中国人的"浅层信仰"具有的游离性和散乱性，也就成了中国人信仰的软肋，极其容易受到诱惑和欺骗，一些人只要见到能给自身带来的一点好处，就会义无反顾地信奉那些歪理邪说。

怀有歹念的组织或个人，恰恰是有意或无意地利用了中国人信仰特征具有的游离性和散乱性，总是从施以某种恩惠下手，摆出"公正"、"平等"、"救世"、"博爱"、"治病"等姿态，赢得人们的信任后进而再逐渐深入地将人们的意识诓入到上当受骗的泥潭中的。

"浅层信仰"的游离性、散乱性就决定了它所内藏的危机性无可避免。如果说，个体的"浅层信仰"一旦被诱惑只能导致个人悲剧的话，那么，群体的"浅层信仰"一旦被诱惑，就会导致群体悲剧甚至是民族悲剧。而中国社会从来就是一个世俗的社会，长期以来"顺天应人之世俗为用"始终是大多数中国人的基本信仰。为什么我作出判断说，中国的社会形态仍然处于君权社会感觉仍占主导地位，这与中国人的"浅层信仰"占主流有一定的关联性。直到现今，尤其是改革开放后，这种信仰特征仍然深深地烙印在人们的心中。正是由于中国人的"浅层信仰"具有的游离性和散乱性，也就导致了中国人的信仰经常会出现危机。每一次大范围信仰危机的出现，都会成为改朝换代或是民族灾难的先兆！

○ 中国人信仰形成的原因

中国人之所以大多形成"浅层信仰"，除了前面提到的"历史教训因素"之外，更多的是与"教育因素"相关的。所谓的"教育因素"，从形式上讲，不仅仅是指学校教育，更为重要的还有家庭教育、亲友教育、社会教育等；从内容上讲，不仅仅是指教材、宣传材料，更为重要的还有言传身教、社会示范效应及社会实践等。在"社会条件反射"的问题上，"教育因素"是重中之重！这是因为，包括家庭、亲友、学校、互联网等在内的所有社会交往，都可以形成某种"教育因素"而对受教育者产生这样或那样的影响。如果社会正能量的信息多，人们就会受到正能量的影响；反之，如果社会负能量的信息多，人们就会受到负能量的影响。

以家庭教育为例。西方人为什么大多虔诚地信仰宗教？我们只要看看他们的家庭生活方式就可以大致找到答案。举一个小例子：

西方人很多家庭在饭前及饭后，都要由大人领头带着孩子们做祷告，祷告完了才可以进食。

西方人饭前做祷告的内容不尽一致，但大意基本相同。例如，许多虔诚的天主教信徒每逢进餐前，都会要念一段经文，作餐前祈祷，意思是说："感谢我的主，赐给我今日的食粮，耶稣，你是我的主！阿门"这是餐前祈祷；在餐后还要念一段经文，大意是："我的主啊你是全能的，你所赐予我们的恩惠太多了，我要感谢你，赞美你，让你受到光荣，世世代代直到永远！阿门。"

如此这般，天长日久，具有宗教色彩的"社会条件反射"就会渗入到孩子们的潜意识中，形成宗教意识，为后来的宗教信仰奠定了一定的心理基础。

而我们中国的家长和孩子都在谈论什么呢？谈的大都是"世俗为用"的话。例如：考试考了多少分？得到了表扬没有？和谁打架受欺负了没有？即使孩子长大成人后，问的问题也大都与世俗有关。例如：干活挣了多少钱？与领导处的如何等等；要么就是训诫的话语：不要怎样怎样，不许怎样怎样，灌输的都是与世俗有关的信息，从孩子的心灵深处就埋下了世俗的种子，为后来"世俗为用"的信仰奠定了心理基础。

有学者专门就家庭教育中有关主体性教育缺失的问题进行了研究后指出，现代家庭中的主体性教育缺失是一个非常普遍的问题，其重要根源就是受传统家庭教育理念的深刻影响。如要加强孩子的主体性，就必须去除一些旧的、与当今社会不相符合的传统家庭教育理念，建立充分发挥孩子主体性的新型教育理念。从家庭内部来讲，父母和孩子成为树立新的家庭教育理念最为重要的两因素，处理好两者之间的关系，是展现家庭中父母与孩子主体性的至关重要条件。孩子主体性的发挥与家庭教育不可避免地存在矛盾，其突出表现就是有人认为家庭中父母和孩子各自的主体性是呈现此消彼长的状态。而现代性家庭观念的建构，就是主体性教育在家庭教育中的体现和生成，为此，需要实现以下几个方面的转换:以民主平等代替等级权威，以独立自主代替支配控制，以自觉主动代替他觉被动，以自我创造代替规训限制等等。[32]虽然仅仅是涉及家庭教育，但每个人成人之前，家庭教育是至关重要的，是整个"教育因素"当中的起步阶段，也是基础阶段。

在这里，关键的问题是:究竟哪些信息是属于正能量的，哪些信息属于负能量的? 很多的现实情况是，表面上是属于正能量的信息，本质上它有可能是内含负能量的信息。例如被尊崇为"尊老爱幼"的一些行为，其内藏的负能量及其延伸却有可能是"论资排辈"。因此，这就需要我们有一个科学的标准来进行衡量。但是，教育的最大难题是，社会科学不像自然科学那样比较容易确定客观标准，由于人的主观价值取向不同等原因，有很多事物总是"公说公有理，婆说婆有理"，由此也就很难找到科学标准。由此，我们现今最亟待进行的科学分辨工作，就是要找到并确定有没有"普世价值"，如果有，那么这个"普世价值"究竟是什么? 通过这个"普世价值"，从而找到人文科学教育的细化标准，并在此基础上着手制定信仰教育的具体内容。而进行怎样的信仰教育，是可信的还是让人不信的，是真正科学的还是表面科学实际上已经不科学了的，是实实在在的还是夸夸其谈的，这可是一个非常重要并带有根本性的问题。

当然，确立价值目标并不是一件简单的事情。人类意识的可贵之处，是对于自然界的一些客观规律能够进行不懈的探索并所取得一些成果，从而能够帮助人类在顺应自然、和谐自然进而战胜自然方面得到了丰富的经验。但是，对于其自身缺陷的认识往往显得力不从心或是束手无策，其根本原因是:都把自己的利益需求作为追求价值判断的目标，都仅仅认为自己确立的价值目标是"普世价值"，由此导致每个人的价值目标因人而异、错综复杂，甚至是相互对立、相

---

(32)参阅周丽琴：主体性视野下传统家庭教育理念的缺失及现代转向．《江西师范大学》．2009.

互矛盾,很多的争斗便由此产生,争来争去一直争到今日仍然没有看到结束的苗头,这也就更加导致了人们的信仰更难以固定恒守、集中统一,不得不停留在"浅层信仰"的层面上缓缓而行、颤颤而动,总是摆脱不了危机的陷阱。

◯ 中西不同信仰特征比较

西方人大都信仰宗教,而中国人则信仰"世俗为用"的"生存之道",二者为何会有如此大的差距?

我认为,中国人与西方人不同的信仰特征,是中国人的价值观、世界观、人生观,与西方人的价值观、世界观、人生观不同造成的,其主要原因,归根结底还是由于历史文化传承不同造成的,这才是导致中西文化及信仰特征不同的根本原因。

现有的历史资料中记载,中国是"四大文明古国"之一(其他三个文明古国是古埃及、古巴比伦、古印度),[33]但只有中国文化是世界上唯一没有中断过的文化。古埃及、古巴比伦、古印度,甚至包括古希腊和古玛雅,文化所界定的最典型的载体——文字,或是已经完全消失,或是虽有部分还存留于世,但已无法破译,更没有人再继续使用,文化体系早就被摧残得支离破碎了。文字的消亡直接造成文化的中断,尽管其中有些国度后来又都重新建立过,但消逝后又重拾的文化,自然无法和本源完美衔接,断层和隔阂也就无法避免。

中国文化的传承,不仅仅是因为有得天独厚的地理条件,更重要的是得助于两个必备条件:一是"古科技"对文化传承所作出的贡献,因为文化的载体是文字,而文字传承的载体则是书写工具的创新——从甲骨文、金文、石文,到竹简和绢帛,以及后来发明的纸张及印刷术等;二是史官及思想家对文化传承所作出的贡献,这些贡献不是他们自己随心所欲地异想天开、不负责任地捏造,而是依照前人留下的历史文化进行诠释、加工、完善和创新。所以中国对历史的

---

(33)我认为还有2个文明古国被忽视了,一个是古希腊,另一个是古玛雅,因此应称"六大文明古国"。

记载，相对于西方国家来说，可以说最悠久、最全面、最详实。尽管中国和其他文明古国一样，古代时也有神话，但历史是最可信的，中国人最信服的就是"以史为鉴"；而西方国家则根本没有史官制度，所留下来的多是神话、史诗之类的"文学作品"，也就可以理解，为什么很多学者都有"现存的西方古代历史多半是基督教会在中世纪伪造出来的"这一看法了。正如教育部社会科学委员会委员葛剑雄先生所说，神话跟宗教不同，中国古代有神话，比如精卫填海、夸父追日都是神话。但中国的历史太发达，历史一发达就取代了神话。神话被认为是荒诞不经的，也就由此消退了；神话消退后，宗教也就失去了被信仰的基础。(34)

仅就古代神话而言，中国的古代神话与西方的古代神话就有不小的区别：

在中国古代神话里，探索宇宙起源的好奇心从一开始就将生命与宇宙紧密地联系在一起：世界的开始来源于盘古的创造。相传在遥远的太古时期，宇宙好像一颗硕大无比的鸡蛋，里面漆黑一片，没有东南西北，也没有前后左右。就在这样的世界中，诞生了一位伟大的英雄——盘古，开辟鸿蒙，分出了天地。从此，出现了世间万事万物，并开始繁衍生息。

在古希腊神话中，一切皆从混沌（Chaos）开始，混沌生出了地神盖娅（Gaea），之后出现了在大地的底层塔尔塔罗斯（Tartarus）出生的厄瑞玻斯（Erebus）和在地面出生的尼克斯（Nyx）。

在巴比伦神话中，天地的生父是阿布苏（Apsu），生母是提阿马特（Tiamat）。世界原为一片混沌，提阿马特和阿布苏这两个精灵创造了包括提亚和马尔杜克在内的诸神。后来诸神造反，提亚杀了阿布苏并以阿布苏的身躯为基础建造了第一座神庙；马尔杜克则撕裂了提阿马特，再以此为原料创造了世界和人类。

---

(34)葛剑雄：中国人信仰什么？.共识网.2011-01-02：http://www.21ccom. net/articles/sxpl/sx/article_2011010227514.html.

神话毕竟是神话。正因为中国历史太发达，所以中国人的价值观、世界观、人生观，无不打上历史的烙印，其信仰也必定会由此被禁锢于"历史教训"中，更多考虑的则是"生存之道"。所以，西方人信仰上帝，中国人信仰祖宗；西方人信仰精神，中国人信仰物质；西方人信仰自我，中国人信仰权势；西方人信仰永生，中国人信仰寿终正寝……

在意识形态方面，西方宗教信仰更尊重本源，包括国王、总统在内，谁也不敢擅改、偏离或是"创新发展"（会被视为歪曲）宗教教义；而中国人在信服历史的同时，也会独出心裁地"书写"历史，在"共产主义"信仰之中可以创新性地添加进去各自的理论来"创新发展"（不会被视为歪曲）……

在西方，许多传教人士是很清贫的，因为他们不信仰金钱而信仰上帝。在中国，一些所谓的传教人士往往徒有虚名，不但追求金钱、追求物质享受，而且也追求虚名。

相比之下，西方人的宗教信仰比中国人的"世俗为用"信仰更单纯、更美好、更理想化，但是对于大多数中国人来说并不适用，因为中国人的历史文化传承的影响力是难以撼动的。例如"世俗为用"信仰中的"亲情信仰"，就完全可以忽略对真理、正义的追求，因为我们的眼里只有"亲情关系"，因为这种"亲情关系"对很多中国人都有好处，比如看医生、考驾照、办户口、找工作等等，可以说从上幼儿园到上小学、上中学、上大学，从就业到就职，从就职到晋级，方方面面都需要找亲属关系或亲近关系，无一不是有特权、有关系的占优势。有道是"朝里有人好做官"、"近水楼台先得月"，于是所带来的后果，不但会形成局限性、封建性和劣根性的家族、亲缘式的社会关系网，严重阻碍社会的正常发展，而且会使"官本位"文化糟粕更趋泛滥，形成较长期的负面信息在社会中流传、散布，使得社会丧失公平和正义，是产生社会不平等、滋生腐败的根源。公平和正义一旦丧失，则生活在社会中的每一个人都没有任何事物是可以相信的了。正如一位学者所指出的："国家的产生，其真正的功能主要是它能提供正义，无需以牙还牙、以血还血，使暴力的丛林让渡于公正的权威（包括政府、法庭）。一旦一个国家无法提供正义，谁都会知道，我们将没有明天！"

中国人的"世俗为用"的"浅层信仰"决定了中国人绝对不会像西方人那样在疑难问题面前去求真，其思维方法多数被局限于人身上，而且更加信服经验的东西，即使其思维方法扩展至人身之外的大自然，那也大多是以"天人合一"的理念由人转化为自然的，甚而至于将自然也看作是"人"的化身。因此，中国人的思维方法与中国人的信仰无法脱开关系，导致中国人科学思维的局限性，最最缺乏的就是质疑性思维和批判性思维。

5-6 中国的教育危机

○ "硬件"危机与"软件"危机

早就有专家学者提出疑问：为什么中国在两千多年前的春秋战国时期，出了那么多伟大的思想家、教育家，可是今天的教育家在哪里？思想家在哪里？2005年，温家宝总理在看望钱学森的时候，钱老感慨说："这么多年培养的学生，还没有哪一个的学术成就，能够跟民国时期培养的大师相比。为什么我们的学校总是培养不出杰出的人才？"

"钱学森之问"是关于中国教育事业发展的一道艰深命题，需要整个教育界乃至社会各界共同破解。

中国的教育危机并不是独角戏，而是伴随着信仰危机、公信力危机等多重危机相互影响地一并孕育而来，并且是在多重矛盾中展开和加剧的："庞大的人口基数、十分落后的文化教育水平、日益增长的教育需求与教育资源的严重匮乏；有限的教育资源与由体制所造成的教育效益和质量的普遍低下和人才浪费；现代化建设和社会发展对培养新人的迫切需要和陈旧过时的学校教育；社会环境的急剧变化、社会政治、经济、科技体制改革的不断深入和教育改革的相对迟缓。这种种不适应既表现为教育的外部条件和环境，更深刻地体现于教育系统内部，就教育内部而言，既有'硬件'的危机，也有'软件'的危机。"[35]

针对中国人的信仰现状，如何能使我们的教育真正达到教育的目的，使我们的"教育因素"能够针砭时弊地切中要害，发挥出功效，从而使人们能够提升自身素质，对这一问题的深入研究并提出可行性的对策是非常重要的。因此，有关教育的未来对策研究，就不应是单一的结论，必定应是全方位的整体性、系统化的综合结论。也就是说，除了教育领域之外，政治体制领域、经济领域、法治领域等诸多方面，尤其是涉及"顶层设计"领域的事物，也都应进行对策研究，必须是一个整体。

仅就教育而言，过去所说的教育，往往被局限于学校教育的狭窄范围内，认为人们只要都能上学了，有更多的人能获得高等教育的机会，教育就获得了成功，其实这种意识是大错特错的。学校教育仅仅是教育的一个方面、一个过程，是不能替代整个教育的。我所说的教育，应该是社会化全方位的教育，大体上由家庭教育、学校教育和社会继续教育三个方面所组成。

○ 家庭教育危机

传统的家庭教育理念存在着很多弊端，例如以"光宗耀祖"为目的的教育理念，以"训诫惩罚"为手段的教育理念，以"唯有读书高"为核心的教育理念等等。对此，有学者指出了针对家庭教育弊端的对策：要以独立自由代替支配控制；以民主平等代替等级权威；用自觉主动代替他主被动；以自我创造代替规训限制；以开放自律代替封闭约束；以情感与理智的综合代替伦理一元的单向度发展；以人本

---

(35)杨东平：中国的教育危机.载于《中国的危机与思考》.天津人民出版社.1989，页121。

价值代替功利目的。这些对策建议应该说都是非常有价值的。但是，在家庭教育的弊端中，最应该首先关注的问题还不是上述这些，而应是"生而不育"、"育而不教"的现象。

所谓的"生而不育"，就是很多做父母的，只管生子，不管养育，更别说家庭教育了。这一问题的出现，当然有其客观的原因，例如进城务工的农民工父母都要上班挣钱，没有条件较长时间陪伴在孩子身边，所以许多孩子都是跟着爷爷奶奶或姥姥姥爷生活，家庭教育就被狠狠地打了折扣，不但教育失缺，而且还使孩子的心理易于埋下不良的隐患。

所谓的"育而不教"，就是很多做父母的，虽然亲自养育孩子，但他们大都没有受过专门的培训，根本不懂如何正确地教育孩子。所有准备要孩子的人，国家有关部门从来没有作出过这样的规定：生孩子之前，准备做父母的必须参加有关如何正确教育孩子的系列培训，未参加者就享受不到诸如生育保险之类的社会福利，甚至还要承担一定的法律责任。也就是说，必须加强对准备教育孩子的大人先行进行教育。否则的话，将来所有的社会隐患，一定是首先从家庭教育缺失中埋下的祸根。

为什么要极其重视教育问题？18世纪法国大革命的思想先驱、杰出的民主政论家、启蒙运动最卓越的代表人物之一让·雅克·卢梭，他最初研究的问题是人类不平等的起源，他认为这与私有制有关，并写作出了约10万字的著作《论人类不平等的起源和基础》，之后又写作出《社会契约论》，也约10万字。这些著作都是与社会政治有关的。但是后来，卢梭却把大部分精力放在了与社会教育有关的《爱弥儿》的写作上，其字数超过了前2部著作的总和，达到了约54万字。从中可以看出，对人类不平等的起源的探索，卢梭虽然一开始是从社会经济和政治制度着手的，但他反反复复深思之后，得出了一个其他人无法预料到的结论：最最重要的还是教育问题。

中国共产党在十八大会议上提出了一项中国未来发展的奋斗目

标，即："两个一百年"，它和"中国梦"相辅相成。这里说的第一个"一百年"，是指到中国共产党成立100年（2021年）时，要全面建成小康社会； 第二个"一百年"，是指到新中国成立100年（2049年）时，要建成富强、民主、文明、和谐的社会主义现代化国家。这是中国共产党为国家确定的宏观的发展奋斗目标。

如果我们将上述的"两个一百年"细化到"家庭教育"这一微观领域，则"两个一百年"就应该有新内容：第一个"一百年"时，在普及"家庭教育"的问题上，要做到所有城市中准备做父母的人，生孩子之前都必须参加"育儿教育基础知识"专项培训，从教育学到幼儿心理学等，方方面面相关的课程都要学，学后要参加考试，考试合格了才能获得"生育资质"。第二个"一百年"时，在普及"家庭教育"的问题上，要做到除了城市还有农村中准备做父母的人，生孩子之前都必须参加"育儿教育基础知识"专项培训，考试合格了才能获得"生育资质"。甚至将来我国的教育法都需要进行修订，其中增加的内容之一，就是将参加"育儿教育基础知识"专项培训写入立法中，以体现这样一项宗旨："不懂得如何正确地教育孩子的人，就没有权利不负责任地生孩子。"中国人"深层信仰"的形成，就要从孩子出生起开始培养。

在家庭教育的弊端中，"生而不育"、"育而不教"的现象只是需要予以重视的问题之一，实际上还存在着很多其它的问题，例如"压制性教育"问题等。所谓"压制性教育"，即是家长的教育方式往往是"命令性"、"斥责性"、"霸权性"甚至是"暴力性"的倾向，这对孩子形成良好的心理起到了往往看不见的破坏性作用。也就是说，很多的受教育者，在接受学校教育之前，他们已经被塑造成难以接受良好教育的人了，因为他们的心理素质的基础，早就在家庭教育中遭到了严重的破坏。人们可以从中看出，对那些准备教育孩子的人先行进行有效的教育是多么的重要，而我们现今对此问题又是多么的麻木不仁、无动于衷。于是，现今的家庭教育，纯粹是"稀里糊涂的教育"。

○ 学校教育危机

中国的学校教育广受诟病,尤其是近些年来,对于学生出国留学越来越低龄化的现象,有人戏称这是在对中国的教育"用脚投票"。教育界的种种弊端,实在是历历在目,三个"机械呆板"足够震撼。

首先,教育研究机构机械呆板。教育研究机构的突出表现是不思进取,搞教育的不专心研究教育,大多是应付官场,或者是为了晋级之需在研究上走过场。很少有人去深入研究我们现今的教育,从体制上到教材内容上等,方方面面都存在着哪些弊端,究竟如何去纠正,其有利之处有哪些,真正效果如何,未来的教育应该怎样去应对,以及对教育体制提出变革的合理化建议等。当然,这一状况的出现,与国家的政治体制的机械呆板有关,谁也不敢有突破之举,唯恐给自身找麻烦。

其次,学校教育体制机械呆板。对这种旧有的教育体制,在20多年前就有学者提出,中国教育自建国以来,其基本价值和宗旨发生了严重倾斜,教育被单纯地视为实现国家功力目标的经济工具,在一种急功近利的氛围中,出现了重视高教轻视普教、重视工程技术教育轻视人文社科教育等明显倾向。"中国教育内在的这种极强的功利性如果说在'文革'前17年时为政治风暴遮掩和压抑,那么在近10年的发展中则暴露无遗。基础教育被纳入升学教育的狭窄轨道,使中小学教育笼罩在片面追求升学率的炽热气氛中;高中阶段的文理分科和重点学校制度的建立,赋予基础教育所不应具有的极强的竞争性,具有浓重的精英教育的色彩。以培养专家为目标的高等教育模糊了培养'人'的目标,用片面狭窄的知识代替了全面的教养,而丧失了为社会培养富于责任感的知识分子和训练有素的政治公民的功能。"[36]而20多年后的今天基本上仍然如故,没有人去摸索创新,甚

---

(36)杨东平:中国的教育危机.载于《中国的危机与思考》.天津人民出版社.1989,页231。

至连最不人性化的旧框框都没有人去敢于突破，上层不理不睬，下层麻木不仁，都是在那"当一天和尚撞一天钟"，造成很多的社会不公平。传说上海2015年高考，有一篇获得满分的作文，用血和泪沉重地说明了这一点。这篇作文的题目是《自由·沙漠·不自由》。全文如下：

上海的5个高院法官集体高级酒店嫖娼才拘留10天就自由了，黄海波才抱妹一次就劳动教养6个月，这是团购和零售的沙漠。

我家当年在深圳的路边棚子被城管烧成灰烬了，我的堂弟是黑户，山西北京上海的房姐房叔们却拥有上百套房子，一个人有4个户口本。我在上海无房可住，他们却夜夜换新娘，日日住新房。我们绕不过监管的沙漠，所以不自由。我们印了120万亿的钞票，是世界上纸币发行最多的国家，却闹了钱荒。有人家里屯了几个亿的人民币，把房子压垮了。你有印钱的自由，他们有屯钱的自由，我们老百姓就剩下过紧吧日子的不自由，因为我们覆盖着垄断掠夺的沙漠。他们怎么赚钱的呢？

他们硫酸腐蚀青山，氰化钾洗涤河流，毒镉大米还打蜡，排放有毒气体，败祖宗遗产，断子孙后路，裸官捞钱，携款上亿潜逃国境，在欧美黄金海岸住着别墅喝着香槟。而我们却饮着像酱油般河水，黄浦江畔啖着万头猪洗澡的排骨汤。在哪个国度，有这样的自由？还说说户口的沙漠吧。我是外地人，就没有了上海高考的自由。

去年我不能参加高考，于是今年我弄了个非洲索马里的国籍与护照参加高考。我的同学李婷玉呢，来自山东，也在上海没有高考的自由，她妈妈爸爸离婚了，妈妈找了个跛腿上海小男人假结婚了，于是婷玉有了上海高考的自由。假结婚，假护照，假文凭，假社保单，真实漂浮在上海沙漠的自由浮物。上海的天空，飘满着户籍制度的沙漠，雾霾下的外地人，只有呼吸有毒的空气的自由。这自由，是丧失尊严的，是备受挫折的，是被打劫被掠夺的无耻快感。

为什么上海本地学生越来越少，上海教委却不把中考高考资源开放给服务上海的外地人呢？上海的建设，不仅仅是上海人的力，是全国资源的集中投放与倾斜，更是外地人打拼的结果。"宁与洋人，不与家奴"，大清的时候是这样，今天在上海，我们又进步多少？如今上海迈入自贸区的时代，手在攫取利益，大脑、思维和制度还停留在计划时代，不信，个人办事还要单位介绍信，还要单位派人事文员跟踪呢？这是体制的沙漠，带来升学竞争的不自由。万恶的旧社会，高玉宝喊着"我要读书"，如今上海的外地孩子也喊着"我要中考"，"我要高考"，"我要上幼儿园"，这声音已经冲破沙漠，撕心裂肺，我们上海市政府的某些政客，你听到了吗？

本来我从深圳赶来上海，是源于上海曾经出现的自由。没想到竟然是回光返照。如今上海居住证积分制度，又像沙漠笼罩了新上海人。换汤不换药，还是客气。比如，查看档案，比如查父母居住证积分，这就等于看血缘，验基因，就和文革的血缘论有的一拼了。

如今，大量儿童，大量未成年人，因为上海的居住证积分制度，离开父母，离开上海，成了农村乡野的留守儿童，成了亚细亚新时代的孤儿。他们被强奸，被戮杀，被拐卖，被溺死，被打劫，如今年5月18日，安徽潜山县11岁的小女孩张悦被奸杀抛尸粪坑，2012年江西一家5个孙子溺水。这些留守儿童的悲剧，因为不能在父母工作的地方上学而孤独生活在无人保护的农村，这是户籍沙漠带来的必然。从这个角度来说，上海市居住证积分制度，是留守儿童悲剧的推手和元凶，上海居住证积分制度设计者们，你们欠了全国5800万留守儿童一个债，你们要永远背着原罪的，跪在十字架前也得不到饶恕。我们的城市管理者们，还徜徉在这杀人的沙漠，冷眼看着身边人道主义悲剧的发生。一幕幕的悲剧，撕不破钢粒沙漠的铁幕。血溅公堂，动摇不了贪婪的决心。尼玛，次奥次奥，这是什么样的自由，又是什么样的不自由？我们还需要匍匐在这样的沙漠么？

受不了这样的杯具，我也不想要索马里的护照。让那些沙漠的缔造者，剥夺他们限制别人自由的特权，控制剥离他们为非作歹的自由，甚至要把他们关进法制的笼子里不自由，才能带来新生活的真正自由，才有最大众最社会的真自由，理性的自由，是我们热烈拥抱的自由，如空气，如饮水，如血液，如知识，如财富，我们爱之深，护之切。

也许，该一人一票了，也许该支持习大大的打老虎了，不，重建新的动物园了。这样，我们才能有绿洲的生存环境，我们才有甘泉，才有我们珍惜和追求的真自由。

拜托，阅卷老师，0分我不怕，我要表达的自由。⁽³⁷⁾

这哪里是作文，我觉得这简直就是对中国旧教育体制的控诉书！

再次，学校教育内容机械呆板。这都是应试教育惹的祸，所有的教学工作不得不按照应试的老套路来进行。一是教材枯燥，削弱了人对学习的兴趣；二是教师教条，只会照本宣科填鸭式的教育，压制了人的创造力；三是学生懈怠，只会死记硬背，不会发现问题及解决问题；四是机械绝对，以成绩为唯一标准，严重误导人的是非观；五是尊卑等级，形成的是自上而下的师生关系，从小就培养学生的奴性。

有学者称，我们现在的教育，是缺乏人性的顺水推舟，上上下下都在那里推太极；是充满功力的讨价还价，上上下下都在那里做生意；更像是在模塑机器人，用早已本该淘汰的生产线，企图造出现时代的陶俑！

其实，我们现今的教育，真正应该首先学习的，除了语文、数学、物理、化学、历史等学科的基础知识外，更应该学的是人的知识、社会的知识等"人性理智"知识，例如法律、人际关系学、社会心理学等。而我们如今所看到的，似乎一直在加强有关"伦理道德"方面的教育，什么《弟子规》、"孝文化"（通常是将论资排辈、愚忠、等级制等负能量鱼目混珠于真正的美德之中，甚至还时常充当主角），殊不知，其隐含的副作用，对于国家的法治建设及社会理性的完善是非常有害的。正如有学者指出的那样，这些所谓的伦理道德，是整个封

---

(37)凤凰网司马当博客：上海今年满分作文.2015-07-17：http://blog.
ifeng.com/article/36621449.html

建社会中那些王朝的灵魂，"不用说国家制度的构设，就连行政运转时的人事和技术上的安排都体现着传统伦理的渗透。它和权力不可分离地结合在一起，成为影响所及的每一个人必须遵守的官方意识形态，判断言论行动是否可取的唯一标准。道德架构本身和它在社会上的地位，就决定了它以何种方式影响人和塑造人。"[38]人们更应该接受的教育，是能够体现为平等观、公正观、正义观和博爱观的教育。

真正的教育，应是以人为本，将教育目标定位在全方位地培养一个人具有热爱生活的价值观，积极向上的人生观，探索创新的世界观，和独立思考自由的精神，同时还要全方位地培养一个人适应社会的能力，这包括了为了自身快乐幸福及关心他人的快乐幸福而理性处事的先进理念。

○ 社会教育危机

当告别过去所学进入了社会，不管是在某个单位里就业，还是自己创业，受教育的任务都远未完成，都要重视继续教育。尤其是在信息时代，重新学习完善，扩展视野，势在必行。但是，目前社会教育效果的掣肘之弊，就是社会实践中出现的一系列不和谐的现象，例如老人跌倒无人敢去搀扶；三个学生见义勇为搀扶跌倒的老人成被告；老师强奸未成年女生……等等。这些负面信息往往比我们进行的正面教育还更具有强烈的刺激，促使人们的世界观、人生观、价值观都或多或少地受到污染，也就对信仰的形成产生不利的影响。除此之外，社会相关鉴定和评价系统的世俗化，导致弄虚作假成风，使得社会教育不是走过场，就是被玩弄——真正有才学的人不被认可，而无才学的人却能毫无顾忌地滥竽充数。这也是一个必须高度予以关注的问题。当然，这一问题与体制问题有着密切的关系，不是教育自身能够解决的。

---

(38)刘再复、林岗：传统与中国人.生活·读书·新知三联书店.1988，页274.

不管是家庭教育、学校教育还是社会继续教育，都应该遵循多元教育、不能搞一统教育的原则：

其一，从教育形式上不能搞一统化。现今的应试教育其实就为教育的一统化埋下了祸根。但取消考试也会偏颇，应该尝试在应试教育体制之外另寻其它辅助的教育途径。例如，某生产机械的集团与某学校合作，共同办教育，其招生、毕业等有自己的程序，目标就是职业教育，即：有针对性地培养具备某项专业技能的学生，毕业后既可定向就业，也可自行择业。又如，学校的招生可设置专门的"自招班"，"自招班"不考虑考试成绩，完全按照学校的自主原则自行录取；这个"自招班"可从初中开始设立，其后的高中班，大学都相应地设立，以便于承前启后。但"自招班"的每个学生以及教师和学校都需要有专门的机构跟踪，将这些学生未来的发展情况都一一记录在案，以利于今后进行对比和作出总结，并在此基础上进行考评。

其二，从教育内容上不能搞一统化。在教育内容上，过去通常都是正面教育，很少对学生进行"存疑教育"，就人的素质而言，这是教育的极大缺陷之一。说到中学设立怎样的"自招班"，可由该学校根据自身师资特长来自己确定，但主要目标是培养有一技专长的特殊人才。当然，思想教育绝对不能荒废，但进行怎样的思想教育，也不能一统化，所遵循的原则主要为几点：首先，要将追寻世界本原为内容的自然科学教育放在首位，便于人们形成良好的科学信仰，这是正途；其次，要将生命意义的教育植入其中，这种对人生意义的反思，可使得人们为形成信仰奠定良好、牢固的思想基础；再次，要将社会发展的不确定性教育充实进来，便于人们对今后所发生的意外之事有足够的心理准备，可使人们在遇到逆境时能够获得精神力量去面对和接受，防止人们在困境中去寻求邪教的蛊惑；最后，正确地引导人们了解宗教、信仰宗教也应该是科学教育的有利补充，而不要把信仰宗教当成是封建迷信。

过去，我们的教育尤其是学校教育都以宣传"唯物论"为己任，其实这绝对是教条主义的帮凶。

著名文艺评论家殷谦说：

"不相信"神灵"的存在，不相信因果报应，以至于人类变得无所畏惧，无耻之尤。通常我们会将这些神秘的灵性生命与宗教联系在一起，信仰"神灵"就等同于信仰宗教，其实大谬不然，每个人都可以独立地去信"神"，无论这个"神"叫什么，只要不是人类自己，只要他一直都在你心中，你甚至不必去教堂和寺院，无论身在何处，"神"就与你同在，这依靠的是一个人深刻的内在自觉，当然这也是信仰的最高境界。宗教不是迷信，也不是对灵性生命之谜探索的尝试，而是为我们讲述了一些贤者教人处世的经验和他们为此所付出的诸多努力。

到底有没有"神灵"的存在？同时作为一个神学研究者，结合对佛教、基督教、伊斯兰教、犹太教等主要宗教的历史、教派、教典、教义，以及道教、中国民间宗教、中国少数民族宗教历史的悉心研究，我给出的答案肯定是有。既然"神灵"存在为何他从来不显现给人类？正因为如此，所以那些"迷瞪的人"，直到地狱门口还抱着形而上学唯物主义论著。

神学家对宗教学的研究结果认为，人类是"神灵"创造的，每个人都有其神性，这个神性是世界性的，要想使这种神性的本体显现，就要求人必须在自己的本性中变化才能得以实现——诸如一些与世隔绝的道士、远离俗世的高僧、孜孜追求真理的修士等等，只有他们更容易能够接近"神灵"，更容易获得与"神灵"沟通的机会，他们始终坚信，人类都有求生欲望，人类虽然会死，但灵魂不会灭亡，一个人的灵魂才是人的生命本体，他们只有在经历一个严格的"清算"过程之后，并在"神灵"的指引下，会以新的生命重生。

这个不仅是佛教的说法，也是中国道教、民间诸宗教的说法，在国外，这种说法同样出现在福音书、柏拉图哲学以及希腊各种神秘宗教中，虽然每个人在精神与肉体、兴趣与才能、气质与体质方面的差异都是明显的，但在人的精神层次最深奥的灵性层次中，人类都是一样的。

为什么佛教、基督教、伊斯兰教、犹太教等能够超越若干世纪的历史一直延续到今天，神学家认为，这些宗教所宣扬的是一种真理，而这种真理就是神的语言，是一种永恒的、根本的智慧。

可惜的是，这种智慧在历史的进展中，被别有居心的人类所蒙蔽和歪曲，甚至加以利用以达到自己的各种目的，以至于原本纯正的宗教变得鱼龙混杂，混沌不清，这也导致很多人原来坚定的信仰直接崩溃，人们对宗教信仰开始怀疑，渐渐地由自觉信仰变成了被动的传统式信仰。

当前，回归这种永恒的、根本的智慧才是正途。关于我所提出的"宗教式的信仰"，你可以信其有，也可以信其无，总之信其有总比信其无要好得多。我的意思是，假使这种"宗教式的信仰"能够对解决人的问题贡献巨大力量，假使这种"宗教式的信仰"成为人类世界良好秩序的基础，那么它就应该是我们人类最普遍、最内在的存在，并且成为洗涤世界的圣水……人们才会有所惧怕，有所恐惧，才会懂得爱恨与善恶，只有这样，"神灵"才会再次向人类显现，人类世界才会逐渐恢复与"神灵"的沟通，甚至同处共存，人们才会在自己内心的圣所中拥有并崇拜真正的"神灵"。[39]

○ 教育的"经常性缺陷"

我认为，在人们文化水平比较低的阶段，对宗教的信仰或是对神灵的信仰都不为过，这样做确实并不见得科学，但这是不得已而为之。如果从教育科学的角度上讲，过去的学校教育包括社会继续教育，存在着两个"经常性缺陷"：

第一个"经常性缺陷"是，经常性单纯、一统化地对马克思主义信仰进行过度的宣传，唯恐被削弱，这样做不但有所偏失，而且其结果还往往适得其反。这样做的结果，是把马克思主义和其它学说、文化包括宗教完全对立起来，以论证马克思主义的科学和正确，来批判其它文化的谬误和错失。而在现实社会中，未经发展的主义不能

---

(39)参阅殷谦：心灵真经.黄山书社.时代出版传媒股份有限公司.2011。

与时俱进就会落伍，就会让人不信甚至反感，尤其是在社会实践中，"说一套、做一套"的言传身教，更加使得人们动摇了原有的信仰。我们应该牢记住一点：社会实践当中出现的一些问题，要比说教更有效，影响力更大，可信度更强。也就是说，奠定好一个社会"人性理智"的基础，不依赖于我们说的有多么动人、多么好听、多么科学，而是依赖于我们做的有多么公平、多么正义、多么暖人。

第二个"经常性缺陷"是，我们的教育从来没有设定过"敌对目标"，所以有一些教育都在不知不觉中偏离了教育的宗旨，不但没有达到教育的目的，反而适得其反。譬如教师与学生的关系，教师的某些过度的严厉与强制，就明显地偏离了"平等观"的教育目标，其效果是学生被"暴力文化"（心理暴力）、"权力文化"所侵害，造成学生从小就得养成奴性或反叛性，奴性的结果是逆来顺受，反叛性的结果不是出现自杀倾向，就是出现暴力反抗倾向。那么，如何来准确确定教育的"敌对目标"呢？针对中国具有的4500多年的封建君权专制历史，以及西方不良思潮的侵袭，我们应该非常明确地将"惰力文化"、"暴力文化"、"权力文化"和"财力文化"设定为"敌对目标"，使所有的教育都把防范这些消极文化作为使命，贯穿于整个的教育活动中，让被教育者在接受基础教育的同时，还能更多地接受人文教育。

从某些方面看，为什么我们的教育失败得如此惨重？根源就在于我们的教育思想、教育理念和教学内容已经扭曲和腐朽，已经与民权社会感觉、集权社会感觉和强权社会感觉的社会发展的大趋势不相协调，还停留在君权社会感觉、暴权社会感觉和平权社会感觉的水平上原地踏步或不时地倒退，与整个人类社会文明进步的节奏失调。

○ 教育缺失之后的道德危机

改革开放政策推动中国经济建设飞速发展，人民生活水平不断提高。市场经济观念的普及和商品社会观念的传播，使"社会存在"与"社会意识"形成了巨大的反差。如果说，贫富越来越悬殊所形成的两极分化是一件令人担心的事情的话，那么社会物质享受的欲望"爆涨"和社会精神追求的理想"爆跌"所形成的两极分化，则更是一件令人可怕的事情。

人们口袋里的钱多起来了，可与此同时，人们的思想越来越空虚。思想的空虚就会带来精神上的无聊。"商品"意识像滚滚洪水冲垮了人们的道德大堤，灌进整个社会精神领域的各个角落，致使人们的人生观、世界观和道德观都被卷进金钱的涡流中晕头转向地随波逐流。在这汹涌的洪水中，泛起了各形各色的"拜金主义"、"享乐主义"和"极端个人主义"的泡沫，使人变得的利欲熏心、腐败堕落、心狠手毒。人们为图虚名、谋私利，只顾个人和小家庭的幸福，却不管他人的死活。人与人之间没有了真情，没有了公平，没有了博爱，没有了正义，剩下来的只有为金钱、权力和享乐而进行的你死我活的竞争。他们虚伪地做人，　心胸狭隘，斤斤计较，目光短浅；他们口是心非，奸诈诡辩，弄虚作假，巧取豪夺；他们追求享受，纸醉金迷，挥霍浪费，贪污受贿；他们贪赃枉法，滥用职权，盗窃抢劫，杀人放火。这一切一切，玷污了社会公德，使社会感觉陷入混乱。

我们所有的传统伦理道德理论，脆弱得弱不禁风，只是少许的几个改革的"喷嚏"，便被撂倒在涂满胶水的病床上，再也拾不起个儿来去拜奉正统理论的偶像，再也鼓不起激情去崇尚那个曾被描绘成天堂的事业，奄奄一息地苟延残喘。

人们所供拜的"佛像"无颜见人，人们也就完全地处于迷惘之中，盲目地漂浮在被污染了的社会海洋上。

如前所述，中国目前已经出现了公信力危机、信仰危机、教育危机。这三大危机最根本的危机就是公信力危机，而公信力危机中最根本的危机就是理论危机。中国的政治体制的改革是否能成功，首先要看中国的思想改革和理论的改革能否有条不紊地进行。没有系统的、科学的理论指导，改革就是"瞎子摸象"。同时，没有一门新的、具有说服力的理论指导，来统一人们的思想，人们就不会有统一的行动。

历史在呼唤，一个新的、更科学、更符合实践的理论必然要诞生，并且必然要占领人们的思想阵地，使理论得到发展，使信仰重新树立，使道德再度恢复。

克服一次经济危机相对说要容易得多，而克服一次公信力危机、信仰危机和教育危机，则是非常困难的。它不因我们所制定的某项政策而左右，却有赖于整个社会在很长的一段时间里慢慢地恢复、漫漫地度过；慢慢地形成新的社会感觉。因此，克服社会感觉上的三大危机，要求我们既要果断地下决心，又要冷静地持有耐心；"犹豫"与"盲进"，都会适得其反。

5-7　中国未来走向展望

○ 改良社会感觉的"三把火"

俗语说"新官上任三把火！"意思是讲，新上任的官员，开始履新有些劲头，必先做两三件于百姓有益之事。不过，这个俗语也暗含着，这个官员在做完几件轰轰烈烈的事情之后，是否还会不断地做好事则难说了。

我所说的改良中国社会感觉的"三把火"，是放在几十年甚至上百年中国社会历史发展未来走向的大趋势当中的起始阶段而言的。因为中国这盘棋，自1949年始，前面的棋手都下出激情、下出气魄，下出了不少好招，但由于缺乏"顶层设计"，难免得下得有点乱，下了不少臭棋。后面的棋手即使责怪也无用，只能面对现实，将这盘残局继续走下去。那么，究竟从哪里入手功效最大呢？

一、"人性理智"教育效果最长久

前面我已经说过，纵观中国社会的发展历史，人们可明显地看到，科技发展日新月异，经济发展突飞猛进，文化发展蒸蒸日上，唯独"人性理智"的发展变化不大，五千年前与五千年后并看不到有多大的差距，甚至有时在某个阶段还呈现倒退的趋势。之所以没有倒退到野蛮时代，其原因是信仰、道德、宗教和生活经验的种种说教起到了一定的教育作用，勉强地维持了部分"人性理智"，但这对于完整全面的"人性理智"是远远不够的，所以信仰危机、公信力危机、教育危机、道德危机等各种各样的社会危机不时地发生着，所引起的各种各样的社会矛盾也就愈加频繁和激烈。究其原因，人们更加关注的是与切身利益直接相关的政治、经济、科技、文化的教育，而对于理性地认知人性的深层次的"人性理智"教育，则往往被忽视，甚至被错误地认为是无足轻重的事情。

我所说的"人性理智"教育，与我们过去经常搞的"思想政治教育"不是一回事。过去我们常常搞的"思想政治教育"，大都是灌输式、教条式的教育，是带有明显的意识形态的政治教育，也就会在一定程度上被扭曲地变成了"愚民教育"，所以很多人包括一些教育工作者和大学生在内，都是从内心里极其反感的。这就需要我们应该从思想政治教育的内容上大刀阔斧地改革，让过去灌输式、教条式的思想政治教育，改变成为符合科学机理、具有客观公正立场的"人性理智"教育，而不能让思想政治教育成为阶级斗争、意识形态斗争的工具，更不能让其成为某个执政党树立权威、进行思想控制的手段。在本书中我所研究的很多内容，恰恰就属于"人性理智"教育的一部分。

我认为，"人性理智"教育应从小学开始就进入到教学中，一直到中学乃至大学都应是由浅入深的必修课。通过"人性理智"教育，要让所有人都能了解并认知自己的心理状态、人格品质，而且还要做到了解并认知他人的心理状态、人格品质，甚而至于还要进一步地能感知到人与人之间的关系如何，是好还是坏，并能够对此作出一定的判断。这种对权利和权力关系的认知——前者是对自我或他人个体的认知；后者是对自我与他人、他人与他人权力关系的认知——这些都应是"使人成其为人"的必备知识。

目前人们所能见到的，如果不是夸夸其谈的道德说教，就是神乎其神的宗教说道，不是缺乏实践性、实效性，就是缺乏说服性、科学性，由此，其教育的效果都不可能长久。只有进行全面的"人性理智"教育，才能从本源上让人们知晓"使人成其为人"的道理，才能从基础上奠定"使社会成其为社会"的条件，才能使理性社会更长久。

二、树立法治权威最亟需

众所周知，2014年10月20日中国共产党十八届四中全会的召开，标志着"依法治国"的序幕正式开启，因为此次会议首次将"依法治国"作为主题，成为十八届四中全会中最大的亮点。会议指出："法治思维是基于法治的固有特性和对法治的信念来认识事物、判断是非、解决问题的思维方式，而法治方式是运用法治思维处理和解决问题的行为方式，国家机关及其工作人员运用法治思维和法治方式来化解矛盾，可以较少留有后遗症。面对矛盾，国家机关及其工作人员要善于用法律上的事实分清是非，用权利义务思维分清对错，在法律框架内明确权利、界定义务。对进入法定渠道的矛盾问题，要严格依据事实、法律，公开公正处理，以依法解决矛盾问题的实际成效，让群众体会公平正义、信服法律权威，从而形成办事依法、遇事找法、解决问题用法、化解矛盾靠法的良好环境。"看得出，中共领导人已经看到了树立法治权威的重要性，较之以前更加重视法治和社会规范，这是值得称道的。

但是，目前我们面临的最大问题，不是有没有法律条文和社会群体规范的问题，而是那些本不缺的法条和群体规范能不能起到法治和规范目的的问题，是权力建筑的群体首领不自律，甚至是带头违法，而权利基础的群体成员也违法从众的心理现象让群体规范形同虚设的问题。

就目前所面临的现状而言，违法从众的群体心理基础应该是我们予以重点解决的问题。例如交通违章，行人及非机动车的违章现象已经习以为常，似乎成了家常便饭，人们都已经不以为然了，这些看似不起眼的违章，从其结果上看好像纠正与不纠正都无所谓，闹不起什么大风浪，但天长日久在群体心理上就是非常危险的，因为在人们的潜意识中，法治的权威性就逐渐降低了，人们越来越不用敬畏和尊崇法治了，也就由此对执法者的信任度大幅降低。其结果是，法不责众，对执法者的言行产生怀疑，不予听从和执行，甚至采取极端的对抗行为，很多矛盾就会升级，就会激化，就会爆发成大规模的群体性事件。

所谓从众心理，望文生义，就是按照众人的意见办，自己不另搞一套，或是随着众人的行为而为，不坚守自己的原则。之所以出现这种从众心理，是因为人们都认为，众人表达的意愿更加全面可靠，跟着这种众人表达的意愿走，即使事后证明是错误的，通常也不会有什么太大的风险，不会遭受到什么处罚，因为法不责众似乎已经成为铁律。

从众心理既不能绝对地说是好事，也不能绝对地说是坏事，因为如果众人都敬畏法治而自觉地遵纪守法，其他人跟着"从众"岂不是更加有利于形成良好的法治环境？所以关键的问题是如何能让更多的人敬畏法治。

针对人们的从众心理，应该加大三个方面的整治力度：

其一，教导行为规范，奖惩分明。教导行为规范即通过各种形式的教育和社会舆论的力量，使个体逐渐形成一种信念、习惯、传统，用来约束个体的行为，调整个体与社会、个体与个体、个体与群体、群体与群体之间的关系。

教导行为规范，首先应教导一般生活规范，像家庭和幼儿园日常生活中的进食、入厕的规矩、待人接物的礼节、交通规则等，都需要从小时候起就不断地灌输。从中学开始，应着重教导法律、道德、习俗等社会行为规范，其中法律是最具有强制性的，道德次之，习俗再次之。从大学开始，就应着重"人性理智"方面的教育。

其二，严厉执行法纪，有错必究。现有的已经制定好的法律，必须严格执行；能执行的才立法，不能执行的就干脆取缔。或者说，只要立了法，就必须不折不扣地执行，绝对不允许有法不依、执法不严的情况出现。严厉执行法纪就要求我们，从小处抓起，不惜斤斤计较。

例如行人或非机动车交通违章，至今好象还没有什么有效的治理办法，但为了将这一陋习彻底清除，就应下"猛药"，对带头违犯交通法规的人处于重罚，就要"枪打出头鸟"，不但要处以罚款，还要记入个人诚信档案中。这样一方面对带头违章的人是一种教育，也将教育了其他跟从违章的群众，有效地解决了"法不责众"的问题。

其三，加强执法监督，黑白分明。习近平总书记提出，要"坚持公正司法，努力让人民群众在每一个司法案件中都能感受到公平正义"，他还指出，"新闻媒体要加强对执法司法工作的监督"。我通过十几年的司法实践认为，我国的监督机构体系仍有待完善，既要有横向监督机构，又要有纵向监督机构，而且不管是横向监督机构还是纵向监督机构，都应确保"多重性"，即：横向的监督机构不能是一家，而应该是多家；纵向的监督机构也不能是一家，也应是多家。这就叫："让执法者站在众多的监督机构的眼皮子底下来执法。"

其四，监督垂直领导，相互制约。监督机构不能听命于当地政治权力机构，必须实行"国家垂直领导制"，防止监督机构与地方权力机构有利益瓜葛。

当然，如果有人在合法合理诉求解决以后仍无理取闹甚至聚众滋事、扰乱公共秩序，也要依法严肃处理。只有建立依法办事、依法维权、违法必究的规则和机制，才能树立法治权威，维护正常社会秩序。

三、培育、引导求善信仰是补充

在群体心理培育、引导求善信仰方面，应充分利用模仿、暗示和感染的心理传导力，以期达到最终目的。

所谓模仿，是在没有外界控制的条件下，个体受到他人行为的刺激影响、仿照他人的行为，使自己的行为与之相同或相似。

模仿是普遍存在的一种社会现象，从个体对他人的无意识的动作，到衣、食、住、行，再到对他人的风度、性格、工作方法、生活方式，乃至于对整个社会生活有关的风俗、习惯、礼节、时尚等等，都存在着模仿。

通常的情况下，模仿者模仿他人的行为，总是他自己所倾向、所希望达到的行为，最低限度是对自己无害的。就是说，模仿者模仿了这种行为，一般的能使自己适应环境，得到好处，或者能产生一种满足感。而和模仿者比较，被模仿者一般是被动的、无意的，但是在某些场合也可能是主动的、有意的。从子女模仿父母的行为来看，被模仿的父母的大多数行为是在无意之中做出来的，只有一小部分行为是有意做出以供模仿的。在这里，我强调的是，被模仿者的主动性应该有意识地加强，且不管被模仿者是为人父母，还是领导或执法者，都应注意自己的一言一行、一举一动，用各种暗示或感染的方法来培育、引导模仿者的求善信仰。

所谓暗示，是在无对抗的条件下，通过语言、行动、表情或某种符号，对他人的心理和行为发生影响，使他人接受暗示者的某一观点、意见，或按暗示的一定方式活动。在一般情况下，暗示采用比较含蓄、间接的方式，不付诸压力成分，不要求他人非接受不可。

所谓感染，是通过语言、表情、动作及其它方式引起他人相同的情绪和行动。感染主要是指情绪的传递。在许多场合，情绪比理智更有力量，情绪体验更生动、更深刻。当然，感染受理智的制约，个体的理智水平高低，可在一定程度上决定是否受他人感染或者受多大程度感染的重要因素。但是，感染毕竟是情绪交流传递的一种基本形式，在许多场合，它都会在人们不知不觉中发挥作用，例如当我们走进庄严肃穆的宗教礼堂时，会不由自主地受到感染，让我们肃然起敬，而这与人们念诵的教义科学不科学没有任何关系。

培育、引导求善信仰，我们面临的问题除了上述以外，还有我们在硬件设施方面有重大缺失的问题。我们眼前所见的，卡拉OK厅、歌舞厅、美容厅、酒吧、餐厅、洗浴中心等一应俱全，都是与人享乐有关的，唯独与人培育、引导求善信仰之精神生活有关的难见踪影。类似过去的教堂等设施，多建设一些有什么不好？譬如，试点性地建设"婚礼教堂"，中西结合，既有庄严，又有喜庆，怎么就不行呢？关键是用它来干什么，它将传导的是什么内容，与民权社会感觉是否相符或相容？同时有关部门能否做到监管到位？只要是从事那些培育、引导求善信仰的活动，并且符合民权社会感觉的导向，管它是什么教（当然要将邪教或虽然不是邪教，但其作用是与民权社会感觉相悖的都应排除在外），不但不应禁止，反而应大力支持，让更多的人参与模仿，得到暗示，获得感染，使人们的心灵得到升华。当然，管理上不能失控，只要是正能量，就没有必要因什么信仰而加以阻挠。究竟在建设培育、引导求善信仰的文化设施上，哪些应该多建设、哪些应该少建设、哪些应该不建设，这不是一个简单的问题，需要这方面的专家共同进行深入研究，群策群力，从长计议，确定出大的方向和原则。

○ 中国强国战略的"三干支路径"

干支历是一种用60组各不相同的天干地支标记年月日时的历法。干支历主要由干支纪年、干支纪月、干支纪日、干支纪时四部分组成。其中，干支纪年60年为一个轮回。根据我国古文献记载，天皇氏时代已发明干支，这一发明影响深远，后世用于历法、术数、计算、命名等各方面。由此可见，干支历对中国的影响太深远了。

我所提出的中国强国战略的"三干支路径"理论，是根据中国历史发展的现实，以及孙中山先生早就提出的相关政治主张而作出的。

孙中山先生在《国民政府建国大纲》[40]中阐述了他的三阶段政

（40）《国民政府建国大纲》是孙中山于民国13年（1924年）4月12日手书，简称为《建国大纲》，全文仅二十五条。这是中华民国成立后，孙中山针对国家建设所提出的规划方案。大纲中以选举、罢免、创制、复决作为人民应有之"权"，以行政、立法、司法、考试、监察作为政府施政的"能"，权能区分，造成"万能政府"，以实现三民主义。建国大纲并将建设国家的程序分为三个阶段：军政时期、训政时期与宪政时期。

治主张:

"在军政时期,一切制度悉隶于军政之下。政府一面用兵力扫除国内之障碍;一面宣传主义以开化全国之人心,而促进国家之统一";

"凡一省完全底定之日,则为训政开始之时,而军政停止之日";

"在训政时期,政府当派曾经训练、考试合格之员,到各县协助人民筹备自治。其程度以全县人口调查清楚,全县土地测量完竣,全县警卫办理妥善,四境纵横之道路修筑成功;而其人民曾受四权使用之训练,而完毕其国民之义务,誓行革命之主义者得选举县官,以执行一县之政事;得选举议员,以议立一县之法律,始成为一完全自治之县。一完全自治之县,其国民有直接选举官员之权,有直接罢免官员之权,有直接创制法律之权,有直接复决法律之权";"凡一省全数之县皆达完全自治者,则为宪政开始时期,国民代表会得选举省长,为本省自治之监督。至于该省内之国家行政,则省长受中央之指挥","全国有过半数省分达至宪政开始时期,即全省之地方自治完全成立时期,则开国民大会决定宪法而颁布之";"宪法颁布之后,中央统治权则归于国民大会行使之,即国民大会对于中央政府官员有选举权,有罢免权;对于中央法律有创制权,有复决权";"宪法颁布之日,即为宪政告成之时,而全国国民则依宪法行全国大选举。国民政府则于选举完毕之后三个月解职,而授政于民选之政府,是为建国之大功告成。"

孙中山提出的"军政、训政、宪政"三阶段政治主张,是为了实现他的"三民主义"和"五权分立"理论指导下的近代中国"资本主义"宪政民主的根本方略,也是针对近代中国国情提出的一个渐进式(量变)与激进式(质变)相结合的宪政建设模式。在孙中山先生的政治主张中,虽然我们看不到从"军政"到"训政"再到"宪政"各个阶段究竟需要多长的时间,但是从孙先生当时的口气上让我来推测的话,整个过程似乎不用太长时间,最多二三十年即可完成。

而实际情况是,即便是到了1949年新中国建立之后,甚至都制定了宪法,都难以从现实中看到孙中山先生所期盼的"民权主义社会"的实质面目。孙中山先生把中国4500多年的君权社会感觉的惯性顽固程度估计得过低了。

但是,孙中山先生有关"军政、训政、宪政"三阶段的政治主张,对中国未来的社会感觉向着民权主义社会发展提供了重要的启示:"必须以宪政民主为目标,必须有切实可行的路径模式,必须将世界潮流与中国国情结合起来。这样才能让那些患了宪政民主'饥渴症'的人增多一些理性认识和稳健意识,让那些借口国情而在宪政民主方面患了'麻痹症'的人增多一些进取精神和忧患意识。"[41]

那么,我所说的"三干支路径"与孙中山先生的"军政、训政、宪政"有何关系呢?

自1949年10月1日新中国建立开始,至2009年9月30日止,这60年即第一个干支纪年,为中国社会感觉的"军政"阶段。这一阶段的主要任务,是抵御并消减平权社会感觉和暴权社会感觉,大幅度地降低这两种社会感觉的指数,用以确保社会稳定,发展生产力,确保不遭受外国列强侵略和骚扰,全面实现国家统一。由于"军政"阶段离不开国家暴力机器,因此在抵御并消减平权社会感觉和暴权社会感觉的同时,不得不加强国家暴力的效力,而且还会在一定程度上必然加强了君权社会感觉的势力,这完全是不得已的事情。"军政"阶段主要目标之一——民生的目标之一,应是在全国彻底完成"脱贫"任务。如果没有在第一个干支纪年完成这一任务,那就说明任内的权力建筑施政有误,给后任的权力建筑拖了后腿。

自2009年10月1日起,至2069年9月30日止,这60年即第二个干支纪年,为中国社会感觉的"训政"阶段。这一阶段的主要任务又重了些,在继续抵御并消减平权社会感觉和暴权社会感觉的同时,还要下大力气抵御并消减君权社会感觉,大幅度地降低"低层段"社会感

(41)彭先兵:让历史告诉未来:孙中山的"军政、训政、宪政"三阶段方略及启示.吉首大学学报(社会科学版).2013,第4期,页35~40。

觉的指数，用以确保社会繁荣，确保经济建设突飞猛进，国民素质普遍提高。由于"训政"阶段离不开国家集权举措，因此在抵御并消减"低层段"社会感觉的同时，不得不加强国家集权的效力，在国内必然会引起分权势力的抵抗，在国外也必然会引起竞争势力的压制和袭扰。"训政"阶段主要目标之一——民生的目标之一，应是在全国基本完成"致富"任务；"训政"阶段主要目标之一——教育的目标之一（国民素质），应是在全国彻底完成"脱盲"——不仅仅是文盲，还有法盲、"人性理智盲"，因而教育问题极其重要。如果没有在第二个干支纪年完成这一任务，那就肯定会影响到下一阶段的正常实施。

自2069年10月1日起，至2129年9月30日止，这60年即第三个干支纪年，为中国社会感觉的"宪政"阶段。这一阶段的主要任务，是抵御并消减"低层段"社会感觉，大幅度地降低"低层段"社会感觉的指数，用以确保国家强盛，人民当家理政。

以上所说的三个干支阶段，每个阶段不见得都正正好好是60年，也许某个阶段早个十年八年，也许晚个十年八年，应该说都还算是正常的。前两个阶段，就中国现有的社会感觉形态来看，都不可或缺地需要有一个强有力、新时代目标明确的政党来指挥，实际上实行的是"政党立宪制"，只有到了第三阶段才有可能完全实现民主宪政。中共所说的新时代，根据我的社会感觉论来理解，准确的意思应该是指第二阶段的开始。

纵观中国的发展状况，目前我们已经到了中国社会感觉的"训政"阶段，好像是已经晚了十年八年，原因是"军政"阶段出现过施政有误的情况，且不是一次两次。建国后至改革开放之前，中共搞的各种各样的政治运动几乎每一年都不闲着，可谓人人自危。别说是完成"脱贫"任务，完全可以说，与先进国家相比，人民生活的水平基本到了"全民贫困"的地步。改革开放之后，施政有误的情况也难以完全杜绝；权利基础的盲动冒进，例如1989年的事件，也会拖累政治体制改革的良性进程。尤其是，国家统一大业没有在"军政"阶段完成，给后面的"训政"阶段拖了后腿，添了大麻烦。

　　既然现今已经进入到"训政"阶段，那就应该多做"训政"的事情，既不要过高地评估我们目前的社会感觉形态水平，也不要过低地评估，实事求是地看清我们自己的短板，练好内功，处好外缘，为平稳发展创造条件。但令人遗憾的是，"训政"阶段民生的目标已经应是"致富"了，可我们现在还在做着大量"脱贫"的工作，从一个方面说明，"训政"阶段的工作压力很大，主要是因为前一阶段的很多重要的工作没有如期完成，让后一阶段的权力建筑到处填窟窿、补漏洞，自顾不暇，难以招架，按下葫芦起了瓢，别提有多窘迫了。许多本该"训政"阶段做的事情，根本无法做，不得不先把前面落的课补上。如此这般，"训政"阶段的工作就无法如期进行，若无法如期完成，"宪政"还要后延多少年，谁也不好确定。

　　可能有人会说，"三干支路径"理论是不是把我们国家向着民权主义社会发展的历程所进行的时间拖得太长了？太低估了我们国家人民群众的民主意识了吧？对中国的民主宪政太悲观了吧？很多人都等不及啊！

　　对此，我不想说的太多，只想回答一句话：三个干支纪年加在一起总共才180年，用180年如果能将4500多年君权社会感觉的惯性完全抵御并消减掉，花费的时间已经够短够快了，若能成功就已经不错了！

○ 中国未来社会形态趋势

　　中国大陆的未来——仅说到"训政"阶段——2009年至2069年，这一阶段无疑是强权社会感觉指数持续上升的阶段，没有这一阶段，就无法完成抵御并消减"低层段"（平权、暴权、君权）社会感觉，降低其指数的艰巨任务。历史将让我们没有选择地必须让强权社会感觉来接替君权社会感觉占据着社会感觉的主导地位。只不过如我前面所述，最好别让它单独占据得过于充盈，应该同时把集权社会感觉指数和民权社会感觉指数也一并拉升，与强权社会感觉指数

"平起平坐"，保持相对平衡，从而平稳地向集权社会感觉过度，进而迈向民权主义社会。就这个发展走向来看，现在的"一国两制"，到那时就会逐渐朝着"一国一致"的方向迈进，也就逐渐会一统化了。就中国的国情而言，这应该是最理想的社会发展方向和发展策略。这就要求我们必须首先将"让人民致富"作为重要的经济目标之一。

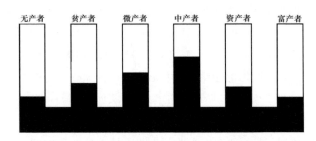

图5-7-1 未来中国社会经济阶层构成趋势

如图5-7-1所示，至2069年，未来中国社会经济阶层的构成，应该是大致接近如下比例就基本上实现了"让人民致富"的目标：

无产者不足5%，贫产者约占8%，微产者约占20%，中产者约占50%，资产者约占15%，富产者约占2%。

为了确保实现这一目标，中国的权力建筑亟需做的几件重要的事情是以下几个：

1、控制富产者的增长数量，适当缩小贫富差距——主要方法就是控制资产者向富产者的转化。

2、扩大中产者、资产者队伍，让更多的微产者发家致富，为他们的致富之路全面开绿灯。

3、强有力地采取各种各样的措施减少无产者和贫产者的数量，他们的实际人数越少，说明工作越有成效。

在控制富产者增长数量方面，各种举措都应同时登台：

首先，用法治的手段，持续地进行反腐败，尤其是要加强省市级以上官员的反腐败力度，早日出台严格的"官员财产申报公开制度"。申报内容应包括个人及配偶和未成年子女的财产状况，如工资、薪金、各类补贴和福利费、股票、养老金、不动产、债券、个人通过其它劳动获得的利益、投资及奖励所获得的利益等等。申报内容应公开接受公众监督。

其实，早就有学者指出，官员财产申报制度是防止和治理贪污腐败的一项重要措施，可在一定程度上解决官民信息不对称的问题，起到早期警报的作用。但遗憾的是，财产申报制度在中国大陆尚未形成法律法规，只是通过党纪文件来规定。为此，有关部门还应加快此项制度的立法进程。

在中国大陆，财富的多少往往是与权力的大小、级别的高低密切相关的。不少省级以上级别的官员，表面上看"两袖清风"，一幅"公仆"的面孔，其实，他们暗地里早就飞黄腾达、腰缠万贯了，可能早已经成了富产者，只是装穷而已。不抓不知道，一抓就是几亿几十亿甚至上百亿元的罪犯。所以控制富产者的增长数量，就应该先拿这些腐败官员开刀。

我这里所说的官员，不仅仅指在政府中任职的官员，还包括那些在大型国有企业中任要职的高层管理人员。使那些以官员为代表的权贵利益群体时时刻刻处于权利基础的监督之下。

说到权贵利益群体，改革开放的这几十年，得到实惠最多的就是他们。有学者称："中国已经无可挽回地进入了权贵资本主义时代，利益集团已经形成气候，除非毛邓再世，任何人都无法跟这个庞大的利益集团对垒。中国历史上这样的悲剧太多了，从商鞅到王莽，从王安石到张居正，极权体制下的改革者谁斗得过利益集团？"但是，如果不能将权贵利益群体的问题逐步解决，那将来遭殃的不会仅仅是权利基础，权力建筑也必定会深受其害。

当然，打击面也别太过，应面对现实地出台赦免政策。中共中央、全国人大、最高人民法院、最高人民检察院可以同时宣布一个时间段,在规定时间内,主动上交不当得利或非法所得的,免于追究法律责任,也不再进行党纪行政处罚,给他们留一条"改过自新、重新做人"的出路。

其次,用税收、市场调节、反不正当竞争法等多种措施,有力地控制一些上市公司以及以房地产和资源行业、互联网科技产业等为代表的资产者向富产者的转化。

为实现这一目标,就要打破既得利益集团的利益链,破解收入差距日益扩大这一难题。一是要从制度上割断政府官员和商业活动的联系,杜绝官商勾结。二是要减少政府对市场对社会不必要的干预,政府不再对投资主导、对资源配置主导,减少行政审批、行政许可的范围和数量。三是不能用"杀富济贫"等非文明社会的手段,而是用政策调剂、引导等"柔性"方法。例如只针对资产达到一定数量的资产者和富产者,开征房产税、遗产税等。

在扩大中产者、资产者队伍,让更多的微产者发家致富方面,权力建筑应该从减免税收、优惠贷款、扶持政策等方面给予更多的支持,在创业、开拓市场等方面给予更多的指导,全方位地为他们做好服务。

在有效降低无产者和贫产者数量方面,要不遗余力地做好教育培训工作,使他们增长知识、增强技能,提高他们的权力能力,同时要千方百计扩大就业,在实现就业的前提下逐步增加收入。

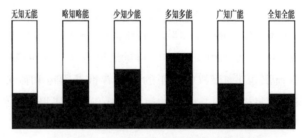

图5-7-2 未来中国社会权力能力构成趋势

如图5-7-2所示,至2069年,未来中国国民权力能力的素质构成，应该是大致接近如下比例就基本上实现了人民科学素质的目标：

无知无能者约占2%，略知略能者约占10%，少知少能者约占20%，多知多能者约占50%，广知广能者约占15%，全知全能者约占3%。

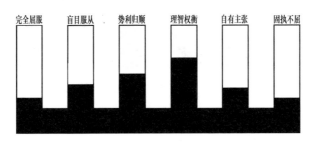

图5-7-3 未来中国社会权力意志构成趋势

如图5-7-3所示，至2069年，未来中国国民权力意志的素质构成，应该是大致接近如下比例就基本上实现了人民真正当家作主的目标：

完全屈服者约占4%，盲目服从者约占8%，势利归顺者约占18%，理智权衡者约占50%，自有主张者约占15%，固执不屈者约占5%。

以上的数据，仅仅是个评估值，并不一定绝对准确，代表的是个大致的水平，体现的是一种趋势。

就权力意志和权力能力这2项社会感觉构成趋势而言，中国人权力能力的状况和权力意志的状况，至2069年时如果能达到这样一种境况，那肯定要比我们目前的状况好很多。虽然它们的"高层段"，即多知多能、广知广能、全知全能和理智权衡、自有主张、固执不屈的指数权重都不太平衡，都是"高层段"之中的最低级的那个感觉指数处于高水平，占有绝对优势，但是就整个构成趋势看，2项社会感觉构成之中的"中层段"（指6个感觉指数的最中间2个，即"低层段" 3个感觉指数中的最右边的那个指数和"高层段" 3个感觉指数中的最左面的那个指数），将这两个指数加在一起，都分别超过了各自社会感觉权重的61.8%（黄金分割位），占据着绝对优势。

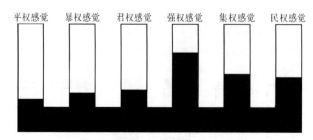

平权感觉　暴权感觉　君权感觉　强权感觉　集权感觉　民权感觉

图5-7-4 未来中国社会形态趋势

如图5-7-4所示，至2069年，未来中国社会形态的社会感觉指数构成，应该是大致接近如下比例就基本上实现了告别"训政"阶段，迈向"民主宪政"阶段的目标：

平权感觉约占4%，暴权感觉约占7%，君权感觉约占13%，强权感觉约占30%，集权感觉约占24%，民权感觉约占22%。

虽然中国未来社会形态应是强权社会感觉适当地占据主流，但在发展过程中，还是应该避免以强对强地硬拼，因为我们的强权社会感觉毕竟是年轻的，比不过人家已经长达200多年的强权社会感觉。中国的取胜之道，应该是在自强的同时，让集权社会感觉和民权社会感觉的指数得到提升，大幅度压制平权社会感觉和暴权社会感觉的指数，这样，中国就在道义上占据了制高点，在未来的强强竞争中，扬长避短地获得优势。

○ "三权定律"的分段实施

从"军政"、"训政"到"宪政"，按照"三干支路径"设想，各阶段分为60年，整个过程应为180年。而我所提倡的"三权定律"之中的"三权归一"的理论设想，同样也不是一下子到位，也是要分段完成的。

"军政"阶段（即2009年9月30日之前），中国应该完成的"三权归一"其中应该先行完成的"一权归一"，其内容包括两个方面：一是市级的直选，另一是司政、司理、司议之中"司政"的直选。这一阶段的政治体制改革的任务显然远远没有完成。

可以进行直选的市级条件，主要应具备的几个要素：1、有较系统的政务机构；2、司法体系、监察系统健全；3、现代信息传媒设施及机构完备；4、社会科学研究、评估机构完善。除此之外，规范守信的市场环境、健康向上的人文环境、安居乐业的生活环境、可持续发展的生态环境也必不可少。

遗憾的是，我所看到的中国大陆在"军政"阶段所进行的直选，是在农村的村庄里进行的，真是可笑至极！可以进行直选的城市，应该是像深圳、杭州这样的大城市，可先行定一个或二个试点。参加竞选的人，可以是中共党员，也可以是其他党派，还可以是无党派人士；可以是科研人员，也可以是商人，还可以是媒体人等。竞选的方法和程序，不妨"拿来主义"，经过专家梳理之后"为我所用"。

"军政"阶段本应该完成的政治体制改革任务，远远没有完成，只能等到"训政"阶段来补课了。

"训政"阶段（即2069年9月30日之前），中国应该完成的"三权归一"其中应该继续进行的"二权归一"，其内容包括两个方面：一是省级的直选，另一是司政、司理、司议之中"司政"和"司理"的直选。

可以进行直选的省级条件，应该比市级的条件还要完备。也可以先从某一个省（直辖市）例如上海试点开始，积累经验，逐步推广。

可见，"训政"阶段的任务可谓艰巨，因为前面的欠账不得不要集中在这一阶段来弥补，也就给后任者带来巨大的挑战。如果中国能够顺利地补上这一课，中国全面超过美国（不仅仅是经济的指标，最重要的还是政治制度和"人性理智"的指标）才会成为现实和具有实际意义——短暂的超越并不可靠，因为不知何时隐患一现，国内大乱，一乱就战，一战就惨，很快就又差不多垫底了。只有能够长久、稳定的超越，那才能让全世界心服口服。

"宪政"阶段（即2129年9月30日之前），中国应该全面完成"三权归一"，其内容包括两个方面：一是国家的直选，另一是司政、司理和司议三权的全部直选。

综上所述，从市、省、国，到司政、司理、司议，最终体现出的是"三权归一"，在中国别想着一下子完成，人民当家作主应是分阶段实现的。纵向看，先在所在的市里当家作主，然后再上升至省里，最后才上升至国家层面；横向看，先在司政选举权方面当家作主，然后再扩展至司理，最后才扩展至司议方面。

针对中国的国情，在中国的"军政"、"训政"阶段，中国共产党应该是代表人民作为主导，设置于国家权力建筑的"三司"之上，坚持党的领导。党的领导主要体现在监督上，而不是事事插手、事事亲为。在不同的阶段，行政权要逐步地放，只当"裁判"，不当"运动员"。但是，捍卫国家主权的军权以及维护国家安全的有关机构，党是不能放权的——至少在整个世界格局没有进入到民权社会主义形态之前，个别国家即使已经进入了，都不见得牢靠，国与国之间的争端仍难以避免。

有学者称：中共"党内的左派和右派，都空前活跃。既有主张党内民主的，又有主张宪政的，也有提倡回到新民主主义的，当然，主张回到毛时代的议论也甚嚣尘上。各派之争，既是争权位，也是在找出路。虽然说，中共早已进入了非意识形态的时代，多数人对所主张的主义，未必有信仰，但把主义作为工具，人们还是有某种的执着，显然，对于中共的主流而言，如果能找到一种既能维持中共传统，又能稳住局面，同时又可以促使经济发展的路径，是最合适的。"而我觉得，"三干支路径"和"三权归一"相结合，无论是对党，对国，还是对人民，都是最现实、最实效、最理性，最利大于弊的未来发展方向，是最具体的政治体制改革的优选举措。中华民族伟大复兴的中国梦一定要实现，也一定能够实现！——这是迎接中国"宪政"阶段到来的伟大目标。但它还不是最崇高的，最崇高的目标，应是世界各民族伟大复兴的"世界大同梦"一定要实现，也一定能够实现！

后 记

　　该书的写作始于1984年。这一年我考入了南开大学，全脱产住校3年，专门学习马列主义基础理论。虽然毕业后的文凭仅仅是个大专生，但就学习的成果而言，它的"含金量"绝对是货真价实的。

　　在学习期间，除了学习学校安排的专业课以外，我还阅读了很多参考书籍：历史、文化、哲学、经济学、天文学……从古代，到近代，再到现代；国内的，国外的，无所不包。我如饥似渴地学习，觉得从每本书中都获益匪浅。

　　不管是专业学习还是自学，我与其他同学在学习方法和学习目的上略有不同：我总是带着疑问、抱着怀疑的态度而学。所以，我学习马列主义基础理论，不太擅长背诵，看重的是理解，是弄懂它的核心思想，也就特别的认真和专心。不能否认的是，由于我学习马列主义基础理论是真的下功夫地学，所以我后来写的很多论文和著作，大量引用的都是"马列著作"，它对我的影响至深至远，今生今世都难以消除。不过，我阅读的习惯就是"打问号"，从来不轻信，目的就是要解决疑惑、追求真理。

　　那个时候，我发现西方发达国家总是拿"人权"来攻击中国政府，而中国政府却总是"躲躲闪闪"，不敢正面面对，让我对人权问题特别感兴趣。按说中国大陆自称是社会主义国家，根据"马列著作"所作的阐述，社会主义制度比资本主义制度还要先进，还要优越，在人权的问题上，应该是我们要比他们还理直气壮才对，可是为什么却常常是我们这边哑了口？甚至连一些大学教授和研究生们，在私下里议论时都偏向人家说话，指责我们自己的国家这不是、那不是。是他们的立场有问题，还是我们的理论和实践有问题？我虽然不轻易地发表言论，但这些问题总是记在心里不断地思索着。

　　很多问题都让我感到迷茫：马克思他老人家不是已经把社会发

展规律总结得无可辩驳了吗？既然是"科学社会主义"，怎么会让他老人家的忠实实践者落得这么悲惨的下场？看看当时的对比：社会主义的苏联远远比不上资本主义的美国，所以后来苏联走上了解体的道路；社会主义的朝鲜远远比不上资本主义的韩国，所以从太空上望下去，韩国的区域灯火辉煌，而朝鲜的区域暗淡无光，经常闹饥荒；社会主义的越南和柬埔寨远远比不上资本主义的泰国和新加坡，所以越南和柬埔寨此后都更加青睐西方；社会主义的中国大陆远远比不上资本主义的台湾，所以中国大陆排除一切阻力地冒着风险进行改革开放，导致后来的日子越过越好。这些当时的对比太明显不过了，前者的日子都是越过越穷，穷得都过不下去了，都不得不进行改革，有大改的，也有小改的；大改大变样，小改小变样，不改仍是穷相。眼前的事实，让我这个爱国者无话可说。究竟是"马列著作"本身有问题，还是我们根本就没有按照他老人家的"指示"去办，或是办走了样？带着问题有针对性地学习，然而，在马列著作中，我找不到有关人权问题的任何系统性的理论阐述，只能看到断断续续的只言片语，且根本不成体系，显得杂乱无章。怪不得中国政府在经济体制改革之后，仍不得不在人权政治理论阵地上挂起"免战牌"。

从这个时候起，我就下决心研究人权理论，准备在我"而立之年"（1988年）写成一本书，算是完成我的第一个"人生目标"。于是，本书的写作便一发不可收拾。

我在研究和写作中，不把人权问题当作"政治用语"来思考，而是将它看成是社会问题、历史问题、哲学问题来思考，目的就是要尽量摆脱过去人权的"政治狭隘性"，用"科学性"、"学术性"来替代"说教性"、"争斗性"。

至1988年，《人权论》上篇的初稿和下篇的提纲已经基本成形，我将其中的上篇约11万字投稿于天津人民出版社，算是投石问路。因为书中的观点比较超前，有很多内容在当时都可能是犯忌的，所以不得不小心谨慎，唯恐被封杀。尤其是下篇，有很多内容更容易引起争议，甚至遭致打击，因此暂时把下篇"封存"起来，"以不变应万变"。没有想到，《人权论》上篇于1989年4月出版发行后，没有过多长时间就被大陆当局查禁，使我不由得感叹：连我"跪着"写的《上篇》都被查禁了，要是当时把我"站着"写的《下篇》也一块发表的话，后果不堪设想。

但中国的改革明显推动了社会的进步，虽然我写的著作被查禁，但我当时没有遭受到来自中国大陆党政部门的任何形式的打击和迫害。要是赶上"无产阶级文化大革命"，不把我整死才怪呢！

不过，《人权论》仍然遭受到一些有政治背景的学者的"学术攻击"，更遭到"左派人士"的嫉恨。由于我当时只是一个普通老百姓，根本不知道"上层建筑"领域的动向，所以根本不知道我那时已经惹了大祸。直到2009年，我才从《百度》搜索中发现早就有学者狠批《人权论》，恨不得把我说成是"资本主义国家的代言人"。这位学者一方面批评我的立场有问题，指责我是在鼓吹西方的人权学说，另一方面又以西方的学术理论为依据，批评我的学术观点有问题。在逻辑上，这位学者究竟是赞成西方的人权理论还是反对西方的人权理论，恐怕连他自己都没有搞清楚，而且常常把我在《人权论》中论述的一整句话切开来只留下半句来引用，断章取义，牵强附会，与其说形式上是在进行学术探讨，不如说实际的目的是在进行人身攻击。也别说，这样拙劣的文章还真管用，此后我的周围就布满了陷阱，当时我想不到，过后回想真是好可怕：他们搞经济建设的水平真是糟糕透了，可是搞"阶级斗争"整人的经验真是无与伦比！

1994年5月17日我被捕入狱，罪名是"贪污"。那个亏得资产已经为负数的集体企业是我全额承包的，国家没有给我投资一分钱，用于购买商品的资本金全都是我个人投入的，我贪谁的"污"？办案人员为了治我的罪，指使会计和其他员工给我作假证，连我的名字都敢假代签，甚至法院开庭之后因发现我的罪名立不住，还指使会计改假账，致使后来账本的数额与第一次起诉书都对不上了。他们整人的伎俩可恶至极。1995年10月我走出牢房后（被宣判无罪），再次全身心地投入到研究和写作中，使本书不断地得到补充和完善，至1999年12月，本书大部完稿。在这期间，除了写作本书以外，我还同时写作了约46万字的《剩余价值与价值剩余——资本论批判》，以便使本书中的很多的论点能够从"经济基础"上得到理论上的支持。然而，就是在这期间，包括我的父母在内，不少亲近的人都反对我继续研究和写作，他们是怕我为此再遭磨难。可是我想的却是怎么样使更多的人免遭磨难，使整个社会别再遭受磨难，所以一直不肯停笔。

2000年进入天津工人报社成为一名记者后，我不得不全身心地投入到报社岗位上的写作工作中去，任务繁重，而且一切都得从头学，所以其它的写作根本没有时间进行，本书的写作也就暂时搁下了。

在报社从事记者、编辑工作的10多年中，本书始终处于"自我封杀"的状态。但在吹响反封建主义号角的辛亥革命100周年之际，想起那些为反封建英勇献身的英烈们，更看到中国经济发展的强劲势头，同时也看到国家领导人越来越关注政治体制改革的问题，好像是受到了一些感染，跃跃欲试，按捺不住地又再次思考起来，于是，这部尘封了10余年的书稿又重新摆上了我的案头。

一晃又过去了近10年，本书可谓断断续续地写作、修改，再写作、再修改，一直谨小慎微，始终不敢最后定稿。年逾花甲的我本着对历史负责的态度，一而再、再而三地细心掂量，心中想的是，这可能是我一生的最后答卷，从开始到完成花费了30多年，算是我的人生之作，我要确保本书为国家的繁荣富强、为中华民族的伟大复兴之路，在献计献策的同时，不能因一时冲动，或是无意中出了差错，给社会带来负面的影响。宁可三十年磨一剑，也绝不急功近利。我写作本书的目标是：如果说，马克思的著作影响并引领人类社会发展了150年，那么，我是在他老人家的哺育下，通过传承、发展、创新，让"社会感觉论"影响并引领人类社会发展500年！能不能实现这一目标，让社会实践来作出最后的评判。如果本书的出版能给中国人民和世界人民带来福祉，不枉我来世一生。

借本书一角，向多年来给予我支持和帮助的众多同事、好友表示感谢！同时向兰台出版社卢瑞琴社长和杨容容编辑、陈劲宏美编在编辑出版本书过程中所给予的帮助表示感谢！

张春津 于木石斋